【제3판】

사회보장론

이성기 · 원석조

KNOWLEDGE COMMUNITY 공동체

『사회보장론』 개정판이 출간된 지 5년 만에 제3판을 펴내게 되었다. 5년의 시간이 흐르는 동안 문재인 정부에서 윤석열 정부로 정권이 교체되었지만, 사회보장정책의 큰 방향성이나 구조적 변화는 거의 없었다. 오히려 정권 교체 이후 정책의 연속성이 약화되고, 일부 분야에서는 사회보장정책의 후퇴 우려가 제기되기도 했다. 이러한 현실 속에서 본 서는 제3판 개정을 통해 최신 정책 동향을 반영하고, 학문적 정확성과 교육적 활용도를 높이고자 하였다.

이번 제3판의 주요 개정 내용은 다음과 같다.

첫째, 최근 교과서의 간소화 추세에 맞춰 기존의 '사회보장의 행정'과 '사회보장의 재정' 파트를 정리하였고, 부록으로 포함되어 있던 '사회보장기본법' 전문을 삭제하여 전체 분량을 조정하였다.

둘째, 내용적으로는 한국 사회보장의 역사 부분을 보완하였다. 특히 이명박, 박근혜, 문재인 정부에 이르는 각 정권별 사회보장정책의 주요 변화와 특징을 서술하였으며, 이를 통해 한국 사회보장의 정책 흐름을 일목요연하게 파악할 수 있도록 하였다.

셋째, 2025년 3월 여야가 합의한 국민연금 개혁안을 포함하여 최근의 중요한 정책 변화를 반영하였다. 구체적으로는 국민연금 보험료율 인상, 소득대체율 조정, 청년층 및 저소득층에 대한 크레딧 제도 확대, 국가의 연금 지급 보장 명문화 등 국민연금제도의 지속 가능성을 위한 정책적 시도들을 설명하였다. 이는 제도적 신뢰 회복을 위한 중대한 전환점이었으며, 교과서 내용의 최신성을 확보하는 데 중요한 계기가 되었다.

이번 개정 작업은 독자들에게 보다 명확하고 체계적인 사회보장 체계를 전달하기 위한 노력이자, 급변하는 복지환경 속에서도 학문적 일관성과 현실 대응력을 유지하고자 한 저자들의 고민이 담긴 결과물이다.

『사회보장론』 제3판이 사회복지학을 공부하는 학생들과 현장 실천가들에게 더욱 유용한 지침서가 되기를 기대하며, 앞으로도 끊임없이 변화하는 사회보장 환경에 부응하여 지속적으로 내용을 보완해 나갈 것이다.

2025년 6월

이성기 · 원석조 씀

사회보장론을 출간한 지 1년 만에 2쇄가 아닌 개정판을 내려고 하니, 다소 번거롭기도 하고 바쁘기도 하다. 그러나 한편으로는 본 서가 교재로 많이 채택된 것이 기쁘기도 하고, 특히 우수학술도서로 추천되어 출품한 것에 감사를 드리며, 즐거운 마음으로 개정판을 준비하였다.

최근 사회보장과 관련한 가장 큰 변화는 코로나19 사태로 인하여 재난지원금과 기본소득에 대한 논의가 활발하게 이루어지고 있다는 것이다. 기본소득은 기존 사회보장의 틀을 바꿀 수도 있는 획기적인 제도이기 때문에, 이에 대한 논란은 오랫동안 계속될 것이다. 기본소득은 본 서의 초판에서도 사회보장론 최초로 언급하였으나, 지금 논의되고 있는 기본소득은 초보적인 도입의 필요성을 넘어서 도입의 구체적인 제도화 방안까지 확대되고 있다. 따라서 개정판에서는 기본소득에 관하여 좀 더 많은 내용을 다루고자 하였다.

이와 함께 보건복지부의 사회서비스원 시범사업이 2차 연도에 접어들면서, 1차 연도의 서울시, 대구시, 경상남도, 경기도에 이어, 인천시, 광주시, 세종시, 대전시, 강원도, 충청남도로 확대되고 있다 사회서비스원 시범사업은 지금까지 주로 민간이 제공하던 사회서비스를 공공이 직접 제공하여 사회서비스의 공공성을 강화하고 서비스 품질을 향상시키기 위한 것이다. 따라서 개정판에서는 사회서비스원 시범사업에 대해서도 언급하였다.

이처럼 사회복지의 현장은 매우 빠르게 변화하고 있다. 따라서 이러한 변화에 뒤처지지 않으려면 현장에서 일어나는 변화에 항상 민감하게 반응하여야 하고, 개정판에서도 이러한 변화를 충실하게 반영하고자 노력하였다. 그러나 막상 개정판을 내려고 하니, 자랑스러움보다 부끄러움이 앞선다. 이는 개정판의 모자람을 필자들이 누구보다 잘 알고 있기 때문이다. 따라서 개정판의 내용이 불충분하거나 부정확한 것이 있다면, 이는 전적으로 저자들의 책임이다. 앞으로도 이론과 현장의 변화를 빠르고 정확하게 담아낼 수 있도록 계속 노력할 것을 약속드린다.

2020년 9월

이성기 · 원석조 씀

사회복지학은 인간과 사회의 문제와 해결방안을 연구하는 학문이다. 인간과 사회에서 일어나는 문제는 개인으로서 인간의 문제와 집단으로서 사회의 문제로 나눌 수 있다. 따라서 사회복지학은 이 두 가지 차원의 문제와 해결방안에 모두 관심을 가진다. 즉, 사회복지학은 개인적 차원에서 인간의 문제를 해결하고자 하는 개별적 접근과 집단적 차원에서 사회의 문제를 해결하고자 하는 제도적 접근을 동시에 하고 있다.

사회보장은 사회복지의 제도적 접근이며, 사회복지가 추구하는 가치를 사회복지 현장에서 제도로 구체화한 것이다. 따라서 사회보장론은 사회복지제도론이며, 사회복지 현장에서 실제로 운영되는 사회복지제도에 관한 학문이다.

우리나라에서는 사회복지학과를 졸업하기 위해서 전공필수 10과목을 이수해야 한다. 이 중에서 공통과목인 사회복지학개론과 사회복지현장실습을 제외하면, 나머지 8과목은 개별적 접근을 공부하는 과목과 제도적 접근을 공부하는 과목으로 나누어진다. 이러한 사회복지학 전공과목에서 사회복지제도를 다루는 과목인 사회보장론이 전공 필수 과목에서 빠져 있다는 것은 이해하기 어렵다. 왜냐하면 사회복지학과를 졸업한 사회복지사들이 사회복지 현장에서 매일 접하는 것이 사회복지제도이고, 따라서 현장에서 가장 필요한 지식이 실제로 운영되고 있는 사회복지제도에 대한 이해이기 때문이다. 이는 앞으로 사회복지학 전공필수 과목의 개정 논의에서 반드시 고려하여야 할 것이다.

이 책은 2부로 구성되어 있다. 1부는 사회보장을 전체적으로 이해하기 위한 부분이다. 1장에서는 인류의 삶을 위협하는 사회적 위험과 이를 해결하고자 하는 사회보장의 개념과 의미를, 2장에서는 사회보장의 체계와 제도에 대한 이론적 논의와 실제를 소개한다. 3장에서는 사회보장이 발전해 온 역사를, 4장에서는 사회보장이 국가경제에 미치는 영향을 분석한다. 그리고 5장에서는 사회보장의 행정체계를, 6장에서는 사회보장의 재정체계를 다룬다.

2부는 사회보장의 제도를 이해하기 위한 부분이다. 2부에서는 사회보장제도를 크게 사회보험, 공공부조, 수당과 사회서비스로 나누었다. 사회보험제도는 7장에서 공적연금을, 8장에서는 퇴직연금을, 9장에서는 건강보험을, 10장에서는 노인장기요양보험을, 11장에서는 산업재해보상보험을, 12장에서는 고용보험을 다룬다. 그리고 13장에서는 공공부조를, 14장에서는 수당을, 15장에서는 사회서비스를 다룬다.

이 책의 내용에서도 알 수 있듯이, 이 책의 가장 큰 특징은 사회서비스를 사회보장의 영역에서 다루고 있다는 점이다. 이는 우리나라 사회보장의 기본법인 「사회보장기본법」이 사회보장의 주요 영역을 사회보험, 공공부조와 함께 사회서비스로 규정하고 있다는 점을 받아들인 것이다. 따라서 앞으로는 법적인 영역이 아닌 학술적인 영역에서도, 사회서비스가 사회보장의 영역으로 받아들여져야 할 것이다.

이 책의 일부 내용이 불충분하거나 부정확한 것이 있다면 저자들의 책임이며, 최대한 빠른 시간에 보완하겠다. 그리고 앞으로 사회복지 현장에서 일어나는 제도의 변화를 신속하게 반영할 것도 약속한다.

2019년 3월

이성기 · 원석조 씀

차례

PART 02 사회보장의 제도

차례

PART 01

사회보장의 이해

인류는 살아오면서 겪는 여러 가지 어려움을 해결하고자 노력하였다. 처음에는 자신과 가족의 힘으로, 씨족이나 부족 공동체를 이루고 나서는 공동체의 노력으로 문제를 해결해 왔다. 그러나 근세를 지나 국가체계를 이루고 산업사회로 접어들면서, 자신이나 가족, 그리고 씨족이나 부족의 노력으로는 해결할 수 없는 사회문제들이 발생하기 시작하였다.

사회보장은 이러한 산업사회의 사회문제들, 즉 산업상 재해, 질병, 실직, 노령 등 임금노동자의 소득상실을 보전해 주기 위한 제도로 시작되었으며, 현대국가로 넘어오면서 그 범위가 임금노동자에서 전 국민으로 확대되었고, 내용도 소득보장에서 서비스보장으로 확장되었다.

1부는 사회보장을 전반적으로 이해하기 위한 장으로 구성하였다. 1장에서는 사회보장을 이해하기 위해서 현대인의 삶을 위협하는 사회적 위험에 대하여 우선적으로 알아보고, 이러한 사회적 위험에 대처하기 위한 사회보장의 개념과 원칙을 분석해 본다. 2장에서는 사회보장의 체계가 어떠한 제도로 구성되어 있는지를 분석해 본다. 2장의 사회보장의 제도들은 다시 2부에서 각 제도별로 자세하게 다루어질 것이다. 3장에서는 사회보장이 어떠한 과정을 거쳐 발전해 왔는지를 영국, 독일, 미국 등 서양의 역사와 한국의 역사를 통해 알아보고, 4장에서는 사회보장의 기능을 경제성장, 소득재분배, 투자, 저축으로 나누어 분석해 본다.

CHAPTER 01

사회적 위험과 사회보장

원시 이래로 인간은 대부분의 시기를 굶주림으로 고통을 받으면서 살아왔다. 즉, 이 시기의 가장 큰 사회적 위험은 굶주림이었다. 그러나 인류는 산업화에 성공하여 생산력이 급증하면서 굶주림에서 벗어날 수 있게 되었지만, 임금노동자라는 새로운 계층이 생겨났다. 산업사회의 임금노동자는 임금에 따라 삶이 결정되었다. 즉, 산업사회의 사회적 위험은 임금노동자의 임금의 중단이었다. 그러나 1980년대 신자유주의 이후에는 사회적 위험이 임금의 중단에서 삶의 전 분야로 확대되고 있다.

1장은 1절에서 산업사회의 임금노동자의 삶을 위협하는 전통적인 사회적 위험과 신자유주의 이후 새롭게 나타나고 있는 새로운 사회적 위험에 대하여 알아보고, 2절에서는 이러한 사회적 위험에 대처하기 위한 사회보장의 개념과 원칙을 분석해 본다.

제1절 사회적 위험

인간은 살아가면서 전 생애에 걸쳐 많은 위험을 경험하게 된다. 이러한 위험 중에는 모든 사회구성원에게 보편적으로 일어나지만, 그 책임을 개인에게 물을 수 없으며, 또한 개인적으로는 대처하기 어려운 위험이 있다. 이러한 위험을 사회적 위험(social risk)이라고 한다. 이러한 위험은 한 개인의 위험으로 그치는 것이 아니라, 사회구성원 전체에게 보편적으로 미치기 때문에, 사회 전체가 제도적으로 대처해야 한다(이성기·원석조, 2018 : 24-31).

1절에서는 이러한 사회적 위험을 산업사회의 전통적 사회적 위험과 신자유주의 이후 새롭게 대두되고 있는 새로운 사회적 위험으로 나누어 살펴본다.

1. 산업사회의 사회적 위험

과거 농경사회에서는 노동을 통해 생활에 필요한 재화와 서비스를 직접 생산하였다. 이러한 농경사회에서는 생산과 소비가 분리되지 않고 하나로 통합되어 있었기 때문에, 생활에 필요한 재화나 서비스를 스스로 생산하거나 가까운 이웃과 지역사회 내에서 해결하였다. 그러나 산업사회에서는 생활에 필요한 재화나 서비스를 상품시장에서 구매하여야 하며, 이를 구매하기 위해서는 노동시장에서 임금을 벌어야 한다. 즉, 산업사회에서는 임금을 얻기 위해서는 노동을 해야만 하고, 노동을 할 수 없으면 임금이 중단되어 생계를 이어갈 수 없게 된다. 따라서 산업사회에서 새롭게 태어난 임금노동자 계급의 가장 큰 사회적 위험은 생계의 원천인 임금이 중단되는 것이다.

1) 비스마르크의 사회적 위험

영국이나 프랑스에 비해 상대적으로 산업화가 늦게 시작된 독일은 19세기 중반 이후 급속한 산업화를 이루게 된다. 1871년에 이르러서 통일국가를 수립했지만, 국가와 자본가계급에게 가장 큰 위협요인은 새롭게 등장한 사회민주주의에 동조하는 노동자계급이었다.

이에 당시 독일제국의 재상이었던 비스마르크(Otto von Bismarck)[1]는 급속한 산업화로 인하여 노동자들이 느끼는 위험을 '질병, 산재, 실업, 노령으로 인한 노동임금의 중단'으로 보고, 이를 해결할 수 있는 방안을 모색하게 된다. 즉, '노동자에게 건강이 허락하는 한 노동할 권리를 주고, 노동자가 질병에 걸렸을 경우 치료해 주고, 사고를 당했을 때에도 소득을 보장해 주고, 나이가 들었을 때 노후를 돌봐주는' 정책적 조치들을 입법하여, 노동자들의 임금 중단의 위험을 해소하고자 하였다. 이에 따라 독일에서는 질병보험(1883), 근로자 재해보험(1884), 양로폐질보험(1889) 등에 관한 법률이 차례로 제정되었고, 세계 최초의 사회보험이 탄생하게 되었다.

2) 베버리지의 사회적 위험

2차 세계대전은 전쟁의 규모나 참혹함에서 과거의 전쟁과는 달랐다. 전후방에 관계 없이 전 국민이 전쟁에 참여해야 했으며, 새롭게 등장한 비행기의 공습은 전 국토를 전쟁터로 만들었다. 이러한 전면전으로 인하여 영국 국민의 생활은 국가가 통제하는 전시 배급체제로 들어갔으며, 의료시설은 응급의료체제로 바뀌었다. 이는 전쟁 전 자유를 최대한 누리며 살던 시기의 삶과는 완전히 다른 삶이었다. 당시 전시 연립내각의 수상이었던 처칠(Winston Churchill)은 전 국민에게 '피와 땀과 눈물'을 요구하면서, 국민들의 희생으로 전체주의 나치와의 전쟁에서 승리하면 전후에 복지국가를 건설할 것을 약속하였다.

1) 비스마르크(1815~1898)는 독일을 통일하여 독일 제국을 건설한 프로이센의 외교관이자 정치인이다. 비스마르크는 "신이 역사 속을 지나갈 때, 그 옷자락을 놓치지 않고 잡아채는 것이 정치가의 임무"라는 유명한 말을 남겼으며, 독일 통일과 과감한 사회개혁을 이룩한 정치가로 평가받고 있다.

1941년 전시 연립내각은 기존의 사회보험과 관련 서비스에 대하여 검토하고 전후의 새로운 사회질서에 대한 청사진을 제시할 수 있도록, 베버리지(William Beveridge)[2)]를 위원장으로 하는 위원회(사회보험과 관련 서비스에 관한 범정부위원회)를 구성하였으며, 1년 뒤 베버리지보고서(Beveridge Report : Report on Social Insurance & Allied Service)가 발표되었다.

베버리지는 영국의 사회발전을 저해하는 5대 악(five giants)인, 결핍(want), 질병(disease), 무지(ignorance), 불결(squalor), 나태(idleness)를 사회적 위험으로 간주하고, 이를 해결하기 위하여, 소득보장, 국민의료서비스(NHS), 무상교육, 공공주택, 완전고용을 대책으로 제시하였다. 또한 사회보장을 최저수준까지의 소득보장으로 규정하고, 기본적 욕구에 대해서는 사회보험으로 충족하며, 특별한 욕구에 대해서는 국민부조(national assistance)로, 추가적인 욕구에 대해서는 임의보험으로 보충되어야 한다고 하였다(Beveridge Report, 1942).

3) 국제노동기구(ILO)의 사회적 위험

2차 세계대전 이후, 인류의 희망인 평등의 실현과 '요람에서 무덤까지'의 사회적 보호 속에서 보람 있는 삶을 살 수 있다는 자신감이 서구사회를 지배하였다. 전후의 복지국가는 시민권 이념을 기반으로 포괄적이고 보편적인 복지국가를 만들려는 개혁과 지속적으로 급여와 적용범위를 확대하려는 노력에 의하여 발전하여 갔으며, 이러한 발전은 사회복지제도에 호의적인 노사정의 정치적 합의에 의하여 뒷받침되었다. 또한 경제호황으로 인한 경제성장과 완전고용을 바탕으로 한 산업평화, 민주주의의 정착과 발전, 국제기구(ILO, ISSA)의 역할, 시민권 운동 또한 중요한 역할을 하였다.

2) 베버리지(1879~1963)는 영국의 경제학자이다. 옥스퍼드 대학교에서 공부하였으며, 1919년 런던 정치경제대학교 학장, 1926년부터 1928년까지 런던 대학교 부총장을 역임하였다. 제2차 세계대전 중에는 처칠 수상의 전시 연립내각에서 노동성 차관을 역임하였으며, '사회보험과 관련서비스 범정부위원회' 의장에 임명되어 전후 영국 복지국가의 청사진이 되는 '베버리지 보고서'를 작성하였다.

이러한 상황에서 국제노동기구(ILO)[3]는 1952년 「사회보장 최저기준 협약」을 발표하고, 현대 산업국가가 해결해야 할 사회적 위험으로, ① 의료, ② 요양, ③ 실업, ④ 노령, ⑤ 산업재해, ⑥ 자녀양육, ⑦ 직업능력의 상실, ⑧ 임신과 출산, ⑨ 유족 부양 등 9가지를 열거하였다. 그리고 이러한 사회적 위험에 대처하기 위한 대책으로, ① 의료보호(medical care), ② 상병급여(sickness benefit), ③ 실업급여(unemployment benefit), ④ 노령급여(old age benefit), ⑤ 산재급여(employment injury benefit), ⑥ 가족급여(family benefit), ⑦ 장애급여(invalidity benefit), ⑧ 모성급여(maternity benefit), ⑨ 유족급여(survivors benefit) 등 9가지 급여를 제안하였다(김상균 외, 2011 : 26).

2. 새로운 사회적 위험

전통적인 산업사회에서는 임금노동자들의 임금 중단이 가장 큰 사회적 위험이었으나, 1980년대 이후 신자유주의의 확산으로 시장기능이 강조되고, 정보화와 세계화로 국가 간 경쟁이 심화되면서 새로운 사회적 위험이 나타나게 되었다. 즉, 노동시장이 기업 중심으로 재편되면서 노동시장의 유연성이 증가하여 노동자의 해고가 쉬워졌으며 비정규직 노동자가 증가하고 노동의 안정성이 저하되고 있다. 또한 정보화와 세계화로 국가 간, 지역 간, 계층 간 양극화도 심화되고 있다. 이와 함께 인구의 고령화와 저출산의 문제도 사회적 부양비용의 증가와 생산력의 감소로 이어져, 이로 인한 새로운 사회적 위험(new social risk)이 부각되고 있다.

1) 신자유주의의 확산과 양극화

1980년대 이후 신자유주의 이념이 확산되면서, 정부의 역할이 축소되고 시장의 기능이 확대되는 경향이 강해지고 있다. 즉, 과거 정부가 세금과 법적

3) 국제노동기구(International Labor Organization, ILO)는 노동 문제를 다루는 유엔의 전문기구로서, 스위스 제네바에 본부를 두고 있다. 1969년 노벨 평화상을 수상하였다. 국제노동기구는 자유롭고 평등하고 안전하게 인간의 존엄성을 유지할 수 있는 노동을 보장하는 것을 목표로 하고 있으며, 이러한 과제를 수행하기 위하여 노동기본권, 고용, 사회보장, 사회협력과 같은 분과를 운영하고 있다.

제도를 통해 제공하던 주택, 전기, 통신, 교통, 석유 등 공공재가 이제는 시장에서 상품으로 생산되어 판매되고 있다. 이러한 정책을 민영화(privatization)라고 하는데, 국가는 민영화를 통해서 과도한 재정 부담을 피할 수 있고 공공부문이 갖는 비효율성과 관료주의의 폐해를 줄일 수 있다는 믿음을 가지고 있다.

신자유주의 이념은, 과거 자유주의 경제학자들의 생각처럼, 시장은 '보이지 않는 손'에 의해 지배되며, 개인이 시장에서 자신의 이익을 추구하는 행동을 할 수 있도록 최대한 보장할 때 가장 효율적으로 움직일 수 있다는 신념을 바탕으로 한다. 정부는 개인과 가족의 생활에 최소한으로만 개입하는 것이 좋으며, 이른바 시장의 원리와 원칙에 따라 재화와 서비스를 교환하는 것이 사회 내에 희소하게 존재하는 자원을 가장 효율적으로 분배하는 방식이라는 것이다.

신자유주의의 확산은 개인과 가족의 생활에도 영향을 미치고 있다. 우선 공공재의 생산과 분배를 시장의 기능에 맡김으로써, 주택, 교육, 의료 서비스 등 일상생활에 필수적인 서비스를 시장에서 구매하게 되었다. 이는 구매능력이 있는 사람에게만 이러한 재화와 서비스가 제공된다는 것을 의미한다. 소득이 없거나 적은 사람은 생활에 필요한 필수적인 재화조차 구매하기 힘들어진다. 물론 정부가 적절한 일자리 정책과 소득보장 정책을 동시에 실시하여 소득이 없거나 적은 사람들에게 일정 정도의 소득을 유지할 수 있도록 함으로써 이러한 문제를 해결하려고 하지만, 시장 소득(임금)에 따라 개인의 복지수준이 좌우된다는 문제는 여전히 남아 있다. 임금에 따라 개인의 복지수준이 결정되는 것은 노동시장에서 노동자의 위치가 상대적으로 약화된다는 것을 의미한다. 기업은 가능하면 적은 임금으로 노동을 구매하려고 할 것이고 노동자는 적은 임금을 받고서라도 일자리를 유지하려고 하기 때문에, 노동시장에서 노동자들은 서로 경쟁하게 된다. 그럼으로써 노동자의 위치는 사용자에 비해 상대적으로 약화되기 마련이다. 기업에 비해 상대적으로 힘이 약한 노동자는 노동시장의 조건이 자신에게 불리하게 되어도 집단적으로 대항할 수 있는 힘이 약하기 때문에, 노동시장은 점차 기업중심으로 변하게 된다.

기업중심 노동시장의 핵심은 노동시장의 유연성(labor market flexibility)이 증가하는 것이다. 즉, 노동시장에서 노동자의 고용과 해고를 유연하게 할 수 있도록 기업에게 자율성을 부여함으로써 기업 활동을 자극하고, 이를 통해 더욱 경쟁력을 갖출 수 있도록 한다는 것이다. 노동시장의 유연화는 전 세계적으로 보편적인 현상이 되어 가고 있다. 대부분의 국가에서 기간제 고용계약이 일반화되고 있다. 이러한 현상은 우리나라도 예외가 아니다. 결국 노동시장에서 비정규직 노동자의 증가는 소득 양극화의 원인이 되고, 이는 사회 전체의 양극화의 원인이 되는 것이다(김성천 외, 2015 : 36-38).

한국의 사회적 양극화

최근 한국사회가 직면하고 있는 사회적 위험 중 가장 심각한 것은 사회적 양극화이다. 1997년 외환위기 이후 심각해진 사회적 양극화의 문제는 다양한 차원에서 발생하고 있다. 우선 외환위기 이후 대량 해고로 인하여 많은 노동자들이 실직을 하였으며, 이후 재취업 과정에서 정규직보다는 비정규직의 형태가 주를 이루어, 노동시장의 양극화가 심화되었다. 그리고 이러한 노동시장의 양극화는 2000년대 이후 일어난 부동산 가격의 급등으로 자산소득의 양극화로 이어져 사회적 양극화는 더욱 심화되었으며, 이는 한국사회의 또 다른 사회문제인 사교육 열풍과 맞물려 교육기회의 양극화로 이어져 사회적 양극화가 세대 간 세습으로 이어지고 있다. 그리고 이와 같이 다양한 차원에서 발생한 사회적 양극화는 최종적으로 소득의 양극화로 귀결된다.

한국보건사회연구원의 발표에 따르면 2014년 한국의 빈곤율은 13.3%로, OECD 30개 회원국의 평균값인 11.1%보다 높았고, 그것은 회원국 가운데에서 6번째로 높은 수치였다. 특히 한국은 회원국 가운데 빈곤율의 증가 속도가 가장 빠른 국가로 분류되었다. 2014년도 빈곤율은 1992년과 비교할 때 두 배나 증가하였다. 또한 소득분배의 불평등 정도를 보여주는 지니계수도 나빠지고 있다. 소비지출 기준 지니계수는 2009년 0.266에서 2012년 0.249까지 꾸준하게 낮아지다 2014년 0.262로 뛰었다. 0~1 척도로 표시되는 지니계수는 1에 가까울수록 불평등 정도가 심하다는 것을 뜻한다(한국보건사회연구원, 2016).

이러한 양극화는 한국에서뿐만 아니라 다른 국가에서도 발생하고 있는 공통된 현상이다. 그러나 한국사회에서 진행되고 있는 양극화는 다른 국가에서보다 빨라서, 그 정도가 이미 위험 수위에 이르렀다는 평가를 받고 있다. 이와 같은 한국사회의 급속한 양극화는 정치적 갈등을 유발하고 사회통합의 걸림돌로 작용하고 있다. 그리고 사회의 갈등을 해소하는 데 많은 자원과 비용이 들기 때문에, 장기적으로 사회통합과 경제성장의 방해요소가 될 수도 있다. 양극화로 인한 문제는 실업, 청소년 문제, 자살, 이혼, 범죄, 계급 재생산 등의 각종 사회문제에 영향을 끼칠 수 있으며, 정치적으로 민주주의의 사회적 기반을 약화시킬 수 있기 때문에 심각한 문제가 아닐 수 없다.

출처 : 이성기(2012). “사회적 양극화 해소를 위한 정책적 대안”. 2012 불교사회복지포럼 자료집에서 발췌, 수정.

2) 인구의 고령화와 저출산

이러한 사회적 양극화 문제를 더욱 심각하게 만드는 것이 인구의 고령화와 저출산이다. 2017년 8월, 우리나라는 65세 이상 인구가 14% 이상인 고령사회에 진입했다. 고령화사회(65세 이상 인구 7% 이상)에서 고령사회가 되기까지 걸린 시간은 고작 17년이다. 더욱이 2025년이면 65세 이상 노인비율이 20%에 달하는 초고령사회로 진입한다고 예측되고 있다. 2020년 한국인의 평균수명은 82.7세로, 한국은 전 세계에서 가장 고령화 속도가 빠른 나라이다(연합뉴스, 2020. 7. 23).

인구의 고령화는 그 자체로 커다란 사회문제이지만, 또한 다른 사회문제의 원인이 되기도 한다. 고령인구가 증가하면 그들을 부양해야 하는 가족 및 사회의 부담이 증가하게 마련이다. 일반적으로 노인이 되면 신체적 · 심리적 기능이 저하되고 질병에 걸리기 쉽기 때문에 노동시장 참여뿐 아니라 일반적인 사회생활 참여에 많은 장애가 생기게 된다. 게다가 뇌졸중, 치매 등 노인성 만성질환에 걸리게 되면 가족 중 누군가는 질병에 걸린 노인을 보살피기 위해 사회생활에 제한을 받게 된다. 만약 가족 중에 노인을 돌볼 사람이 없는 경우에는 사회에서 돌보아야 하는데, 이 경우 문제는 더 심각해진다. 노인부양의 문제는 이제 노인만의 문제가 아니라 가족의 문제이며, 사회 전체의 문제인 것이다.

고령인구의 증가는 국가 · 사회의 의료비용 증가와도 직결된다. 의료비용의 급격한 증가는 건강보험제도 등 국가 차원의 의료서비스 정책의 재정을 위협하게 되며, 국가는 이러한 문제를 해결하기 위해서 세금을 통해 의료비용을 충당하게 된다. 이렇게 되면 노인 의료비용의 증가는 국가 전체의 재정문제와 직결된다.

인구의 고령화에서 비롯되는 문제를 더욱 심각하게 만드는 요인은 출산율의 저하다. 평균수명의 증가로 노인인구가 늘어나고 있는 반면에 출산율은 저하되면서 노인인구의 비중이 상대적으로 더 증가하게 되는 것이다. 2020년도 한국의 합계 출산율은 1.1명으로 세계 최저수준이다(연합뉴스, 2020. 6. 30). 출산율이 낮아짐에 따라 노인 부양을 위한 사회적 부담은 더욱 증가하게 되고, 장래 노동인력 공급 면에서도 심각한 문제를 일으킬 수 있다. 또한 출산율의 저하는 장기적으로 인구수의 감소로 연결되기 때문에, 국가 운영 전반에 걸쳐 심각한 문제를 일으킬 수 있다. 특히 사회보장에서는 국민연금제도 등 사회보장제도 운영에서 재정위기를 일으킬 수 있는 직접적인 원인이 된다. 즉, 노령이 되어 국민연금을 받아야 할 사람들은 증가하는데, 정작 보험료를 내야 할 노동인구는 감소하기 때문에 사회보장제도 자체의 존속이 위협받게 된다.

인구의 고령화와 저출산의 문제는 한국사회가 해결해야 할 가장 시급한 새로운 사회적 위험으로 떠오르고 있다.

아시아개발은행의 경고 – "한국, 저출산 · 고령화로 인한 국가적 재난 예상"

아시아개발은행(ADB)은 '아시아 지역 노동인구 부족 대응방안(How to fill working population gap in Asia)'이라는 제목의 보고서에서, 저출산 · 고령화가 2021~2030년 한국의 1인당 잠재성장률을 1.5%포인트 떨어뜨릴 것이라고 예측하였다. 또한 한국 등 고령화가 급속히 진행되고 있는 아시아 국가가 이에 적절하게 대처하지 못하면, 커다란 국가적 재난이 예상된다고 경고하였다.

보고서에 따르면, 아시아 지역 생산가능인구(15~64세) 증가율은 점차 줄고 있다. 1990년 29%였지만, 2030년은 6%로 낮아지고, 2050년에는 -5%로 아시아 전체의 생산가능인구가 감소한다.

한국은 이미 2017년부터 생산가능인구가 줄기 시작했다. 자연히 15~64세 대비 65세 이상의 인구비율을 보여주는 '노령의존비율'은 급증하고 있다. 2015년에 이미 11%로 올랐고 2050년에는 29%까지 늘어날 걸로 ADB는 예상했다. 이런 인구구조 변화는 잠재성장률을 떨어뜨린다. 잠재성장률은 물가상승 등의 부작용 없이 경제가 최대한 성장할 수 있는 비율로, 경제의 기초체력을 보여준다. 특히 고령화가 빠르게 진행되는 한국에 충격이 더 크다.

ADB가 제시한 대응책은 크게 세 가지다. 우선 퇴직연령 상향 조정이다. ADB는 퇴직연령을 65세에서 70세로 조정할 경우, 2050년 노령 의존비율이 아시아는 57%에서 45%로, 한국은 87%에서 65%로 줄어든다고 추산했다. 보고서는 또 인도, 필리핀 등 이민 공급이 가능한 국가에서 이민 수요국(한국, 일본 등)으로의 역내 이민이 필요하다고 제안했다. 아울러 적극적인 출산율 제고도 대안으로 내놨다.

출처 : 중앙일보(2017. 1. 5).

제2절 사회보장의 개념과 원칙

이러한 사회적 위험에 대처하기 위하여 생겨난 사회보장제도는, 전 국민의 삶을 최종적으로 보장하는 현대사회의 필수적인 제도로 인정받고 있다. 2절에서는 우선 사회보장의 개념을 법적인 규정과 학자들의 정의에 따라 정리하고, 사회보장을 운영하는 데 기준이 되는 원칙에 대해서 살펴본다.

1. 사회보장의 개념

사회보장의 개념은 우선 각 나라의 관련법에서 규정하고 있는 법적 개념을 살펴본 후, 관련 학자들을 개념 정의를 정리해 본다.

1) 한국 사회보장기본법의 정의

우리나라 사회보장기본법(1995)은 사회보장에 관한 국민의 권리와 국가 및 지방자치단체의 책임을 정하고 사회보장제도에 관한 기본적인 사항을 규정한 법률이다. 사회보장기본법에서는 사회보장의 목적을 규정하고 있으며, 사회보장의 정의를 담고 있다.

> "사회보장은 모든 국민이 다양한 사회적 위험으로부터 벗어나 행복하고 인간다운 생활을 향유할 수 있도록 자립을 지원하며, 사회참여·자아실현에 필요한 제도와 여건을 조성하여 사회통합과 행복한 복지사회를 실현하는 것을 기본 이념으로 한다."

> "사회보장이란 출산, 양육, 실업, 노령, 장애, 질병, 빈곤 및 사망 등의 사회적 위험으로부터 모든 국민을 보호하고 국민 삶의 질을 향상시키는 데 필요한 소득·서비스를 보장하는 사회보험, 공공부조, 사회서비스를 말한다."

따라서 우리나라의 사회보장은 사회통합과 복지사회의 실현을 목적으로 하고, 사회보험, 공공부조, 사회서비스로 구성된 제도라는 것을 알 수 있다. 사회보장기본법은 사회보장을 구성하는 세 가지 제도, 즉 사회보험, 공공부조, 사회서비스에 관해서도 정의하고 있다.

> "사회보험이란 국민에게 발생하는 사회적 위험을 보험의 방식으로 대처함으로써 국민의 건강과 소득을 보장하는 제도를 말한다."

> "공공부조란 국가와 지방자치단체의 책임하에 생활 유지 능력이 없거나 생활이 어려운 국민의 최저생활을 보장하고 자립을 지원하는 제도를 말한다."

> "사회서비스란 국가·지방자치단체 및 민간부문의 도움이 필요한 모든 국민에게 복지, 보건의료, 교육, 고용, 주거, 문화, 환경 등의 분야에서 인간다운 생활을 보장하고 상담, 재활, 돌봄, 정보의 제공, 관련 시설의 이용, 역량 개발, 사회참여 지원 등을 통하여 국민의 삶의 질이 향상되도록 지원하는 제도를 말한다."

사회보험은 사회적 위험에 대처하기 위한 보험이고, 공공부조는 빈민을 대상으로 하는 정부의 최저생계보장제도이며, 사회서비스는 정부와 민간부문이 국민에서 다양한 분야에서 서비스를 제공하는 제도라는 것이다. 따라서 우리나라 사회보장은 두 가지 특징이 있다. 하나는 사회보장은 사회보험, 공공부조, 사회서비스로 구성된다는 것이고, 다른 하나는 정부뿐만 아니라 민간부문도 사회보장의 주체가 된다는 것이다.

2) 미국 사회보장법의 정의

미국은 1935년 사회보장법(the Social Security Act)을 제정하였다. 사회보장법은 1929년 대공황으로 궁핍해진 미국인의 삶을 회복하기 위한 종합적이고도 포괄적인 사회보장을 규정한 법률이다. 이 법은 사회보장이라는 용어를 세계 최초로 사용한 법률이다.[4] 이 법의 전문에는 사회보장의 목적과 사회보장을 구성하는 제도를 규정하고 있다.

4) 미국의 사회보장이 세계 최초의 사회보장제도는 아니다. 독일은 이미 1880년대 사회입법을 통해 사회보험(건강보험, 연금, 산재보험)을 시행했고, 영국도 1911년에 국민보험(건강보험과 실업보험)을 도입하였다.

> "사회보장법은 전반적인 복지(general welfare)의 증진을 위해, 연방정부가 관장하는 노령급여제도와 주정부가 관장하는 노인, 시각장애인, 요보호아동, 장애아동을 위한 복지, 모자복지, 공중보건 및 실업보상법의 관리운영을 지원하며, 사회보장청의 신설과 재정조달 및 기타 목적을 추진하기 위한 법이다."

이 전문은 사회보장의 목적이 전반적인 복지의 증진에 있다는 것을 밝히고 있다. 전반적인 복지는 사회복지와 같은 의미이다. 따라서 사회보장의 목적은 사회복지의 증진이고, 사회보장은 연방정부가 관장하는 사회보장연금(노령급여)과 주정부가 관장하는 실업보험, 공공부조, 사회복지서비스(노인복지, 아동복지, 장애인복지, 모자복지 등) 및 공중보건 등으로 구성된다. 사회보장연금과 실업보험이 사회보험이라는 점을 감안하면, 미국의 사회보장은 사회보험, 공공부조, 사회복지서비스, 공중보건으로 구성되어 있음을 알 수 있는데, 공중보건을 제외하면 우리나라 사회보장의 구성과 같다.

미국 사회보장제도의 주무부처인 사회보장청(the Social Security Administration, SSA)[5)]은 사회보장을 다음과 같이 정의하였다.[6)]

> "사회보장은 생계능력의 중단 또는 상실에 처한 사람과 결혼, 출생, 사망과 같은 특별한 지출이 필요한 사람의 소득을 보장하는 법정 프로그램이다. 사회보장은 이 외에도 가족수당과 보건의료를 포함한다."

여기서 말하는 생계능력의 중단 또는 감소란 노령, 장애, 사망, 질병, 출산, 산업재해, 실업 등과 같은 사회적 위험으로 인한 소득의 중단 또는 감소를 말한다. 소득의 중단은 소득이 일시적 또는 영구적으로 없어지는 상태를, 소득의 감소는 질병 치료나 출산 및 기타의 이유로 추가적인 지출이 늘어 실질적으로 소득이 줄어드는 것을 뜻한다. 그리고 사회보장청은 사회보장을 소득유

5) 사회보장청은 1935년 사회보장법 제정과 함께 사회보장 관리운영기구로 신설된 사회보장국(the Social Security Board, SSB)이 모태이다. SSB는 1939년 연방사회보장기관(the Federal Security Agency)으로 명칭 변경되었다가, 1946년 현재의 이름을 갖게 되었다. 사회보장청은 원래 보건휴먼서비스부(the Department of Health and Human Services, HHS)의 산하기관이었는데, 1994년 사회보장독립개선법(the Social Security Independence and Program Improvements Act)에 따라 독립 정부기관이 되었다. 사회보장청 본부는 메릴랜드 주 볼티모어에 있고, 전국에 10개의 지방사무소와 1,230개의 지역사무소를 두고 있다.

6) 이는 미국 사회보장청이 세계 각국의 사회보장 현황을 소개하는 『세계의 사회보장프로그램(Social Security Programs throughout the World)』에 있는 것이다. SSA. 2016. "Social Security Programs Throughout the World : 2015." https://www.ssa.gov/policy/docs/progdesc/ssptw/2014-2015/americas/index.html (SSA 검색일 2018. 2. 21)

지 프로그램(income maintenance programs)과 직접 서비스(direct services)로 구분했다. 소득유지 프로그램은 소득 상실의 일정 부분을 보전하는 현금급여이고, 직접 서비스는 진료서비스나 재활서비스와 같은 현물급여이다.

3) ILO와 ISSA의 정의

국제노동기구(ILO)는 노동자를 위한 사회보장에 각별한 관심을 가진 국제기구이다. ILO는 사회보장을 다음과 같이 정의하였다(ILO, 2001b).

> "사회보장은 사회가 고령, 실업, 질병, 장애, 재해, 출산, 생계수단의 상실을 당한 개인과 가구에게 보건의료를 제공하고 소득을 보장해 주는 것이다. 사회보장은 인간의 기본적인 권리이다. 사회보장은 건강보험, 연금, 실업급여, 조세로 재정을 조달하는 사회급여를 포함한다."

ILO의 사회보장의 정의는 사회보장의 대상이 고령, 실업, 질병, 장애, 재해, 출산, 생계수단의 상실을 당한 개인과 가구라는 것과 사회보장이 인간의 기본권이라는 사실을 강조한다. 사회보장을 건강보험, 연금, 실업급여, 조세로 재정을 조달하는 사회급여(공공부조)로 한정시킨 것은 사회보장의 포괄범위를 좁게 본 것이다.

국제적인 수준에서 세계 각국의 사회보장을 연구하고 각국 정부에 사회보장에 관해 조언하는 국제사회보장협회(the International Social Security Association, ISSA)[7]도 사회보장을 정의하고 있다.[8]

> "사회보장은 법률 또는 법정 협약에 의해 설립된 사회적 보호 프로그램으로서 고령, 유족, 장애, 실업, 자녀양육과 같은 우발적 사건에 직면한 사람의 소득을 보장하는 데 목적이 있다. 치료적 또는 예방적 보건의료도 포함한다."

---

7) 1927년 브뤼셀에서 상호부조 · 질병금고국제회의라는 명칭으로 조직된 ISSA는 1937년 국제사회보험회의로 바꿨다가, 1947년 제8차 총회에서 현재의 이름으로 개성했다. 회원은 각국의 사회보장기관들이며, 사회보장 각 분야의 기술적 검토, 지역 활동, 조사연구와 자료제공 등을 주요 활동으로 삼고 있다. ISSA 회원조직은 150개 국가 320개 기관이다. ISSA는 ILO의 전폭적인 후원을 받고 있다.

8) https://www.issa.int/en_GB/topics/understanding/introduction (ISSA 검색일 2018. 2. 21)

여기서 말하는 우발적 사건(contingencies)은 누구나 다 겪을 수 있는 위험, 즉 개인적 위험에 대비되는 사회적 위험(social risk)을 의미한다. ISSA의 정의는 사회보장이 사회적 보호를 위한 법적 프로그램이라는 것과 소득보장이 주이지만 보건의료도 포함한다는 점을 강조하고 있다.

4) 베버리지와 사회보장학자의 정의

베버리지는 사회보장을 이론적으로 체계화하였다. 영국 전후 복지국가의 청사진인 베버리지보고서(1942)에 의하면, 사회보장은 5대 악(five giants), 즉 결핍(want), 질병(disease), 무지(ignorance), 불결(squalor), 나태(idleness) 중 '결핍으로부터의 자유(freedom from want)'를 지향하며, 빈민과 같은 특정한 집단을 넘어 전 국민을 대상으로 삼고(보편주의), 전 국민에게 최저한의 소득(national minimum)을 보장해 주기 위한 제도이다. 베버리지는 사회보장이 결핍으로부터의 자유를 지향한다는 사실을 전제하고, 사회보장을 이렇게 정의했다(Beveridge, 1942 : 9).

> "사회보장은 실업, 질병, 재해로 인해 소득이 줄어들었을 때, 정년퇴직으로 소득이 중단되었을 때, 주된 소득자가 사망하여 생계를 책임질 사람이 없어졌을 때, 출생, 사망, 결혼 때문에 추가적인 비용이 지출될 때를 대비한 소득보장책이다."

베버리지에 의하면, 사회보장은 소득의 감소와 중단 및 추가적인 지출에 대비한 최저수준의 소득보장이다. 소득보장뿐만 아니라 여러 가지 사회복지서비스까지 포함하고 있는 미국 사회보장에 비추어 보면, 소득보장에 한정시킨 베버리지의 정의는 협의의 관점임을 알 수 있다.

미국의 사회보장학자인 레자(Rejda, 1999 : 10)는 사회보장을 다음과 같이 정의했다.

> "사회보장은 정부의 법령에 의해 만들어지고, 노령, 장애, 사망, 질병, 출산, 실업, 산업재해 등으로 인해 소득이 감소했을 때 이를 보전하기 위해 현금을 지급하는 제도이다."

레자의 정의는 사회보장이 법정 제도이고, 감소한 소득을 보전하는 현금급여제도라는 점을 말하고 있다. 사회보장에 건강보험 진료서비스 같은 현물급여와 바우처 같은 서비스 교환권이 포함되어 있음을 볼 때, 사회보장을 현금급여라고 단정하는 것은 문제가 있다.

또한 사회보장학자 화이트맨(Whiteman, 2001 : 4)은 사회보장을 다음과 같이 정의했다.

> "산업사회에서 발생하는 노령, 실업, 장애 등의 문제에 직면한 사람에게 경제적 보장을 제공하는 것이다. 일하는 사람에게는 사회보험을, 고용이 부적합한 사람에게는 공공부조를 제공함으로써, 시민의 경제적 보장을 기하는 데 목적이 있다."

이 정의는 사회보장이 노령, 실업, 장애 등의 문제에 직면한 사람들을 위한 경제보장(economic security)이라는 점과 사회보장이 사회보험과 공공부조로 구성된다는 점을 강조한다. 사회보험과 공공부조만 사회보장에 포함시킨 것은 사회보장의 범위를 너무 좁게 본 것이다. 사회보험과 공공부조가 사회보장의 주요 부분인 것은 사실이지만, 그것이 다는 아니다.

이상과 같은 여러 정의를 보면, 강조점 및 보장범위가 조금씩 다름을 알 수 있다. 가장 큰 차이점은 사회보장의 범위 또는 사회보장을 구성하는 하위 제도에 관한 것이다. 우리나라와 미국은 사회보장이 사회보험, 공공부조, 사회서비스로 구성된다고 한다. 이에 비해 ILO, 미국의 사회보장학자, 베버리지는 사회보장을 소득보장, 즉 사회보험과 공공부조로 한정한다. 사회보장의 대상, 즉 사회적 위험 또는 소득의 감소와 중단에 대한 생각도 다르다. 대상의 범위를 노령, 실업, 장애 등으로 한정한 정의도 있고, 실업, 질병, 재해, 퇴직, 사망, 출생, 결혼 등 상당히 넓게 본 정의도 있다. 따라서 공통의 정의를 추출하기가 쉽지 않지만, 그래도 다음과 같은 공통점을 찾을 수 있다.

- 사회보장은 법정 프로그램이다.
- 사회보장은 소득보장제도이다. 현물 서비스도 있지만 주는 소득보장이다.
- 사회보장의 대상은 고령, 장애, 사망, 질병, 출산, 실업, 재해 등과 같은 사회적 위험과 그로 인한 소득의 감소나 중단이다.
- 사회보장은 사회보험, 공공부조, 사회서비스, 보건의료 등과 같은 공적 조치를 포함한다.

5) 사회보장의 유사 개념

(1) 사회정책

사회보장과 가장 유사한 개념이 사회정책(social policy)이다. 사회보장과 사회정책의 주요 차이점은 제도의 범위에 있다. 사회정책이 사회보장보다 범위가 넓다. 베버리지보고서를 보면, 사회보장은 사회보험, 공공부조, 민간보험으로 구성되어 있고, 사회정책은 사회보장 이외에도 아동수당, 보편주의 보건서비스, 재활서비스 및 완전고용을 포함한다(Beveridge, 1942). 독일 사회법도 사회정책을 사회보장뿐만 아니라 교육, 주택, 환경정책 등을 포괄한다고 규정하고 있다(전광석, 1994).

그러나 사회정책이 사회보장 외에 보건과 고용 및 보편적 수당을 포함한다는 점에서 범위가 넓지만, 사회보장 없는 사회정책은 생각할 수 없을 정도로 사회보장이 사회정책에서 차지하는 비중이 크고, 또 두 개념은 거의 같다고 말해도 될 정도로 매우 유사하다.

무엇보다도 사회정책과 사회보장은 지향하는 목표가 빈곤의 예방, 사회통합, 사회적 불평등의 완화, 소득재분배 등으로 일치한다. 사회보험을 핵심으로 한다는 점에서도 동일하다. 사회정책은 1880년대 독일제국의 사회입법에 기원을, 사회보장은 1935년에 제정된 미국 사회보장법에 기원을 두고 있다. 그런데 독일제국의 사회입법(건강보험, 산재보험, 연금)과 미국의 사회보장법(연금과 실업보험)은 모두 사회보험에 관한 법률이라는 점에서 완전히 일치한다. 그러니까 사회보험을 독일에서는 사회정책(또는 사회입법)이라고 칭했고, 미국에서는 사회보장이라고 칭했을 뿐 본질적으로 같다는 것이다.

그럼에도 오늘날 양자가 다소 다른 의미로 사용되는데, 이유는 역사적 배경에서 찾을 수 있다. 사회정책이 독일제라면, 사회보장은 미국제이다. 사회정책이 독일문화권 아래에 있는 서유럽 국가들과 독일 사회정책의 영향을 받은 영국을 중심으로 사용되었다면, 사회보장은 1·2차 세계대전을 거치면서 세계 최강국이 된 미국의 영향 아래 UN을 중심으로 국제적인 용어로 자리 잡았다.[9] 우리나라는 일본을 통해 독일식 사회정책(계급정책)을, 미국을 통해 미국식 사회보장(시민복지)을 받아들였고, 양자를 다소 다른 의미로 사용하고 있다.

(2) 사회안전망

사회안전망(social safety net)은 IMF(the International Monetary Fund)[10]와 World Bank[11]가 만들어 국제적으로 유포시킨 용어이다. IMF와 World Bank는 원활한 시장경제의 작동과 개발도상국 및 후진국에 대한 경제적 원조를 목적으로 하는 대표적인 국제금융기구인데, 1970년대 후반부터 재정지원을 받은 개발도상국가와 구 사회주의 국가의 구조조정 프로그램(재정지원의 조건으로 제시), 즉 국가재정지출의 축소, 자본시장의 개방, 노동시장의 유연화, 국영기업의 민영화 등으로 실업자의 양산과 빈곤의 심화 등 부정적인 결과(이른바 '빈곤의 세계화')가 나타나자 그에 대한 해결책을 모색하면서 사회보장제도에 대해 관심을 갖게 되었다.

양대 국제금융기구에 포진한 신자유주의 경제학자들은 사회안전망을 구조조정을 위한 경제개혁조치(신자유주의적 재편)가 사회적 취약계층에게 미치는 역효과를 최소화하기 위한 조치(주로 단기적 사회복지정책)라고 정의한다(Chu & Gupta, 1998). 그리고 이들은 사회안전망의 가장 큰 목적이 빈곤의 예방과 제거에 있

9) 예컨대 1941년 대서양 헌장에 사회보장이라는 용어가 들어갔고, 1948년 UN 인권선언에도 포함되었다. 이후 사회보장은 국제적으로 통용되는 용어로 확고하게 자리 잡았다(Lowe, 1993 : 10-11).

10) 브레턴우즈협정(1945년 12월 발효. 2차 세계대전 후 국제금융의 안정과 원활화를 위한 협정)에 따라 1947년 3월에 창설된 국제금융협력기구이다. 자매기관인 Word Bank가 장기국제금융기관이라면 IMF는 단기국제금융기관이다. 본부는 워싱턴에 있다. 가맹국은 단기적으로 국제수지불균형에 빠졌을 경우 IMF로부터 금융지원(융자)을 받는다. 자금은 가맹국들의 출자(각국의 경제력에 비례)에 의해 조성되며, 융자의 최고한도는 출자액의 2배이다. 1990년대 이후 러시아, 멕시코, 태국, 인도네시아 등이 융자를 받았다. 우리나라도 1997년 11월 외환위기를 맞아 융자를 받았으나 2001년 모두 상환했다.

11) 브레턴우즈협정에 의해 1946년 6월에 설립된 Word Bank는 전쟁으로 파괴된 경제의 부흥과 저개발지역의 개발 원조를 위한 국제장기투자기관으로서 민간자본의 원활한 국가 간 이동과 국제투자의 합리적 촉진을 지향한다. 우리나라는 1955년에 가입했다.

다고 본다. 즉, 소득이 중단되거나 예외적인 지출의 발생으로 빈곤에 빠질 위험에 노출되었을 때 빈곤에 빠지지 않도록 방지하고, 이미 빈곤한 상태에 있는 사람에게는 최저한의 생계보장을 해줌으로써 빈곤에서 탈피하도록 만드는 사회적 장치라는 것이다(방하남 외, 1998).

이와 같이 사회안전망을 구조조정에 따른 부작용을 보완하는 단기적인 사회복지정책으로 간주하기 때문에 사회안전망에는 특정 취약집단에 대한 생계보조수당, 민영화로 실업자가 된 공공부문 근로자를 위한 해고수당, 근로 창출을 위한 공공근로사업, 극빈층을 보호하기 위한 최저한의 사회보장(이는 기존의 관대한 사회보장을 선별주의로 재정비하는 것을 의미한다)이 포함된다. 이러한 대책들은 대부분 사회보장제도에 포함된다. 그런데도 굳이 이들이 사회보장 대신 사회안전망이라는 용어를 사용하는 이유는 서구 복지국가의 사회보장이 고비용-비효율-관료주의적이며, 정부의 과도한 재정지출이 시장경제를 해치고, 삶에 대한 개인의 책임을 약화시키는 주범이라고 생각하기 때문이다.

사회안전망이 구조조정의 보완장치라는 사실은 우리나라가 1998년 외환위기 극복을 위해 IMF 금융구제를 받았을 때 잘 확인되었다. 당시 World Bank는 우리 정부에 구조조정차관 20억 달러를 지원하면서 금융개혁, 기업구조조정, 사회안전망 등 세 분야의 구조 개혁과제들을 적시한 정책 프로그램을 제시했는데,[12] 이 중 사회안전망 부분은 기업의 구조조정으로 인해 노동시장에서 방출되는 실업계층과 노동능력 빈민을 주된 대상으로 삼아 자활보호(workfare)의 강화, 보건의료 부문과 사회보장연금에서의 효율성과 투명성의 제고, 사회보장연금의 부분적인 민영화(연기금의 투자를 민간투자회사에 위탁)에 중점을 두었다(김창엽 외, 1998). 이는 이들 신자유주의 성향의 국제금융기구가 지향하는 구조조정을 뒷받침하는 한시적인 사회안전망의 확충, 기존 사회보장제도의 개인적 형평성과 효율성의 강화 및 민영화를 충실히 반영한 것이었다.

12) IMF와 World Bank가 구제금융에 대한 조건으로 요구하는 구조조정은 통화의 평가절하, 가격 자유화, 긴축재정과 같은 1단계 단기적 거시경제 안정화 프로그램과 무역자유화, 민영화, 은행의 탈규제화, 조세개혁 등 2단계 장기적 구조조정을 포함한다(김창엽 외, 1998).

2. 사회보장의 목적

1) 사회보장의 전통적 목적

사회보장의 목적에 대한 전문가의 견해는 다양하다. 예를 들어 Rys(1974 : 5-6)는 사회보장의 목적이 사회적 사고를 예방하고, 소득감소를 보상하며, 사회부조로 사회보장 수혜자를 사회에 통합시키는 것에 있다고 했다.

Murphy(1979 : 3-4)는 사회보장의 목적이 질병, 장애, 노령, 실업과 같은 사회적 위험에 대처하고, 강제저축으로 각 개인의 위험에 대비하며, 소득재분배로 사회의 평등을 지향하고, 개인의 손실을 보상하는 데 있다고 했다.

Robinson(1976 : 17)은 공동체 기준에 의거해서 모든 사람과 가족의 소득을 보장하고, 위험의 폭넓은 분산을 통해 소득유지를 보장함으로써 소득의 급작스러운 변화로부터 야기되는 곤란을 최소화하고, 시민의 사회경제적 지위를 향상시키는 데 사회보장의 목적이 있다고 했다.

Rejda(1999 : 36-37)는 사회보장의 목적을 다음과 같이 네 가지로 제시했다.

첫째, 사망, 노령, 질병, 장애, 실업 등 여러 사회적 위험에 처한 국민에게 최저한의 경제적 보장을 제공한다.

둘째, 빈곤을 예방한다.

셋째, 시민의 소비, 저축, 투자 등에 긍정적 영향을 미쳐 경제안정화에 기여한다. 예컨대 사회보장연금과 실업보험급여는 경기후퇴기에 유효수요를 창출한다.

넷째, 근로인센티브, 솔선수범, 근검절약 등 사회적으로 바람직한 가치를 진작시킨다. 예를 들어 사회보장은 수급자에게 근로할 것을 요구함으로써 일의 중요성을 일깨우고, 사회보장 혜택의 안정적 유지를 원하는 사회보장 수급자로 하여금 경제사회적 안정을 원하게 만든다.

2) 사회보장의 신자유주의적 목적

신자유주의는 사회보장 전반에 큰 영향을 미쳤다. 심지어 사회보장의 목적마저 바꿔 놓았다. 전통적인 사회보장의 목적인 소득보장보다 생산적 측면과 근로인센티브의 강화를 지향하도록 만든 것이다.

영국 요크대학 사회정책연구소 연구위원 Roy Sainsbury(1999 : 41-45)는 신자유주의의 강력한 영향으로 사회보장의 전통적인 목적과는 이념적으로 다른 새로운 사회보장프로젝트(the new project for social security)가 강조되고 있다고 하면서 사회보장의 전통적 목적이 신자유주의적 목적으로 대체되고 있다고 주장했다. 그는 먼저 사회보장의 전통적 목적(old and familiar aims)을 다음과 같이 요약했다.

- **빈민구제**(the relief of poverty) : 베버리지보고서가 5대 악 중의 하나로 지목한 결핍(want)에 대한 대책으로서의 사회보장이 바로 이런 목적을 추구한다. 공공부조(또는 그 뿌리인 빈민법)가 가장 대표적이다.
- **욕구충족**(meeting needs) : 노인, 아동, 장애인 등 사회적 욕구가 큰 집단을 위한 사회적 대책(주로 공공부조와 사회복지서비스)으로서의 사회보장을 말한다. 제2차 세계대전 후 사회보장 수급자들의 사회적 권리가 신장되면서 많이 사용되었다.
- **소득유지와 소득보전**(income maintenance and replacement) : 연금과 건강보험이 여기에 해당되는데, 일을 하여 소득이 있을 때 사회보험에 가입, 보험료를 내고, 노후나 질병으로 소득이 중단 또는 감소되었을 때 사회보험급여를 받음으로써 소득을 유지한다.
- **보상**(compensation) : 공장주를 위해 일하다가 산업재해를 당했을 때 노동력 상실에 비례하여 보상을 받는 근로자보상법이나 산재보험이 여기에 해당된다.
- **재분배**(redistribution) : 공공부조는 소득계층 간 재분배(수직적 재분배)를, 가족수당은 수평적 재분배(소가족에서 대가족으로)를, 연금은 세대 간 재분배(청년세대에서 노인세대로)를 목적으로 하고 있다.

그리고 사회보장의 신자유주의적 목적을 다음과 같이 정리했다.

- **적극적 목표**(active aims) : 베버리지보고서는 결핍 상태에 빠진 사람을 무조건 보호하는 데 주안점을 두었다는 점에서 수동적(passive)이었다. 그러나 대처리즘이 등장한 이후 사회보장의 수동적 성격은 부정되고, 적극적 복지, 즉 사회보장의 생산적 측면이 강조되고 있다.
- **근로인센티브의 강화**(getting people into work) : 1970년대 오일쇼크 이후 스태그플레이션과 함께 고실업이 장기화되고 사회보장의 생계 보장적 기능보다는 일을 하도록 만드는 기능이 강조되었는데, 이는 기존의 사회보장에 근로인센티브를 약화시키는 측면, 즉 빈곤함정(poverty trap)이 존재했다는 사실에 근거를 두고 있다. 근로인센티브를 강화하기 위해 워크페어(workfare, welfare to work)를 강조한다.
- **행동의 변화**(changing behaviour) : 사회보장이 사회적으로 바람직하지 않은 시민의 행동은 억제하고, 반대로 바람직한 행동은 고무하는 기능을 수행한다. 예컨대 홀로 사는 노인이나 젊은 독신자보다는 가족들과 함께 사는 노인과 기혼 부부의 사회보장 급여를 유리하게 만듦으로써 가족과의 동거와 결혼을 장려한다. 또 실업보험 급여에서 일자리를 얻기 위해 노력하는 사람을 그렇지 않은 사람보다 더 유리하게 만든다.

신자유주의자들이 사회보장의 목적을 이처럼 다르게 보는 이유는 빈곤을 경제적 역기능(시장의 실패)의 결과로 보는 대신 개인적 노력 부족의 결과로 간주하고, 풍요 속에 상대적 빈곤이 존재한다는 사실도 부정하며, 베버리지가 말한 사회보장을 통한 빈곤의 예방에 대해서도 부정적이기 때문이다(Sainsbury, 1999 : 68).

3. 사회보장의 원칙

사회보장의 원칙은 사회보장을 운영하는 기준과 같은 것이다. 여기서는 우선 미국의 사회보장법에서 규정하고 있는 사회보장의 원칙과 베버리지와 미국 사회보장청이 정리한 사회보험의 원칙을 살펴본다.

1) 미국 사회보장의 원칙

미국 사회보장법이 가장 중시하는 사회보장의 원칙은 적절성(adequacy)과 공평성(equity)이다. 적절성의 원칙이 인간의 기본적인 욕구를 충족시키기 위해 빈민들에게 부조를 제공하는 것이 바람직하다고 보는 것이라면, 공평성의 원칙은 개개인은 자신이 기여한 바에 비례하여 급여를 받아야 한다는 것을 말한다. 이 두 원칙을 자동차에 비유하면, 적절성은 모든 사람들이 어떤 형태의 차이건 보유하도록 배려해야 한다("Everyone deserves a car of some kind")는 것이고, 공평성이란 사회적 공헌도가 큰 사람에게는 보다 좋은 차를 배정해야 한다("I worked overtime to get this good car")는 것이다(Whiteman, 2001 : 6).

미국 사회보장법은 적절성의 원칙을 수용하여 사회보험과 공공부조를 통해 소득의 재분배를 기한 동시에 공평성의 원칙도 받아들여 사회보험에서 급여를 기여에 비례하게 만들었다(Whiteman, 2001 : 4-6).

미국의 사회보장법이 공평성을 강조하는 데는 이유가 있다. 바로 미국인 특유의 개인주의 때문이다. 다시 말해서, 개인의 생계곤란을 공동체적으로 해결하고자 하는 사회보장제도를 도입하면서도, 개인주의적 요소를 가미하고자 했던 것이다. 이는 당시 사회보장법에 대한 루스벨트(Roosevelt) 대통령의 입장에 잘 나타나 있다. 그는 사회보장이 노동윤리의 가치(the value of the work ethic)를 반영하고 또 그런 점에서 사회보장이 공공근로 프로그램(work relief)과 구별되기를 원했다. 또한 공공근로를 위기국면에서만 필요한 일시적인 조치로 간주했으며, 급여의 기초가 되는 노동과 개인의 노력을 진작시킬 수 있는 장기적인 예방조치가 필요하다고 생각했다. 그것이 사회보험이었다. 그는 공공근로보다는 사회보험을 선호했으며, 보험방식이야말로 미국인 다수가 정치적으로 수용할 수 있는 것이라고 확신했다. 사회보험은 공공근로 수혜자들의 수를 줄이는 잠재력을 지니고 있었다. 따라서 대공황을 극복하기 위해서는 사회보장이 반드시 필요하고, 경기회복은 복지구제(welfare relief)보다는 고용을 통해서만 가능하다고 믿었다. 아울러 사회보장 수급자는 반드시 재정적으로 기여해야 한다고 생각했다. 수급자의 보험료 부담은 제도를 재정적으로 안정시킬 뿐만 아니라 수급자의 권리의식을 갖게 만든다고 보았던 것이다(Whiteman, 2001 : 5).

2) 사회보험의 원칙

(1) 베버리지의 사회보험 원칙

베버리지는 사회보험의 원칙으로 ① 최저수준의 정액급여(flat rate of subsistence benefit), ② 정액보험료, ③ 행정책임의 통일(국가책임), ④ 급여의 적절성(adequacy of benefit), ⑤ 포괄성(comprehensiveness), ⑥ 분류화(classification) 등 여섯 가지를 제시했다(Beveridge, 1942 : 121-122).

정액급여란 소득수준, 직업, 재산과 같은 사회경제적 수준과 가족 수나 연령 및 성별과 같은 인구학적 차이에 관계없이 모든 사람들에게 동일한 액수의 급여를 제공하는 것을 말하고, 정액보험료란 사회경제적 수준이나 인구학적 차이를 고려하지 않고 모든 사람이 동일한 액수의 보험료를 부담하는 것을 의미한다. 행정책임의 통일이란 모든 사회보장제도의 관리운영을 국가가 담당하는 것을 말한다.

적절성의 원칙은 급여금액과 지급기간의 적절성, 다시 말해서 다른 도움 없이 사회보험 급여만으로도 국민최저수준이 보장될 수 있어야 한다는 것이다. 오늘날에는 적절성을 현대 산업사회에서 인간으로서 향유해야 하는 최저한의 품위유지 수준(decent level)으로 규정한다. 그 반대가 박탈과 빈곤이다. 박탈과 빈곤은 사회적으로 규정된 최저한의 욕구를 충족시키는 데 필요한 자원이 결여된 상태, 즉 불충분성(inadequacy)이다. 빈곤선(poverty line)은 적절성의 경계가 된다. 그리고 정부가 시행하는 사회보장의 적절성 기준은 정부가 고시하는 국가최저기준(national minimum)이다(Veit-Wilson, 1999 : 81).

포괄성의 원칙이란 전 국민을 사회보험의 대상으로 삼는 것을 말한다. 특정한 계급, 즉 노동자계급만이 아니라 자영업자를 포함한 모든 국민을 대상으로 한다는 것이다. 보편주의와 같은 말이다.

분류화의 원칙은 사회보험의 대상자를 생활방식, 고용 형태, 소득원의 차이, 가정주부, 아동, 노인 등 다양한 집단별로 분류하는 것이다. 그러나 이런 대상자 분류는 일반인이 생각하는 것처럼 사회경제적 계급에 따른 것은 아니다. 다시 말해서, 시민의 생계능력을 고려한 분류는 아니라는 것이다. 베버리지가 말한 분류화는 사회보험의 대상자 집단을 근로자, 자영업자, 전업주부, 기타 노동인구, 취업 전 청소년, 노동무능력 고령자 등 6개 층으로 구분한 것이다. 이들 각 집단의 욕구는 서로 다르다. 예컨대, 자영업자는 실업보험의 보호를 받을 필요는 없으나 장애인 대책은 필요로 하며, 가정주부는 장애인 대책과는 별로 상관이 없지만 결혼생활로부터 생기는 특수한 욕구, 즉 출산이나 가족해체 등과 관련된 욕구가 있는 것이다.

(2) 미국 사회보장청의 사회보험 원칙

미국 사회보장청도 사회보험의 원칙을 제시하고 있다(SSA, 2016).

첫째, 근로 연계성(work related)이다. 근로자와 가족의 경제적 보장은 그들의 근로이력에 기초해 있고, 급여자격과 급여수준은 근로소득에 연결되어 있다.

둘째, 비자산조사(no means test)이다. 급여는 노력해서 얻은 권리(an earned right)이다. 저축, 연금, 개인보험 또는 기타 형태의 비근로소득과는 관계없이 지급된다.

셋째, 기여금(contributory)이다. 노력해서 얻은 권리의 개념은 근로자가 급여에 소요되는 재정에 도움을 주는 기여금을 부담함으로써 강화된다.

넷째, 보편적 강제적용(universal compulsory coverage)이다. 모든 근로자와 가족은 퇴직, 장애, 사망 등의 사유로 소득이 중단되거나 감소하면 보호를 받는다.

다섯째, 권리는 법에 규정(rights clearly defined in the law)되어 있다. 어떤 조건에서 얼마나 급여를 받는지는 법에 명확히 규정되어 있으며 객관적으로 결정된다. 행정재량권은 엄격하게 제한된다.

CHAPTER 02

사회보장의 체계와 제도

사회보장의 구체적인 내용을 의미하는 사회보장의 체계는 사회보장이 제도로 수립되고 발전해 온 각 나라의 사정에 따라 다르고, 또한 무엇을 기준으로 사회보장을 분류하느냐에 따라 학자마다 다르다.

일찍이 구빈법을 중심으로 구빈정책을 시행해 온 영국은 부조제도를 중심으로 사회보장체계를 갖추고 있으며, 산업화와 함께 사회보험제도를 도입한 독일은 사회보험 중심으로 사회보장체계를 발달시켜 왔다. 그리고 국민의 삶에 대한 국가의 책임을 강조해 온 북구의 나라들은 사회수당제도를 중심으로 사회보장체계를 구성하였다.

2장은 1절에서 사회보장의 체계에 대한 여러 학자들의 이론적 분류와 국제기구와 정부기관의 분류를 살펴본 다음, 2절부터 5절까지는 사회보장제도별로 내용을 분석해 본다.

제1절 사회보장의 체계

사회보장의 체계는 제도를 시행하는 기준에 따라서 분류할 수 있으며, 또한 사회보장이 보장하고자 하는 사고의 내용에 따라 분류할 수도 있다. 1절에서는 우선 사회보장을 제도의 시행 기준에 따라 유형별로 분류하고, 또한 사회보장이 보장하고자 하는 사고의 내용에 따라 분류해 본다.

1. 사회보장의 유형별 분류

사회보장의 유형은 대상자를 선정하는 기준인 기여(contribution) 여부와 자산조사(means test) 여부에 따라, 보험(insurance) 방식, 부조(assistance) 방식, 수당(demogrant) 방식으로 나눌 수 있다(이성기, 1996 : 16-17). 그러나 이러한 기준 외에도 사회보장의 유형을 분류하는 방법은 여러 가지가 있다.

1) 베버리지의 분류

사회보장의 개념을 처음 정립한 베버리지(William Beveridge)는 사회보장의 유형을 다음과 같이 네 가지로 분류하였다.

- 사회보험
- 공공부조
- 보편적 수당
- 민간보험

베버리지는 사회보장의 중심은 사회보험과 공공부조라고 했고, 사회보험을 사회보장의 핵심이라 하였다. 베버리지의 견해 중 특이한 것은 민간보험

(voluntary insurance)까지 사회보장에 포함시킨 것이다. 민간보험은 공공부조와 함께 사회보험을 보충하는 데 의의가 있다고 하였다(Beveridge, 1942 : 120).

2) 레자의 분류

미국의 사회보장학자인 레자(Rejda, 1999 : 10-12)는 사회보장에 다음과 같은 네 가지 제도를 포함시켰다.

- 사회보험
- 공공부조
- 보편적 수당
- 공적 공제기금

레자는 베버리지와는 달리 사회보장에서 민간보험을 제외하고, 공적 공제기금(public provident funds)을 포함시켰다. 사실 민간보험은 사회보험과 본질적으로 다르고 때로는 서로 경쟁하는 관계에 있기 때문에, 사회보장을 보완하기는 하지만 사회보장으로 보기는 어렵다. 공적 공제기금은 강제저축제도인데, 베버리지시대에는 없었던 것으로 사회보장연금의 재정위기 이후 사회보장연금에 대한 대안으로 주목받으면서 사실상 사회보장의 한 부분으로 자리 잡아가고 있다. 레자의 사회보험, 공공부조, 보편적 수당, 공적 공제기금의 내용은 다음과 같다.

- **사회보험** : 위험분산(pooling of risks)을 위한 정부의 이전지출 수단(a device of transfer)으로서, 법에 따라 피보험자에게 제공되는 재정적 급여나 서비스이다.[1] 사회보험에는 건강보험, 노령연금, 실업보험, 산재보험이 있다.
- **공공부조** : 저소득층에 대한 현금급여 및 기타 서비스로, 대상은 저소득층에 한정되고, 저소득 여부를 가리기 위해 자산조사가 필요하다. 급여 혜

1) 미국손해보험협회 산하 사회보험용어위원회의 정의

택은 그 대상자의 재정 상태와 욕구에 따라 결정되고, 재정은 정부의 일반세입에서 충당된다. 공공부조는 사회보험을 보완한다.

- **보편적 수당** : 수급자의 소득, 고용, 재산과 관계없이 모든 시민과 주민들에게 정액의 현금급여를 제공하는 것으로, 재정은 조세로 충당된다. 노령수당과 가족수당이 보편적 수당이다.
- **공적 공제기금** : 싱가포르와 말레이시아, 그리고 일부 개발도상국가가 시행하고 있으며, 공적인 강제 저축제도이다. 근로자와 사용자가 공동 부담하는 보험료가 개인계좌에 적립되고, 가입자가 퇴직하면 개인별로 저축한 적립금 총액과 그 이자수입을 합한 금액을 되돌려 주며, 가입자가 사망하면 수급권은 유족에게 승계된다.

3) 미국 사회보장청의 분류

미국 사회보장청은 ISSA와 협력하여 전 세계 사회보장 프로그램들을 소개하는 「세계의 사회보장 프로그램」이라는 보고서를 매년 발표하고 있다. 여기서 미국 사회보장청은 사회보장 프로그램을 자세하게 구분하여 소개하고 있다. 사회보장청은 우선 사회보장 급여를 현금급여(in cash)와 현물급여(in kind)로 구분한다.

- **현금급여** : 소득의 상실을 현금으로 보전하는 것이다.
- **현물급여** : 입원, 의료서비스, 재활 서비스와 같은 현물의 서비스이다.

현금급여를 소득유지 프로그램(income-maintenance programs)이라고 한다. 소득유지 프로그램은 고용 관련 프로그램, 보편주의 프로그램, 자산조사 프로그램을 포함한다. 고용 관련 프로그램과 보편주의 프로그램은 가입자 본인과 부양가족 및 유족도 수급권을 가진다. 자산조사 프로그램은 개인의 소득과 자산에 기초하여 급여수준이 정해진다.[2)]

---

2) SSA. 2016. "Social Security Programs Throughout the World : The Americas. 2015." https://www.ssa.gov/policy/docs/progdesc/ssptw/2014-2015/americas/index.html (SSA 검색일 2018. 2. 21)

- **고용 관련 제도**(employment-related systems) : 근로기간(고용 또는 자영업 기간)에 비례하여 지급되는 연금, 고용 여부에 따라 지급 여부가 결정되는 건강보험, 실업보험, 산재보험과 같은 사회보험을 말한다. 고용 관련 제도는 연금과 같은 장기급여(long-term payments)와 실업, 질병, 출산, 산업재해에 대해 지급되는 단기급여(short-term payments or periodic payments)로 나뉜다. 급여는 임금에 비례한다. 재정은 대부분 사용자와 근로자가 부담하는 보험료로 충당된다. 보험료는 소득에 비례하는 것이 일반적이다. 강제가입을 원칙으로 하나 경우에 따라 임의가입을 인정하고 있다(주로 자영업자). 비교적 새로운 사회보장제도로 명목확정기여방식(the Notional Defined Contribution scheme, NDC)이 있다.[3)] 고용 관련 제도에 대한 정부의 재정지원도 있다. 정부는 정부예산으로 가입자 임금총액의 일정 비율을 지원하거나, 프로그램 재정의 일부를 지원하거나, 펀드 재정적자의 일부를 보조한다. 저임금 근로자의 보험료 일부를 지원하는 경우도 있다. 사회보장연금의 재정은 정부회계와 완전히 분리되어 있다.
- **보편적 수당 프로그램**(universal or demogrant programs) : 소득수준, 고용 여부, 생계수준 등과 같은 개인의 사회경제적 지위를 고려하지 않고, 모든 국민에게 제공하는 현금급여이다. 노령수당, 가족수당, 장애・유족・미망인・고아 수당이 여기에 속한다. 재정은 정부의 일반세입에서 충당되는 게 보통이지만, 사용자와 근로자의 보험료로 충당하는 경우도 있다.
- **자산조사 프로그램**(means-tested programs) : 특정한 욕구를 가진 사람(노동능력을 상실한 노인이나 장애인)과 저소득층을 대상으로 한다. 생계수단, 욕구 또는 소득조사, 가족의 자원 등을 고려하여 대상자를 선정하는데, 나라마다 기준은 조금씩 다르다. 전통적으로 재정은 정부예산으로 조달한다. 급여의 규모와 형태는 법이 정한 범위 안에서 행정적으로 정한다. 대부분

3) 명목확정기여방식(NDC)에서는 가입자는 자신의 보험료를 자기 이름으로 개설된 개인통장에 적립한다. 가입자는 실제로 보험료를 납부하지만, 개인통장의 적립금은 명목적으로 적립되고, 적립된 돈은 현재 연금수급자에게 지급되는 자금으로 사용된다. 하지만 가입자가 수급연령이 되면 명목적으로 적립된 통장에서 약속된 연금을 지급받는다. 지급보증은 정부가 한다. 연금은 적립총액에 적립금수익(정부 보증 수익률)을 합한 금액으로 정해진다.

중앙정부가 국가 차원에서 프로그램을 직영하지만 사회보험 관리운영기관이나 지방정부가 하는 나라도 있다.

이상과 같은 사회보험, 보편적 수당, 공공부조 외에 사회보장 기능을 갖는 프로그램이 있다.

- **재정적 서비스 공급자가 제공하는 프로그램**(programs delivered by financial services providers)[4)]
  - **개인계정**(individual account) : 가입자 소득의 일정 비율을 가입자 개인의 통장(개인계정)에 적립하고, 개인계정은 공적 또는 민간의 펀드매니저(은행, 보험회사, 투자금융회사 등)가 관리한다. 가입은 법정 또는 임의이다. 가입자는 펀드매니저를 선택할 수 있다. 개인계정 적립금은 퇴직, 장애, 질병, 실업 등 법정 지급사유가 발생하면 가입자 소득을 보전하는 자금원이 된다. 가입자 사망 시 유족에게 수급권이 이양된다. 가입자 또는 사용자는 적립금 관리 펀드매니저에게 관리운영 수수료를 지급한다.
  - **법정 기업연금**(mandatory occupational pension) : 사용자 또는 근로자가 납부하는 기여금(보험료)으로 재정을 충당하는 법정 강제저축 프로그램이다. 급여는 반환일시금, 월정 연금, 종신 연금 등이 있으며, 가입자가 선택할 수 있다.
  - **법정 민간보험**(mandatory private insurance) : 법정 프로그램으로서 민간 보험회사가 판매하는 보험상품을 가입자가 직접 구매한다.

- **공적 공제기금**(public provident funds) : 개발도상국에서 채택하고 있는 제도로서 사용자와 근로자가 공동 부담하는 보험료로 재정을 충당하는 강제저축제도이다. 보험료는 개인계정에 적립되며, 지불 사유(질병, 퇴직 등)가 발생하면 정해진 절차에 따라 반환(연금이나 반환일시금)된다. 유족연금이 있는 경우도 있다.

4) 이전에는 개인계정과 기업연금을 구분하지 않고 법정민간보험(mandatory private insurance)이라 했다. 법정 민간보험을 개인계정, 법정 기업연금, 법정 민간보험 등 세 가지로 구분한 것은 민간 사회보장 프로그램의 위상이 커졌다는 것을 말한다.

- **사용자책임제도**(employer-liability systems) : 노동법에 따라 사용자가 자신의 근로자에게 직접 특정한 급여를 제공하는 것이다. 퇴직자나 장애 근로자를 위한 보상일시금(lump-sum gratuities; 퇴직금이나 산재보상금), 의료서비스(산재 근로자에 대한 의료서비스), 출산급여와 가족수당(기업복지 프로그램), 산재환자를 위한 단기 및 장기 현금보상과 의료서비스, 해고수당 등이 있다. 급여 지불의 책임이 전적으로 사용자에게 있기 때문에, 근로자 간의 위험분산이 불필요하다. 사용자들은 그 책임을 분산하기 위해 보험에 가입한다(민간 산재보상보험). 민간 산재보상보험을 법정화한 국가도 있다.

2. 사회보장의 사고별 분류

사회보장의 사고별 분류에는 가장 전통적인 분류인 ILO의 분류와 최근 들어 많이 인용되고 있는 OECD의 분류방식이 있다.

1) ILO의 분류

국제노동기구(ILO)는 1952년 사회보장 최저기준 협약에서, 사회보장이 보장해야 하는 우발적 사고(contingencies)를 9가지로 구분했으며, 이에 대처하기 위한 9가지 급여를 제시하였다. ILO의 분류는 사회보장의 체계에 관한 전통적 분류가 되었다.

- 보건의료
- 질병급여
- 출산급여
- 장애급여
- 노령급여
- 유족급여
- 재해급여

- 실업급여
- 가족급여

ILO의 분류는 사회보장이 보장해야 하는 사고별로 분류하고 있어, 급여별로 보험 방식과 부조 방식, 그리고 수당 방식을 포함하고 있다. 대표적인 노령급여를 예로 들면, 노령급여에는 보험 방식인 연금보험이 있으며, 부조 방식인 노령부조(우리나라의 기초연금)가 있으며, 또한 수당 방식의 노령급여가 있을 수 있다. 그러나 ILO의 분류는 개인계정, 기업연금, 개인연금의 분화와 민간 사회보장 프로그램의 확대 등 사회보장 프로그램이 다양화하는 현실을 반영하지 못하고 있다는 한계도 있다.

2) OECD의 분류

OECD는 사회보장 급여를 사회적 위험과 목적에 따라 9개 영역, 즉 노령, 유족, 근로무능력, 보건, 가족, 적극적 노동시장사업, 실업, 주거, 기타 영역으로 구분하였다. OECD의 사회보장 급여 유형은 국가 간 사회보장 급여의 비교에서 많이 쓰인다(안병영 외, 2018 : 271-272).

- **노령급여** : 노인이 경험할 수 있는 사회적 위험에 대응하여 현금 또는 현물급여를 제공하는 것이다. 노령급여로는 은퇴 후 소득 단절의 위험으로부터 노인을 보호하기 위해 노후소득을 지원하는 노령연금이 대표적이다. 노령급여에는 조세를 재원으로 지급하는 부조 방식의 기초연금과 일정 기간 동안 보험료를 납부한 사람에게 지급하는 보험 방식의 소득비례형 연금이 있다. 또한 연금 수급연령에 도달하기 전에 은퇴한 사람에게 지급하는 조기퇴직연금과 피부양자를 둔 연금 수급자에게 지급되는 부양가족연금도 있다. 그리고 노령급여에는 노인에게 돌봄 및 서비스를 제공하는 노인장기요양서비스, 재활서비스, 가사보조서비스 등 현물급여도 포함된다.

- **유족급여** : 사회보험 가입자가 사망한 경우에 유족(배우자, 자녀, 부모, 조부모 등)에게 현금 또는 현물 급여를 제공하는 것이다. 유족급여에는 유족연금과 부양가족 부가금 및 기타 현금급여 등이 포함되며, 장제비(장례비지원) 및 기타 현물급여도 포함된다.
- **근로무능력급여** : 선천적 장애로 일을 할 수 없거나, 근로자가 근무 중에 발생한 재해와 질병 등으로 노동시장에 참여할 수 없거나 또는 제한적으로 참여할 수밖에 없는 경우에 제공하는 것이다. 즉, 근로능력이 없음을 의미하는 장애는 선천적일 수도 있고, 사고나 질병으로 발생한 후천적인 것일 수도 있다. 현금급여에는 장애연금, 산재연금, 산재상병수당, 질병급여, 기타 현금급여 등이 있으며, 현물급여에는 장애인에게 제공되는 돌봄서비스, 재활서비스, 가사보조서비스 등이 있다.
- **보건급여** : 환자를 위한 의료서비스와 공공보건서비스를 제공하는 것이다. 또한 입원환자요양서비스, 보조의료서비스, 의약품 지급 등 현물급여가 포함된다. 그러나 질병으로 인한 현금급여는 근로무능력급여와 질병급여로 분류되고, 노인장기요양서비스는 노령급여에 포함된다.
- **가족급여** : 가족을 지원하는 급여를 제공하는 것이다. 현금급여에는 가족수당과 출산 전·후 휴가수당, 육아휴직 수당, 기타 현금급여가 포함된다. 현물급여에는 보육서비스와 가사보조서비스, 기타 서비스 등이 포함된다.
- **적극적 노동시장사업급여** : 근로소득을 목적으로 일자리를 찾는 사람에게 직업능력 및 취업 가능성을 높이기 위해 추진하는 사업들이다. 적극적 노동시장사업은 ① 공공고용서비스 및 행정(public employment services and administration), ② 직업훈련(training), ③ 일자리 순환 및 나누기(job rotation and job sharing), ④ 고용장려금(employment incentives), ⑤ 고용지원 및 재활(supported employment and rehabilitation), ⑥ 직접일자리사업(direct job creation), ⑦ 창업지원(start-up incentives) 등이 있다. 적극적 노동시장사업은 현물급여, 즉 서비스 형태로 제공된다.
- **실업급여** : 실업자에게 지급되는 모든 현금급여를 의미한다. 실업자에 제공되는 현금급여는 실업급여, 해고수당 등이 있다.

• **주거급여** : 일반적으로 임대주택을 제공하는 현물급여 형태를 취하지만, 임대료와 주거비용을 보조하기 위한 현금급여도 있다. 노인, 장애인, 저소득층에게 제공하는 주거 현물급여는 각각 노령급여, 근로무능력급여, 기타 사회정책영역급여에 포함된다.

• **기타 급여** : 다양한 이유로 관련 프로그램에서 배제된 사람들에게 임시적으로 급여를 제공하거나 앞서 열거한 급여들을 통해 욕구를 충족시키지 못할 때 제공된다. 현금급여에는 공공부조의 소득지원과 기타 현금급여가 포함되며, 현물급여에는 공공부조의 현물급여와 기타 현물급여가 포함된다.

〈표 2-1〉 **사회보장 급여의 유형과 항목**

영 역	급여 유형	급여 항목
1. 노령(old age)	현금급여	연금(기초연금, 사회보험연금)
		조기퇴직연금, 부양가족연금
		기타 현금급여
	현물급여	돌봄서비스/가사보조서비스
		기타 현물급여
2. 유족(survivors)	현금급여	유족연금, 부양가족 부가금
		기타 현금급여
	현물급여	장제비
		기타 현물급여
3. 근로무능력 (incapacity-related benefits)	현금급여	장애연금
		산재연금(산업재해)
		상병수당(산업재해)
		질병급여(기타 질병)
		기타 현금급여
4. 보건(health)	현물급여	의료서비스, 공공보건서비스 및 투자
		입원환자요양서비스, 보조의료서비스, 의약품 지급

5. 가족(family)	현금급여	가족수당
		출산 전·후 휴가 및 육아휴직 수당
		기타 현금급여
	현물급여	보육/재가보조서비스
		기타 현물급여
6. 적극적 노동시장사업 (active labour market programmes)	현물급여	공공고용서비스 및 행정
		직업훈련
		일자리 순환 및 나누기
		고용장려금
		고용지원 및 재활
		직접일자리사업 및 창업지원
7. 실업(unemployment)	현금급여	실업급여/해고수당
		노동시장 환경으로 인한 조기퇴직
8. 주거(housing)	현금급여	주거비 보조금
	현물급여	임대주택
		기타 현물급여
9. 기타 사회정책영역 (other social policy areas)	현금급여	공공부조 소득보조
		기타 현금급여
	현물급여	공공부조 현물급여
		기타 현물급여

출처 : 고경환 외(2012). 「2011년도 한국의 사회복지지출 추계」. 서울 : 한국보건사회연구원.

제2절 사회보험

사회보장에서 가장 대표적인 제도는 사회보험이다. 사회보험은 강제가입을 전제로, 가입자가 기여를 하고, 보험에서 보장하고자 하는 사고가 발생되었을 때 보험금을 지급하는 제도이다.

1. 사회보험의 특징

사회보장은 여러 가지 제도들을 포함하고 있지만, 가장 중요한 것은 사회보험이다. 사회보험은 연금보험, 건강보험, 산재보험, 실업보험을 포함하는데, 이를 4대 사회보험이라고 한다. 연금보험은 노후로 인한, 건강보험은 질병과 출산으로 인한, 산재보험은 산업재해로 인한, 실업보험은 실업으로 인한 소득의 중단이나 감소를 보전한다.

20세기 후반 들어 세계 최고의 고령국가인 독일과 일본이 이른바 '제5의 사회보험'이라 하여 장기요양보험(long-term care insurance)을 신설했다. 일본에서는 이를 개호보험(介護保險)이라 한다. 장기요양보험은 장기요양을 필요로 하는 노인환자의 보호 비용을 보험으로 해결하기 위한 제도이다. 노인환자는 원래 건강보험의 대상이었으나 인구의 고령화로 그 수가 크게 증가하여 건강보험 재정에 심각한 부담을 주자, 노인환자 중 장기요양을 요하는 사람을 병원이 아니라 요양시설에서 보호하고 그 비용을 사회보험방식으로 조달하고자 한 것이 장기요양보험이다.

사회보험은 보험이기 때문에 민간보험과 유사한 점이 많고, 또 소득보장제도라는 점에서 공공부조와 목적이 같다. 그러나 사회보험은 민간보험은 물론 공공부조와 본질적으로 다른 특징을 가지고 있다. 레자(1999 : 18-25)는 사회보험의 특징을 다음과 같이 정리했다.

- 강제적 프로그램이다. 사회적 위험(사망, 노령, 장애, 질병 등)으로부터 사람들을 보호하기 위한 의무적인 제도이다.
- 사회적 위험에 대비하기 위한 최저소득보장제도(a minimum floor of income protection against the social risks)이다.
- 개인적 형평성보다는 사회적 충분성을 중시한다. 사회적 충분성이란 모든 가입자들에게 최저생계수준 이상을 유지토록 급여를 제공하는 것을 말하고, 개인적 형평성이란 자신이 낸 보험료에 비례하여 급여를 받는 것을 말한다. 사회보험은 사회적 충분성을 보장하기 위해 저소득층, 대가족, 노령층 등이 더 유리하도록 배려한다.
- 급여수준과 소득수준은 직접적인 연관이 없다. 개인적인 생활수준이나 자신이 낸 보험료 액수보다는 현재의 욕구에 따라 급여가 결정된다. 그러나 소득비례 연금에서 보듯이 급여와 소득이 비례하는 경우도 있다.
- 급여는 권리이며, 자산조사를 하지 않는다. 사회보험 수급권은 수급자와 보험자(정부 또는 공적기구) 간의 계약에 의해 규정된 권리(contractual right)이고, 수급자가 수급에 필요한 제반 요건을 다 충족시켰기 때문에 지급하는 것이며(earned right), 사회보장 관련법에 의해 보장된 법정권리(statutory right)이다. 사회보험 수급권은 수급자의 존엄성을 보장해 주는 동시에 사회보험에 대한 시민들의 지지도 이끌어 낸다.
- 사전에 규정된 욕구(presumed need)에 따라 급여가 제공된다. 예컨대, 연금은 모든 노인에게 자동적으로 지급되는 게 아니라, 관련 규정에 의거 65세 이상 정년 퇴직자에게만 지급된다.
- 사회보험 재정은 수급자인 근로자와 자영업자, 그리고 근로자를 고용하는 사용자가 책임진다. 이를 수익자재정책임원칙(self-supporting contributory principle)이라 한다.
- 급여는 법으로 규정된다.
- 사회보험은 정부가 주도하지만 정부의 근로자인 공무원만을 위해서가 아니라 정부개입이 필요한 사회문제의 해결을 위해 운용된다.

• 재정의 완전적립(full funding)이 불필요하다. 민간보험은 반드시 완전적립이 필요하지만, 사회보험은 그렇지 않다. 민간보험과 같은 적립 프로그램에서는 축적된 자산(기금)의 가치가 가입자의 제반 권리(수급권)를 충족시킬 정도로 충분해야 한다. 민간보험이 완전적립을 강조하는 가장 큰 이유는 민간보험이 언제든지 종료될 수 있기 때문이다. 하지만 사회보험은 그럴 필요가 없다. 사회보험 기금은 경우에 따라서 수지불균형이 발생할 수도 있다.

사회보험이 적립방식을 택할 필요가 없는 데는 몇 가지 이유가 있다.

① 사회보험은 일정 기간만 운용되는 것이 아니라 영속적인 프로그램이다. 따라서 완전 적립이 불필요하다.

② 사회보험은 강제적용이기 때문에 신규 가입자가 계속해서 발생한다.

③ 사회보험은 중앙정부가 궁극적인 책임을 지므로 재정적자가 발생하면 보험료를 인상하는 등의 방법을 통해 해결할 수 있다.

④ 경제적인 측면에서도 완전적립은 바람직하지 않다(재정적자, 수요 억제 등).

사회보험은 현재 거의 모든 나라들이 시행하고 있다. 사회보험의 시행 국가 현황을 보면, 연금을 시행하고 있는 나라의 수가 가장 많고, 실업보험을 시행하는 나라가 가장 적다. 그리고 사회보험 중에서 산재보험을 가장 먼저 시행한 나라가 많다.

2. 사회보험과 민간보험

사회보험과 민간보험은 보험방식으로 사고에 대처한다는 점에서는 유사하나, 실제 운영에서는 여러 가지 차이점이 있다.

1) 공통점

사회보험과 민간보험은 19세기 중・후반 유럽에서 유행했던 공제조합에 기원을 두고 있으며, '보험'이라는 데 공통점이 있다. 레자(1999 : 30-32)는 사회보험의 보험 요소를 다음과 같이 지적했다.

- **위험분산**(risk pooling or combination) : 위험 발생 가능성을 가진 많은 사람들을 하나로 묶어 정확한 장래의 손해를 예측하는 기술이다. 다시 말해서, 개개인의 손해를 합한 다음 평균치를 계산해 내고, 그 평균 손해로 실제 손해(개인별 손해)를 대체시키는 것이다. 이는 민간보험이 오랫동안 발전시킨 기술이다.
- **손해의 우연성**(fortuitous loss) : 우연한 손해란 예상할 수 없는 우발적인 사고(accidental)로서 보험가입자의 통제를 벗어나는 손해를 말한다. 민간보험은 이런 우연한 손해만을 대상으로 하는데, 사회보험도 이를 받아들였다(사망, 질병, 장애 등).
- **위험의 이전**(risk transfer) : 민간보험에서는 개인의 손해를 보험회사가 떠안는다. 이를 위험의 이전이라 한다. 사회보험에서도 개인의 위험(사망, 노령, 장애, 질병 등의 발생)이 보험자에게로 이전(보험급여의 재정적 책임)된다.
- **배상**(indemnification) : 민간보험은 가입자의 손해를 배상한다. 배상이란 손해에 대해 전부 또는 일부를 현금 지불, 보수, 대체 등의 방법으로 보상(compensation)해 주는 것을 말한다. 사회보험도 마찬가지이다.[5]

레자(Rejda, 1999 : 32-33)는 또한 사회보험과 민간보험의 공통점을 보다 구체적으로 다음과 같이 지적했다.

- 위험의 이전과 분산을 기한다.
- 가입대상, 급여, 재정 등과 관련된 모든 조건들을 특정화하고 규정한다.
- 급여 자격과 총액에 대한 정확한 수학적 계산을 필요로 한다.
- 프로그램의 운영에 필요한 비용을 충당하기에 충분한 보험료와 보험금 지급을 전제로 한다.

---

5) Rejda는 사회보험의 보험 요소 외에 복지 요소를 말했다. 사회보험의 복지 요소란 노력하지 않고 얻은, 무상의 급여혜택(unearned benefits)을 말한다. 사회보험에서는 노인과 같은 특정 집단은 자신이 낸 보험료 크기에 관계없이 또는 그 이상의 급여 혜택을 받는다. 이는 전술한 사회적 충분성의 원칙(개인의 수급액은 그 개인이 부담한 기여액을 초과할 수 있다는 원칙)에 근거를 두고 있다. 이는 또 사회보험에서 저소득층을 배려한 것이기도 하다.

- 사전에 결정된 급여(predetermined benefits)를 제공한다. 반면에 공공부조 급여는 빈민이라는 사실을 증명(demonstrated need)해야 받을 수 있다.
- 가입자의 경제적 보장을 목적으로 한다.

2) 차이점

사회보험과 민간보험은 공통점이 있기는 하지만, 본질적으로 전혀 다른 제도이다. 무엇보다도 사회보험은 영리를 목적으로 하지 않는 반면에, 민간보험은 영리를 목적으로 한다. 민간보험은 이익이 남는 위험(profitable risk)만을 상품화하는 반면에 사회보험은 다수의 사람들을 고통에 빠트리고 또 누구나 다 겪을 수 있는 사회적 위험(social risk)을 대상으로 한다. 또한 민간보험에서 외면하는 노령자나 환자 등을 보호하는 데 중점을 두어 시장의 실패(market failure)를 보정하고, 소득재분배를 지향한다. 그리고 민간보험이 특정 개인의 욕구(individual need)를 충족시키는 반면에, 사회보험은 전반적 복지(general welfare), 개인의 존엄성(dignity), 가족과 사회의 안정(stability)과 같은 사회의 욕구(society's needs)를 충족시킨다(Kingson & Berkowitz, 1993 : 19-20).

민간보험은 영리를 지향한다는 점에서 경제제도의 하나인 금융제도이고, 사회적 위험에 대한 대응과 소득재분배를 지향하는 사회보험은 비영리적인 사회복지제도의 하나이다.

사회보험과 민간보험은 등가성 유무에서도 차이가 난다. 민간보험은 보험료와 기대 급여 간의 등가성(지불한 만큼 되돌려 받는다는 것을 의미; according to his contribution)이 있다. 민간보험의 보험금은 보험회사가 가입자에게 베푸는 은전이나 혜택이 아니라, 가입자와 보험회사 간의 계약에 따라 지급받는 반대급부라는 것이다. 반면에 사회보험은 개별적 등가성이 없다(부담은 능력원칙에, 급여는 필요원칙에 근거; according to his needs). 즉, 사회보험의 보험료는 사용자의 이윤과 근로자의 소득에 부과되는 세금과 매우 유사하고, 사회보험 급여는 개인이나 집단에게 정부가 지급하는 급여, 즉 단순한 소득의 이전(simply transfer)이다. 개별적 등가성을 중시하는 민간보험에서는 소득재분배가 발생하기 어렵고, 개별적 등가성을 중시하지 않는 사회보험에서는 소득재분배가 발생한다.

베버리지는 사회보험과 민간보험의 차이점으로 사회적 위험에 대한 인식의 차이를 강조했다. 첫째, 민간보험은 보험료를 위험에 비례(조정)하게 만드는 것(adjustment of premiums to risks)이 핵심이다. 왜냐하면 이것 없이는 보험에 가입할 이유가 없기 때문이다. 그러나 국가의 강제력에 입각해 있는 사회보험은 그럴 필요가 없다. 둘째, 민간보험은 보험금 지불에 대비하기 위해 개인별 생애주기의 초기에 그 소요자금을 적립해 놓아야 한다. 그러나 세대를 이어 보험가입을 강제할 수 있고, 또 징세 권한을 지닌 국가로서는 보험금 지불 대비 적립금을 비축해 놓을 필요가 없다(Beveridge, 1942 : 12-13).

베버리지는 영국에서 사회보험을 처음 도입할 무렵(1910년대 초)에는 시민들이 사회보험도 민간보험과 같이 보험료를 위험에 비례하도록 하는 게 당연하다고 생각했으나 그로부터 30년이 지난 1940년대 초에는 여론이 바뀌었다는 사실을 지적했다. 즉, 시민들이 위험 비례 보험료보다는 위험의 분산(pooling risks)을 더 선호하게 되었다는 것이다. 이런 변화는 실업에서 두드러졌다. 실업의 규모가 커져 개별 기업의 통제 범위에서 벗어났고, 또 모든 기업들이 상호 의존적인 관계에 있다는 사실을 고려할 때, 실업의 위험에 빠지지 않은 운 좋은 사람들이나 기업들(fortunate in being regular)이 실업의 비용을 분담하는 것이 바람직하다는 것이다. 사회적 위험의 분산을 선호하는 경향은 건강보험과 산재보험에서도 분명히 나타났다(Beveridge, 1942 : 13).

베버리지는 위험에 비례한 보험료 부담에서 위험의 분산을 강조하는 데 대해 반발이 있을 수 있음을 인정했다. 보다 건강하고, 정규적인 일자리를 가진 사람들은 왜 자신들이 더 부담해야 하는가 하고 반대할 수 있다는 것이다. 이에 대해 베버리지는 사회보험이 새로운 형태의 인간제도(human institution)로서 고통의 예방과 완화에 목적을 둔 과거의 제도와 민간보험과 다르다는 점을 강조했다. 사회보험은 강제적인 제도인 동시에 다른 동료들과 공생하는 사람(men stand together with their fellows)을 전제로 하는 제도이다. 이는 위험을 개인별로 분리(separation of risks)하는 것이 아니라 사회적 목적을 위해 위험을 공동부담(분산)한다는 것을 의미한다.[6] 이같이 사회보험의 보험료를 위험에 비례시키기보다는 위험의 분산을 위한 보험료를 중시하는 이유는 사회보험의 목적이 생계에 필요한 최저소득을 보장(guaranteeing the minimum income needed for subsistence)하는 데에 있기 때문이다(Beveridge, 1942 : 14).

사회보험과 민간보험은 관리비용에서도 차이를 보인다. 즉, 민간보험이 사회보험에 비해 더 많은 관리비용을 필요로 하는데, 그 이유는 다음과 같다.

① 사회보험은 계약에 수반되는 비용이 저렴하다. 보험상품 판매를 위한 마케팅, 광고 등의 비용이 지극히 적게 소요되고, 아울러 보험계약조건이 법적으로 결정되기 때문이다.

② 사회보험은 고정비용(전산장비 비용, 지방사무소 운영비용 등)을 전체 시장에 부담지울 수 있는 일종의 규모의 경제가 존재한다.

③ 위험을 보유하는 대가로 배당 등의 자본비용을 지불할 필요가 없다. 그러나 신자유주의자들은 사회보험의 공적 운영에 따른 비효율성(불필요한 관리 인력의 증대와 관료화로 인한 잠재적인 관리비용의 증대) 때문에 사회보험의 관리운영비용이 민간보험에 비해 적다고 단정할 수는 없다고 주장한다(이기영 외, 1998 : 45).

사회보험은 개인보다는 집단을 대상으로 하고, 민간보험은 가입자 개개인을 대상으로 한다는 것도 양자의 다른 점이다. 볼(R. Ball)이 사회보험을 "정부가 운영하는 단체보험(group insurance)"이라고 정의한 데서 보듯이, 사회보험은 집단을 대상으로 한다. 하지만 민간보험에도 단체보험이 있다. 근로자 개인이 아니라 기업체 종사자 전체를 대상으로 하는 미국의 기업연금이나 민간건강보험이 좋은 예이다(Kingson & Berkowitz, 1993 : 19). 그 밖에 사회보험과 민간보험은 세부적으로도 많은 차이점이 있는데, 이를 정리하면 <표 2-2>와 같다.

6) 그럼에도 불구하고 Beveridge는 산재보험과 건강보험의 경우 보험료를 위험에 연계시킴으로써 가입자 스스로 위험을 제거하려는 노력을 경주하도록 만들 필요가 있다는 점도 지적했다(Beveridge, 1942 : 15).

〈표 2-2〉 사회보험과 민간보험의 차이점

사회보험	민간보험
1. 강제적	1. 자발적
2. 최저소득의 보장	2. 개인의 의사와 지불능력에 따라 고액 보장 가능
3. 사회적 충분성 강조(복지 요소)	3. 개인적 공평성 강조(보험 요소)
4. 급여는 법에 의해 규정(법적 권리)	4. 법적 계약에 의거(계약적 권리)
5. 정부 독점	5. 자유 경쟁
6. 비용 예측 곤란	6. 비용 예측 전제
7. 완전 적립 불필요	7. 완전 적립
8. 보험계약(underwriting) 불필요	8. 개인적 또는 집단적 보험계약
9. 목적과 결과를 감안, 다양한 옵션 부여*	9. 목적과 결과를 감안, 단일 옵션 부여
10. 중앙정부의 통제하에 투자	10. 사적 경로를 통한 투자
11. 인플레 대응을 위해 조세제도 이용 가능	11. 인플레에 취약

* 사회보험에서는 재정 충당 방법, 급여 수준, 자격 요건, 가입기간, 정부 역할 등 여러 측면에서 이견이 존재할 수 있다. 반면에 민간보험의 선택권(옵션)과 목적은 비교적 단순하다.

출처 : Rejda(1999), p. 33.

3) 사회보험과 민간보험의 관계

사회보험과 민간보험은 보완적 관계인 동시에 경쟁관계에 있다. 보완적 관계에 있다는 것은 사회보장은 최저한의 경제적 보장 기능만 수행하고 그 이상은 민간보험에 맡기는 것, 즉 민간보험이 사회보험을 보충하는 관계를 말한다. 또한 의무 가입의 사회보험이 전 국민으로 확대되면 보험에 대한 시민들의 이해가 깊어져 민간보험의 가입도 확대되는 효과를 기대할 수 있다. 예컨대, 미국의 경우 1935년 사회보장법 제정 이후 생명보험 시장이 위협받을 것으로 예상했으나 노후보장의 중요성과 필요성에 대한 사회적 인식이 높아져 생명보험의 가입률이 오히려 증가했다. 사회보장연금이 일반시민들의 노후보장 요구를 충족시킬 수 있을 정도로 충분하지는 않았기 때문이다.

반면에 양자가 경쟁관계에 있다는 증거도 있다. 1911년 영국이 국민보험(건강보험과 실업보험)을 도입하고자 했을 때 민간보험의 초기 형태였던 공제조합이 강하게 반대했고, 1935년 미국이 사회보장제도를 만들 때 민간보험회사들이 강력하게 반발하여 건강보험의 도입을 좌절시켰던 것이다. 민간보험회사들이 사회보험의 도입에 반대한 가장 큰 이유는 사회보험이 자신들의 영업을 대체한다고 여겼기 때문인데(민간보험회사에게 건강보험과 연금은 주요한 상품이다), 여기서 사회보험과 민간보험은 서로 경쟁관계에 있음을 확인할 수 있다. 그리고 사회보장이 불충분한 미국과 일본은 생명보험이 많이 발달해 있는 반면, 독일, 영국, 스웨덴 등 사회보장 수준이 높은 국가는 생명보험의 발전이 순조롭지 않다는 사실은 양자의 경합관계를 시사한다.

4) 역선택과 도덕적 해이

사회적 위험에 대해 민간보험으로 대응하는 데 구조적으로 한계가 있어 사회보험이 불가피하다는 주장의 근거로 가장 많이 제시되는 것이 역선택(adverse selection)과 도덕적 해이(moral hazard)이다. 역선택과 도덕적 해이는 사회보험의 민영화, 즉 사회보험을 민간보험으로 전환하자는 주장에 대한 유력한 반대논리이기도 하다(Rejda, 1999 : 27-28).

(1) 역선택

역선택이란 비대칭적 정보(asymmetric information) 또는 불완전한 정보로 인해 보험시장에 바람직하지 않은 결과가 초래되는 현상을 말한다. 예를 들어, 질병 발생 확률이 높은 피보험자가 그런 사실을 감춘 채 건강보험에 가입하여 보다 많은 급여를 수급함으로써 보험자와 질병 발생 확률이 낮은 다른 피보험자에게 손해를 끼치는 것이다. 의료비용을 많이 소비하는 역선택 피보험자로 인해 보험자는 보험료를 인상할 수밖에 없으며, 질병 발생 확률이 낮은 피보험자는 실제 부담해야 하는 것보다 많은 보험료를 부담하게 되어 보험가입을 기피하거나 좀 더 싼 보험자를 찾게 된다. 그렇게 되면, 질병 발생 확률이 높은 고위험 피보험자만 남게 되고, 보험자는 보험료를 다시 인상하지 않을 수 없게 된다. 결국 보험자의 보험경영은 어려워지고 나아가 보험시장 전체가 쇠퇴한다.

역선택이란 보험가입자와 보험회사 간의 정보의 비대칭성(보험가입자들은 자신의 위험도에 대해 높은 수준의 정보를 보유하고 있는 데 반해 보험회사는 보험가입자에 관해 낮은 수준의 정보를 보유하는 것)으로 인해 보험시장에서 고위험집단의 가입률은 높아지고, 저위험집단의 가입률은 낮아지는 현상을 말한다. 역선택은 보험시장에 고위험집단만 남게 만들어(보험시장의 비효율성 증대) 결국 '시장의 실패(market failure)'를 가져온다.

이를 피하기 위해서는 정부가 개입할 수밖에 없다. 즉, 정부가 사회보험을 만들어 모든 보험대상자들의 가입을 의무화(강제화)하는 것이다. 민간보험의 보험료는 사고 확률이나 손해 크기에 기초해 있는 반면에 사회보험에서는 상대적으로 보다 많은 보험료를 부담하는 집단(젊고 건강한 사람)과 적게 부담하는 집단이 공존하는데, 이는 강제가입의 원칙 때문에 가능한 일이다. 그리고 사회보험은 보험료 부담 능력이 없어 민간보험에서 배제되는 저소득층도 보험료를 적정하게 하여 가입시킬 수 있다.

민간보험회사는 역선택을 피하기 위해 위험기준 보험료, 즉 위험발생률에 비례하여 보험료를 부과하는 방식을 채택하거나 위험군 선택(risk selection)을 통해 저위험집단만 보험에 가입시킨다. 그러나 이렇게 되면, 건강이 나쁜 사람들이 보다 많은 보험료를 부담해야만 하는데, 대다수 질병의 발생원인이 개인보다는 사회에 있다는 점을 고려할 때 이는 형평에 맞지 않다(질병의 사회적 책임). 그리고 고위험집단, 예컨대 노인이나 장애인 등 사회적 약자들은 보험에서 근본적으로 배제될 수밖에 없다. 또한 고위험집단과 저위험집단을 구분하는 데도 상당한 비용이 든다. 결국 영리를 목적으로 하는 민간보험 대신 공적인 사회보험으로 이를 해결할 수밖에 없다. 사회보험방식의 건강보험은 피보험자의 건강수준을 고려하지 않고 가입시키며, 또 모든 가입자에게 부담능력에 비례하여 보험료를 부과한다.

역선택은 건강보험에서뿐만 아니라 가입자가 사망할 때까지 정기적으로 연금을 지급하는 보험상품인 개인연금에서도 발생한다. 건강해서 오래 살 것으로 생각하는 사람들이 주로 개인연금에 가입하게 되면(실제로 서민들은 개인연금을 일종의 사치품으로 생각하여 가입을 꺼리는 경향이 있다. 반면에 생활수준이 높고 평균수명이 긴 중상층 시민은 노후 대비를 위해 가입하는 경우가 많다), 보험회사로서는 평균수명이 긴 악성 고객(bad risks)만을 받아들이게 되어 재정손실을 피할 수 없게 된다. 따라서 보험회사로서는 평균수명이 짧은 고객, 예컨대 흡연자, 스카이다이버, 광부, 건강이 좋지 않은 이른바 우량 고객들(the best risks)만을 가입시키려 할 것이다. 이를 '크리밍(creaming)'이라고 한다(World Bank, 1994 : 330).

(2) 도덕적 해이

도덕적 해이란 사회보험 계약이 가입자들의 동기와 행동에 영향을 끼치는 현상, 예를 들어 어떤 사람이 보험에 가입했다 하여 보험에 가입하기 전에 비해 위험 발생을 예방하려는 노력을 덜하게 되는 현상을 말한다. 일반 상품의 경우 소비자는 그 가격의 전액을 지불하기 때문에 그로부터 최대한의 편익을 구하려는 경제적 동기가 있다. 그러나 급여를 받을 수 있는 조건을 갖추면(질병 발생이나 실업 상태와 같은) 자동적으로 제3자(보험자)가 그 비용을 부담하는 사회보험의 경우, 자원의 경제적 사용에 대한 동기는 약하다. 이는 위험발생률을 높인다.

사회보험 중에서 도덕적 해이의 발생 가능성이 높은 것으로 꼽히는 것이 건강보험과 실업보험이다. 건강보험의 경우 피보험자가 불필요한 진료서비스를 받으려 하거나, 치료 효과와 관계없이 고액의 진료를 선호하거나, 건강 유지 노력보다는 진료에 의지하려 하거나 하는 경향이 있고, 의료진은 자의적으로 필요 이상의 검사, 수술, 투약 등의 의료서비스를 제공하려는 유인이 존재한다.

실업보험의 도덕적 해이는 건강보험보다 좀 더 심각한 것으로 간주되고 있다. 실업의 경우 그것이 자발적 실업인지 아니면 비자발적 실업인지 제삼자가 구별하기는 쉽지 않다. 실업 여부는 일자리에서의 자신의 행위에 상당 부분 좌우되기 때문이다(예 : 성실성, 책임의식 등). 그리고 위험이 발생해도 그로 인한 심리적 손해가 적다면 도덕적 해이의 발생 가능성이 더 높은 것으로 알려져 있는데, 실업은 질병보나 심리적 손해가 적다는 점에서 그렇다. 실입보험에 가입하면, 다른 보험에 비해 비교적 쉽게 실업급여를 받을 수 있고, 따라서 실업으로부터 벗어나려는 노력을 덜할 가능성이 있는 것은 분명하다.

그리고 실업보험의 소득대체율(replacement rate; 실업급여액 ÷ 임금)은 높은데 보험료는 적을 경우 새 일자리를 찾으려는 인센티브가 감소되어 실업에서 벗어나려는 노력을 의도적으로 덜 기울이거나 일부러 실업자가 되는 경우가 발생할 가능성이 있다. 이를 '실업함정(unemployment trap)'이라고 한다(Barr, 1987 : 200).

친 보수당 성향의 영국 경제문제연구소의 파커(Parker)와 민포드(Minford) 등은 실업함정의 존재를 인정하였다(Parker, 1982; Minford et al., 1985). 이들은 영국에서 소득비례 실업급여가 도입되어 소득대체율이 크게 개선된 1966년에 실업률도 크게 증가한 사실을 근거로 실업함정의 존재를 주장했다. 그러나 사실은 그렇게 단순하지 않다. 사람은 대가만을 바라고 일을 하지는 않는다. 소득대체율을 정확히 계산하기도 힘들다. 소득비례 실업급여의 수급요건을 충족시키는 사람은 실업자의 1/6에 불과했다. 영국의 소득대체율은 국제기준에 비해 결코 높은 게 아니다. 말하자면 실업함정에 대한 소득대체율의 영향을 단정하기는 어렵다는 것이다(Barr, 1987 : 200).

실업보험에 도덕적 해이가 존재한다면 민간 실업보험은 불가능하다. 게다가 실업률은 보험수리적으로 예측하기도 힘들어 민간보험회사가 실업보험을 상품으로 개발하기가 대단히 어렵다. 반면에 건강보험의 경우 일부러 병에 걸리는 경우는 생각하기 어렵고, 의사와 같은 전문직의 통제가 가능하므로 도덕적 해이가 발생할 확률은 낮다. 질병 발생률에 대한 보험수리적 예측도 가능하다. 따라서 민간 건강보험은 성립될 수 있다(Barr, 1987 : 193-194).

한편 도덕적 해이는 건강보험에서 진료비 본인부담을 정당화하는 논리로 사용되고 있다. 진료비 본인부담이 없을 경우 피보험자들이 건강보험 수급권을 남용한다는 것인데, 논리적으로는 납득이 가지만, 본인부담제의 도입 전후와 본인부담 액수의 증감 전후에 대한 실증적인 연구결과들을 보면 이에 대한 명확한 증거를 발견할 수 없다. 다만, 본인부담제가 저소득층의 의료이용 감소에 영향을 미치는 것은 확인되는데, 이를 곧바로 저소득층의 도덕적 해이로 연결시키는 데는 무리가 있다. 다시 말해서, 본인부담제 때문에 저소득층이 병의원을 덜 이용한다 해서 저소득층 사이에 도덕적 해이가 있다고 해석할 게 아니라 저소득층이기 때문에 본인부담의 경제적 부담을 더 느껴 꼭 필요한 진료마저도 포기한다고 이해하는 게 합리적이라는 것이다. 본인부담제는 장기적으로 보면 환자들의 의료 이용을 감소시키는 경향이 있고, 특히 사회적 취약계층(social disadvantaged), 빈민 및 노령층에서 그 효과가 큰 것은 사실이지만, 이들이 '불필요한' 의료서비스 사용을 실제적으로 감소시켰다는 증거는 없다.

그리고 건강보험에서 도덕적 해이를 강조하는 것은 도덕적 해이라는 용어 자체가 피보험자의 부정적 행태를 전제한다는 점에서 보험자(가급적 재정지출을 줄이려는 강한 동기를 가진)의 입장을 편파적으로 반영한다는 지적도 있는데, 본인부담제와 관련하여 시사점이 크다.

이상의 논의를 고찰할 때, 사회보험에서 도덕적 해이가 과연 존재하는지를 확정하기 위해서는 좀 더 과학적인 자료가 축적되어야 할 것 같다. 그리고 도덕적 해이가 실제로 존재한다 하더라도 복지대상자의 행위에 대한 충분한 정보를 갖추고 이를 바탕으로 그들의 행위를 조장하고 통제한다면 도덕적 해이를 방지할 수 있다. 이런 정보를 갖추려면 많은 비용과 대규모 조직이 필요하다. 이런 점에서 민간보험보다는 사회보험이 더 효율적이다.

제3절 공공부조

사회보장에서 가장 오랜 역사를 가진 제도는 공공부조이다. 3절에서는 공공부조의 개념 그리고 사회보험과의 차이점, 신자유주의 이후 다시 강조되고 있는 워크페어 등을 살펴본다.

1. 공공부조의 개념

공공부조(public assistance)는 실업, 질병, 장애, 자녀부양 등으로 인해 기본적인 욕구, 음식, 의복, 주거 등 능력이 없는 빈민에게 재정적 부조를 제공하는 것이다. 공공부조는 현금급여, 의료부조, 사회서비스(가족문제에 대한 카운슬링, 직업알선, 주거 지원, 지역사회보호, 가정봉사 등)를 포함한다. 공공부조 급여는 최저생계비에 상당해야 한다. 그래야 기본적인 욕구 충족이 가능하기 때문이다.

공공부조는 빈민만을 대상으로 하기 때문에 공공부조의 적용대상이 되기 위해서는 정부가 정한 소득 및 재산의 기준을 충족시켜야 하며, 이를 위해 자산조사를 받아야 한다. 그래서 공공부조를 자산조사 급여(means-tested benefits)라고 한다. 차별적인 자산조사와 자격조사는 빈민에게 낙인을 준다(Rejda, 1999 : 344-345). 공공부조는 미국에서 1930년대 이전에는 구호(relief)라는 용어로 사용되었고, 1935년 사회보장법 제정 이후부터는 복지(welfare)라는 용어로 대체되었다.[7]

7) 개인주의 국가 미국에서 복지는 부정적인 의미를 가지고 있다. 복지 수급자는 정부에 의존하는 사람, 자립 능력이 없는 사람, 납세 부담을 주는 사람으로 인식되고 있다.

2. 사회보험과 공공부조

사회보험과 공공부조는 시민의 최저생계보장을 목적으로 하는 사회보장제도라는 점에서 같지만 다른 점도 많다. 무엇보다도 그 뿌리부터 다르다. 공공부조는 절대왕정시대에 부랑자를 다스리기 위해 제정한 빈민법(복지제도라기보다는 공안제도에 가까웠던)에 기원을 두고 있는 반면에, 사회보험은 상호부조조직인 공제조합에 기원을 두고 있다.

사회보험과 공공부조는 법정 이전소득(mandated transfers of money)이라는 점에서 같지만, 공공부조가 빈곤을 완화(ameliorate)하는 데 목적이 있다면, 사회보험은 빈곤을 예방(prevent)하고, 모든 계층의 경제적 비보장(insecurity)을 경감(lessen)시키는 데 목적이 있다(Kingson & Berkowitz, 1993 : 14-15).

레자(Rejda, 1999 : 35-36)는 사회보험과 공공부조의 차이점을 다음과 같이 정리했다.

- **재정 예측성** : 사회보험의 수입과 지출 총액은 비교적 예측이 용이하다. 반면에 빈민의 수와 생계비 수준에 따라 지출 규모가 결정되는 공공부조는 그 재정을 예측하기가 쉽지 않다.
- **자산조사** : 공공부조는 그 수급자가 빈민임을 증명해야 급여를 받을 수 있으므로 자산조사가 불가피하다. 사회보험은 그렇지 않다. 공공부조가 수급자의 현재 드러난 욕구(demonstrated need)에 기초해 있다면, 사회보험은 앞으로 예상되는 욕구(presumed need)에 기초해 있기 때문이다.
- **재정충당방식** : 사회보험은 임금에 부과되는 보험료(earmarked taxes)로 재정을 충당하나 공공부조는 정부의 일반세입(general revenues)에서 충당한다. 다시 말해서 사회보험의 수급자는 보험료를 부담함으로써 재정을 스스로 조달하지만 공공부조 수급자는 재정에의 직접적 기여가 없다.
- **대상자 수** : 사회보험 대상자는 수가 매우 많지만, 공공부조 대상자는 그 수가 적다.

• 낙인 : 공공부조 대상자는 수급자격을 획득하는 과정에서 자신이 빈민임을 사회적으로 증명해야 하기 때문에 낙인을 피할 수 없다.

공공부조는 사회보험에 대한 보완장치, 즉 사회보험의 그물망을 통과해 떨어진 사람을 위한 최후의 보장제도로 인식되고 있다. 공공부조와 사회보험의 관계에 대해서는 베버리지의 다음과 같은 견해에 잘 나타나 있다.

> "국가는 자산조사를 거쳐 욕구가 있는 사람을 직접 부조해야 하는 책임이 있다. 국민의 일부는 신체적 장애 때문에 보험료를 부담할 능력이 전혀 없고, 일부는 사회보험 그물망을 통과해 떨어지기도 한다. 사회보험은 자산조사도 없고, 급여기간을 제한하지 않기 때문에 수급자에게 수급자격의 획득에 필요한 어떤 조건을 정해 놓아야 한다는 것을 의미한다. 예컨대 노령퇴직연금의 경우 충분한 기간 동안 보험료를 납부한 실적이 있어야 한다. 따라서 이런 자격 요건을 갖추지 못한 사람이 생기는데, 이 경우 공공부조가 반드시 필요하다. 공공부조는 전체 사회보장 계획의 필수 보완장치(an essential subsidiary method)이다."(Beveridge, 1942 : 12)

3. 공공부조와 워크페어

신자유주의는 사회보장에 지대한 영향을 미쳤으며, 공공부조도 예외가 아니다. 신자유주의가 공공부조에 미친 가장 큰 영향은 공공부조 대상자에게 복지급여의 조건으로 근로를 요구한 정책이었다. 이를 워크페어(workfare)라고 한다.

1) 미국의 워크페어

워크페어는 1980년대 후 신자유주의와 함께 등장한 완전히 새로운 개념이 아니다. 1967년 미국의 부양아동가족급여(Aid to Families with Dependent Children, AFDC) 수급자(부양자녀를 가진 편모가족)의 근로인센티브를 강화하기 위해 만든 WIN(Work Incentive Program)이 그것인데, WIN 프로그램의 핵심은 AFDC 수급자들을 의무적으로 취업 대상자와 직업훈련 대상자로 등록하도록 만들어(그렇지 않으면, 수급권을 해지하였다) 취업자로 만드는 데 있었다. 기존의 복지(welfare)를 워크페어(workfare)로 대체한 것이었다. WIN 프로그램은 AFDC의 주된 수급자인 흑인 여성가장에 대한 편견에 영향을 받아 만들어졌다(Rejda, 1999 : 421-422).

영국의 대처와 함께 신자유주의를 주도했던 미국의 레이건 대통령도 복지보다는 워크페어를 강조했다. 레이건 정부는 공공부조 예산을 축소시키려 했으며, 공공부조 수급자의 근로를 유도하고자 했다. 이에 따라 레이건 정부는 1981년 총괄예산조정법(Omnibus Budget Reconciliation Act, OBRA)을 도입하여 빈민을 위한 복지제도의 재정을 크게 감축시켰을 뿐만 아니라 AFDC 수급자격 요건을 크게 강화시켰다. 이 법은 또한 주정부가 근로복지 프로그램을 운영할 수 있도록 권한을 부여했다. 이에 의거 주정부는 AFDC 수급자들의 유급 근로를 권장하는 프로그램뿐만 아니라 일정 기간 동안 지역사회를 위해 무급으로 봉사하는 프로그램(지역사회봉사제도, 근로 경험을 부여함으로써 취업을 유도한다는 취지)도 운영하였다.

1988년에 제정된 가정지원법(the Family Support Act)도 워크페어를 강화하기 위한 것이었다. 이 법은 AFDC 수급조건으로 여성가장의 취업 및 직업훈련을 의무화했고, 그 비용을 정부가 부담하도록 규정했다. 이를 위해 취업기회 및 기초기술훈련(Job Opportunities and Basic Skills, JOBS) 프로그램이 만들어졌으며, 여기에 참여하는 여성들에게 정부가 교통비와 보육보조금을 지급했다. 또한 수급자가 취업을 하여 소득이 있는 경우에도 1년에 한해서 계속 보육보조금과 Medicaid의 혜택을 받을 자격을 부여했다.

워크페어의 관념은 클린턴 정부로도 계승되었다. 클린턴 대통령은 영국의 토니 블레어 정부가 표방한 '제3의 길'[8] 노선에 공감하여 워크페어정책을 강

8) 제3의 길은 사회민주주의 복지국가에 대한 비판에서 출발했다. 민간에 대한 정부의 과도한 간섭, 복지국가의 관료성과 비효율성, 그리고 과도한 복지비 지출과 복지가 가져온 도덕적 해이(moral hazard)를 문제로 지적하고, 그 대안으로 적극적 복지(active welfare)를 제시했다. 적극적 복지는 대략 세 가지로 압축된다. 첫째는 국민에게 성세적 혜택을 직집 제공하기보다는 인적 자원에 투지하는 복지국가, 즉 사회적 투자국가(social investment state)로 개편하자는 것이다. 둘째는 복지 다원주의(welfare pluralism)이다. 복지 다원주의란 기존의 중앙정부 중심의 복지공급을 지양하고, 복지 주체를 민간부문(제3 부문), 기업, 지방정부, 중앙정부 등으로 다극화하자는

화하였다. 이는 클린턴 정부의 이른바 WtW 정책, 즉 '일하게 만드는 복지(Welfare to Work)' 정책에 잘 나타나 있다. WtW 정책은 1996년 8월에 제정된 복지개혁법(Personal Responsibility, Work Opportunity Reconciliation Act)의 기조를 이루었는데, 핵심은 사회복지정책에 있어서 노동동기를 강조하고, 사회복지정책 대상자를 근로를 통해 자립·자활시키는 데 있었다. 다시 말해서 국가는 근로능력이 있는 빈민(the able-bodied poor)이 노동을 통해(노동의 상품화) 자립하여 사회복지 수급대상자에서 벗어날 것을 요구(사실상 강요)했던 것이다. 그리하여 사회복지급여를 받기 위해서는 반드시 일정 기간 이상 노동을 해야만 했고, 일정 기간 이상 사회복지 수급자로 잔류할 수는 없게 되었으며(복지수혜 기간 일몰제, 통상 5년), 복지수급자를 노동하게 만드는 프로그램에 정부보조금이 지급되었고, 구직자와 구인 기업을 연결시켜 주는 전국적 조직망이 갖추어졌으며, 장기간의 사회복지 수급자를 고용하는 기업에 세금공제 혜택이 주어졌다(김기원, 2000 : 82-85).

2) 영국의 워크페어

워크페어는 영국에서도 맹위를 떨쳤다. 신자유주의의 선봉에 섰던 대처 정부는 물론 대처리즘을 사실상 승계했다고 평가받고 있는 토니 블레어 노동당 정부도 복지보다는 워크페어를 중시했다. 대처는 주로 실업급여의 요건을 강화하여 워크페어를 실현하고자 노력했고, '제3의 길'을 내세운 블레어는 베버리지식의 소극적 복지(passive welfare)를 지양하고, 적극적 복지(active welfare)로 이를 대신할 것, 즉 궁핍을 자율성으로, 질병을 건강으로, 무지를 교육으로, 불결을 안녕으로, 나태를 진취성으로 대체할 것을 주장했는데(기든스, 1998 : 189), 이는 노동당마저 복지국가의 이념을 포기하고 워크페어를 수용했다는 것을 의미한다.

것이다. 셋째는 의식의 전환이다. 벤처기업가 정신이 좋은 예인데, 이런 벤처정신을 근로자도 배워 기존의 복지혜택을 포기하고, 직업을 찾기 위해 노력하는 정신을 갖자는 것이다.

3) 한국의 워크페어

우리나라 김대중 대통령의 '국민의 정부'가 표방한 '생산적 복지'의 이념은 워크페어의 한국판이라고 할 수 있다.

생산적 복지는 그가 대통령으로 취임한 후 처음으로 보건복지부 업무보고를 받는 자리에서 당부한 말에서 재확인되었다. 그때 김 대통령은 취약계층의 복지증진을 강조하며, "정신적으로 건강하고 보람을 느끼도록 하는 것이 진정한 복지이고, 생활보호대상자, 장애인, 노인에게는 생활자금을 지원하는 것도 중요하지만 보다 중요한 것은 보람 있게 일할 수 있는 일자리를 제공하는 것이며, 장애인에게 기술훈련을 시켜 직장을 알선하고 장애종류에 알맞은 작업장을 설치하여 장애인이 삶의 보람을 느끼며 국가에 기여할 수 있도록 하고 장애인 편의시설 설치도 관심을 가지고 추진해야 하고, 노인에게도 수공예품 제작 등 일거리를 알선해 주도록" 할 것 등을 지시했는데, 생산적 복지가 워크페어와 대단히 유사하다는 것이 잘 나타나 있다.

4) 워크페어의 찬반논리

워크페어는 사회보험의 민영화 추세와 함께 공공부조 '개혁'의 키워드가 되었다. 워크페어를 찬성하는 논리는 다음과 같이 정리될 수 있다(Rejda, 1999 : 432).

- 근로는 복지의존성(welfare dependency)을 확실히 종식시킬 수 있다.
- 기존의 제도는 빈민의 지위를 향상시킬 수 없다. 기존의 복지급여는 빈민을 사회로부터 고립시키고, 낙인을 가할 뿐이다. 반면에 근로를 통한 소득은 노동윤리에 맞고, 빈민의 존엄성을 지켜준다.
- 사회적 가치관이 변했다. 과거에는 한부모가정의 어머니는 가정에서 자녀를 양육해야만 하는 것으로 인식되었으나, 일하는 어머니의 수가 크게 증가한 지금은 한부모가정 어머니라도 가족의 생계를 위해 노동을 해야만 하는 것으로 변하였다.

그러나 워크페어를 공공부조에서 강조하는 것에 대한 반론도 강한데, 이를 요약하면 다음과 같다(Rejda, 1999 : 433-434).

- 워크페어정책의 효과는 미지수이다. 전술한 대로 1970년대 후반 캘리포니아 주와 매사추세츠 주 등지에서 워크페어정책이 시행되었는데, 이 프로그램을 통해 직업을 갖게 된 사람의 수는 극히 소수였다.
- 워크페어는 노동을 강요한다. 복지수급모 중에는 현재 일자리(파트타임이나 풀타임)를 갖고 있는 경우도 있고, 집에서 자녀를 양육하길 원하는 경우도 있다. 이들에게 주어지는 일자리의 보수는 매우 낮아 생계에 크게 도움이 안 되는 게 현실이다. 그럼에도 일자리를 갖게 되면, 각종 복지급여가 삭감된다. 따라서 이들의 근로인센티브가 높을 수는 없는 것이다.
- 워크페어의 관리운영 비용도 적지 않다.
- 실업이 증가할 수도 있다. 복지수급 여성을 노동시장에 반강제로 투입시키면, 그에 상응하는 수의 실업자를 발생시킬 것이다.

4. 공공부조와 근로장려세제

근로장려세제(Earned Income Tax Credit, EITC)는 근로빈곤층에 대한 소득지원과 근로유인을 제고하기 위해 조세제도를 기반으로 현금급여를 지급하는 제도이다.

1) 근로장려세제의 개요

근로장려세제는 경제활동에 참여하는 저소득층에게 자산조사를 통해 급여를 지급한다는 점에서 다른 공공부조제도와 유사하지만, 근로에 대한 인센티브로 환급되는(refundable) 세액공제 방식으로 급여가 지급된다는 점에서 차이가 있다. 또한 근로소득 수준이 낮은 대상에게는 일정 수준까지 근로소득이 증가할수록 지급되는 급여가 증가하는 구조이므로, 다른 복지급여에 비해 근로의욕을 촉진하는 효과가 높은 제도로 인정받고 있다. 또한 단순히 소득세 체계를 통해서 세금을 거두는 것이 아니라, 일을 하면서도 소득수준이 낮아 어려운 생활에서 벗어나기 힘든 계층을 지원하기 위한 '복지'적 성격의 조세 제도이다. 구체적으로는 근로소득 수준에 따라 가구별 급여액(공제액)을 설정한 후, 해당 가구가 납부해야 할 세금이 급여액(공제액)보다 많은 경우에는 차액을 세금으로 납부하지만, 적은 경우에는 오히려 차액을 현금으로 지급하는 제도이다.

2) 근로장려세제의 성과

근로장려세제(EITC)는 2009년 아시아에서는 최초로 우리나라에 도입되었으나, 미국에서는 1975년부터 사회보장세를 환급해 주는 방식으로 시작되어 지속적으로 확대되고 있다. 특히 빌 클린턴 행정부 때 대폭 확대됐지만 전반적으로 정권 교체와 큰 상관 없이 지속적으로 제도가 확대돼 왔다. 이는 미국이 보수와 진보에 관계없이 전통적으로 탈빈곤 정책에서 근로유인을 중요하게 여겨 온 데다, 소득재분배를 중요시하는 민주당과 감세 및 노동의 공급적 측면을 중요시하는 공화당의 기조가 EITC를 통해 절충된 것과 관계가 깊다. 이러한 정치적 배경과 함께, EITC가 빈곤 완화 및 대상자의 경제활동 참여에 미친 성과 역시 제도가 지속적으로 확대되는 데 중요한 근거 자료로 활용된다. 미국에서는 EITC가 공공부조제도 중 빈곤 감소와 노동 참여에 가장 효과적인 프로그램으로 추정되고 있다.

제4절 사회수당

일반적으로 시민권에 근거하여 수급권이 인정되는 사회보장제도에는 전통적인 수당(demogrant)과 최근 들어 논의가 되고 있는 기본소득(basic income)이 있다. 사회수당은 소득수준, 고용 여부, 생계수준 등과 같은 개인의 사회경제적 지위를 고려하지 않고, 모든 국민에게 제공되는 현금급여이다. 노령수당, 가족수당, 장애·유족·미망인·고아 수당이 여기에 속하며, 재정은 정부의 일반세입에서 충당된다.[9)]

4절에서는 전통적인 수당제도인 아동급여와 새롭게 논의되고 있는 기본소득에 대해서 살펴본다.

1. 아동급여

1) 아동급여의 개념

대표적인 사회수당제도인 아동급여는 특정 연령 미만의 모든 아동에게 지급된다. 즉, 부모의 소득과 재산 규모와 무관하게, 특정 연령 미만의 아동을 둔 가족이면 누구에게나 아동급여가 지급된다.[10)]

아동급여를 이전에는 가족수당(family allowance) 또는 아동수당(child allowance)이라 했다. 가족수당은 19세기 말 유럽에서 많은 자녀를 둔, 그래서 같은 임금을 받는 다른 근로자에 비해 더 많은 생계비를 필요로 하는, 근로자의 자녀양육비를 정부가 지원하라는 노동계의 캠페인에서 시작되었다. 아동급여는 2차

9) 한국에서는 65세 이상의 노인을 대상으로 기초연금을 제공하여 범주적 수당의 성격을 지닌 사회보장급여를 도입하였으나, 공공부조급여와 마찬가지로 자산조사를 실시하여 가구의 소득인정액이 하위 70%에 속한 경우에만 기초연금을 지급한다. 따라서 한국의 기초연금은 사회보장의 유형으로 분류하면, 공공부조에 속한다. 따라서 현재로서는 보편적 수당의 성격을 지닌 사회보장급여는 84개월 미만 아동들 중에서 부모가 어린이집이나 유치원에 보내지 않고 가정에서 직접 양육하는 경우에 지급하는 양육수당을 꼽을 수 있다(안병영 외, 2018 : 278-279).

10) 일본과 프랑스 등 몇몇 국가는 아동 수에 따라 아동급여의 수급을 제한하기도 하고, 다자녀(아동이 2명 이상) 가족으로 수급 대상을 제한하고 아동 수에 따라 아동급여의 액수를 다르게 책정하는 경우도 있다.

세계대전 이후에 만들어졌다. 아동급여는 사회보험에 비해 시행하는 국가가 많지 않다. 아동급여는 저소득층의 소득보충에 상당히 기여하고 있으며, 경제가 어려워짐에 따라 자녀양육에서 아동급여가 차지하는 비중이 점점 더 커지고 있다.

2) 아동급여의 필요성

아동급여의 필요성은 다음과 같다(Bradshaw & Hirose, 2016 : 3-4).

첫째, 아동 빈곤의 구제이다. 아동 빈곤은 아동의 신체적 · 정신적 · 사회적 성장을 막는다. 아동기의 빈곤은 인지적 결함을 가져오고, 건강한 발육에 악영향을 준다. 아동 빈곤은 질병, 저학력, 고용 취약성, 가족문제, 범죄와 관련이 있다. 성장한 후에도 사회에 부정적인 영향을 준다. 아동급여는 아동 빈곤 제거 및 예방 효과가 크다.

둘째, 부모 또는 양육자의 구매력을 높인다. 부모 또는 양육자에게 아동급여를 지급함으로써 이들의 구매력을 제고시킬 수 있다. 부모의 이혼, 별거, 수감 등 문제 시 양육비를 지원하면 효과가 있다.

셋째, 출산율을 제고시킨다. 유럽 각국은 출산율 제고를 위해 아동급여를 도입했다. 그러나 출산율 제고 효과에 관한 명확한 증거는 없다. 자녀출산 결정은 부부의 복잡한 의사결정이다. 그럼에도 유럽 각국은 인구감소 문제에 대처하기 위해 아동급여시스템을 도입했다.

또한 아동급여는 이러한 정책적 목적뿐만 아니라, 다음과 같은 부수적인 효과도 있다.

- 수평적 형평성(horizontal equity) : 다음 세대 인적 자본의 개발은 국가의 큰 관심사항이다. 조세로 재원을 삼아 아동 양육의 부담을 분담하는 것이 아동급여이다. 아동급여는 한 세대에서 다음 세대로의 자원의 재분배 기능도 한다. 소득불평등을 완화시키는 효과도 있다.

- **행정적 단순성**(administrative simplicity) : 보편주의 아동급여는 자산조사 시스템보다 행정이 용이하고 비용이 덜 든다. 보편주의 아동급여는 아동의 출생증명서가 거의 유일한 필요 서류이다. 자산조사는 자격 유무를 가리기 위해 가족의 재산과 소득 등 여러 사회경제적 상황들을 조사해야 하는 복잡한 절차이다.
- **도덕적 해이의 방지**(no moral hazard) : 보편주의 아동급여는 부모의 취업 여부와 소득을 고려하지 않는다. 아동급여 수급자격을 얻기 위해 실업상태를 유지하거나 일을 중단하거나 할 필요가 없다. 따라서 실업함정(unemployment trap)이나 빈곤함정(poverty trap)을 우려하지 않아도 된다.

2. 기본소득

보편적 수당의 성격을 지닌 사회보장으로 최근 새롭게 논의되고 있는 기본소득이 있다. 기본소득은 특정 연령에 도달한 모든 성인들에게 국가가 고용 또는 자산과 관계없이 일정 금액을 현금으로 지급하는 보편적 급여이다.

최근 기본소득에 대한 관심은 1970년대 미국의 "부의 소득세(minus income tax)" 제도에서 시작되어 상당히 대중적인 인기를 얻었다. 그리고 1970년대 말과 1980년대 초반 이후 기본소득제도가 북유럽국가에서 논의되었으며, 최근에는 시범적으로 실시되기도 하였다. 이와 별개로, 미국 알래스카에서는 모든 거주자들에게 매년 배당금을 지급하는 알래스카영구기금(APF)을 조성하여, 배당금을 지급하기도 하였다.

1) 기본소득의 개념

기본소득은 국가 또는 지방정부가 모든 구성원 개개인에게 아무 조건 없이 정기적으로 지급하는 소득이다. 기본소득은 세 가지 점에서 기존의 소득보장 제도와 다르다.

- 기본소득은 보편적 보장소득이다. 즉, 국가 또는 지방정부가 모든 구성원들에게 지급하는 소득이다.
- 무조건적 보장소득이다. 즉, 자산 심사나 노동의 요구 없이 지급하는 소득이다.
- 개별적 보장소득이다. 즉, 가구 단위가 아니라 구성원 개개인에게 직접 지급하는 소득이다. 따라서 기본소득은 가장 보편적인 소득보장이다.

기본소득은 모든 구성원의 적절한 삶을 보장한다는 점에서 보편적인 사회보장이고, 단순한 재분배정책이 아니라 사회적 평등의 기초가 된다고 할 수 있다.

2) 기본소득에 대한 논란

기본소득은 다양한 형태로 제시되고 있지만, 가구 단위가 아니라 개인 단위로, 자산조사를 실시하지 않고, 근로조건을 부과하지 않고 급여를 제공한다는 특성을 지닌다. 최근 스위스에서 기본소득 도입에 대한 국민투표가 실시되어 부결되었고, 핀란드에서는 저소득 근로자를 대상으로 기본소득이 시범사업으로 시행되었다. 서구 복지국가에서는 고용불안이 예상되는 정보산업사회에서 기본소득이 사회보험 중심의 사회보장제도에 대한 새로운 대안이 될 수 있는지에 대한 검토가 이루어지고 있다.

기본소득을 찬성하는 논리는 기본소득이 절대빈곤을 근절하고 상대빈곤을 줄이며, 자유와 평등을 증진할 것이라고 한다. 기본소득을 통해 근로조건을 향상시키고 노동자의 권리를 신장하며, 가사노동의 대가가 유형적으로 지불되지 않는 미취업 기혼여성의 자율성을 높일 수 있다고 한다. 또한 기본소득을 도입함으로써 현행 사회보장제도에서 수급자격 심사 및 관리를 위해 사용되는 행정비용을 대폭 절감할 수 있다고 주장한다. 이 밖에도 사회구성원 모두에게 기본소득이 지급되면 구매력이 늘어 내수가 증진되고 일자리가 확대되며, 지역 간의 생활 격차가 해소될 수 있다고 전망한다.

그런데 기본소득을 찬성하는 학자들 사이에서도 급여 수준을 얼마로 정할 것이냐의 문제는 가장 큰 논쟁이 되고 있다. 어느 정도의 금액이 기본생계비로 적당한지는 때와 장소에 따라 다르고, 관점에 따라 다르기 때문이다. 재원을 마련하는 방법에 관해서도 소득세를 중심으로 해야 한다는 입장과 소비세를 중심으로 해야 한다는 입장, 그리고 상속세를 중심으로 해야 한다는 입장 등이 대립한다. 기본소득을 도입하면 기존 사회보장제도인 공공부조와 사회보험의 전면적 재편이 불가피해지는데, 재편 방식 역시 큰 논쟁거리가 되고 있다. 아울러, 수급자가 기본소득에 대한 사회적 권리를 보장받으면서 근로의무를 이행하지 않는 것은 바람직하지 못하다는 시각도 있다.

제5절 사회서비스

사회보장의 범위는 계속 확대되고 있다. 즉, 사회보장의 범위는 취약계층에 대한 현금 위주의 소득보장에서 전 국민을 대상으로 한 보편적인 사회서비스로 확대되고 있다.

5절에서는 우리나라 「사회보장기본법」의 규정에 따라, 사회서비스도 사회보장의 영역으로 다룬다. 우선 사회서비스의 개념과 발전과정을 세 가지 모델로 나누어 살펴보고, 사회서비스가 사회보장의 주요 영역으로 떠오르게 된 배경과 사회서비스를 분야별로 분석해 본다.

1. 사회서비스의 개념

우리나라의 사회보장기본법(제3조)에서는 사회서비스를 '국가·지방자치단체 및 민간부문의 도움이 필요한 모든 국민에게 복지, 보건의료, 교육, 고용, 주거, 문화, 환경 등의 분야에서 인간다운 생활을 보장하고 상담, 재활, 돌봄, 정보의 제공, 관련 시설의 이용, 역량 개발, 사회참여 지원 등을 통해 국민의 삶의 질이 향상되도록 지원하는 제도'라고 규정하고 있다.

이러한 사회서비스의 개념을 분석해 보면, 다음과 같다.

- 사회서비스의 주체는 국가·지방자치단체 및 민간을 포괄하고 있다.
- 사회서비스의 대상은 도움이 필요한 모든 국민이다.
- 사회서비스의 분야는 복지, 보건의료, 교육, 고용, 주거, 문화, 환경 등의 분야를 망라하고 있다.
- 사회서비스의 목적은 인간다운 생활을 보장하는 데 있다.
- 사회서비스의 내용은 상담, 재활, 돌봄, 정보의 제공, 관련 시설의 이용, 역량 개발, 사회참여 지원 등을 통해 국민의 삶의 질이 향상되도록 지원하는 것이다.

사회서비스와 유사한 개념으로 혼용되고 있는 개념이 사회복지서비스이다. 사회복지서비스는 사회서비스라는 용어가 2012년 사회보장법이 개정되기 전에 쓰이던 용어로, '사회복지와 관련된 서비스'를 의미하였다. 따라서 사회복지서비스는 사회서비스에 포함되는 개념이며, 사회서비스에서 사회복지와 관련된 부분의 서비스를 의미한다고 할 수 있다

2. 사회서비스의 역사

사회서비스는 서구의 복지국가에서 세 가지 단계를 거쳐 발전해 왔다(김용득, 2018).

1) 의존모델(Dependence Model)

1980년대 이전 서구의 전통적인 복지국가에서는 현금형태의 소득보장 제도가 사회보장의 주를 이루었고, 사회서비스는 가족이나 민간 자선단체를 통해서 소극적으로 제공되는 수준이었다(주현정 · 김용득, 2018). 이 시기에는 스스로 문제를 해결하기 어려운 사람들은 대형시설에서 분리 보호하는 것이 사회서비스의 주된 방식이었다. 시설보호의 기능은 의존적인 사람들을 분리된 시설에서 완전한 의존상태로 보호하는 것이었다. 이 단계의 사회서비스 모델은 '의존모델'이라고 할 수 있다.

2) 자립모델(Independence Model)

1990년을 전후하여 일부 국가의 고령화가 진행되면서 돌봄을 중심으로 하는 사회복지서비스 수요가 증가하여 정부가 제공하는 대인서비스가 증가하였다. 이 시기의 서비스는 개개인의 삶의 영역에서 기능적 수준을 보완하거나 높일 수 있는 개별적인 지원이 강조되었으며, 서비스가 제공되는 방식도 개인의 선택이 실현되도록 하는 시장적 기제가 적극 활용되었다(주현정 · 김용

등, 2018). 과거에는 서비스 수혜자로 여겨졌던 사람들이 자신들의 선택으로 서비스를 이용하는 이용자의 지위를 가지게 되었으며, 이를 적극적으로 구현하는 데 이용자 선택과 제공기관의 경쟁을 전제로 하는 시장기제가 서비스 제공 원리로 채택되었다. 이 단계의 사회서비스 모델은 소비자주의를 기반으로 하는 '자립모델'이라고 할 수 있다.

3) 상호의존모델(Interdependence Model)

그러나 시장 기제를 이용한 공급방식이 사회서비스의 본래의 가치인 공공성을 훼손시킨다는 우려도 생겨났다. 또한 표준화된 제도적 서비스의 공급이 확대되면서, 이러한 방식이 지속가능한가에 대한 의문도 제기되었다(김은정, 2015). 따라서 표준화된 서비스 접근 방식의 대안으로 두 가지가 제안되었다(주현정 · 김용득, 2018). 첫째는 공동체적 접근의 강화이다. 서비스 욕구를 가진 사람들은 물리적, 사회적 환경이 사람마다 다르고 욕구의 충족방식, 선호하는 우선순위, 시급성의 정도 등에서도 다르기 때문에 표준화된 방식으로는 효과적인 충족을 기대하기 어려워 공동체 방식으로 접근해야 하는 필요성이 높다는 점이다. 둘째는 서비스 개별화(personalisation)에 대한 강조이다. 지원서비스의 종류가 제도적으로 미리 정해져 있는 경우에는 다양한 상황에 있는 사람에게 실질적인 도움(practical support)이 되기 어려울 수 있기 때문에, 사람의 상황과 욕구를 중심으로 개인단위로 창의적인 방식을 통해서 서비스가 기획되어야 한다는 것이다. 이와 같은 세 번째 단계의 서비스 모델은 공동체를 지향하는 '상호의존모델'이라고 할 수 있다.

3. 우리나라 사회서비스의 발전 단계

1) 사회서비스 발전의 3단계

우리나라의 사회서비스의 발전은 세 단계로 나눌 수 있다(김영종, 2012).

사회서비스 발전의 1단계는 한국전쟁 이후 1980년대 중반까지로, 대형생활시설이 중심된 시기이다. 이 시기에는 정부의 재정 지원이 거의 없었으며, 외원기관을 포함하여 민간이 시설을 설립하였고 운영에 소요되는 비용도 민간이 조달하였다. 민간이 설립하고, 민간이 운영한다는 면에서 '민설민영'의 형태라고 할 수 있다.

사회서비스 발전의 2단계는 1980년대 후반부터 2000년대 초반까지로, 사회서비스 이용시설이나 지역사회기반의 시설들이 집중적으로 확대된 시기이다. 이 시기에는 정부가 시설을 설립하고, 시설의 운영을 민간법인에 위탁하는 위탁계약 방식으로 사회서비스 시설들이 대폭 확충되었다. 이 시기에 설립된 시설들은 정부가 설립하고 민간이 운영하는 경우가 많아 '관설민영'의 형태라 할 수 있다. 이 시기에는 정부가 설립하고 정부가 운영하는 '관설관영'의 형태도 일부 존재한다.

사회서비스 발전의 3단계는 2000년대 중반 이후로, 장애인활동보조서비스에 이용자 선택을 기반으로 하는 바우처제도가 시작된 이후이다. 이후 바우처제도는 영유아 보육, 장애아동 치료, 노인 돌봄, 산모지원 등 다양한 영역으로 확대되었다. 이 단계에서는 비영리법인이 운영하는 '민설민영'의 형태와 함께, 개인이 설립하여 이용자에게 제공한 서비스 대가를 정부로부터 받아 운영하는 '사설사영'의 형태도 확대되었다(김용득, 2018).

2) 사회서비스 발전 단계의 특징

이러한 우리나라 사회서비스 발전 단계의 특징은 다음과 같다. 첫째, 우리나라의 사회서비스 발전 단계는 매우 급속하게 진행되었다. 둘째, 사회서비스 발전 단계에서 이전 단계의 서비스 모델을 새로운 단계로 통합하거나 청산하지 못하고 이전의 각 단계가 그대로 병존하고 있다. 즉, 우리나라의 사회서비스는 3단계에 걸쳐 발전하였음에도 불구하고, 설립주체와 운영주체의 구성이 각 단계에서 병존하면서 고착되었고, 비용의 조달은 운영보조금 또는 이용자 단위의 보조금 방식으로 각 단계마다 정부가 조달하는 것으로 변화되어 왔다는 것이다.

그러나 날로 심각해져 가고 있는 저출산 · 고령화에 적극적으로 대처하고 사회서비스의 공공성과 전문성을 확보하기 위하여, 보건복지부에서는 사회서비스원 시범사업을 실시하고 있다. 사회서비스원 시범사업지역은 서울시, 대구시, 경기도, 경상남도이며, 시범사업의 1차 연도인 2019년에는 사회서비스 시설 4종(국공립 어린이집, 공립 요양시설, 생활 · 이용시설, 종합재가센터) 이상, 총 12개 이상의 사회서비스 시설을 운영하도록 하고 있다(보건복지부 사회서비스정책과, 2018).

또한 사회서비스원 시범사업의 2차 연도인 2020년에는 시범사업지역을 인천시, 세종시, 광주시, 대전시, 강원도, 충청남도로 확대하여 시행할 예정이다(보건복지부, 제1차 사회서비스원 정책포럼 자료집, 2020).

4. 사회서비스의 체계

사회서비스는 전통적인 복지서비스인 상담, 재활, 돌봄서비스를 포함하여, 보건의료서비스, 교육서비스, 고용서비스, 여가서비스 등으로 나눌 수 있다.

1) 복지서비스

우리나라 복지서비스는 대상별로는 아동복지, 노인복지, 여성복지, 장애인복지, 청소년복지 등으로 나눌 수 있다. 그러나 보건복지부에서는 사회서비스의 구체적인 사업으로 산모 · 신생아 건강관리 지원사업, 가사 · 간병방문지원사업, 지역사회서비스사업으로 나누어 실시하고 있다.[11]

11) 보건복지부/정책/사회서비스/사회서비스사업 홈페이지 참조

산모·신생아 건강관리지원사업은 출산가정에 건강관리사를 파견하여 산모의 산후 회복과 신생아의 양육을 지원하고, 출산가정의 경제적 부담을 경감하고자 하는 서비스이다. 이와 함께 산모·신생아 건강관리사 양성을 통해 사회적 일자리를 창출하는 효과도 기대하고 있다.

가사·간병방문지원사업은 일상생활과 사회활동이 어려운 저소득층을 위한 가사·간병서비스를 지원함으로써, 취약계층의 생활 안정을 도모하고, 가사·간병방문 제공인력의 사회적 일자리를 창출하고자 하는 사업이다.

지역사회서비스사업은 국민의 행복한 삶을 위해 아동·노인·장애인 등 계층별 특성을 고려하여, 돌봄, 재활, 사회참여 등 생애주기별 욕구와 지역 특성을 반영한 서비스를 제공하는 것이다.

이러한 보건복지부의 지역사회서비스 사업과 함께, 지역사회에서도 사례관리, 멘토링, 가정방문, 활동 및 이동지원, 자녀 양육 및 가족지원, 단기보호 등과 같은 다양한 돌봄서비스가 제공되고 있다.

2) 보건의료서비스

보건의료서비스란 국민의 건강을 보호·증진하기 위하여 보건의료인이 행하는 모든 활동을 의미한다(보건의료기본법 제3조).

보건의료서비스는 의약진료·치료서비스, 신체건강지원서비스, 정신건강지원서비스로 구분할 수 있다. 의약진료·치료서비스는 건강보험을 통하여 병의원, 약국에서 제공하는 진료 및 약처방 등의 서비스를 의미하며, 정신건강지원 및 신체건강지원서비스는 이 같은 병의원 진료 혹은 치료서비스 이외에, 여러 건강 및 보건 관련 기관 및 전문가들이 제공하는 다양한 종류의 신체건강 혹은 정신건강증진 서비스를 모두 포괄한다.

3) 교육서비스

교육서비스는 유아교육, 초중등교육, 고등교육 및 사회교육과 이와 관련된 서비스라고 할 수 있다. 교육서비스의 분야는 정규교육, 방과후 교실 및 학습

공간 지원, 대안교육 및 학업중단 예방, 진로교육으로 나눌 수 있으며, 교육서비스를 직접적으로 이용하는 주 계층은 영유아·아동·청소년이다. 교육서비스를 제공하는 기관 역시 유아교육, 초중등교육, 고등교육을 제공하는 정규교육기관(어린이집, 유지원, 초중고등학교, 대학), 정규교육을 지원하는 지역아동센터, 청소년수련관, 종합사회복지관, 청소년지원센터 등으로 구분해 볼 수 있다.

4) 고용서비스

고용서비스는 국민이 직업능력을 개발하여 더 많은 취업기회를 가질 수 있도록 하고, 근로자의 고용안정과 기업의 원활한 인력 확보를 지원하는 서비스라고 할 수 있다.

이러한 취지에서 보면 고용서비스의 분야는 직업능력개발, 취업지원, 창업지원, 취·창업유지지원 등으로 구분할 수 있다. 또한 직업능력개발의 핵심을 차지하는 직업교육, 일자리를 통한 재활인 직업재활 모두 그 목적이 취창업에 있기에 고용서비스로 분류할 수 있다. 따라서 고용서비스는 직업능력개발, 취·창업지원, 취·창업유지지원 서비스로 나눌 수 있다.

5) 여가서비스

여가서비스란 국민들이 다양한 여가활동을 통하여 삶의 질을 향상시킬 수 있도록 하는 서비스를 의미한다. 여가서비스는 취미활동, 체험활동 및 평생교육에 관한 서비스를 포함하며, 여가서비스를 제공하는 기관들은 공공체육센터, 공공평생학습관, 아트센터 등이 있으며, 이 외에도 노인종합복지관, 장애인종합복지관 등 복지서비스 제공을 주 목적으로 하는 기관에서도 여가서비스를 제공하고 있다.

CHAPTER 03

사회보장의 역사

우리가 사회보장의 역사를 공부하는 이유는 다음과 같다.

첫째는 현재 시행되고 있는 사회보장제도의 생성 및 발달 과정 그리고 역사적 특성을 이해할 수 있다는 것이다. 사회보장제도의 등장과 발전은 산업화의 생성 및 발전과 궤를 같이해 왔다. 실제로 오늘날 많은 국가가 시행하고 있는 사회보장제도들은 산업화의 발전 과정에서 발생한 사회적 위험과 욕구를 해결하기 위한 것이었다.

둘째는 역사에서 배운다는 것이다. 즉, 과거의 사회적 위험이나 사회적 욕구 그리고 이에 대응했던 사회보장제도의 등장과 변천 과정에서 나타난 성공과 실패의 원인, 조건, 배경 등에 대해서 알면, 미래의 사회보장제도의 발전을 예측할 수 있다는 것이다.

3장에서는 사회보장이 제도로 성립되고 발전해 온 과정을 서양의 역사와 한국의 역사로 나누어 살펴본다. 1절 서양의 역사에서는 영국의 구빈법을 시작으로, 독일의 사회보험법, 미국의 사회보장법과 베버리지보고서, 전후 복지국가의 발전, 신보수주의에 의한 복지국가의 재편 등을 살펴본다. 2절 한국의 역사에서는 조선구호령 이후 생활보호제도, 1960~1970년대 사회보장의 도입기, 1980년대 사회보장의 확대기, 1990년대 이후의 사회보장의 정착기로 나누어 살펴본다.

제1절 서양 사회보장의 역사

서양에서는 중세까지 빈곤의 문제를 부족 내의 상부상조와 종교의 자선을 통하여 해결해 왔다. 그러나 전통적인 봉건제도가 무너지면서 빈민에 대한 규제와 보호는 국가의 과제로 떠올랐다. 그 후 산업혁명에 따른 산업화로 인하여 임금노동자계급이 생겨나게 된다. 국가와 자본가계급은 안정적인 노동력의 확보를 위하여 사회보험제도를 도입하게 되고, 사회보험제도는 산업화와 자본주의의 진전에 따라 전 유럽으로 확산되어 갔다. 그러나 시장의 실패(market's failure)로 대공황이 발생하고, 전 국민이 동원된 참혹한 대규모 전쟁을 거치면서, 사회보장은 빈민과 노동자계급의 보호에서 전 국민을 대상으로 확대되었으며, 2차 대전 이후에는 경제성장을 바탕으로, 복지국가를 건설하게 된다.

복지국가는 전후 경제성장과 함께 발전하였으나, 1970년대 석유파동(oil shock)으로 인한 정부의 재정위기(government's failure)로 발전을 멈추게 된다. 1980년대 이후에는 영국과 미국을 중심으로 신보수주의가 주류를 이루게 되고, 사회보장제도에도 시장과 경쟁의 논리가 도입된다. 2000년대 이후에는 세계화의 영향으로 이러한 경향이 더욱 강해져서, 비교적 전통적인 국가사회보장체제를 유지하고 있던 독일, 프랑스, 스웨덴 등 유럽의 국가들도 제2의 신보수주의의 물결에 휩싸이게 된다.

1. 빈민법의 등장과 변천

서양 사회보장의 뿌리는 빈민법이다. 물론 빈민법은 빈민의 보호보다는 통제를 위한 것이었지만, 빈민법도 시대의 변천에 따라 발달해 왔고, 오늘날 사회보장의 한 축인 공공부조의 뿌리가 되었다는 점은 부인할 수 없다. 빈민법은 영국을 중심으로 발전해 왔으며, 그 시작은 엘리자베스빈민법이다.

1) 엘리자베스빈민법(1601)

영국에서는 14세기 초 흑사병으로 인해 인구의 절반 이상이 사망하게 되고, 이는 노동력의 부족과 임금인상으로 이어졌다. 이로 인해 에드워드 3세는 노동력의 확보를 위하여, 1349년에 '자산이 없는 노동자는 일해야 하며, 교구를 떠나서는 안 된다'는 노동자조례(Statute of Laborers)를 제정하였다. 보다 적극적인 조치는 1531년 헨리 8세의 빈민 구호에 관한 조례로서, '노동불가능 빈민을 등록하여 구걸을 할 수 있도록' 허가하였다. 1562년 작업자조례(Statute of Artificers)에서는 임금과 노동시간을 규정하면서, 걸인과 부랑인들을 중노동에 처하도록 하였으며, 1572년에는 빈민구호를 위해 세금을 걷을 수 있도록 하는 법령을 공표하였다.

이러한 빈민에 관한 법령을 집대성한 것이 1601년 엘리자베스[1)]빈민법(Elizabeth Poor Law)이다. 엘리자베스빈민법에서는 구걸을 금지하였으며, 구호 대상자를 노동가능 빈민(potent poor), 노동불가능 빈민(impotent poor), 요보호 아동으로 구분하였다. 노동가능 빈민에 대해서는 작업장과 같은 시설에서 노동을 조건으로 구호를 제공하였으며, 요보호 아동은 도제로서 봉사하게 하였고, 노동불가능 빈민(만성질환자, 정신질환자, 노인, 장애인, 어린 아동을 부양하는 어머니 등)에 대해서는 자선원이나 빈민원 등과 같은 시설에서 구호를 제공하였다. 그러나 자신의 주거에 살면서 구호를 제공하는 것이 비용이 적게 든다고 판단이 되는 경우에는, 예외적으로 현물급여를 제공하였다. 엘리자베스빈민법의 특징은 빈민에 대한 구호에서 노동유인 측면을 강조하고 있다는 것이다. 엘리자베스빈민법은 공적 구호의 기본 형태를 정착시키고, 빈민에 대한 국가의 책임을 최초로 인정하였다는 점에서 서양 사회보장의 시발점이라고 할 수 있다.

1) 엘리자베스 1세(1533~1603)는 1558년부터 1603년까지 44년간 잉글랜드 왕국 및 아일랜드 왕국을 다스린 여왕이다. 열강들의 위협, 급격한 인플레이션, 종교 전쟁 등으로 혼란스럽기 그지없던 16세기 초반 당시 유럽의 후진국이었던 조국을 세계 최대의 제국으로 발전시키는 데 이바지하였다. 엘리자베스 1세는 평생을 독신으로 '처녀 여왕(Virgin Queen)'이라 불리었다.

엘리자베스 1세
(Elizabeth I)

영국에서 이 시기에 빈민법들이 시행된 이유는, 봉건사회가 붕괴되고 중앙집권적인 절대 왕정이 수립되면서 이러한 제도를 시행할 수 있는 행정력이 갖추어졌다는 것과 전쟁, 흑사병과 같은 질병, 기근, 엔클로저 운동(enclosure movement) 등으로 인구가 줄어들면서 빈민이 증가하였기 때문이다(성민선 외, 2005).

2) 정주법(1662)과 스핀햄랜드법(1795)

교구 단위로 빈민법이 시행되면서, 교구의 재정능력 등에 따라 교구별 구빈 수준이 달라지게 되었다. 이에 따라 빈민들의 교구이동이 증가하게 되자, 빈민들의 이동을 금지하기 위하여, 1662년 정주법(Settlement Act)이 제정되었다. 이는 빈민법이 교구단위로 이루어지던 시기에 빈곤문제를 지역(교구)단위로 해결하고자 하였던 규정이라고 할 수 있으며, 서양의 속지주의(屬地主義) 원칙의 원형이라고 할 수 있다.

엘리자베스빈민법 시기는 산업혁명이 일어나기 이전의 농경사회로, 인구의 이동을 억제하는 것이 사회질서를 유지하는 데 필요한 시기였다. 그러나 산업화가 진전되면서 공장 노동력의 필요성으로 인해 이러한 인구의 이동을 억제하려는 규정들이 약화되기 시작하였으나, 다른 한편으로는 여전히 농업사회를 유지해야 할 필요성도 남아 있었다.

그러나 산업화가 진전되면서 인구의 이동을 금지하기는 더 어려워졌다. 이러한 상황에서 나온 제도가 1795년에 만들어진 스핀햄랜드법(Speenhamland Act)이었다. 이 법은 버크셔지방에서부터 시작되었는데, 지역의 식량가격을 기준으로 해서 최저생계비를 설정하고 임금 소득이 최저생계비에 미달하면 부족액을 부조하고, 가족이 늘어남에 따라 보조액도 증가하는 일종의 임금보조제도를 규정하고 있었다. 이는 생존권을 보장함으로써 농촌으로부터 도시로의 인구 유출을 방지하고자 하였던 것이다. 스핀햄랜드법은 최저생계의 보장이라는 의미에도 불구하고, 심각한 역효과를 가져왔다. 임금소득의 크기에 관계없이 최저생계가 보장되기 때문에, 빈민들의 노동동기가 약화되었으며, 임금수준은 지속적으로 하락하였다. 이에 따라 노동자들은 노동하고 있음에도 불구하고, 부조를 받아야만 최저생계가 가능한 노동빈민(working poor)으로 전락하게 되었다(감정기 외, 2002).

엘리자베스빈민법과 스핀햄랜드법은 절대왕정 국가의 농경사회와 산업화 초기에 빈민을 구호하는 동시에 노동과 임금을 규제하고 사회질서를 유지하는 데 기여한 제도였으나, 과도한 재정부담으로 문제를 야기하게 된다.

3) 개정빈민법(1834)

스핀햄랜드법은 구호비용과 조세부담을 증가시켰으며, 이후 산업화의 진전으로 노동력 이동의 필요성이 커짐에 따라 비판을 받게 된다. 이에 따라 1832년 구빈체계를 산업사회의 사회경제적 원칙과 일치시키기 위하여, 왕립 빈민법위원회가 구성되었다. 위원회는 런던 주교를 위원장으로, 9인으로 구성되었다. 시니어(N. Senior)와 채드윅(E. Chadwick)이 주도하였고, 2년간의 조사 후 보고서를 발표하였다.

위원회의 보고서는 빈곤이 경제사회적 조건보다는 개인적 곤궁에서 비롯된다는 시각에서 작성되었다. 그래서 구제대상 빈민들은 자신들이 감당할 능력이 있음에도 구제를 신청한다고 보았다. 따라서 빈민구호가 아동과 노동 가능한 성인을 노동하도록 만드는 데 실패했으며, 그 원인을 주로 부분부조인 임금보조제에 있다고 하였다. 또한 경제적 곤란의 직접적 원인이 빈민의 근면성, 통찰력 부족에 기인하지만, 이러한 성격적 결함은 노동자가 타고나거나 기존 사회경제 체제에 기인하는 것이 아니라 부적절한 부조체계에 의한 것이라고 하였다. 이에 따라 부분부조를 폐지하고 노동 가능한 구호 신청자는 작업장에 수용하며 열등처우의 원칙을 도입할 것을 건의하였다(한국복지연구회, 1991).

이러한 건의에 따라 1834년 빈민법이 대폭 개정되었으며, 이를 기점으로 이후의 구빈법을 개정빈민법(신구빈법)이라고 한다. 개정빈민법에서는 스핀햄랜드법의 실패 원인으로 지적된 부분부조를 폐지하고, 열등처우의 원칙(principle of less eligibility), 작업장 심사의 원칙(principle of workhouse test), 균일 처우의 원칙(principle of national uniformity)을 주요 내용으로 규정하였다.

열등처우의 원칙이란 '부조를 받는 사람의 생활수준이 자립적인 노동자의 생활수준과 같거나 높아서는 안 된다'는 것을 의미한다. 이는 급여수준을 열악하게 하는 것뿐만이 아니라, 부조를 받는 빈민들의 처우를 열등하게 함으로써, 빈민들이 노동에 종사하기보다 공적 부조를 받는 것을 선호하는 것을 억제하기 위한 것이다. 작업장 심사의 원칙이란 부조를 신청하면 작업장 심사를 받아야 한다는 원칙으로, 열등처우의 원칙에 의한 급여도 작업장에 입소하여 받을 의사가 있고 동시에 받을 필요가 있다는 것이 입증될 때에만 급여를 제공한다는 것이다. 균일 처우의 원칙이란 스핀햄랜드법에서 지방의 식량가격에 따라 최저생계비에 미달되는 부분을 지원하던 부분부조를 폐지하고, 균일한 급여를 제공한다는 원칙이다.

이러한 원칙들에 의해 스핀햄랜드법에 의한 부조는 완전히 폐지되었으며, 노동 가능한 빈민이 노동하지 않고서 생계를 유지하는 것이 불가능하게 되었다. 개정빈민법의 제정 이후 빈민들의 구호비용이 절약될 수 있었으며, 조세부담도 경감될 수 있었으나, 빈민들의 삶은 더욱 어려워졌다.

엘리자베스빈민법이 농경사회시대에 만들어진 제도였다면, 개정빈민법은 산업화 이후 산업사회의 요구에 맞게 만들어진 제도라고 할 수 있다. 이후 19세기에는 개정빈민법의 원칙이 공적구호의 기본원칙으로 유지되었다. 그러나 작업장에서의 비인간적인 처우와 열악한 환경이 문제가 되고, 산업화가 성숙되면서 임금노동자의 문제가 심화되자 개정빈민법에 대한 비판이 대두되기 시작하였다.

4) 자유당 정부의 개혁

19세기말 사회적 개혁과정을 거쳐 1905년 집권한 자유당 정부는 개정빈민법 체계를 개혁하기 위하여 왕립 위원회를 구성하였다. 위원회는 1909년까지 4년간 활동하면서, 빈곤의 원인이 다양하며, 빈곤은 산업체계의 다양한 구조적인 특징들과 관련되어 있다는 것을 밝혔다(한국복지연구회, 1991).

그럼에도 불구하고 위원회는 다수파와 소수파로 나누어져 통일된 결론을 제시하지 못하였다. 다수파는 빈민법의 점진적인 개선을 주장한 반면, 소수파는 빈민법의 전면적인 폐지를 주장하였다. 다수파 보고서는 '국가의 원조는 받는 사람들이 스스로 자립하려는 생활태도를 받아들이는 것을 조건으로 지급되어야 한다'는 빈민에 대한 조건부 원조를 주장하였으며, 공공부조제도와 민간의 자선활동의 밀접한 협력체계를 권고하였다. 이에 비해 소수파 보고서는 빈곤은 개인적인 결함이 아니라 사회 자체의 병리라고 보았으며, 그 어떠한 사람도 그 이하로 떨어져서는 안 되는 일정한 '국가최저기준(national minimum)'이 인정되어야 한다고 하였다(박광준, 2002).

이러한 소수파 보고서의 제안들은 곧바로 실천되지는 않았지만, 이후 사회보험 등 사회보장제도의 도입에 중요한 영향을 미치게 된다. 소수파 보고서는 페비안협회(Fabian Society)에 의하여 주도되었다. 페비안협회는 웹 부부(Sidney & Beatrice Webb)[2)] 등 16명이 참여하였으며, 점진적 사회주의를 지향하였다. 이들은 의회정치를 활용하여 재정정책과 사회보장 및 노동입법 등에 의한 부와 소득의 평등화 정책을 추진함으로써 사회주의를 실현할 수 있다고 낙관하였으며, 이러한 페비안 사회주의(Fabian Socialism)는 1906년 노동당의 기본강령으로 채택되었다.

이러한 논란 속에서 1908년 개정빈민법의 원칙에서 벗어난 최초의 제도인 노령연금법이 제정되었다. 이 법은 70세 이상의 노인에게 무기여 연금(non-contributory pension)을 지급하는 제도로서, 자산조사나 이전의 기여 없이 노인들에게 기본적인 소득을 제공한다는 내용이었다. 그러나 수급자격에 연간 소득 31파운드 10실링 이하의 빈곤자에게만 연금을 제공하는 소득 상한 규정이나

2) 베어트리스 웹과 시드니 웹은 19세기 후반에서 20세기 전반에 걸쳐 활동한 영국의 사회주의 경제학자이자 운동가이다. 복지국가의 최소한의 생활보장을 일컫는 '국가최저기준(national minimum)'은 웹 부부가 처음으로 구상한 개념이며, 최저생계 보장, 최저휴식 보장, 최저위생 보장, 최저아동 보장의 네 가지로 이루어져 있다.

베어트리스, 시드니 웹
(Beatrice & Sidney Webb) 부부

노동회피에 따른 수급 자격 상실 규정을 두고 있다는 점에서는, 빈민법의 성격에서 완전히 탈피하지 못하였다(성민선 외, 2005).

2. 사회보험의 탄생과 확산

1) 사회보험의 탄생

영국이나 프랑스에 비해 상대적으로 산업화가 늦게 시작된 독일은 19세기 중반 이후 자본주의의 급속한 성장과 산업 분야의 팽창이 이루어지게 되었다. 1871년에 이르러서 통일국가를 수립했지만, 국가와 자본가계급에게 가장 큰 위협요인은 새롭게 등장한 사회민주주의 세력과 노동자계급이었다.

1867년 세계 최초로 창설된 독일 사회주의민주당은 생산수단의 즉각적 사회화를 요구하는 급진적 강령을 채택하고, 1871년 파리코뮌에 대한 지지를 선언하였다. 그러나 국가 통일을 이루고 주변 국가를 추격해야 하는 후발 산업국가인 독일에서, 사회주의 정당의 이러한 강경노선은 크나큰 정치적 위협이었다. 더욱이 1877년 선거에서 사회주의민주당은 9%에 달하는 지지를 획득하였으며, 산업화가 상당히 진전된 도시지역의 지지도는 괄목할 만한 것이었다.

그러던 차에 1878년 두 차례에 걸쳐 황제를 암살하려는 기도가 일어나자, 프리드리히 2세 아래서 독일 통일을 이룩한 철혈재상 비스마르크(Otto von Bismarck)[3]는 이것을 기회로 사회주의 세력을 억압하기 위한 '사회주의 탄압법'을 제정하였다. 또한 산업화로 인한 국민들의 동요를 무마하기 위하여, '노동자에게 건강이 허락하는 한 노동할 권리를 주고, 노동자가 질병에 걸렸을 경우 치료

3) 비스마르크(1815~1898)는 프로이센 융커의 아들로 태어나, 수상이 되었으며, 철혈정책에 따라 군비를 확장하여 독일 제국의 통일을 이룩하였다. 1878년 '사회주의자 진압법'을 제정하여 사회주의를 억압하였으며, 세계 최초로 사회보험을 실시하였다.

오토 본 비스마르크
(Otto von Bismark)

해 주고, 또 나이가 들었을 때 노후를 돌봐주는' 정책적 조치들을 취하였다. 이는 급격히 증가한 노동자들이 노동조합을 결성하고 노동운동이 점차 격화되자, 비스마르크가 제시한 회유와 강경, 즉 '사탕과 채찍(Zucker und Peitsche)'이라는 이중적 정책이었으며, '사탕'에 해당하는 것이 사회보험제도이었다. 비스마르크는 노동자의 장래, 즉 퇴직 후 노후생활의 보장기능을 국가가 담당한다면, 노동자들이 사회민주주의에서 등을 돌리고 국가에 충성할 것이라고 생각했다.

독일에서는 이러한 배경에서 1883년 질병보험(Krankenversicherung), 1884년 근로자 재해보험(Unfallversicherung), 1889년 양로 및 폐질보험(Rentenversicherung)이 차례로 제정되었고, 세계 최초의 사회보험이 탄생하였다. 기존의 사회, 정치질서 속에서 산업화의 부산물로 생겨나는 사회문제를 해결하고 노동자들을 통합하려는 의도로 마련된 비스마르크의 사회정책은, 진정한 사회개혁, 즉 자원의 공정한 재분배라든가 또는 인권 및 인간존엄성의 확보 차원과는 거리가 먼 것이라 할 수 있다. 왜냐하면 비스마르크의 사회보험제도는 급속한 자본주의적 산업화에 따라 빠른 속도로 성장하는 노동자계급에 대해 사회주의 세력이 행사하는 영향력을 무력화시키기 위한 견제적 조치 또는 사회주의 탄압법에 대한 보충적 조치로서 시도된 것이기 때문이다.

그러나 비스마르크의 정치적 의도에서 시작된 사회보험제도는 시대와 상황에 따라 변화와 개선과정을 거치면서 독일의 사회보장 제도로 이어졌으며, 전 유럽으로 확산되어 사회보장제도의 기본적인 제도로 자리 잡게 되었다.

2) 사회보험의 확산

독일에서 탄생한 사회보험제도는 영국으로 확산되어, 1911년 질병과 실업에 대한 사회보험으로 국민보험법이 제정되었다. 국민보험은 1부인 건강보험과 2부인 실업보험으로 구성되어 있는데, 건강보험은 당시 재무성 장관이던 조지(Lloyd George)가, 실업보험은 당시 상무성 장관이던 처칠(W. Churchill)[4]이 주도하였다.

빈민법은 빈민들을 대상으로 한 제도임에 비해, 국민보험은 노동력을 가진 노동자에게 건강보험과 실업보험을 제공하는 제도였다. 국민보험법에 내포된 이념은 '국가적 효율성'으로, 국민최저수준의 보호가 사회적으로 필수적인 동시에 현대 산업이 요구하는 노동력을 가진 인적 자원을 보존하기 위한 수단이라는 것이다.

건강보험은 보어전쟁(1899~1902) 당시 지원병의 다수가 심각한 건강불량상태에 있었다는 사실에 자극을 받아, 독일의 건강보험을 모델로 만들어졌다. 그러나 건강보험의 제도화 과정에서 우애조합, 노동조합, 보험회사, 의사회 등과의 이해 마찰로 인해 연간 소득 160파운드 이하의 사람들에게만 적용하는 등 가입범위, 급여결정 방식 등에 대한 타협이 이루어졌다. 건강보험이 제도화과정에서 큰 폭의 수정이 이루어진 것에 비해, 경기에 민감하여 실업 발생의 위험이 큰 직업의 노동자들을 대상으로 한 실업보험은 거의 원안 그대로 성립되었다. 당시의 건강보험과 실업보험은 모두 고용주와 노동자, 국가가 모두 기여금을 납부하는 3자 부담방식에 의한 것으로 질병 또는 실업 시 일정 기간 동안 급여를 제공하였다(성민선 외, 2005).

이후 이러한 사회보험제도들이 확대되면서 빈민법의 원리와 정책들은 사라져 갔으나, 개인의 책임을 강조하는 자유주의 이념은 완전히 사라지지 않았다. 영국에서 이를 극복하고 현대적 복지국가로 발전할 수 있게 된 계기는 1930년대 대공황으로 인한 궁핍과 제2차 세계대전 동안 경제적 곤란의 경험이었다. 특히 전쟁의 경험은 사람들에게 '위험의 불확실성'을 안겨주었고, 그에 따라 집합주의적 사회보장의 위험분담 논리를 받아들이게 되었던 것이다.

4) 처칠(1874~1965)은 영국의 총리로, 탁월한 정치적 감각으로 국민보험의 도입을 주도하였다. 처칠은 나치 독일의 공습을 일찍이 예견하였으며, 나치 독일이 영국을 공격하자 해군장관에 임명되었다. 이후 전시내각의 총리에 임명되어, 영국 본토 항공전을 막아내고 연합국의 승리를 이끌었다.

윈스턴 처칠
(Winston Churchill)

3. 대공황과 사회보장법

미국은 전통적으로 정부의 역할에 대한 부정적인 인식이 강했고, 서부 개척의 가능성 때문에 빈곤의 문제를 새로운 사회에 대한 부정으로 간주하여, 개인의 책임을 강조하는 경향이 강하였다. 이러한 경향은 산업화가 이루어지는 19세기 초반까지 계속되었다. 지방정부는 영국에서 차용한 구빈법의 개념에 입각한 최소한의 구빈만을 수행하였다. 개인적, 지역사회 중심적인 상부상조의 자발적 보호가 발달하여, 민간 자선단체들이 빈곤문제 해결에 주도적 역할을 담당하였다. 그리고 주정부는 지방정부가 담당하기 어려운 특별한 장애인시설분야를 담당하였다.

미국은 남북전쟁을 전후로 한 19세기 중반 이후 급속한 산업화와 도시화가 이루어지면서, 사회문제가 심화되고 급격한 사회변화를 경험하게 된다. 이에 따라 빈민법을 개선해야 할 필요성이 대두되었으나, 지방분권주의와 개인주의와 사회진화론에 입각한 미국 자유주의의 영향이 아직 지배력을 유지하고 있어 소득보장에 대한 연방정부의 개입은 쉽사리 이루어지지 않았다. 이러한 상황에서 빈곤문제에 대한 대처는 민간자선기관들의 활동에 의존하였다.

미국에서 연방정부 불개입의 원칙이 파기된 것은 1930년대 대공황의 영향이다. 대공황으로 인해 미국의 경제는 이전에 경험하지 못했던 정도로 몰락하였다. 1929년에서 1933년 사이에 실질 국민총생산의 1/3이 감소하였으며, 1933년 3월에는 노동인구의 약 29%가 실업상태였다. 이러한 대공황으로 개인주의에 입각한 구빈체계는 실패한 것으로 판명되었다. 대규모 실업으로 인한 구빈부담이 매년 2배 이상 증가하여 민간이나 지역사회의 부담능력이 고갈되었으며, 따라서 국가적 차원에서 자원을 동원해야 할 필요성이 인식되었다. 즉, 시장을 바탕으로 한 자유주의적 구호체계는 산업사회에 내재된 경제적 불안정이라는 위험에 대처할 능력이 없음이 입증되었으며(market's failure), 집합적 방법으로 빈곤과 실업문제에 대처할 필요성이 인식된 것이다. 그러나 당시 후버(H. Hoover) 대통령은 공황이 곧 극복될 가능성이 있다고 판단하여 연방정부의 지원에 반대함으로써 연방정부 불개입의 원칙을 고수하였다.

그러나 1932년 선거에서 승리한 루스벨트(F. Roosevelt)[5] 대통령은 연방정부가 국민의 생활에 관여하는 새로운 방식인 뉴딜(New Deal) 정책을 추진하였다. 1934년 6월 하원에 제출한 사회보장교서에서 "헌법에 의해 명시된 바와 같이 연방정부가 특히 '전반적인 복지를 증진하기 위해' 수립되었다면, 복지를 결정하는 사회보장을 제공하는 것은 분명히 우리의 의무이다"(한국복지연구회, 1991)라고 언급함으로써, 연방정부 불개입의 원칙을 파기한 것이다. 1935년 1월 의회에 지출한 법률안에는 비기여연금, 강제연금, 보충연금으로 구성된 노령보장제도와 실업보험, 주정부에 대한 연방교부금으로 실시하는 요보호 아동과 공공보건서비스 등을 규정하였다.

1935년 8월부터 시행되기 시작한 사회보장법은 입법과정에서 보충연금이 제외되고 시각장애인에 대한 부조가 추가되었다. 사회보장법의 주요 내용은 노령연금과 실업보상으로 구성된 사회보험과 노령, 시각장애인, 요보호 아동에 대한 범주적 공공부조와 보건 및 복지서비스로 이루어졌다. 사회보장법은 미국의 사회권 발전에 기여하였으나, 영국의 국민보험에 비해 건강보험이 포함되지 않았고, 자영업자나 농민이 제외되는 등 적용대상과 적용위험에 있어서의 포괄성이 부족하였으며, 주 정부 간에 보장 수준의 불평등이 존재하였다. 또한 사회보험도 기여금에 의한 자활을 강조하는 계약적 성격이 강한 제도로, 이는 개인의 권리 보장을 선호하는 미국적 태도가 반영되어 있었다(성민선 외, 2005).

그러나 이러한 한계에도 불구하고, 대공황은 개인주의와 국민생활에 대한 국가의 불개입을 원칙으로 하는 미국의 정신에 국민생활에 국가가 개입할 수 있고, 개입하여야 한다는 변화를 가져온 계기가 되었던 것이다.

---

5) 프랭클린 루스벨트(1882~1945)는 미국의 32번째 대통령(1933~1945)이다. 그는 임기 동안 대공황과 제2차 세계 대전을 모두 경험한, 20세기의 중심인물 중 한 사람이다. 루스벨트는 뉴딜 정책을 통하여 미국이 대공황에서 벗어나도록 하였으며, 제2차 세계대전 때 연합군에 동참하여 승리로 이끌었다. 세계 평화를 위한 국제 조직에 대한 열망은 사후에 국제 연합의 결성으로써 결실을 맺었다. 미국의 대통령 중에서 처음이자 마지막으로 대통령직에 네 번이나 당선되어 12년간 장기 집권하였다.

프랭클린 루스벨트
(Franklin D. Roosevelt)

4. 베버리지보고서와 복지국가의 탄생

2차 세계대전은 규모나 참혹함에서 과거의 전쟁과는 달랐다. 전후방의 차이가 없이 전 국민이 전쟁에 참여해야 했으며, 새롭게 등장한 비행기의 공습은 전 국토를 전쟁터로 만들었다. 이러한 전면전으로 인하여 국민의 생활은 국가가 통제하는 배급체제로 들어갔으며, 의료시설은 응급의료체제로 바뀌었다. 영국의 전시 연립내각의 수상이었던 처칠은 전 국민에게 '피와 땀과 눈물'을 요구하면서, 국민들의 희생으로 전쟁에서 승리하면 전후에 복지국가를 건설할 것을 약속하였다.

이러한 준비를 위하여, 1941년 전시 연립내각은 기존의 사회보험과 관련 서비스에 대해 조사, 검토하고 전후의 새로운 사회질서에 대한 청사진을 제시할 수 있도록 베버리지(William Beveridge)[6)]를 위원장으로 하는 위원회(사회보험과 관련 서비스에 관한 범정부 위원회 : Inter-Departmental Committee on Social Insurance & Allied Service)를 구성하였다. 1년 뒤 베버리지보고서(Beveridge Report : Report on Social Insurance & Allied Service)가 발표되었는데, 이것이 전후 복지국가의 청사진이었다.

베버리지보고서는 사회발전을 저해하는 5대 악(five giants)으로, 결핍(want), 질병(disease), 무지(ignorance), 불결(squalor), 나태(idleness)를 지적하고, 소득보장, 의료보장, 무상교육, 공공주택, 완전고용을 대책으로 제시하였다. 보고서에서는 사회보장을 최저 수준까지의 소득보장으로 규정하고, 기본적 욕구에 대해서는 사회보험으로 충족하며, 특별한 욕구에 대해서는 국민부조(national assistance)에 의해, 추가적인 욕구에 대해서는 임의보험으로 보충되어야 한다고 하였다(Beveridge Report, 1942).

6) 윌리엄 베버리지(1879~1963)는 영국의 경제학자로, 옥스퍼드대학교를 졸업하고 페비안소사이어티에 참여하였다. 런던 정치경제대학교 학장과 런던대학교 부총장을 역임하였고, 2차 세계대전 중에는 처칠의 전시내각에서 노동 차관이 되었으며, 사회보험 및 연합국 전시 근로위원회 의장에 임명되어 베버리지보고서를 작성하였다.

윌리엄 베버리지(William Beveridge)와 베버리지보고서

사회보험의 원칙으로는 정액급여(flat rate of subsistence benefit), 정액기여(flat rate of contribution), 행정책임통합(unification of administrative responsibility), 급여 적절성(adequacy of benefit), 포괄성(comprehensiveness), 유형화(classification)의 원칙을 제시하였다. 그리고 이러한 사회보험중심의 제도를 수립하기 위한 전제조건으로 아동수당과 건강과 재활을 위한 포괄적인 서비스, 완전 고용의 유지를 제시하였다. 베버리지보고서의 중심사상은 국민적 최저선 보장의 개념으로, 평등과 연대성을 기초로 한 전후 사회질서를 수립하는 것이었다.

전후 선거에 승리한 노동당의 애틀리는 베버리지보고서의 건의에 따라, 1945년 가족수당법(Family Allowance Act), 1946년 국민보험법(National Insurance Act), 산업재해법(Industrial Injuries Act), 국민건강서비스법(National Health Service Act), 1948년 국민부조법(National Assisstance Act)을 차례로 제정하였다. 이로써 처벌적이고 억압적이었던 빈민법체제는 완전히 폐지되고 복지국가가 탄생하였다.

5. 복지국가의 발전

2차 세계대전 이후 복지국가가 성립되면서 인류의 희망인 평등의 실현과 '요람에서 무덤까지'의 사회적 보호 속에서 보람 있는 삶을 살 수 있다는 자신감이 서구사회를 지배하였다. 전후의 복지국가는 시민권 이념을 기반으로 포괄적이고 보편적인 복지국가를 만들려는 초기의 개혁과 지속적으로 급여와 적용범위를 확대하려는 노력에 의하여 발전하여 갔다. 그리고 이러한 발전은 사회복지제도에 호의적인 노사정의 정치적 합의(consensus)에 의하여 뒷받침되었다. 또한 호황으로 인한 경제성장과 완전고용을 바탕으로 한 산업평화와 민주주의의 정착과 발전, 국제기구(ILO, ISSA)의 역할, 시민권 운동 또한 복지국가의 중요한 배경으로 작용하였다.

전후 복지국가는 1973년 석유파동(oil shock)이 일어날 때까지 사회복지에 대한 재정지출을 확대해 나갔다. 즉, 경제적 호황과 정치적 합의 구도 속에서 사회복지 지출을 지속적으로 늘려 나갔고, 급여수준과 적용대상을 확대하여 갔다. 이런 과정을 통하여 복지국가는 더욱 세련되게 발전하였으며, 이러한 복지국가의 여러 제도들은 세계 전역으로 확산되어 갔다(감정기 외, 2002).

6. 복지국가의 개편

1) 재정위기와 대처리즘

2차 대전 이후 1970년대 초반까지, 자본주의 경제의 성장과 함께 복지국가는 확대 발전하면서 복지국가의 황금기를 경험하였다. 그러나 1973년 석유파동이 일어나 경제성장이 둔화되면서 복지국가의 성장은 침체기를 맞이하게 된다. 경제침체는 한편으로는 정부의 세수를 감소시키고 다른 한편으로는 복지지출을 증가시킴으로써 공공적자를 크게 증대시키고, 공공지출의 가장 큰 부분을 차지했던 복지지출에 대한 삭감 압력을 높였던 것이다. 1970년대의 경제위기는 정부의 재정위기(government's failure)를 초래함으로써, 복지국가를 위기에 빠뜨렸던 것이다.

이러한 상황에서 1979년 집권한 대처[7]정부는 영국의 복지국가를 재편해 나갔다. '자유경제와 강한 국가'로 대변되는 대처리즘은, 한편으로는 공공지출을 삭감하고 민영화와 규제완화정책을 시행하면서, 다른 한편으로는 베버리지적 복지원칙을 자유주의적, 빅토리아적 복지원칙으로 대체하였다(김영순, 1996).

대처리즘의 새로운 원칙은 첫째, 전 국민의 복지에 대한 국가의 책임을 자조와 개인 책임의 원칙으로 대체하였으며, 둘째, 보편주의 원칙을 선별주의

7) 마거릿 대처(1925~2013)는 1979년부터 1990년까지 영국의 총리를 지냈으며, 영국 최초의 여성 보수당 당수이기도 하다. 영국병을 극복한 인물로, 1982년 아르헨티나와의 포클랜드 전쟁에서 승리하였다. 대처는 옥스퍼드대학을 졸업하고, 1959년 보수당 영국 하원 의원에 당선되어 정계에 입문했다. 이후 연금·국가보험 정무담당 차관, 교육부장관, 과학부장관을 지냈다. 1975년에는 영국 최초의 여성 당수가 되어, 1979년 총선거에서 노동당을 누르고 승리하여 첫 여성 총리가 됐다. 20세기 영국 총리 중 가장 긴 11년 209일의 재임기간을 지냈다. 유럽에서 혈통이나 재산, 결혼의 도움을 받지 않고 강대국의 지도자가 된 역사상 최초의 여성 정치인이기도 하다. 보수적이며 온화하면서도 강경한 성품으로 철의 여인(Iron Lady)이라는 별명으로 불린다.

마거릿 대처
(Margaret H. Thatcher)

원칙으로 대체하였고, 마지막으로 국민 최저수준의 원칙을 열등처우의 원칙으로 대체하였다. 이러한 원칙에 따라 대처정부는 복지의 민영화와 지방분권화를 단행하였다.

2) 정부의 역할축소와 신보수주의

미국에서는 사회보장법 이후 사회보장에 대한 연방정부의 역할이 점차 증대되어 갔다. 특히 1960년대 존슨(Lyndon Johnson) 대통령이 '위대한 사회(Great Society)'를 추구하며, '빈곤과의 전쟁(war on poverty)'을 선포함으로써 사회복지를 확대하였다. 그러나 빈곤과의 전쟁이 미국의 시장중심의 사회복지 모델을 벗어난 것은 아니었으며, 빈곤과의 전쟁에서 강조하는 것은 경제적인 자족이었다. 미국 정부가 중점을 둔 것은 더 많은 소득보장제도나 공공복지서비스가 아니라, 주로 개인의 소득기회를 늘리기 위한 프로그램들로서, 1960년대에 미국에서 새롭게 만들어진 Head Start, 교육보조, 직업훈련, 공공 보건, 지역사회 행동 프로그램 등이 여기에 해당된다.

그러나 1970년 이후 세계경제의 성장이 둔화되고 신자유주의의 영향력이 커지면서, 미국에서도 영국과 마찬가지로 사회복지 축소에 대한 압박이 상해졌다. 레이건 정부와 부시 정부에서 조세삭감과 함께 사회지출에 대한 삭감이 급격하게 이루어졌으며, 이에 따라 사회복지지출도 급격히 축소되었다.

미국의 보수화는 복지급여의 삭감과 함께 연방정부의 역할을 축소하는 '권한이양 개혁(devolution revolution)'을 가져왔다. 1996년 클린턴 정부는 개인의 책임과 노동기회 조정법(the Personal Responsibility and Work Opportunity Reconciliation Act)을 제정하였다. 이 법에 따라 주정부에 주어지던 연방보조금이 범주적 보조금(categorical grants)에서 포괄적 보조금(block grants)으로 변경되었으며, 미국의 대표적 공공부조인 AFDC(Aid to Family with Dependent Children)가 폐지되고, TANF (Temporarily Assisstance to Needy Family)로 대체되었다(성민선 외, 2005).

7. 세계화와 2차 신자유주의 물결

20세기 말 이후 영국과 미국을 포함하여 서구의 복지국가들은 조정 단계에 있다고 할 수 있다. 전후 복지국가들이 시행하고 있는 사회복지제도들은 대부분 대량생산 방식에 기반을 둔 산업사회의 구조에 맞는 제도들이었다. 그러나 세계화, 탈산업화, 정보화 등이 진행되면서 국가 간 경쟁이 심화되었고, 이러한 국가 간 경쟁의 심화는 과거의 국가 단위의 사회복지체제의 변화를 요구하게 되었다.

일찍 세계화와 정보화에 성공한 영국과 미국 등 영미계 국가들은 새로운 무역 금융질서와 경제체제(WTO, FTA)로, 1990년대 이후 동서냉전이 끝나고 이데올로기가 무너져 가고 있던 세계 질서를 재편해 나가기 시작하였다. 이념에 의하여 균형이 유지되던 정치질서가 시장을 중심으로 한 경제질서로 대체되었던 것이다.

그리고 이러한 변화에서 상대적으로 뒤떨어진 독일, 프랑스, 스웨덴 등 전통적인 유럽의 복지국가들은 국가경쟁력이 상대적으로 약화되면서, 전통적인 유럽의 복지국가들도 국가중심의 사회보장체제에서 벗어나 국가경쟁력을 확보하고자 하는 노력들이 나타나고 있다. 특히 21세기 들어서 이들 국가에서도 보수파 정당들이 새로이 집권하고 있어, 1980년대에 이어 2차 신자유주의의 물결이 전 세계를 휩쓸고 있다고 할 수 있다. 그러나 이러한 세계화와 정보화 등의 새로운 변화는 지역 간, 국가 간, 계층 간 양극화를 심화시켜, 또한 새로운 사회보장제도를 창출해 나갈 것으로 예상된다.

제2절 한국 사회보장의 역사

한국 사회보장 역사의 출발점을 어디로 할 것인가에 대해서는 여러 가지 의견이 있을 수 있다. 그러나 사회보장이 공공부조에서 시작되었다는 점을 상기하면, 한국 사회보장의 역사는 과거 한국의 대표적인 공공부조제도였던 생활보호제도의 도입에서 시작하는 것이 타당할 수 있다.

1. 사회보장 이전

1961년 제정되어 1999년 국민기초생활보장제도가 수립되기까지 지속되었던 생활보호제도는 무려 40년간 한국의 대표적인 공공부조제도였다. 그리고 1961년 생활보호제도가 입법되기 전까지는 일제의 조선구호령이 사실상 구빈제도로 역할을 하고 있었다.

1) 일제의 조선구호령

일제의 구호사업은 식민정책의 일부로, 정치적 목적을 가진 시혜의 의미에서 시행되었다. 1910년 한일합병이 이루어지면서 조선시대의 구호사업은 소멸되었으며, 1921년 조선총독부 내무국에 사회과를 신설하여 구호사업을 전담하였다.

일제는 빈민문제가 사회문제로 심각하게 되자 빈민조사를 실시한 후, 1927년 12월부터 방면위원제도를 실시하였다. 방면위원제도의 주된 내용은 빈민생활실태조사, 상담지도, 보호구제, 보건구호, 직업알선, 호적정리 등이었다. 또한 일본에서 실시하던 구호법(1929년 제정)을 원용하여, 1944년 3월 1일에 조선구호령을 실시하였다. 그러나 이와 같은 제도들이 우리나라에서 시행된 것은 구빈 목적이라기보다는, 전시동원체제하의 식민지 통치의 효율성 제고를 위한 것이라고 볼 수 있다(남기민, 2005).

조선구호령은 ① 65세 이상 노쇠자, ② 13세 이하 아동, ③ 임산부, ④ 불구·폐질·질병·상병·기타 정신 또는 신체의 장애에 의해 일할 수 없는 자를 대상으로 하였다. 구호의 종류는 생활부조, 의료, 조산, 생업부조였고, 구호방법은 거택구호를 원칙으로 하고 거택구호가 부적당한 경우 시설에 수용위탁할 수 있게 하였다. 조선구호령은 광복 후 1961년 생활보호법이 제정되기까지 우리나라 구빈제도의 근거가 되었다.

2) 미군정의 응급구호

1945년 8월 15일 광복 이후 1948년 8월 15일 정부수립까지, 미군정 3년간의 구호사업은 주로 북한에서 월남한 피난민과 해외에서 귀환한 전재민 및 국내 거주의 요구호 빈민들에 대한 식량, 의료 및 주택 등 응급구호에 치중하였다. 당시 빈곤인구의 규모는 최소한 200만 명 이상으로 추정된다. 이 같은 숫자는 광복 당시 남한 인구 1,600만 명의 12.5%에 달하는 것이었다(이영환, 1989).

미군정기의 복지행정은 군정청 보건후생부가 담당하였다. 보건후생부의 주요 업무는 ① 위생업무, ② 사변재해의 구제, ③ 일반 빈곤자에 대한 공공부조, ④ 아동의 후생 및 기타 필요한 보호, ⑤ 노무자의 후생 및 은급제도, ⑥ 주택 문제, ⑦ 귀국 및 실직한 한국인의 보호 및 귀향, ⑧ 기타 한국 내 점령군의 목적달성에 필요한 공공후생계획 및 경영 등이었다(하상락, 1989).

또한 미군정기간 동안 복지에 대한 공적인 대책이 크게 부족하였기 때문에, 무계획적인 민간 구호단체와 시설이 증가하였고 외국자선단체와 기관들도 많이 들어왔다.

3) 한국전쟁과 외원

1948년 8월 15일 대한민국 이승만 정부가 수립되고 제1공화국이 출범하자 보건후생부 및 노동부가 사회부로 통합되어, 보건, 후생, 노동 및 부녀 등에 관한 행정을 관장하였다. 그 후 1949년 3월에 보건부가 창설되어 사회부에서 관장하던 보건행정을 분할하여 주관하였으나, 1955년 2월에 보건 및 사회 양부는 다시 보건사회부로 통합되었다.

정부 수립 당시 제정된 우리나라 헌법 제19조에는 "노령, 질병, 기타 근로능력이 없는 자는 법률이 정하는 바에 의하여 국가의 보호를 받는다"라고 하여 국민의 생존권을 명문으로 규정하였다. 그러나 이 헌법이 규정한 국민의 생존권을 보장하는 관계 법률이 제정도 되기 전에 1950년 한국전쟁이 돌발하여, 신생 대한민국으로서는 도저히 물적으로나 인적으로나 감당하기 곤란한 일대 궁지에 빠지게 되었다. 즉, 요구호자는 일시에 막대한 수로 급격히 증가하는 반면 소요물자와 자금은 극히 제한되어 있어, 전쟁 중에는 주로 요구호자들의 최소한의 생명유지를 위한 응급구호에 치중할 수밖에 없었다.

1951년 3월에 전국난민 일제등록을 실시한 결과, 전국적으로 783만여 명의 구호대상자가 등록하였으며, 1952년과 1953년에는 더욱 증가하였다(하상락, 1989 : 90). 정부는 재정부족 때문에 요구호자 구호를 위해 외국원조단체들의 협조를 받지 않을 수 없었다. 미군정 때부터 한국을 원조하고 있던 국제원조처, 경제협력처, 전시 긴급원조 한국민간구호단체, UN 한국재건단 등의 외국원조단체는 중앙구호위원회(KAVA)를 조직하여 긴급구호를 실시하였다. 지방에서도 각급 구호위원회를 조직하여 중앙구호위원회의 지휘감독하에 부산지역에 우선 피난민 수용소를 설치하여 수용보호하는 한편, 거제도와 제주도에는 집단 수용소를 설치하여 피난민 응급구호를 하였다.

한국전쟁으로 시설수용보호를 필요로 하는 난민이 다수 생겨났으며, 이와 같은 사회적 요구에 따라 고아시설, 양로시설, 모자원 등의 각종 후생시설이 휴전협정 성립 후에 급속히 증가하여 1959년에는 총 686개의 각종 시설이 설립되었다(하상락, 1989).

한국전쟁은 우리나라 사회복지에 두 가지 큰 변화를 가져왔다. 첫째는 정부수립 후 단계적 · 계획적으로 준비해 오던 사회부의 모든 정책이 무산되고, 임시적 · 응급적 정책으로 전락하였다는 점이고, 둘째는 막대한 외국 원조로 인해 우리 사회에 의존적 구제방식을 심화시켜 놓았다는 점이다. 이와 같이 정부수립 이후 1950년대 우리나라 사회복지는 임시 응급구호와 전후복구에 급급하였으며, 근대적인 사회복지제도가 제대로 자리를 잡지 못하였던 시기였다.

2. 사회보장 도입기

1960년 4·19 혁명에 의해 이승만 정부가 붕괴된 후 탄생한, 제2공화국 민주당 정부는 나름대로 자주적이고 민주적인 발전의 길을 모색하였다. 그러나 반목과 대립 속에서 정치·사회적 혼란이 그칠 줄 몰랐고, 그 와중에서 무정부적 혼란 현상을 청산한다는 명분으로 1961년 5월 16일 군부가 쿠데타를 일으켰다. 군사 정부는 절대 빈곤을 해소한다는 정치적 혁명공약의 실천을 위해, 1962년부터 제1차 경제개발 5개년 계획을 추진하였고, 1963년에는 박정희 정부의 제3공화국이 출범하였다.

1) 생활보호법과 산재보험법 제정

1962년부터 시작한 경제개발로 도시화 및 산업화 현상이 나타나고, 도시빈곤층, 가출 및 비행, 미혼모문제, 주택 부족 등 과거와는 다른 여러 가지 사회문제들이 드러나기 시작하였다. 그러나 당시 정부당국자들은 한정된 재원을 경제개발에 집중하기 위해서, 사회복지에 대해서 소극적이었다. 한편 노동자계층의 미성숙으로 노조의 조직력이 미약했고 노동자계층의 권익을 추구하기 위한 이익표출은 거의 없었으며, 일반 국민의 경우도 사회복지에 대한 이해나 주장은 거의 없었다(남기민, 2005).

단지 1960년대에, 특히 군사정부 시절에는 국민의 지지를 얻기 위해 여러 가지 사회보장 관련법들을 제정 공포하였다. 사회보험 부문에서 공무원 연금법(1960), 선원보험법(1962), 군인연금법(1963), 산업재해보상보험법(1963), 의료보험법(1963)이 제정되었고, 공공부조의 부문에서 생활보호법(1961), 군사원호보상법(1961), 재해구호법(1962), 국가유공자 및 월남 귀순자 특별보호법(1962), 사회복지서비스 부문에서 아동복리법(1961), 윤락행위 등 방지법(1961), 자활지도에 관한 임시조치법(1968) 등이 제정되었으며, 그 밖에 특히 1963년에는 사회보장에 관한 법률이 제정되었다.

이와 같이 1960년대는 전례 없이 사회보험 및 생활보호를 중심으로 한 근대적인 사회복지법제를 마련하였다. 이와 같은 사회복지법제는 그 내용상으로는 비교적 장기적인 안목과 효율적인 합리성을 결하고 있었지만, 적어도 형식적인 사회복지법제의 도입이라는 측면에서는 의의가 있었다. 이는 사회복지제도가 구빈적·단편적 성격으로부터 벗어나 국가중심의 체계적인 사회복지제도로 자리를 잡는 계기는 되었으나, 시행은 성공적이지 못하였다.

1960년대 사회복지의 특징 중의 하나는 공무원, 군인 등 사회적 지배계층을 위한 사회보장제도가 우선적으로 제정되었다는 것이다. 이는 후진적 사회복지 발달의 한 형태로서, 사회보장제도의 확충이 복지적인 측면보다는 정치적인 측면에서 이루어졌다는 것을 말해주고 있다.

2) 의료보험제도 실시

1972년 박정희 대통령이 유신헌법으로 제4공화국의 유신체제를 유지하자, 이에 대한 체제 도전이 끊임없이 일어났다. 따라서 체제의 정통성 확립을 위해 무언가 최소한 국민들에 대하여 지지를 받을 수 있는 유인을 제공하지 않으면 안 되는 정치적 상황이었다.

경제·사회적 상황을 보면 1960년대 1차 및 2차 경제개발 5개년 계획이 성공적으로 수행됨으로써 산업화, 도시화 현상이 나타나기 시작했고, 절대빈곤에서 탈피하여 고도의 경제성장을 이룩하게 되었지만, 산업화, 도시화 현상은 필연적으로 각종 사회문제를 가져왔다. 특히 빈부의 격차가 심해져 상대적 박탈감 및 위화감이 사회에 팽배하여 사회적 불안이 조성되었다. 이런 상황하에서 1972년부터 시작된 제3차 경제개발 5개년 계획부터는 본격적으로 사회개발정책을 수행하게 되었다.

1970년대 제정된 사회보장 관련법들은, 사회보험부문에서 사립학교 교원연금법(1973), 국민복지연금법(1973), 개정의료보험법(1976), 공무원 및 사립학교교직원 의료보험법(1977), 월남귀순자 특별보상법(1978)이 제정되었으며, 사회복지서비스부문에서 사회복지사업법(1970)이 제정되었다.

위의 법률 중 사립학교 교원연금법과 공무원 및 사립학교교직원 의료보험법은 국가건설과 유지에 필수적인 공무원과 교직원에 대한 특별한 배려로 볼 수 있다. 국민복지연금법은 법만 제정해 놓고 실시하지 못하였는데, 그 이유는 제도의 수립목적이 중화학 공업을 위한 내자조달의 수단이라고 국민들에게 인식되었고 따라서 국민의 지지와 호응을 받지 못하였기 때문이다.

1963년 제정되었다가 시행되지 못한 의료보험법은 1976년에 개정되어 1977년부터 500인 이상 사업장 근로자를 대상으로 실시되었으며, 그 후 공무원 및 사립학교 교직원 의료보험법이 시행되었고, 저소득층 의료보장을 위해 의료보호법도 시행되었다. 이와 같은 의료보장제도는 산업사회의 도래로 생겨난 국민들의 의료욕구를 충족시키고 건강을 증진시킴으로써 국가적 이익과 사회적 통합을 추구하기 위한 것이었다.

3. 사회보장 확대기

1979년 10·26 사건으로 박정희 대통령의 유신체제가 종말을 고하고, 1980년 5·17 군사 쿠데타로 전두환 정부의 제5공화국이 출범하였다. 제5공화국은 민주주의의 토착화, 정의사회구현, 교육혁신 및 문화창달과 더불어 복지사회의 건설을 국정지표로 내세웠을 뿐만 아니라, 1982년부터 시작된 제5차 5개년 개발계획에서도 경제와 사회의 균형적인 발전을 기본목표로 삼았다.

1) 사회복지서비스법 제정

제5공화국은 부족한 체제정통성을 확보하기 위하여, 일단의 사회복지 입법을 단행하였다. 사회복지서비스 부문에서 사회복지사업기금법(1980), 심신장애자복지법(1981), 노인복지법(1981)이 제정되었고, 아동복리법을 아동복지법으로 개정하였으며(1981), 사회복지사업법을 전면 개정하여(1983) 사회복지종사자를 사회복지사로 명칭 변경하였고 사회복지사 자격을 1급, 2급, 3급으로 구분하였다. 그리고 공공부조 부문에서는 생활보호법을 개정하여(1983), 생활보호 유형에 자활보호와 교육보호를 추가하였고, 최저임금법(1986)을 제정하였다.

한편 제5공화국 후반부터는 한국형 복지모형이 논의되기 시작하였다. 한국형 복지모형이 등장하게 된 배경은 1970년 중반 이후 선진복지국가에서 복지국가 위기론이 대두되고 있었기 때문에 한국에서도 자칫 잘못하면 복지병을 유발할 수 있다는 정책관련자들의 우려 때문이었다(구종회, 1996). 이러한 한국형 복지 모형은 제6차 경제사회발전 5개년 계획(1987~1991)과 맥락을 같이하고 있다. 제6차 계획의 기본 방향은 ① 우리 경제, 사회발전 수준에 맞는 복지시책이어야 하고, ② 가족과 지역사회의 복지기능을 최대한 촉진하며, ③ 자립정신에 입각한 복지시책을 전개하고, ④ 민간의 복지자원을 최대한 동원한다는 것 등이다. 이리하여 1980년대 후반부터는 시설수용 위주의 복지사업으로부터 탈피하여 지역복지와 재가복지가 강조되기 시작하였다.

2) 국민연금제도 실시

1988년 출범한 노태우 정부의 제6공화국은 제5공화국의 사회보험제도를 대부분 확대시행하여, 국민연금제도(1988), 최저임금제도(1988), 전국민의료보험제도(1989)를 시행하였다. 제6공화국 정부에서 제정 또는 개정된 사회복지 관련법은 모자복지법 제정(1989), 심신장애자 복지법을 장애인복지법으로 개정(1989), 노인복지법 개정(1989), 장애인고용촉진 등에 관한 법률 제정(1990), 의료보호법 개정(1991), 영유아보육법 제정(1991), 고령자고용촉진법 제정(1992), 사회복지사업법 개정(1992) 등이었다.

제6공화국의 사회복지제도 발전의 특징을 요약하면 다음과 같다. 첫째, 국민연금제도, 최저임금제도, 그리고 전국민의료보험제도의 실시 등 소득 및 의료보장의 확대가 이루어지기 시작하였다. 둘째, 1988년 서울 장애인 올림픽 이후 장애인 종합대책을 수립하였으며, 이어서 장애인고용촉진 등에 관한 법률을 제정하여 장애인복지에 대한 변화를 시도하였다. 셋째, 지역복지의 중추적인 서비스전달체계인 사회복지관을 전국적으로 확대 실시하였다. 넷째, 영유아보육법이 아동복지법과는 별도로 제정되면서 영유아보육사업이 크게 부각되었다. 다섯째, 재가복지를 중시하여 재가복지봉사센터가 급격하게 증가되었으며 1987년부터는 사회복지전문요원을 영세민 밀집지역의 동사무소에 배치하기 시작하였다.

4. 사회보장 정착기

1990년대는 세계화라는 흐름이 새로운 국제질서로 자리를 잡아가고 있었다. '우루과이 라운드(UR)' 협상타결에 이은 세계무역기구(WTO) 체제가 세계의 경제를 규정하는 요소로 등장하면서, 국가경쟁력이 중요한 국가적 과제로 떠올랐다. 이와 함께 독일의 통일, 동구 공산권의 몰락, 복지국가 위기론 이후 신자유주의 이데올로기의 확산 등 세계는 빠른 속도로 변화하고 있었다. 공산권이 몰락하면서 2차 대전 이후 유지되어 오던 동서대립의 양극체제가 무너진 공간을, 미국은 유일한 강대국으로서 세계화와 정보화라는 새로운 기준으로 세계를 재편해 나갔던 것이다.

김영삼 정부는 1993년 아시아태평양경제협력체(APEC) 정상회담 이후 개방과 무한경쟁을 의미하는 세계화를 정책목표로 설정하였으나, 1960년대 이후 계속된 우리나라의 관주도 압축성장은 많은 문제점을 내포하고 있었다. 이 중에서도 가장 취약한 부분은 외환 금융 부문이었다. 외환 금융 부문에서 시작된 외환위기로 인하여 김영삼 정부는 국제통화기금(IMF)의 구제금융을 요청할 수밖에 없었고, 한국경제는 최악의 침체와 함께 상당 부분을 외국의 자본에 의존하게 되었다.

1) 고용보험법 제정과 4대 보험체계 완성

김영삼 정부는 1993년 신경제 5개년 계획의 사회복지 부문에서, 우리나라 제7차 경제사회발전 5개년 계획 복지정책의 기본방향을 국가발전수준에 부응하는 사회복지제도의 내실화에 두고 국민복지를 증진시킬 것을 제시하였다. 또한 1995년에는 성장 위주의 정책에서 벗어나 삶의 질과 생산적인 국민복지에 적극적인 관심을 기울여야 할 것이라고 강조하였으나, 실질적인 성과는 미미하였다.

김영삼 정부에서 제정 또는 개정된 사회복지 관련법들은, 사회보험 부문에서 고용보험법 제정(1993), 사회복지서비스 부문에서 정신보건법 제정(1995), 사회복지 공동모금법을 제정(1997)하였다. 김영삼 정부의 사회보장에서 가장 큰 변화는 사회보험 부문으로, 전 국민을 대상으로 국민연금제도의 확대실시와 더불어 전 사업장에 대한 고용보험제도의 적용, 전국민의료보험의 실시 등으로 기존의 산재보험제도를 포함한 사회보장의 4대 보험체계를 완성하였다는 것이다.

2) 사회보장기본법의 제정

1961년 생활보호법을 제정한 이후, 1962년 「사회보장제도심의위원회 규정」을 제정하여 사회보장제도 확립을 위한 위원회를 설치하였으며, 1963년에는 「사회보장에 관한 법률」을 전문 제7조로 제정하였다. 「사회보장에 관한 법률」은 당시 제3공화국 헌법 제30조에 규정된 '국가의 사회보장증진의 의무'라는 헌법정신에 따라, 사회보장제도 도입의 기본원칙 및 기준 설정의 필요성과 당시 이미 각 부처에 분산되어 있던 사회보장적 사업의 균형 유지·발전 및 그 조정의 필요성에 따라 제정되었다. 그러나 동법은 사회보장심의위원회의 설치 및 운영에 관한 규정 이외에는 사회보장의 기본법으로서 갖추어야 할 실질적인 내용을 갖추고 있지 못하고 있었다.

「사회보장에 관한 법률」이 제정된 후 30여 년 동안 경제사회적으로 빠른 변화를 가져왔고 1993년에는 4대 보험체계를 갖추었지만, 사회보장체계는 임시방편적이고 분리되어 실시되어 왔다. 그 결과 사회보장제도 간 연계성이 부족하고 제도 간 충돌과 갈등이 야기될 소지를 갖게 되었다. 더욱이 관리운영상의 비효율성과 재정 부족, 제도 간 급여 수준의 불평등 등 많은 문제점이 생겨나, 관계 전문가들과 학자들이 「사회보장에 관한 법률」을 개정하여, 시대적 변화에 맞는 사회보장의 기본법을 입법해야 하는 필요성을 제기하였다.

이후 1994년 10월, 정부는 사회보장기본법안을 국회에 제출하였는데, 이는 사회보장에 관한 기본 이념을 재정립하고 사회보장제도의 공통사항 등을 정하여, 사회보장제도의 효율적인 운영과 통합적 발전에 기초가 될 수 있는 새로운 사회보장기본법을 제정하고자 하는 것이었다. 1994년 11월 보건사회부의 사회보장기본법 제정안이 제출되고, 1995년 12월 18일 제177회 국회 본회의에서 가결되어 1995년 12월 30일 법률 제5134호로 사회보장기본법이 입법, 제정되었고 「사회보장에 관한 법률」은 폐지되었다. 그 후 2012년 일부개정을 단행하였다(법률 제9767호).

3) 외환위기와 국민기초생활보장법 제정

1997년도 IMF체제는 우리나라가 산업화 이후에 경험하지 못한 경제침체와 대량실업, 가족해체, 노숙자 문제 등을 가져 왔으며, 기존의 사회복지제도로는 이러한 문제들을 해결할 수 없었다. 이러한 과제를 안고 1998년 출범한 김대중 정부의 사회복지정책에서 가장 큰 변화는 1999년 국민기초생활보장법을 제정한 것이다.

종전의 생활보호법은 급여대상을 노동능력이 없으며, 부양의무자가 없거나 있어도 부양능력이 없으며, 재산과 소득이 일정 기준 이하의 빈곤층만을 대상으로 하였다. 그러나 이러한 수급자격으로는 외환위기 상황에서 발생한 장기실업자와 대량빈곤의 문제를 해결하기에 한계가 있었다. 새롭게 재정된 국민기초생활보장법에서는 수급자격에서 노동능력의 여부를 삭제하였으며, 급여내용에서도 주거급여가 신설되었다는 점에서 종전의 생활보호법과 큰 차이가 있었다. 그러나 노동 가능한 사람들에 대한 부조를 제공하는 데 대한 논란으로 법 제정과정에서 노동 가능한 사람에 대한 자활후견사업이 추가되었다.

의료보험은 조합주의 관리방식이 문제점으로 등장하면서, 1997년 12월 국민의료보험법을 제정하여 1998년 10월부터 공무원 및 사립학교 교직원 의료보험과 지역의료보험을 통합하였고, 12월에는 국민건강보험법을 제정하여 2000년 7월부터는 직장의료보험까지 통합하여 건강보험으로 개편되었다.

농어촌까지 확대되었던 국민연금은 1999년 4월부터는 도시 자영업자까지 확대 적용함으로써 전국민연금시대를 열었다. 그러나 소득파악의 문제와 납부예외자의 인정으로 연금 사각지대의 문제는 여전히 남아 있다.

김대중 정부에서 제정 또는 개정된 사회복지 관련법들은 사회보험 부문에서 국민건강보험법 제정(1999), 산업재해보상보험법 개정(1999), 공공부조부문에서 생활보호법을 폐지하고 국민기초생활보장법 제정(1999), 의료보호법을 의료급여법으로 전문 개정(2001), 사회복지서비스 부문에서는 모자복지법을 모·부자복지법으로 전면 개정(2003)하였다.

4) 노령화와 노인장기요양보험 도입

노무현 정부는 외환위기 이후 심화된 양극화와 빈부격차를 해소하기 위하여, 3대 국정목표 중 하나로 '더불어 사는 균형발전사회'를 제시하고, 이에 따른 사회안전망을 구축하기 위하여 '기초생활보장의 내실화 등 취약계층 보호지원'을 100대 국정과제 중 하나로 추진하였다. 그리고 취약계층의 보호지원을 위하여 ① 사각지대 해소를 위한 제도개선과 차상위계층 보호, ② 일을 통한 탈빈곤 지원, ③ 사회적 취약계층의 보호 강화, ④ 사회복지전달체계의 확대 개편을 추진하였다.

이와 함께 급속히 진행되고 있는 고령화에 대비하여, 2005년 6월 '저출산·고령사회기본법'을 제정하고, 이에 기초한 제1차 고령사회기본계획을 마련하여 범정부적 대응체계를 구축하였다. 기본계획은 4대 분야, 70개 이행과제,

242개 세부과제로 구성되어 있으며, 4대 분야는 ① 출산과 양육에 유리한 환경 조성, ② 고령사회 삶의 질 향상 기반 구축, ③ 저출산・고령사회의 성장동력 확보, ④ 저출산・고령화 대응 사회 분위기 조성이다.

2007년에는 저부담 고급여 구조의 국민연금제도를 개혁하고자 하였으나 급여수준을 일부 조정하는 수준에서 그쳤으며, 노인들의 연금사각지대를 해소하기 위하여 기초노령연금제도를 도입하였으며, 계속 논의되어 오던 공무원, 군인연금의 개혁은 끝내 이루지 못하고 다음 정부로 넘기게 되었다.

노무현 정부에서 제정 또는 개정된 사회복지 관련법들은 사회보험 부문에서 기초노령연금법 제정(2007), 노인장기요양보험법 제정(2007), 공공부조부문에서 긴급복지지원법 제정(2005), 사회복지서비스 부문에서는 건강가정기본법 제정(2005), 노인복지법 개정(2007) 등이 있었다.

5) 신자유주의와 고용 · 복지의 연계

2007년 출범한 이명박 정부는 10년 만에 보수정부로 회귀하였기 때문에, 보수적 성향의 사회복지정책으로 개편되리라 예상되었다. 그러나 사회복지의 불가역성 때문에 큰 변화는 없었고, 종전의 노무현 정부에서 도입된 제도가 정착 또는 유지되었던 시기라고 할 수 있다. 이명박 정부는 '능동적 복지'라는 새로운 구호를 제시하였다. 능동적 복지란 빈곤과 질병 등 사회적 위험을 사전에 예방하고, 위험에 처한 사람들이 일을 통해 재기할 수 있도록 돕고, 경제성장과 함께하는 사회복지를 의미하였다(보건복지부, 2008). 즉, 능동적 복지란 '일할 능력이 있는 사람에게는 일자리를, 도움이 필요한 사람에게는 국가가 따듯한 손길을 제공하는 복지'를 의미한다. 이명박 정부의 능동적 복지는 노무현 정부에서 준비한 노인장기요양보험을 실시한 것을 제외하고는 새로운 사회보장제도가 없어, 국가가 능동적으로 국민을 보호하기보다는 국민이 능동적으로 일자리를 찾도록 하는 데 방점이 있는 정책이었다.

2012년 출범한 박근혜 정부는 '맞춤형 고용・복지' 추진전략을 중심으로 국가발전의 선순환을 지향하였다. 이명박 정부에서 논쟁의 대상이 되었던 보편적 복지정책을 수용하여 보수정부의 친복지정책을 통한 국민행복의 실현을 목표로 제시하였다. 구체적으로는 기초연금의 도입, 고용과 복지의 연계, 저소득층 맞춤형 급여체계 구축, 보육의 국가책임 확대, 4대 중증질환의 보장성 강화 등 23개 국정과제를 추진하였으나 이러한 국정과제는 시행과정에서 대폭 축소되거나 보류되었다.

6) 촛불혁명과 보장성 강화

2017년 촛불혁명의 열기 속에서 탄생한 문재인 정부는 '포용과 혁신'을 사회정책의 목표로 내걸고, 사회통합의 강화, 사회적 지속 가능성 확보, 혁신능력 배양과 구현을 3대 비전으로 제시하였다. 문재인 정부의 주요 사회보장정책으로, 2017년 건강보험의 보장성 강화를 위하여 1차 의료의 접근 강화와 치매국가책임제를 실시하였으며, 2018년에는 소득보장을 위하여 노인의 기초연금을 30만 원으로 인상하고, 아동수당을 도입하였다. 또한 노동분야에서는 주 52시간 근무상한제를 실시하여 전 국민의 '일과 삶의 조화(워라밸)'를 추신하였다. 2019년에는 사회서비스의 공적 책임을 강화하기 위하여 「시・도별 사회서비스원 시범사업」을 실시하였다.

CHAPTER 04

사회보장의 기능

1960년대 이후 우리나라의 경제개발시기에는 이른바 '선 성장 후 분배'라 하여, 성장이 우선이며 분배는 경제성장 후에 생각해 보자는 논리가 지배하였다. 이는 얼마 안 되는 성장의 과실을 골고루 배분만 하다 보면, 경제개발에 투자할 재원이 부족해진다는 것이다. 이러한 논란은 계속되어 왔으며, 문재인 정부에서는 소득배분이 성장을 주도할 수 있다는 '소득주도성장'까지 이어지고 있다. 이처럼 사회보장은 국민경제에 지대한 영향을 미치고 있으며, 특히 경제성장과 재분배, 투자와 저축에 많은 영향을 미치고 있다.

4장 사회보장의 기능에서는 1절에서 사회보장과 경제성장의 관계를 살펴보고, 2절에서는 사회보장이 소득재분배에 미치는 효과를, 3절과 4절에서는 사회보장이 투자와 저축에 미치는 영향을 살펴본다.

제1절 사회보장과 경제성장

1960년대 이후 경제개발시기에는 이른바 '선 성장 후 분배'라 하여 성장을 위해서는 분배를 뒤로 미루고, 경제개발에 재원을 집중해야 한다는 논리가 우세하였다. 그러나 이에 대한 반론도 만만치는 않다.

1. 인적자본론과 케인스이론

사회복지는 경제성장을 저해하는가? 그렇지 않다는 논리도 있다. 국민들의 건강과 교육수준을 증진시켜 노동력의 질을 높이는 보건의료보장과 교육보장은 경제성장에 필요한 양질의 노동력을 확보하게 만들어 경제성장에 기여한다는 것이다. 예를 들어, 건강보험은 질병에 걸린 노동력을 치유시켜 노동현장에 복귀시키고, 교육정책은 청년들의 지적 수준을 향상시켜 생산성이 높은 노동력을 배출한다. 인적자본론(human capital theory)이 주장하는 바이다.

케인스[1]에 의하면, 사회복지정책은 유효수요(effective demand)를 창출하여 경제활동을 진작시킨다. 예컨대, 사회보장연금을 수급하는 노인들은 자신의 연금으로 시장에서 필요한 물품을 구입하는데, 이들의 구매력은 시장에서의 수요를 증대시키고 나아가 경제성장에 기여한다. 실업급여 수급 실업자나 공공부조 수급 빈민의 경우도 마찬가지이다. 특히 경기불황기에 이들의 구매력은 경기회복에 상당한 위력을 발휘한다. 케인스이론은 복지국가를 정당화하는 데 결정적인 기여를 했다. 그러나 그의 이론은 신자유주의의 득세와 함께 설

1) 케인스(1883~1946)는 거시경제학과 경제정책분야에서 기존의 이론과 관습을 변화시킨 영국의 대표적인 경제학자이다. 케인스 경제학에서는 경기후퇴와 불황에 대해서 과감한 재정정책을 사용할 것을 주장한다. 케인스는 1930년대 「고용 · 이자 및 화폐의 일반이론」이라는 책을 발표하였다. 이 책은 기존의 시장주의를 비판하고 유효수요이론을 제시하였다. 2차 세계대전 이후 서양국가들은 케인스 이론을 채택하여 전후 부흥을 이룩하였다.

존 케인스
(John M. Keynes)

득력을 상실했다. 1970년대 두 번에 걸친 오일 쇼크로 경기 후퇴와 높은 실업률이 겹친 스태그플레이션이 발생하자, 미국과 영국은 경제에 활력을 떨어뜨린 주범으로 케인스주의 복지국가를 지목하고 경제정책 기조를 케인스주의에서 신자유주의로 전환했다.

2. 신자유주의

신자유주의자들은 복지국가를 경제성장의 장애물로 간주한다. 신자유주의자들은 복지국가의 높은 재정지출을 문제 삼는다. 대규모 정부지출은 총 통화량을 증대시키고, 총 통화량의 증가는 인플레를 가져오며, 높은 인플레는 높은 실업률과 결합하여 경제 활력을 약화시킨다고 본 것이다. 아울러 신자유주의자들은 고복지가 경제성장에 반드시 필요한 근로인센티브를 약화시킨다고 비판한다.

사회복지가 경제성장을 저해한다고 가장 강하게 주장하는 측은 World Bank이다. World Bank는 부과방식 사회보장연금이 국가에 엄청난 재정적 부담을 주고, 노동 생산성을 저하시키고, 경제성장에 장애가 되고 있다고 비판한다. World Bank의 주장을 요약하면, "높은 사회보장세 → 낮은 가처분 소득 = 높은 노동비용 → 취업률 저하(일부 저개발 국가의 경우 사회보장세를 회피하기 위해 비공식부문에의 취업이 증가하고, 선진국 사용자는 사회보장세 부담을 임금 인하로 대신하려 한다) = 낮은 경제활동 참가율 → 경제성장 저하" 그리고 "관대한 연금 → 조기퇴직 → 낮은 경제활동 참가율 → 경제성장 저하"로 이어진다는 것이다(James, 1996 : 3-20).

3. ILO와 ISSA의 입장

신자유주의자들이 사회보장이 경제성장을 저해하는 것으로 생각하는 것과 정반대로 ILO는 사회보장이 경제발전(경제성장보다 더 포괄적인 의미)에 기여하는 것으로 본다.

사회보장과 경제발전에 관한 ILO의 입장은 2001년 89차 ILO 총회에서 사회보장을 의제로 놓고 논의한 결과를 정리한 사회보장위원회(the Committee on Social Security) 보고서에 잘 나타나 있다. 당시 ILO(2001)는 회원들의 의견을 종합적으로 청취하여 다음과 같은 결론에 도달했고, 이에 대부분의 회원들이 동의했다.

첫째, 사회보장에서 배제된 사람을 적용시키는 것을 정책의 최우선순위에 둔다.

둘째, 사회보장은 근로자, 가족, 공동체 전체의 복지에 매우 중요할 뿐만 아니라 생산성을 향상시키고 경제발전을 촉진시킨다.

셋째, 고령화는 적립방식뿐만 아니라 부과방식 연금에도 영향을 준다. 그 해결책은 취업률 향상에서 찾을 수 있다.

넷째, 사회보장 관리운영에는 사회적 파트너가 강력한 역할을 한다.

여기서 보듯이 사회보장은 경제발전을 촉진시킨다. ILO가 사회보장이 경제발전에 기여한다고 보는 근거는 사회보장이 근로자의 생활수준을 개선할 뿐만 아니라 기업과 경제의 생산성을 향상시키기 때문이다. 사회보장은 노동력의 건강상태를 유지하고, 고령 근로자의 이직을 용이하게 하며, 근로자로 하여금 변화를 더 잘 수용하게 만듦으로써 사회통합과 노동 생산성에 기여한다는 것이다.

하지만 일부 회원국 정부 대표들은 사회보장이 경제성장에 '항상' 기여한다는 데는 동의하지 않았다. 이들은 사회보장이 경제성장에 항상 기여한다기보다는 국가 환경과 사회보장제도의 설계와 비용에 따라 다를 수 있다고 주장했다. 예컨대 건강보험은 생활기준을 개선하는 데 유용하지만 비용이 많이 든다. 사회보장이 잘 관리운영 되면 생산성을 높이지만 그 비용이 매우 높다는 것이다. 고비용은 기업의 경쟁력에 부정적인 영향을 준다.

이처럼 사회보장의 생산성에 대한 긍정적인 효과는 반드시 그 비용을 같이 고려해야 한다고 주장한 정부 대표들과 달리 사회보장을 비용으로만 간주할 것이 아니라 하나의 투자, 사회적 응집력(통합)의 수단으로 보아야 한다는 회원 정부도 있었다. 투자로서의 사회보장은 국민의 건강을 개선하는 데 기여한다. 그리고 고실업 시기에 상품과 서비스의 소비자 수요를 유지하는 데도 기여한다. 근로자가 실업의 위험을 피해 새로운 일자리를 찾는 데도 기여한다(노동력 유동성의 촉진).

사회보장이 경제에 긍정적인 기능을 한다는 데는 ISSA도 같은 입장이다.[2] ISSA는 사회보장이 장기적인 사회발전과 경제발전의 열쇠라고 주장한다. ISSA는 경제적인 측면에서 사회보장의 중요성을 받아들이지 않는 사람이 있지만, 사회보장은 경제발전의 생산적 요인임은 분명하다고 말한다. ISSA는 사회보장이 경제적으로 중요한 사실의 근거로 유럽의 역사를 들고 있다. 많은 유럽 국가들은 경제발전 초기 단계에서 사회보장을 도입했다. 유럽은 부유한 상태가 되기 전에 효율적인 경제와 함께 효율적인 사회보장시스템을 구축했다. 사회보장이 경제발전에 제동을 건 적은 없었다. 각 나라는 자신의 사회경제적 필요와 상황에 따라 사회보장시스템을 발전시킨다. 그럼에도 불구하고 유럽의 경험을 보면, 효과적이고 효율적인 사회보장시스템이 장기적인 사회경제적 발전의 열쇠임을 알 수 있다.

2) https://www.issa.int/en_GB/topics/understanding/introduction (ISSA 검색일 2018. 2. 21)

제2절 사회보장과 소득재분배

사회보장이 경제정책은 물론 다른 사회복지정책과도 다른 것은 소득재분배이다. 소득재분배를 사회정책의 핵심으로 본 영국의 사회정책학자 티트머스(R. M. Titmuss, 1974 : 26)에 의하면, 소득재분배는 물질적 · 비물질적 자원을 부자에서 빈민에게로, 한 인종집단에서 다른 인종집단으로, 일하는 연령층에서 은퇴한 연령층에게로 소득을 이전하는 것이다.

1. 소득재분배의 유형

소득재분배의 유형은 소득재분배의 주체에 따라 사적 재분배와 공적 재분배로 나누어지며, 소득재분배의 시점에 따라 장기적 재분배와 단기적 재분배로 나누어진다. 또한 소득재분배의 세대에 따라 세대 내 재분배와 세대 간 재분배로 나누어진다.

1) 소득재분배의 주체에 의한 구분

소득재분배는 사적 재분배와 공적 재분배가 있다. 사적 재분배인 사적 소득이전(private transfer)은 민간부문 안에서 자발적 동기에 의해 이루어지는 현금의 이전을 말한다. 가족구성원 간의 소득이전이 가장 중요한 사적 재분배이고, 친인척이나 친지의 소득이전도 여기에 포함된다. 각종 민간보험이나 기업복지도 민간부문이라는 점에서 사적 재분배의 한 형태이다. 공적 재분배인 공적 소득이전은 정부의 소득이전제도(the basic governmental mechanisms of transferring income)를 말하는데, 사회보험, 사회복지서비스, 조세가 이에 속한다(Kingson & Berkowitz, 1993 : 13-17).

2) 소득재분배의 시점에 의한 구분

티트머스(1974 : 88)는 소득재분배가 일어나는 시간을 기준으로 하여 장기적 재분배(redistribution in command-over-resources in time)와 단기적 재분배(immediate redistribution)로 나누었다. 단기적 재분배는 현재 드러난 사회적 욕구의 충족을 위해 현재의 자원을 사용하여 소득재분배를 기하는 것이다. 공공부조가 대표적인 예이다. 장기적 재분배란 생애(time-span)에 걸쳐 발생하는 재분배를 말하는데, 적립방식연금(fund system)이 좋은 예이다. 적립방식연금은 개인이 젊어서 일할 때 소득의 일부를 적립해 놓았다가 정년퇴직 후 적립했던 돈을 연금으로 되돌려 받는 방식을 말하는데, 개인으로 보면 청년기에서 노년기로 소득을 재분배하는 것이다.

3) 소득재분배의 세대에 의한 구분

적립방식연금은 장기적 재분배인 동시에, 세대 내 재분배(intra-generational redistribution)이다. 젊은 시절 소득을 적립해 놓았다가 노년기에 되찾는다는 것은 한 세대 안에서의 재분배이기 때문이다. 세대 내 재분배의 반대가 세대 간 재분배(inter-generational redistribution)이다. 세대 간 재분배란 한 세대에서 다음 세대로의 소득이전을 말하는데, 부과방식연금(pay-as-you-go-system, PAYGS)이 가장 대표적이다. 부과방식연금은 현재의 퇴직자가 수령하는 연금의 재정을 현재 일하는 근로계층이 부담하는 연금운용방식이다. 따라서 자신이 낸 보험료와 장차 수급할 연금은 직접적 관계가 없으며, 이 경우 청년집단에서 노인집단으로의 소득이전, 즉 세대 간 재분배가 발생한다. 현재 서구에서 일고 있는 사회보장연금을 둘러싼 논쟁은 바로 이 세대 간 재분배와 세대 내 재분배 중 어떤 것이 중요한지에 초점이 맞추어져 있다.

〈표 4-1〉 소득재분배의 유형

형 태	내 용	예
사적 재분배	민간부문 안에서 자발적 동기에 의해 이루어지는 현금의 이전	가족구성원 간의 소득이전, 친인척·친지 간 소득이전, 민간보험, 기업복지
공적 재분배	정부의 소득이전 메커니즘	사회보험, 사회복지서비스, 조세
장기적 재분배	생애에 걸쳐 발생하는 재분배	적립방식 연금
단기적 재분배	현재 드러난 사회적 욕구의 충족을 위해 현재의 자원을 사용하여 소득재분배를 기하는 것	공공부조
세대 내 재분배	젊은 시절의 소득을 적립해 놓았다가 노년기에 되찾는 것	적립방식 연금
세대 간 재분배	청년세대에서 노인세대로의 소득이전	부과방식 연금

2. 사회보장의 소득재분배 효과

웹(Webb, 1971 : 11-12)은 사회보장의 소득재분배 효과를 다음과 같이 세 가지로 구분했다.

① 수직적 재분배(vertical redistribution) : 부자로부터 빈민으로의 소득이전을 말한다. 수직적 재분배는 빈민에서 부자로의 소득이전인 긍정적 재분배(positive redistribution)와 빈민으로부터 부자로의 소득이전인 부정적 재분배(negative redistribution)로 구분된다.

② 수평적 재분배(horizontal redistribution) : 유사한 총소득을 가진 가족 간의 소득이전이다. 사회적으로 요구의 차이가 있는 것으로 인정된 가족, 즉 소가족에서 대가족으로의 이전도 포함한다.

③ 우발적 재분배(contingency redistribution) : 특정한 우발적 사고인 재해, 질병 등으로 고통받는 자로의 소득이전이다. 소득집단 간의 소득이전이 아니라 우발적 사고를 당하지 않은 집단으로부터 우발적 사고를 당한 집단(contingency group)으로의 소득이전이다.

사회보장의 수직적 재분배 효과는 선진국에 비해서 개발도상국이 더 미약하다. 그 이유는 ① 사회보장에 투입되는 국가재정 규모 자체가 작고, ② 기업의 보험료 부담이 상품가격에 바로 전가되며, ③ 국가가 사회보장의 재정 일부를 지원하면서 사회보장에서 저소득층을 제외시키는 경우가 많은데, 이렇게 되면 저소득층은 사회보장 재정에 간접적으로 기여만 하고 혜택에서는 제외되기 때문이다.

소득재분배는 기술적으로 보면 사회보장 대상 각 단위(개인 또는 가족)가 받은 급여혜택에서 보험료 등으로 부담한 부분을 공제한 것(net transfer)이다. 이를 일차적 재분배 효과라 하는데, 일차적 재분배 효과는 계량화하기가 어렵지 않지만, 소득재분배의 최종 효과, 즉 사회보장을 통한 소득이전이 경제시스템에 미치는 여러 가지의 영향을 이론적·실제적으로 밝혀내기는 대단히 어렵다(Pavard, 1979 : 409).

사회보장이 제대로 되면, 사회적 지위가 높은 계층으로부터 낮은 계층으로, 고소득층에서 저소득층으로, 젊은이에서 노인으로(이상 연금), 건강한 사람에서 환자로(건강보험), 소가족으로부터 대가족으로(가족수당), 경제활동인구가 많은 가족으로부터 그렇지 못한 가족(건강보험)으로의 소득재분배가 발생한다. 그러나 사회보장의 수직적 재분배 효과에는 한계가 있다. 왜냐하면 소득비례제(earning-related)를 채택하여 소득이 많을수록 더 많은 보험료를 부담하지만, 누진적 소득세(소득이 높을수록 세율까지 높은 누진세)에 비하면 그 효과가 적고, 보험료에 한도액(ceiling), 즉 일정 소득 이상은 동일한 보험료를 부과하고 있어 고소득층으로부터의 재분배에는 한계가 있으며, 연금에서 보듯이 보험료만이 아니라 연금급여도 소득에 비례(많이 낸 사람이 많이 타 간다는 것을 의미)하게 만들고 있기 때문이다.

제3절 사회보장과 투자

신자유주의자들은 사회보장이 투자(investment)에 부정적인 영향을 준다고 주장한다. 이들은 경제성장을 위해서는 투자가 촉진되어야 하고, 투자 촉진을 위해서는 높은 저축률이 필요(소비가 미덕이라고 본 케인스와 정반대이다)한데, 사회보장은 저축률을 낮추는 효과가 있다고 본다.

World Bank는 특히 부과방식연금에 대해 부정적이다. 부과방식연금 급여를 통해 지불되는 막대한 돈의 대부분이 소비되고 있는 것을 문제 삼은 것이다. 이 돈을 투자로 유도하기 위해서는 부과방식연금을 적립방식연금으로 전환할 것을 주장한다. 왜냐하면 적립방식의 사회보장연금은 투자효과를 갖기 때문이다. 적립방식연금을 운용하기 위해서는 사회보장연금을 민영화해야 한다.

이처럼 부과방식을 적립방식으로 바꾸고 운영을 민영화시키면 연금펀드에 막대한 자금이 적립되고, 이렇게 조성된 대규모 자금은 자본시장으로 유입되어 기업의 투자여력을 증대시킨다. World Bank(1994 : 84)는 완전 적립방식연금의 가장 큰 약점이라 할 수 있는 투자수익의 불확실성에 대해서도 낙관적이다. 가입자들이 투신사의 역량을 전문적으로 판단하기는 어렵겠지만, 단기적인 부침이 있는 경제라도 장기적으로는 안정적으로 성장하고, 투자수익률은 경제의 장기적인 건전성에 좌우되기 때문에 그리 우려할 바가 아니라는 것이다. 그리고 정부가 투자 약정과 수익률을 적절하게 규제할 수 있어 투자수익의 위험은 물론 그에 따른 정치적 위험까지 피할 수 있다고 한다.

그러나 전통적으로 부과방식연금을 지지해 온 ILO와 국제사회보장협회(ISSA)는 World Bank의 이런 주장에 대해 매우 비판적이다. 이들은 World Bank가 사회보장연금의 민영화가 자본시장의 증대(투자의 증대)를 가져온다고 주장하지만, 칠레는 물론 다른 나라의 자료를 보아도 연금 민영화가 자본시장을 증대시키거나 활성화시킨 증거는 없었으며, 자본시장의 증대가 경제성장을 가져온다는 주장 역시 연기금 투자대상인 자본시장(주식, 채권 등)보다는 은행과 같은 재무중개(financial intermediaries) 시장이 정보 균형, 기관 비용, 거래 비용 등 투자 효율성이 더 높다는 사실, 다시 말해서, 일본이나 독일과 같이 은행 중심의 투자 패턴을 가진 나라들이 투신사가 투자의 중심축을 이루는 앵글로색슨 국가보다 투자 효율성이 더 높다는 사실에 비추어 볼 때 믿을 수 없다고 한다. 그리고 주식시장의 휘발성(volatility), 즉 주식시장은 근본적으로 변동이 심하며 투자 안전성이 은행에 비해 떨어진다는 점에서도 민영화의 투자증진 효과에 회의적일 수밖에 없다. 게다가 주식시장의 성장이 투자 증대로 이어진다는 것도 증거가 없다. 또한 주식시장의 성장이 저축률을 증대시킨다는 증거도 없다. 주식시장의 성장은 은행 저축과 정부 채권의 단순한 형태 변화일 수도 있다(Singh, 1996 : 21-39).

사실 논리적으로만 생각하면 적립방식연금 → 투자 증대는 맞다. 연기금이 주식과 채권을 대규모로 매입하면, 기업으로서는 주식과 채권의 발행을 통해 투자에 필요한 자금을 확보하기가 쉬워지기 때문이다. 그럼에도 연기금의 투자 증대 효과는 확실치 않다. 저축 관련 변수가 다양한 것처럼 투자 관련 변수도 다양하고(일례로, 경기전망이 좋아야 기업이 투자를 늘리는데, 경기에 영향을 미치는 변수는 아주 많다), 강제 저축이 유효수요를 줄여 기업의 투자 유인을 감소시키는 효과가 있기 때문이다.

이렇게 적립방식연금이 저축과 투자에 미치는 영향이 긍정적인지의 여부가 불투명하다면 경제성장과의 관계는 더더욱 불확실하다. 1998년 하버드 대학에서 열린 사회보장연금 민영화 심포지엄에서 브루킹스연구소 연구원인 아론(Henry Aaron)이 민영화 반대론자나 찬성론자 모두 민영화가 저축률, 투자율, 경제성장률을 높이는 것은 아니라는 데 동의했으며, 저축률이 같을 때 연기금을 정부가 관리하건 아니면 민간에게 맡기건 간에 경제성장에 미치는 영향은 같다는 데 의견일치를 보였다는 점을 강조했는데, 이는 많은 것을 시사한다(Friedman, 1962 : 159).

제4절 사회보장과 저축

사회보장이 저축에 미치는 영향에 대해서는 여러 가지 이견이 있다. 사회보장 중 단기 사회보장은 저축에 영향을 미치지 않으나, 장기 사회보장인 연금은 저축에 많은 영향을 미친다고 할 수 있다.

1. 사회보장연금과 저축

적립기금이 아예 없거나 있더라도 지불준비금 정도의 소규모 자체기금만 보유한 건강보험, 산재보험, 실업보험과 같은 단기보험은 저축과 거의 관계가 없다. 반면에 장기보험인 사회보장연금은 재정방식이 적립방식일 경우 엄청난 규모의 적립기금이 형성되기 때문에 저축과 깊은 관계가 있다.

사회보장연금을 시행하고 있는 대부분의 국가에서 사회보장연금은 국민저축의 상당 부분을 차지한다. 사회보장연금의 가입이 의무적이고, 완전급여를 수급하기 위해서는 일정 기간 이상 가입해야 하기 때문에 시민들은 보통 다른 저축(금융기관, 생명보험, 저축대부조합, 소비자금융 등)에 가입할 여유가 별로 없다. 게다가 사회보장연금에 가입하고 나면, 노후 대비를 위한 저축의 필요성이 감소한다. 사회보장연금이 유력한 저축수단이기 때문이다. 이것이 사실이라면, 사회보장연금은 소비자의 가처분소득을 줄여 민간저축을 억제하는 효과가 있다.

반대로 사회보장연금은 저축을 증가시킬 수도 있다. 사회보장연금은 조기퇴직을 조장함으로써 간접적으로 저축을 증가시킨다. 퇴직 후 생존기간이 길다고 생각해서 퇴직 전에 보다 많은 저축을 할 것이기 때문이다. 보험료 부담이 가처분 소득을 줄여 저축까지 억제한다는 것은 저소득층에게 해당하는 말이며, 사회보장연금 외에도 저축할 여유가 있는 중산층은 사회보장연금 가입으로 저축습관이 강화되어 오히려 저축을 늘린다는 주장도 있다.

사회보장연금의 소득재분배 효과와 저축도 관계가 있다. 사회보장연금에 가입한 저소득층이 소득재분배에서 유리하면(동시에 저소득층의 저축률이 낮으면), 소비가 증가해 저축이 감소한다. 고소득층이 더 오래 살아 소득재분배에서 유리해도, 장수효과로 인해 저축이 감소한다. 사회보장연금의 소득계층 간 수직적 소득재분배 효과가 있으면, 소비지출 증가로 저축이 감소한다는 것이다.

| 그림 4-1 | 사회보장연금과 저축의 관계

2. 경험적 연구

여러 학자들이 사회보장연금과 저축의 관계, 즉 사회보장연금이 저축을 감소시키는지 여부에 관해 실증적인 연구를 했다. 하지만 결정적인 연구결과는 나오지 않았다. 일부 연구는 사회보장연금이 저축을 억제하는 효과가 있다고 하고, 일부 연구는 이를 부정하였다.

사회보장연금이 저축을 감소시킨다는 주장을 일관되게 한 사람은 미국 하버드대학 경제학 교수 펠드스타인(Feldstein)이다. 그는 미국 저축 관련 자료를 분석한 것을 바탕으로 부과방식연금의 저축효과가 없다는 사실을 확인했다. 그리고 그는 미국 근로자가 노후대비를 위해서는 매년 보수의 1/4(25%)을 저축해야 한다고 보았다. 현재 미국의 사회보장세(사회보장연금 보험료)는 12.5%이다. 사회보장세가 근로자 노후대비 개인 저축의 절반을 대체하고 있는 것이다. 사회보장연금은 부과방식으로 저축효과가 없다. 결국 사회보장세가 저축을 감소시키고 있는 것이다. 이를 이유로 그는 부과방식연금의 개인계정(완전 적립방식)으로의 전환을 강력히 주장하였다(Feldstein & Liebman, eds., 2002).

반면에 먼넬(Munnell, 1974) 및 레이머와 레스노이(Leimer & Lesnoy, 1982)는 사회보장연금의 저축 감소 효과는 극히 미미하다고 주장했다. 레자와 슈미트(Rejda & Schmidt, 1979)는 사회보장세와 개인연금 간의 대체관계, 즉 사회보장세가 증가하면 개인연금 가입률이 감소한다는 사실을 밝힌 바 있다. 아우어바흐와 코틀리코프(Auerbach & Kotlikoff, 1983)는 사회보장연금과 저축의 관계는 근거 자료의 시계열 기간에 좌우된다고 주장했다. 자료가 생산된 시기가 문제라는 것이다. 이는 분석시점(실업률이 높은 시점과 낮은 시점이 중요. 저축과 소비에 영향을 주는 변수)에 따라 사회보장연금의 저축 감소 효과가 달라진다는 것을 의미한다. 굴라슨 등(Gullason et al., 1993)은 사회보장연금과 노후보장성 저축은 역관계에 있지만, 다른 저축에는 별다른 영향을 미치지 않는다는 사실을 밝혀냈다. 사회보장연금과 저축 간의 관계에 관한 시계열 자료를 분석한 아론(1982)은 확실한 것은 없다고 결론 내렸다(원석조, 2018).

〈표 4-2〉 사회보장연금과 저축에 관한 실증적 연구

연구자(연도)	연구결과
Feldstein(2002)	사회보장연금의 저축 감소 효과 긍정. 부과방식연금의 저축효과 부정
Munnell(1974)/ Leimer와 Lesnoy(1982)	사회보장연금의 저축 감소 효과 극히 미미
Rejda와 Schmidt(1979)	사회보장세가 증가하면 개인연금 가입률 감소
Auerbach와 Kotlikoff(1983)	사회보장연금과 저축의 관계는 근거 자료의 시계열 기간에 좌우 분석시점(실업률이 높은 시점과 낮은 시점이 중요. 저축과 소비에 영향을 주는 변수)에 따라 사회보장연금의 저축 감소 효과에 차이
Gullason 등(1993)	사회보장연금과 노후보장성 저축은 역관계. 다른 저축에는 영향 무
Aaron(1982)	사회보장연금과 저축 간의 관계에 관한 시계열 자료 분석 결과 확인 불가

PART 02

사회보장의 제도

사회보장은 사회적 위험으로부터 국민을 보호하기 위한 제도이다. 따라서 사회보장의 제도는 사회보장이 보호하고자 하는 사회적 위험에 따라 달라진다. 즉, 생활에서 일어날 수 있는 여러 가지 사회적 위험을 예방하기 위하여 실시하는 사회보장제도는 사회보험이고, 빈곤이라는 사회적 위험으로부터 국민을 사후적으로 보호하기 위한 사회보장제도는 공공부조이며, 일정 범주에 속하면 급여를 지급하는 보편적 사회보장제도는 사회수당이며, 도움이 필요한 국민에게 적절한 서비스를 제공하는 사회보장제도가 사회서비스이다.

2부는 이러한 사회보장을 각 제도별로 이해하기 위한 장으로 구성하였다. 5장과 6장에서는 노령이라는 사회적 위험에 대처하기 위한 공적연금과 퇴직연금을, 7장에서는 질병에 대처하는 건강보험을, 8장에서는 고령화 사회의 장기요양을 담당하는 노인장기요양보험을, 9장에서는 산업재해에 대하여 보상하는 산업재해보상보험을, 10장에서는 실업과 고용을 담당하는 고용보험을 다루었다. 그리고 11장에서는 인류의 오랜 고통인 빈곤에 대처해 온 공공부조를, 12장에서는 가장 보편적인 사회보장제도인 사회수당을 분석하였으며, 13장에서는 우리나라 사회보장기본법의 분류에 따라 사회서비스를 사회보장의 영역으로 보고 새로운 사회보장제도인 사회서비스를 추가하였다.

CHAPTER 05

공적연금

산업화 이후 임금노동자는 노령으로 인한 은퇴로 임금을 상실하면서, 노후의 생계가 어렵게 되었다. 이처럼 은퇴로 인한 급여 상실에 대하여 노후소득을 보장하는 제도가 공적연금인 것이다.

5장에서는 1절에서 공적 노후소득보장제도에 대해서 알아보고, 2절에서는 연금보험의 내용을 살펴보고, 3절에서는 연금보험의 개혁, 4절에서는 한국의 국민연금제도, 그리고 5절에서는 한국의 기초연금제도를 분석해 본다.

제1절 공적 노후소득보장제도

전통적인 사회에서는 노후문제가 전적으로 개인과 가족의 책임이었다. 그러나 산업화 이후 가족의 기능이 쇠퇴하면서 국민의 노후문제에 국가가 개입하기 시작하였는데, 이것이 공적(formal) 노후소득보장제도이며, 가장 대표적인 공적 노후소득보장제도는 공적연금이다. 1절에서는 우선 노후소득보장의 형태를 살펴보고, 공적연금의 구조에 대하여 알아본다.

1. 노후소득보장의 형태

공적연금(public pension)이 도입되기 전 노후문제는 전적으로 개인과 가족의 책임이었다. 젊고 건강할 때 일을 해서 돈을 벌고 또 근검절약해서 번 돈의 일부를 저축함으로써 노후를 대비했다. 그럴 능력이 안 되면 가족에 의지했다. 노부모부양은 자식의 의무였다. 부모부양의무를 방기하면, 인륜을 어긴 자라는 사회적 비난과 함께 사회적 제재가 뒤따랐다. 동아시아 유교권 사회에서는 법적 처벌도 받았다. 자식과 가족이 노인의 노후를 책임지는 것이 비공식적(informal) 노후대책이다. 아시아와 아프리카 일부 국가에서는 아직도 이런 비공식적 노후대책이 일반적이며, 노후대비는 개인과 가족의 사적인 문제인 것이다.

그럼에도 오늘날 대부분의 국가가 개인의 노후대비에 개입한다. 거기에는 다음과 같은 이유가 있다(World Bank, 1994 : 5-6).

- **노후대비 노력 부족** : 일부 사람들은 자신의 노후에 대비해 저축하는 것을 게을리하여 나중에 사회에 부담을 주게 된다.
- **불충분한 저축수단** : 자본시장이 발달하지 않고 거시경제 조건이 불안정하여 마땅한 저축수단을 찾기 어렵다.

- **보험시장의 실패** : 역선택과 도덕적 해이 등 보험회사의 한계가 있다.
- **정보 격차** : 개인저축, 보험회사 또는 기타 투자수단의 장기적 상환능력에 대한 정보의 부족으로 노후에 실패를 볼 수 있다.
- **장기 빈곤** : 일하는 동안 노후대비에 필요한 돈을 저축하지 못한 사람, 즉 빈민이 존재한다. 여기에 대처하기 위해서는 정부의 재분배장치가 필요하다.

1) 공적연금

국가가 국민의 노후문제에 개입하는 것이 공적(formal) 노후소득보장제도이다. 대표적인 공적 노후소득보장제도가 공적연금이다. 공적연금은 정부가 법령에 입각해 시행하는 법정공적연금(mandatory public scheme)을 말한다. 공적연금은 연금보험과 공공부조연금으로 나뉜다. 연금보험은 근로자와 자영업자 등 일하는 사람을 대상으로 하고, 사용자와 근로자가 분담하는 보험료가 재원이다. 연금보험은 강제가입을 원칙으로 한다. 공공부조연금은 세금으로 재정을 조달하고, 빈곤 노인을 대상으로 하는 공공부조 프로그램이다. 대상자 선별을 위해 자산조사를 한다. 재정규모 면에서 연금보험은 공공부조 연금을 압도한다. 선진국의 경우 보통 10배가 넘는다.

- **연금보험** : 가장 대표적인 공적 노후소득보장제도로서 고령으로 인한 급격한 소득의 감소와 그에 따른 소비의 위축을 완화시키고 나아가 노인을 빈곤으로부터 방어하는 기능을 한다. 연금보험은 근로자와 자영업자를 주된 대상으로 하며, 정부가 재정, 관리운영, 가입 등 거의 모든 일을 책임진다. 재정은 사용자와 근로자가 공동부담 하는 보험료(contribution) 또는 사회보장세(social security tax)로 충당된다. 정부가 재정의 일부를 지원하기도 한다. 대부분의 선진국은 연금보험을 급여와 기여를 연계시키지 않는 부과방식(확정급여형)으로 운영하고 있다. 현재 일하는 계층이 현재 지출되는 연금의 재정을 부담하기 때문에 청장년층으로부터 노년층으로의 세대 간 소득재분배가 일어난다.

• **공공부조연금** : 연금보험은 근로자와 자영업자 등 일하는 사람을 대상으로 하기 때문에 근로능력이 없는 사람 등 연금보험에 가입할 수 없는 사람이 필연적으로 발생한다. 또한 적은 소득으로 인해 연금보험이 최저생활을 영위하는 데 부족한 사람도 있다. 공공부조연금은 연금보험에서 배제되거나 연금보험이 너무 적어 노후생계를 유지할 수 없는 빈곤 노인을 위한 공공부조 프로그램이다. 공공부조연금의 재정은 정부의 일반세입에서 충당된다. 빈곤 노인을 선정하기 위해 자산조사를 한다. 공공부조연금 산정방식은 정액제 또는 보충방식이 있다. 정액제는 수급자 모두에게 정액의 연금을 지급하는 것이고, 보충방식은 공공부조처럼 일정기준액(빈곤선)에서 개인의 소득을 공제한 만큼 연금을 지급하는 것이다.

2) 민간연금

공적연금에 대비되는 것이 민간연금(private pension)이다. 민간연금은 원하는 사람만 가입하는 직업연금(occupational pension schemes)이다. 민간연금도 연금보험처럼 가입자가 내는 보험료로 운영된다. 민간연금은 기업연금과 개인연금 두 가지가 있다. 기업연금은 회사가 직업복지 차원에서 근로자에게 제공하는 부가급여(fringe benefit)이다. 사용자가 근로자의 보험료를 지원한다(대개 절반). 개인연금은 더 많은 노후자금을 원하는 사람이 가입하는 저축이다. 당연히 보험료는 가입자만 부담한다.

• **기업연금** : 기업이 노무관리 차원에서 근로자에게 제공하는 부가급여로서 근로자 자산형성을 목적으로 한다. 기업의 부가급여이기 때문에 기업이 보험료의 일정 부분(대개 절반)을 부담하고, 가입도 단체로 한다. 기업과 가입자의 보험료는 조세감면 혜택이 있다. 보험료 액수만큼 과세대상에서 공제된다. 가입자와 기업이 정기적으로 내는 보험료는 가입자의 통장(개인계정)에 적립된다. 적립금 관리는 펀드매니저(은행, 보험회사, 투자금융회사 등)가 한다. 가입자는 관리 대가로 수수료를 지불한다. 가입자는 펀드

매니저를 선택할 수 있어 펀드매니저들은 서로 경쟁한다. 연금급여는 반환일시금, 월정연금, 종신연금이 있다. 반환일시금은 적립금을 일시에 전액 지급받는 것이고, 월정연금은 수급기간을 정해놓고 매월 일정한 연금을 받는 것이며, 종신연금은 가입자가 사망할 때까지 받는 것이다. 보험료 납입기간이 종료되는 시점에 가입자는 이 중 하나를 선택할 수 있다. 연금수급권은 유족에게 이양된다. 기업연금은 임의가입 민간연금이다. 기업연금은 민간연금임에도 공공성이 커서 정부가 일정 부분 법률로 규제하고 있고, 조세감면 혜택을 주어 가입을 권장하고 있다. 기업연금은 원래 확정급여형이 주였으나 확정기여형(급여가 기여적립금과 그 이자수익으로 이루어지는 방식)으로 전환한 나라가 증가하고 있다. 선진국의 경우 근로자의 절반 정도가 기업연금에 가입해 있다. 개발도상국은 선진국에 비해 가입률이 낮지만 정부지원에 힘입어 점차 높아지고 있다. 법정 기업연금을 시행하는 나라(호주, 스위스, 한국 등)가 있지만 많지는 않다.

- **개인연금** : 완전적립 확정기여형 연금으로서 근로자 자력으로 노후에 대비하는 저축성 민간연금이다. 개인연금의 재정운용방식은 기업연금과 거의 같다. 차이점은 기업연금이 기업의 부가급여로서 보험료의 일정 부분을 기업이 부담하지만, 개인연금은 보험료 전액을 가입자가 내는 데 있다. 가입은 완전 자유이다. 개인연금 가입의 최대 인센티브는 조세감면이다. 근로소득자의 과세표준액에서 개인연금 보험료는 한도액 안에서 전액 공제된다. 적립금 투자는 가입자가 정하기 때문에 투자위험을 감수해야 한다.

민간연금은 공적연금인 연금보험을 보완하는 제도이다. 연금보험으로 만족하지 못하는 사람이 은행 적금처럼 임의로 가입하는 노후대비 저축수단이다. 하지만 민간연금의 공익성이 갈수록 커지고 있다. 우선 시민의 노후소득보장에서 차지하는 비중이 재정규모 면이나 가입자 수에서 연금보험에 필적할 정도로 커지고, 근로자에게 없어서는 안 되는 자산형성수단으로 발전하였다. 기업과 가입자가 내는 보험료의 과세 혜택의 액수도 엄청난 규모가 되었다. 정부가 국민의 노후소득보장 부담을 덜기 위해 민간연금의 가입을 적극적으로 권유한 결과이다. 이에 따라 민간연금임에도 정부가 일정한 법적 규제에 나서고 있다(예 : 한국의 근로자퇴직급여보장법과 미국의 근로자퇴직소득보장법). 게다가 임의가입을 기본으로 하는 민간연금을 법정화한 나라도 있다(호주, 스위스, 한국 등). 더욱이 공적연금 재정의 지속가능성 문제로 인해 공적연금개혁이 세계적으로 확산되면서, 민간연금은 공적연금개혁의 한 방안이 되고 있다. 공적연금과 민간연금의 경계가 무너지고 있는 것이다.

3) 공적 공제기금

공적 노후소득보장제도에는 공적 공제기금(public provident funds)도 있다. 공적 공제기금은 개인연금을 법정화한 강제저축제도로, 싱가포르, 말레이시아, 남미국가 등 개발도상국들이 연금보험 대신 시행하는 것이다. 재정운용방식은 기업연금과 거의 같다. 사용자와 근로자가 공동 부담하는 보험료로 재정을 충당한다. 보험료는 개인계정에 적립되고, 지불 사유가 발생하면 정해진 절차에 따라 연금이나 반환일시금으로 반환된다. 유족연금이 있는 경우도 있다.

4) 공무원연금

공무원연금은 공적연금도 민간연금도 아닌 제3의 연금이다. 공무원연금은 중앙정부와 지방정부 공무원, 공무원 신분을 가진 공공기관 직원(공립학교 교직원, 공공병원 의사, 간호사), 공무원에 준하는 사립학교 교직원을 대상으로 하는 특별시스템(special system)이다. 공무원과 정부가 내는 보험료가 재원이다. 정부는 공무원의 사용자 입장에서 보험료를 납부한다.

미국에서는 공무원연금을 공적연금이라 한다. 시민을 대상으로 하는 공적연금은 연금보험이다. 미국의 공적연금, 즉 공무원연금은 연방정부, 주정부, 시군정부에서 일하는 공무원, 교사, 경찰, 소방관 등을 대상으로 하고, 공무원의 사용자인 정부와 근로자인 공무원이 보험료를 분담하는 사회보험이다. 미국 최초의 공무원연금은 1896년 뉴저지 주의 교사연금이다. 1900년대 초 일부 시 군정부는 경찰과 소방관을 위한 연금을 시작했다. 뉴욕 주정부와 시정부는 1920년에 공무원연금을 시행했다. 같은 해 연방공무원을 위한 연금제도도 신설되었다(SSA, 1997 : 9-10). 공무원연금펀드는 대부분 전통적인 확정급여형이다(90% 이상). 미국 공무원들이 확정급여형을 선호하는 이유는 자신이 수급할 연금의 액수가 정해져 있어 안정적이라고 생각하기 때문이다.[1)]

이상과 같은 공적연금, 민간연금, 공적공제기금, 공무원연금 등 공식적 노후보장시스템의 수급자, 재원, 재정운용방식, 성격을 비교하면, <표 5-1>과 같다.

〈표 5-1〉 공식적 노후소득보장시스템의 비교

구 분		수급자	재 원	재정운용방식	성 격
공적연금	연금보험	근로자와 자영업자	사용자와 근로자의 보험료	부과방식	사회보험
	공공부조연금	빈민	정부예산	부과방식	공공부조
민간연금	기업연금	근로자와 자영업자	사용자와 근로자의 보험료	적립방식	직업연금
	개인연금	근로자와 자영업자	가입자의 보험료	적립방식	직업연금
공적 공제기금		근로자	사용자와 근로자의 보험료	적립방식	법정 개인연금
공무원연금		공무원	정부와 공무원의 보험료	부과방식	특별시스템

1) 미국 인구센서스국 발표에 의하면, 미국에는 약 300개의 주정부 공무원 연금펀드와 약 6천 개의 지방정부 공무원 연금펀드가 있다. 가입자 총수는 2천만 명이 넘고, 연금수급자는 약 천만 명이다(US Census Bureau, 2017).

2. 연금의 3층 구조

1994년 World Bank는 각국에 공적연금의 개혁을 촉구하기 위해 연금개혁보고서를 발표했다. 거기서 제시된 것이 유명한 3층 구조(3 pillar system) 모델이다. 3층이란 1층 선별주의 법정 공적연금, 2층 법정 민간연금(기업연금), 3층 개인저축계정(개인연금)을 말한다.

- **1층 기초연금** : 선별주의 공공부조연금이다. 법정 기업연금을 받을 수 없거나 연금이 최저생계비 수준 이하인 사람을 대상으로 한다.
- **2층 법정 민간연금** : 법정 강제저축제도로서 관리운영방식은 기업연금과 동일하다.
- **3층 개인연금** : 보다 많은 연금을 원하는 사람이 임의로 가입하는 저축제도이다.

3층 구조 공적연금시스템의 핵심은 2층이다. 근로자와 자영업자의 노후대비에 있어 2층 연금의 비중이 가장 크다. 1층과 3층은 2층을 보완하는 것이다. 1층 연금은 2층 연금을 받을 수 없는 사람을 대상으로 하고, 3층은 2층 연금수급자 중 더 많은 연금을 원하는 사람을 위한 것이라는 점에서 그렇다. World Bank의 3층 시스템은 많은 나라의 연금개혁에 모델이 되었다.

World Bank가 제시한 3층 모델에 가장 근접한 연금시스템을 가진 나라가 스웨덴이다. 스웨덴은 1998년 연금개혁을 통해 기존의 부과방식 소득비례연금을 명목확정기여방식연금(the nominal defined contribution, NDC)과 프리미엄연금(the Premium Pension)으로 분리·재편했다. NDC는 소득비례연금의 골격은 유지하되 확정급여 부과방식을 확정기여 적립방식으로 개편한 연금보험이다. 프리미엄연금은 완전적립 확정기여방식연금이다. 프리미엄연금은 개인연금과 같지만 법정인 것이 특징이다. 스웨덴은 이로써 최저연금인 기초보장연금과 함께 3층 구조를 완성했다.

미국도 3층 구조를 갖추고 있다. 거의 모든 근로자와 자영업자가 가입하고 있는 연금보험이 2층에 해당한다. 1층은 65세 이상 노인, 맹인, 장애인을 대상으로 하는 연방정부 공공부조 프로그램인 보충보장소득(the Supplemental Security Income, SSI)이다. 3층은 민간연금인 기업연금이다.

러시아는 공산주의 계획경제에서 시장경제로 이행하면서 국영기업의 연금 시스템을 사회보험방식의 공적연금으로 개편했다. 러시아는 2002년 푸틴정부가 연금개혁을 단행할 때 World Bank의 3층 구조를 모델로 삼았다. 1층은 기초연금이다. 거의 모든 러시아인이 수급하는 보편주의 법정연금이다. 2층은 연금보험(국가연금)으로서 NDC이다. 3층은 완전적립방식의 개인계정 연금저축(법정 개인연금)이다. 러시아 연금의 특징은 3층 모두 법정이고, 보험료는 전액 기업이 부담하는 것이다. 소비에트 유산이라 할 수 있다.

우리나라의 연금도 3층 구조에 대입시킬 수 있다. 1층은 자산조사가 있는 기초연금이다. 2층은 거의 모든 근로자와 자영업자를 대상으로 하는 연금보험인 국민연금이다. 3층은 법정 퇴직연금이다.

〈표 5-2〉 주요국의 3층 구조 연금

구 조	World Bank	스웨덴	미 국	러시아	한 국
1층	기초연금	기초연금	공공부조연금	기초연금	기초연금
2층	법정 기업연금	연금보험	연금보험	연금보험	국민연금
3층	개인연금	법정 개인연금	기업연금	법정 개인연금	퇴직연금

제2절 연금보험

연금보험은 가장 대표적인 공적 노후소득보장제도로서, 고령으로 인한 소득의 감소와 그에 따른 소비의 위축을 완화시키고 나아가 노인을 빈곤으로부터 방어하기 위한 것이다. 2절에서는 연금보험의 대상, 급여 그리고 재원에 대하여 알아본다.

1. 대 상

연금보험의 적용대상은 전 국민인 경우도 있고 근로자에 한정하는 경우도 있다. 전 국민을 대상으로 하는 것(실제로는 외국인 제외 시민권자로 한정)을 보편주의(universalism)라 하고, 근로자에 한정하는 것, 즉 고용 관련 프로그램으로 운용되는 것을 직업주의(occupationalism)라 한다.

고용관련 프로그램으로서의 연금보험은 초기에는 공무원과 군인에게만 적용되었다가 산업 노동자에게로 확대되었고, 나중에는 모든 봉급생활자로 확대되었다. 연금제도의 역사가 오래된 서구의 일부 국가들은 공무원, 군인, 교사, 공공부문 근로자를 위해 별도의 특별제도를 운용하고 있다. 그리고 광부, 철도, 선원 등 특정 직종을 위한 특별제도를 운용하고 있는 나라도 있다. 특별제도의 급여수준은 다른 제도에 비해 높은 편이다. 가족종사자, 가사종사자, 일일 노동자, 농업 노동자, 자영업자 등의 직업집단은 관리운영의 곤란 때문에 제도의 초기에는 적용대상에서 제외되었다. 제도가 확대되면서 결국 이들도 적용대상에 포함되었는데, 기존의 제도와 분리하여 운영하는 경우도 있고 통합 운영하는 경우도 있다.

2. 급 여

연금보험의 급여는 노령연금(old-age benefits), 장애연금(disability benefits), 유족연금(survivor benefits) 등 세 가지가 있다.

- **노령연금** : 보험료를 납부하는 가입자 본인이 연금수급 연령에 도달하면 지급되는 급여로서 정액연금도 있지만 대부분 소득비례연금이다. 소득비례연금의 경우 연금액은 관리운영의 편의를 위해서 표준보수등급(wage classes)에 비례한다. 연금의 가치보전을 위해 연금급여가 인플레 또는 근로자 평균임금의 증가에 비례하여 조정되는 게 보통이다. 평균임금을 연금산식에 포함시킴으로써 소득계층 간 소득재분배를 기하는 경우가 많다(평균임금에 비례하면 저임금계층이 유리).
- **장애연금** : 가입자의 직업과 관계없이 가입자가 영구장애인이 되면, 지급되는 연금이다. 직업으로 인한 장해는 산재보험의 적용을 받는다.
- **유족연금** : 수급권자가 사망할 경우 그 유족들에게 지급되는 연금이다. 미망인이 수급권자일 경우 남편이 수급할 연금의 50~75%를 수급한다(100%인 경우도 있음). 부양자녀가 있는 젊은 미망인의 경우 자녀가 성인이 되면 미망인연금이 종료되는 게 보통이다(미망인이 장애인이거나 특정 연령 이상 노인인 경우는 수급 계속). 재혼하는 경우도 수급권은 종료된다. 자녀가 고아인 경우 수급권은 고아에게 부여되는데, 보통 가족수당 수급 연령까지 지급된다.

연금의 급여자격요건은 보통 연령과 보험료 납부기간 두 가지이다. 수급연령은 60~65세이지만 65세가 대종을 이룬다(미국과 스웨덴은 67세). 보험료 납부기간 요건은 대체로 30~40년이다. 남자와 여자의 연금수급연령에 차이를 두는 나라도 있는데(대개 남자가 여자보다 5년 많다), 이런 성별 차별은 없어지는 추세에 있다. 조기퇴직자를 위한 조기연금을 시행하는 나라도 있다. 조기퇴직자는 대체로 5년 일찍 연금을 수급하는데, 당연히 삭감된 연금을 받는다.

3. 재 원

연금보험의 재원은 근로자 부담 보험료, 사용자 부담 보험료, 정부지원 세 가지이다. 근로자, 사용자, 정부가 재정을 공동 부담하는 것을 삼자부담의 원칙이라 한다. 정부지원의 재원은 정부의 일반세입이나 목적세(담뱃세, 석유세, 주세 등) 등이다. 정부가 관리운영비만 지원하는 경우도 있고, 일정 소득 이하의 저소득층의 보험료를 정부가 대신 부담하는 방식으로 지원하는 경우도 있다. 그러나 대부분의 나라가 정부지원 없이 사용자와 근로자가 공동부담 하는 보험료로 재정을 충당하고 있다.

4. 재정운용방식

연금보험은 기간이 길고 재정 규모가 크기 때문에, 재정의 운영이 다른 사회보험보다 중요해진다. 여기서는 우선 연금보험의 재정운용방식에 대해서 알아보고, 유형별로 장단점을 분석해 본다.

1) 재정운용방식의 유형

연금보험은 적립방식(funding system) 또는 부과방식(pay-as-you-go system, PAYGS)으로 운영된다. 적립방식과 부과방식의 특징은 다음과 같다.

- **적립방식연금** : 장래에 지급될 연금을 가입기간 동안 보험료, 국고출연금, 누적기금의 이식 등으로 적립하는 방식이다. 말하자면 적립방식연금은 근로기간 중 규칙적으로 저축한 것을 퇴직 후 되돌려 받는 일종의 강제 저축이다. 재정관리는 원칙적으로 개인이 낸 보험료총액과 개인이 받는 급여총액은 같아야 한다는 수지상등의 원칙(principle of equivalence)에 입각한다. 개인이 낸 만큼 되돌려 받는다는 말이다. 따라서 소득계층 간, 세대

간 소득재분배가 발생할 여지가 없다. 민간보험인 개인연금이나 기업연금이 대표적인 적립방식이다.

- **부과방식연금** : 일정 기간에 지출될 급여총액을 동일 기간의 보험료 수입으로 충당하는 재정방식이다. 말하자면 매년 전체 가입자가 낸 보험료로 연금 지불총액을 조달하는 것이다. 수입총액을 지출총액에 맞추는 것을 수지균형의 원칙(principle of balance)이라 한다. 수지차액이 없기 때문에 지불준비금 이외에는 적립금이 불필요하다. 현재 일하는 근로자가 낸 보험료로 퇴직자의 연금을 지급하므로 세대 간 소득재분배 효과가 매우 크다. 하지만 대부분 소득비례방식(소득에 비례해 보험료 납부, 보험료에 비례해 연금수급)이어서 소득계층 간 수직적 소득재분배는 일어나지 않는다. 서유럽과 미국, 일본 등 선진국 대부분이 부과방식을 채택하고 있다.

부과방식연금에서 적립방식연금으로 전환하거나 적립방식연금을 신설하는 나라가 많아지면서, 민간연금 용어인 확정기여형(defined contribution, DC)과 확정급여형(defined benefit, DB)도 사회보장에서 많이 사용되고 있다.

- **확정기여형** : 사전에 확정된 보험료를 부담하되 그에 상응하는 연금급여는 확정하지 않고 가입자 개인계좌에 적립된 돈(누적 보험료와 투자수익을 합한 것)을 연금(annuity)이나 일시금(withdrawal)으로 되돌려 주는 방식이다.
- **확정급여형** : 개인이 부담한 보험료의 크기에 관계없이 사전에 확정된 연금급여를 지급하는 방식이다.

확정기여형과 적립방식, 그리고 확정급여형과 부과방식은 매우 유사하다. 대부분의 부과방식 연금보험들은 확정급여형으로 운영한다. 소득보장제도로 기능하기 위해서는 급여를 보장해야 하기 때문이다. 반면에 직업연금 등 적립방식연금들은 모두 확정기여형이다. 수지상등의 원칙에 따라 낸 만큼 돌려줘야 하기 때문이다. 단, 강조하는 점이 다르다. 부과방식이 세대 간의 소득재분배를, 적립방식이 개인별 저축을 강조한다면, 확정기여형과 확정급여형은 기여와 급여의 확정 여부를 강조한다.

부과방식과 적립방식, 확정급여형과 확정기여형을 교차시키면, 전통적 부과방식, 완전적립방식, 부분적립방식, 명목확정기여형 등 네 가지 연금보험 재정운용방식이 명확히 드러난다.

	확정급여형	확정기여형
부과방식	전통적 부과방식 (서유럽, 미국)	명목확정기여형 (스웨덴, 이탈리아)
적립방식	부분적립방식 (개발도상국가)	완전적립방식 (남미국가)

| 그림 5-1 | 연금보험 재정운용방식의 유형

전통적 부과방식은 서유럽 복지국가들과 미국이 채택하고 있으며, 확정급여형으로 운용되고 있다. 완전적립방식은 칠레 등 남미국가들이 채택하고 있는데, 확정기여형으로 운용되고 있다.

부분적립방식(partial funding system)은 일부 개발도상국가(한국, 이집트, 온두라스, 요르단, 멕시코, 필리핀, 튀니지)가 채택하고 있는 것으로 보험료율을 부과방식보다는 높게 책정하여 연금수급자와 지출이 적은 제도 시행 초기에 적립금이 누적되게 한다.[2] 이 자금을 경제개발에 사용한다. 적립금 규모가 그렇게 크지 않기 때문에 자본시장에 충분히 흡수된다(Beattie & McGillivray, 1995 : 14).

명목확정기여형(notional defined contribution, NDC)은 선진국에서는 스웨덴과 이탈리아, 개발도상국에서는 라트비아, 폴란드, 몽고가 채택하고 있다(Williamson & Deitelbaum, 2005 : 269). 이 중 스웨덴의 NDC가 비교적 성공적인 것으로 평가받고 있다. 스웨덴은 연금재정적자에 선제적으로 대응하기 위해 1994년 연금개혁을 단행하여 기존의 법정 부과방식 소득비례연금을 법정 근로자연금(the mandatory employee's pension)과 확정기여 완전적립방식의 프리미엄연금(the premium pension)으

2) 부과방식연금을 시행하고 있는 나라도 지불준비금 형태로 약간의 적립금을 보유하고 있다.

로 분리했다. 이 중 법정근로자연금의 재정방식이 세계 최초의 NDC이다.

법정 근로자연금은 확정급여형에서 확정기여형으로 단계적으로 전환해야 한다. 스웨덴 정부는 이행기간을 40년으로 잡았다(2001년부터 2040년까지). NDC는 이행기간 동안의 재정운용방식이다. NDC에는 적립방식처럼 개인계정(통장)이 있다. 개인계정은 가입자 개인별로 개설되며, 여기에 가입자가 내는 보험료가 적립되고 또 정부가 고시한 이자율(평균임금상승률)이 가산된다. 그러나 개인계정에 실제로 돈이 적립되는 것은 아니다. 가상적으로 적립될 뿐이다. 개인계정에서의 실질적인 현금지출은 가입자가 퇴직한 후 사전에 규정된 연금산식에 의거 정해진 연금액만큼 이루어진다. 이에 필요한 돈은 신규 가입자의 개인계정에서 충당한다. 이와 같이 개인계정에 보험료가 적립된다는 점에서는 적립방식이지만, 개인계정에 실제로 적립된 돈이 아니라 타인의 적립금에서 연금이 지급된다는 점에서는 부과방식인 것이다. 그래서 '명목' 확정기여형이라고 한다.

NDC는 부과방식연금의 재정적자로 곤란을 겪고 있는 나라가 추가적인 재정부담 없이 적립방식으로 전환할 수 있는 유력한 대안이다. NDC의 장점은 다음과 같다(Oksanen, 2010 : 16).

첫째, NDC는 재정부담을 현 세대와 미래 세대가 분담하는 효과가 있다. 완전적립 개인계정으로 전환할 경우 근로자의 보험료 부담은 배 이상이 되고, 부과방식을 유지할 경우 재정부담은 다음 세대로 이전된다. 이에 비해 NDC는 보험료 부담을 세대 간 분산시켜 현 퇴직자와 장래 퇴직자 모두에게 일정 수준의 연금을 보장해 주고, 현 근로자의 이중부담(현 퇴직자 연금과 미래 자신의 연금까지 부담)도 없다.

둘째, NDC는 금융위기의 영향을 받지 않으며, 일정한 수익률이 보장된다. 확정기여형은 적립금 투자수익에 의해 수익률이 정해지지만, NDC 적립금 이자율은 사전에 설계된 비율(평균임금상승율과 동일하게 설계하는 것이 가장 적합)에 따라 결정된다. 그리고 소득대체율과 연금지급개시연령이 법에 정해져 있는 확정급여형연금은 고령화가 심화되면 조정(대개 정치적으로 조정)되고, 그 과정에서 세대 간 갈등 같은 진통이 뒤따르지만, NDC는 이런 조정이 거의 자동적으로 이루어지기 때문에 그런 문제가 없다.

셋째, 대규모 적립금이 불필요하다. 연금급여는 퇴직연령과 평균수명에 따라 조정되며, 따라서 재정적 지속가능성은 반자동적으로 보장된다. NDC는 잠재적인 부채, 즉 구세대로부터 상속된 부채(legacy debt)를 명시적인 부채로 드러낼 필요도 없다.

〈표 5-3〉 연금보험 재정운용방식의 유형

유 형	내 용
부과방식	• 매년 전체 가입자가 낸 보험료로 연금 지불액 충당 • 수지차액이 없기 때문에 적립금 불필요 • 연도별 수지균형의 원칙(매년 수입과 지출이 균형을 이룸)에 따름 • 세대 간 소득재분배 기능
완전적립방식	• 근로기간 중 규칙적으로 저축한 것을 퇴직 후 되돌려 받는 일종의 강제저축 • 수지상등의 원칙에 입각해 소득재분배 기능은 없음
부분적립방식	• 일부 개발도상국가 채택 • 보험료율을 부과방식보다 높게 책정하여 제도의 시행 초기에 적립금을 누적시키고, 이를 경제개발에 사용
명목적립방식	• 가입자 개인계정에 보험료를 가상적으로 적립하고 실제 지불되는 연금은 신규 가입자의 적립금으로 충당 • 개인계정에 개인별 보험료가 적립된다는 점에서는 적립방식이지만, 급여가 개인계정에 실제로 적립된 돈이 아니라 타인의 적립금에서 지급된다는 점에서는 부과방식

2) 적립방식과 부과방식의 장단점

연금보험 재정운용방식에 관한 전통적인 견해는 사회보험에서는 적립방식이 필요하지 않다는 것이다. 민간보험에서는 완전적립이 반드시 필요하지만, 사회보험은 그렇지 않다는 레자(Rejda, 1984 : 27-28)의 견해가 대표적이다. 그에 의하면, 민간보험과 같은 적립 프로그램에서는 축적된 자산(기금)의 가치가 가입자의 제반 권리(수급 권리)를 충족시킬 정도로 충분해야 한다. 민간보험이 완전적립을 강조하는 가장 큰 이유는 민간보험이 언제든지 종료될 수 있기 때문이다. 보험회사의 파산을 생각하면 된다.

하지만 국가 책임하에 운영되는 사회보험은 그럴 필요가 없다. 사회보험 기금은 경우에 따라서 수지불균형이 일어날 수도 있다. 사회보험이 적립방식을 택할 필요가 없는 것에는 몇 가지 이유가 있다.

- 사회보험은 일정 기간만 운용되는 것이 아니라 영속적인 프로그램이다. 따라서 완전적립이 불필요하다.
- 사회보험은 강제적용이기 때문에 신규 가입자가 계속해서 생긴다.
- 사회보험은 중앙정부가 궁극적인 책임을 지므로 재정문제가 발생하면 보험료를 인상하는 등의 방법을 통해 해결할 수 있다.
- 경제적인 측면에서도 완전적립은 바람직하지 않다(예 : 과도한 적립금 누적이 가져오는 문제).

바(Barr, 1987 : 211-212)는 부과방식과 적립방식의 장단점을 비교했다. 그는 부과방식의 장점으로 다음과 같은 세 가지 점을 들었다.

- 인플레로부터 연금의 가치를 보호할 수 있다.
- 경제성장에 비례하여 연금의 실질가치를 높일 수 있다.
- 완전연금을 즉각적으로 지불할 수 있다(과거 연금보험료 납부 요건과 무관하므로).[3]

그리고 적립방식의 단점을 다음과 같이 지적했다.

- 인플레에 취약하다. 정확한 인플레 예측에 입각하여 연금급여액을 결정하면 문제가 없으나, 인플레가 예상치를 상회할 경우 문제가 생긴다.[4]

---

3) 영국이 대표적이다. 원래 베버리지는 국민연금의 재정을 부과방식으로 할 것을 권고하였는데, 제도의 시행 첫 해에 소요되는 금액만을 부과하면 되므로 보험료는 그리 많지 않을 것으로 예상했다. 그는 또 연금수급에 필요한 가입기간 요건을 두는 것을 전제했는데, 이렇게 되면 연금 시행 초기에는 연금수급자의 수가 많지 않을 것이 확실했다. 그러나 2차 세계대전 후 집권한 노동당 애틀리 정부는 이를 무시하고 곧바로 모든 연금수급 연령층에게 연금을 지급하였다. 이로써 부과방식은 연금급여를 신규 연금수급자들에게 즉각적으로 지급하는 수단이 되었다.

4) 적립방식이 인플레에 취약하다는 사실은 1929년 미국의 대공황이 극적으로 보여주었다. 대공황이 발생하기 전인 1920년대 미국에

- 경제성장의 과실을 연금수급자에게 배분할 수 없다.
- 완전연금을 받기 위해서는 장기간의 보험료 적립이 필요하다.

부과방식과 적립방식의 장단점은 정확히 정반대이다. 부과방식의 장점이 적립방식의 단점이고, 부과방식의 단점이 적립방식의 장점이다. 두 방식 장단점의 가장 큰 쟁점은 인구구조의 변화(장래 노동력의 변화)이다. 부과방식은 인구구조의 변화에 취약하다는 큰 단점을 지니고 있는 반면에 적립방식은 인구구조의 변화에 강하다는 것이 가장 큰 장점이다.

하지만 바는 적립방식의 장점으로 알려진 연금과 인구구조의 변화에 관한 통상적인 관념, 즉 인구구조의 변화 = 노동인구의 감소 = 부양률의 증가 때문에 적립방식이 부과방식에 비해 인구구조의 변화에 강점을 지닌다는 것은 잘못된 가정이라고 주장하였다. 그에 의하면, 적립방식이건 부과방식이건 현재 연금수급자가 받는 연금은 인구구조의 변화와 관계없이 과거 또는 현재의 일하는 사람이 소비하지 않은 부분(생산한 것에서 소비한 부분을 뺀 것)이다. 과거의 근로자가 소비하지 않은 부분이 현재의 연금수급자에게 이전되는 것이 적립방식이고, 현재의 근로자가 소비하지 않은 부분이 현재의 연금수급자에게 이전되는 것이 부과방식이다.

이 문제는 소득재분배에 연관된다. 부과방식은 현재 일하는 젊은 근로자들의 부담으로 퇴직한 노인인구의 연금재정을 충당하도록 설계되어 있고, 노인의 연금총액이 그들의 청년기에 부담한 보험료총액을 상회하므로 세대 간 소득재분배가 발생한다. 반면에 적립방식은 개인별로 청년기에 적립한 것을 퇴직 후 되찾는 것이므로 원칙적으로 세대 간 소득재분배는 일어나지 않는다.

는 이른바 복지자본주의라는 관념 아래 기업들, 특히 대량생산업체들이 자체적인 복지 프로그램을 운용하였다. 정부가 확인한 기업연금 프로그램만 4백여 개에 달했다. 그러나 대공황으로 수많은 기업이 도산함에 따라 기업연금도 휴짓조각이 되고 말았다.

제3절 연금보험의 개혁

많은 나라들이 고령화로 인한 연금재정의 악화에 대처하기 위해 노력하고 있다. 연금성숙기에 있는 선진국은 기존 부과방식연금의 재정을 강화하거나 (보험료 인상, 급여 인하, 수급개시 연령 인상 등), 확정급여형을 확정기여형으로 개편하거나, 부과방식에 적립방식을 접목하는 등의 개혁을 실시했다. 일부 선진국은 대중의 강한 반대에도 불구하고 정년연장을 도모하고 있다. 남미의 거의 모든 나라는 기존의 부과방식을 적립방식으로 대체했고, 러시아와 중국 등 계획경제에서 시장경제로 이행한 나라들은 적립방식을 신설해 기존의 부과방식과 병행 운영하고 있다.

3절에서는 연금보험의 개혁에 대한 World Bank와 유럽의회의 권고를 살펴보고, 연금보험 개혁의 핵심과제인 정년연장에 대하여 알아본다.

1. World Bank와 유럽의회의 권고

1) World Bank의 권고

세계의 연금개혁에 대해 각별한 관심을 보이는 World Bank(2012)는 기존 부과방식연금의 부분적 개혁으로는 공적연금의 지속가능성 문제를 해결할 수 없다고 하면서 부과방식연금의 적립방식연금으로의 전면개편과 연기금 관리 운영의 민영화를 주장하고, 각국의 연금개혁에 적극적으로 간여하고 있다.

적립방식연금이 성공하기 위해서는 투명성과 예측 가능성이 보장된 자본시장이 있어야 하고, 자본시장으로부터 안정적인 투자수익을 거둘 수 있어야 한다. 관건은 수익성이다. 적립방식연금펀드의 자금은 주로 채권이나 주식 등의 형태로 자본시장에 투자되는데, 여기서 발생하는 수익은 지급되는 연금의 중요한 재원이 된다. 투자수익의 가장 중요한 변수는 노동생산성과 실질 GDP의 증가이다. 생산성이 향상되고 경제성장이 이루어져야 자본 투자수익률도 좋아지기 때문이다. 수익성은 적립방식연금의 성패를 결정한다.

2) 유럽의회의 권고

2011년 유럽의회(European Parliament)[5)]는 EU 회원국의 공적연금과 민간연금을 분석한 보고서를 발표했는데, 선진국 연금시스템의 개혁 실태를 종합적으로 정리·소개하고 있을 뿐만 아니라 지속가능한 연금을 위한 현실적인 정책대안을 제시하고 있어 범세계적인 연금개혁에 많은 것을 시사한다(European Parliament, 2011).

유럽의 공적연금은 대부분 3층 구조로 되어 있다. 1층은 법정 노령연금(public mandatory old-age pension)으로 부과방식연금이다. 2층은 법정 기업연금(occupational pensions)으로 임의도 있고 법정도 있으며, 임의와 법정을 병행하는 나라도 있다. 기업연금만 시행하는 나라는 하나도 없다. 3층 개인연금(private savings plans)은 임의 가입이다. 정부가 가입자에게 조세감면 혜택을 부여해 권장하고 있다.

이를 전제로 EU 국가들의 공적연금개혁 추세를 요약하면 다음과 같다. 부과방식의 법정연금을 적립방식으로 전환한 나라가 있고(EU 회원 27개국 중 9개국), 부과방식과 적립방식을 혼합한 나라가 있으며, 2층 기업연금을 준법정연금(a semi-mandatory occupational pension system)으로 만든 나라도 있다. 가입기간을 연장한 나라도 있고, 퇴직연령을 높인 나라도 있다. 명목확정기여형(NDC)을 도입한 나라도 있다.

최근 추세는 부과방식과 적립방식, 공적연금과 민간연금, 임의연금과 법정연금 간의 전통적 구분이 점차 모호해진다는 것이다.[6)] 공적연금의 전통적 역할이 아직은 중요하지만 적립방식연금과 확정기여형연금의 역할이 점차 커지고 있는 것도 주요한 변화이다.

5) 1962년 설립된 유럽연합(EU) 입법기구이다. 유럽연합 회원국 국민들의 직접·보통선거를 통해 의원(임기 5년)을 선출한다. 국가별 의원 수는 인구비례로 할당된다.

6) 스위스가 그렇다. 스위스는 민간연금인 기업연금이 법정 연금이다. 민간연금의 재정규모도 매우 커서 법정 부과방식연금과 비슷할 정도이다. 호주도 법정 기업연금을 시행하고 있다.

보고서는 확정급여형연금에서 확정기여형연금으로의 전환이 연금의 충분성과 지속가능성 문제를 극복하기 위한 1990년대 이후 연금개혁의 핵심이라고 주장한다(이것이 이 보고서의 핵심이다). 확정기여형하에서는 기여와 급여 간의 균형, 즉 수지균형이 이루어져 만성적인 재정적자에서 근본적으로 벗어날 수 있고 따라서 정부도 재정적 부담에서 자유로워질 수 있다. 보고서는 민간연금은 물론 공적연금도 확정기여형이 가능하다고 본다.

다음은 정책 권고이다. 보고서는 EU 국가들이 고령화로 연금의 충분성(adequacy)을 유지하는 데 곤란을 겪고 있고, 연금의 지속가능성(sustainability)도 심각한 위협을 받고 있어 어떤 형태로든 개혁이 불가피한 실정이라고 하면서 다음과 같은 정책대안을 제시했다.

첫째, 근로기간의 연장과 노동시장 참가율의 제고이다. 연금의 재정적 건전성을 제고하고 충분한 연금을 유지하기 위해서는 더 많은 근로자가 더 오래 일하는 것이 가장 효과적이다. 근로기간 연장의 가장 확실한 방법은 퇴직연령의 상향조정이다. 더 많이 일하는 만큼 보험료 납부기간이 늘어나고, 늦게 퇴직하는 만큼 연금수급 기간이 줄어들기 때문이다. 퇴직연령 연장은 정치적으로 예민한 문제이다. 사용자는 물론 근로자도 반대할 수 있다. 따라서 근로자와 사용자에게 인센티브를 줘야 한다. 퇴직연령 연장에 상응해 연금급여액을 인상시키거나 고령 근로자의 임금을 삭감하는 임금피크제를 예로 들 수 있다.[7] 근로자의 노동시장 참가율 제고도 근로기간 연장과 유사한 효과가 있다. 취업자 수가 많아지면 보험료 수입이 증가하고 연금수급자 수는 감소하여 연금지출이 줄어든다. 고령 근로자를 활용하는 것이 좋은 방법이다. 정부가 고령 근로자를 대상으로 직업훈련 프로그램을 실시해 이들이 새로운 기술을 익히도록 지원하고, 이들이 새로운 직장을 찾을 수 있도록 직업소개를 하면 효과적일 것이다.

7) 호주는 평균 퇴직연령을 1년 연장했다. 그 결과 연금지출 총액이 2.4~3.0% 감소했고, GDP는 0.5% 증가했다. 근로자 수가 증가했기 때문이다. 이것은 정년연장의 고용 효과가 상당하다는 것을 의미한다.

둘째, 3층 구조의 합리적 안배이다. 3층 구조 연금시스템을 적절히 배합하여 재정위기를 정부, 개인, 연금펀드 삼자가 떠맡으면, 연금의 충분성을 훼손하지 않으면서 연금 재정적자문제에 대응할 수 있다. 인구구조의 변화와 경기변동에 완벽하게 대응하는 연금시스템은 없다. 하지만 위기를 공유해서 위험을 분산시킬 수는 있다. 위기의 공유는 불확실한 환경변화에 대응할 수 있는 합리적인 대안이다. 방법은 세 가지가 있다. 정부와 개인, 개인과 연금시스템, 세대 간 위기의 공유가 그것이다.

정부와 개인이 위기를 나눈다는 것은 정부는 정부의 역할을, 개인은 개인의 역할을 하는 것이다. 정부는 1층 연금을 충실히 유지해야 한다. 정부라고 해서 재정적자를 피하면서 모든 시민에게 충분한 연금을 변함없이 지급할 수는 없고, 연금펀드의 수익률이 항상 좋을 수는 없다. 따라서 일정한 소득대체율을 보장하고, 기본적인 연금을 지속적으로 지급함으로써 노인의 빈곤을 방지하는 1층 연금이 반드시 필요하다. 이것은 정부가 할 일이다. 개인은 기업연금과 개인연금에 가입함으로써 위기를 공유할 수 있다. 정부가 1층 연금을 유지하고, 개인은 민간연금에 가입하면 개인의 연금은 일정 수준 이상으로 보장된다.

개인과 연금시스템 간의 위기 공유도 필요하다. 사실 이것은 이미 이루어지고 있다. 연금보험은 모든 사람에게 동일한 보험료율을 적용함으로써 이를 이미 실현하고 있다. 기업연금과 개인연금은 하나의 펀드에 보험료를 적립하고 손실과 이익을 공유함으로써 이를 실현하고 있다. 최저(기초)연금에서도 위기 공유가 있다. 노동시장에는 성별과 종사상의 지위(정규직/비정규직, 풀타임/파트타임)에 차별이 존재한다. 하지만 기초연금은 모든 사람에게 평등한 권리를 부여한다.

세대 간 위기 공유도 중요하다. 세대 간 위기 공유는 부과방식연금에서 잘 실현되고 있다. 적립방식연금에서는 세대 내 위기 공유가 이루어지고 있다. 장기간 보험료가 적립되는 과정에서 손실구간과 수익구간이 믹스되어 위기가 세대 내에서 분산되고 있는 것이다. 하지만 고령화와 같은 인구구조의 변화로 대규모 연금지출이 발생하면 손해를 보는 세대와 이익을 보는 세대가 반드시 생긴다.[8] 연금의 지속가능성을 위해서는 세대 간 위기 공유가 필수적이다. 세대 간 보험료 부담은 공평(fair)해야만 한다. 평균수명의 증가로 향후 연금지급이 증가할 경우 세대 간 비용 분담은 더욱 공평해야 한다. 개혁 비용을 미래 세대에 전가해서는 안 된다.[9]

2. 정년연장

20세기 후반 유럽에서는 조기퇴직이 노동력 문제해결의 윈윈전략이었다. 조기퇴직은 청년에게는 보다 많은 일자리를, 노인에게는 보다 많은 여가를, 정부에게는 낮은 실업률을 제공했다. 사용자는 조기퇴직을 고령근로자를 퇴출시키는 수단으로 활용했고, 근로자는 별 손해 없이 노동시장에서 조기에 나가는 기회로 간주했다. 조기퇴직제도에 내재된 이데올로기, 즉 노동시장에서 나이 든 사람은 쓸모가 별로 없고 젊은 사람들의 일자리를 막는다는 관념은 상당 기간 위력을 발휘했다.

하지만 조기퇴직제도는 평균수명 증대, 출산율 저하와 함께 사회보장, 특히 연금시스템을 위기에 빠트렸나. 조기퇴직이 연금지출은 증가시키고 보험료 수입은 감소시킨 것이다. 연금은 대부분의 나라에서 사회보장의 가장 많은 부분을 차지하기 때문에 연금지출의 증가와 보험료 수입의 감소는 복지국가의 재정적 기초까지 위협했다. 세대 간 계약(generation contract), 즉 근로인구가 퇴직인구를 부양하는 계약도 위기에 빠졌다. 보험 관점에서도 연금 자산을 아직 일해도 되는 건강한 조기퇴직자에게 주는 것이 정당한가 하는 의문이 제기되었다.

사회보장시스템을 장기적으로 지속가능하게 만들고 경제성장을 촉진시키기 위해서는 자원을 효율적으로 사용해야 하는데, 근로자를 노동시장에서 조기에 퇴출시키는 것은 이에 배치되었다. 고령화가 심화되자 더 오래 일하길

8) 고령화로 인한 연금재정적자에 대해 가장 불안한 게 청년 근로자들이다. 이들은 현재 약속된 연금이 앞으로도 계속해서 유지될 것인지에 대해 의구심을 가지고 있으며, 자신이 낸 보험료 총액보다 적은 연금급여를 받게 되지나 않을지 우려하고 있다.

9) 보고서는 이 두 가지 외에 연금시스템의 투명성(transparency) 강화를 제시했지만, 중요성이 현저히 떨어져 생략했다.

원하는 근로자가 증가했고, 고령근로자를 회사의 가치 있는 자산이라고 생각하는 사용자도 늘어났다. 회사와 근로자 모두 더 오래 일하는 데 의견일치를 보인 것이다.

1) 정년연장에 대한 입장

원래 정년연장에 가장 반대한 세력은 근로자들이었다. 2010년 프랑스에서 발생한 근로자들의 대규모 정년연장 반대시위가 좋은 예이다. 당시 백만 명 이상의 근로자들이 거리로 나와 글로벌 경제위기가 아니라 사르코지 대통령의 정년연장(60세에서 62세로) 정책에 반대하는 시위를 벌였다. 2011년에는 인도(58세에서 60세로 연장), 그리스, 아프리카 나이지리아 등지에서도 정년연장에 반대하는 시위가 발생했다. 공식적으로 정년을 연장하는 데 강한 저항이 있었던 것이다(Ehnes, 2011 : 19).

하지만 최근 들어 근로자들의 정년연장에 대한 태도가 바뀌고 있다. 선진국 근로자들 중 정년연장을 원하는 사람이 늘어나고 있고, 중진국과 후진국 근로자도 유사한 입장을 보이고 있다. 이는 각종 여론조사를 통해 확인되고 있다. 근로자들이 정년연장(근로연장)에 찬성하는 이유는 개인에 따라 다르지만(사실 복잡하고 개인차가 심하다), 주된 이유는 노후불안이다. 경기후퇴기에는 기업의 빈번한 정리해고 때문에 근로자들은 자신의 퇴직 전망(안전한 퇴직)에 대해 불안해한다. 언제 해고될지 모르기 때문이다. 고령근로자일수록 불안감이 더 크다. 정년연장은 이런 불안감을 해소한다. 노후자금을 충분히 저축하지 못한 근로자가 증가한 것도 원인이다. 공적연금이 가장 확실한 노후대비책이었지만 연금재정적자의 누적으로 그 지속가능성에 심각한 문제가 발생하자 많은 정부들이 연금지출을 줄이는 개혁을 단행하고 있다. 이로 인해 퇴직자가 받는 연금액이 정지하거나 감소하고 있다. 이를 보충하기 위해서는 더 일해야 한다. 노후 의료비 불안도 있다. 고령화로 더 오래 살아야 하는데 그만큼 의료비도 늘어난다. 따라서 퇴직 전에 더 많은 의료비를 마련해야 한다. 더 오래 일하는 것이 가장 확실한 대안이다(Ehnes, 2011 : 20).

사용자들도 정년연장에 반대했다. 고령근로자는 높은 임금에 비해 생산성이 떨어지고, 고령근로자 한 명의 인건비면 젊은 근로자 두 명을 고용할 수 있다고 생각한 것이다. 하지만 고령화와 출산율 감소로 청년근로자가 갈수록 감소하자 상황이 바뀌었다. 근로자 부족은 임금 상승으로 이어질 게 명백했다. 이런 상황에서 정년연장을 마냥 반대하는 것은 현명한 자세가 아니었다.

하지만 사용자들이 정년연장에 적극적으로 찬성하고 나선 것은 아니다. 정년연장의 긍정적 효과에 대한 확신이 부족하기 때문이다. 사용자들의 정년연장 찬성을 유도하기 위해서는 인센티브가 필요하다. 임금피크제가 좋은 방법이다. 연금수급개시연령의 연장도 좋은 인센티브가 된다. 일본은 정년연장 유도를 위해 연금수급개시연령을 60세에서 65세로 인상했다(한국도 단계적 인상으로 국민연금개혁). 동시에 정년을 65세로 연장했다. 그 효과는 즉각적이었다. 60~64세 고령근로자의 경제활동참가율이 2006년 71%에서 2009년 77%로 증가한 것이다(Bloom et al., 2011 : 37).

정년연장의 가장 큰 이해당사자는 정부다. 정부 입장에서 정년연장은 공적연금의 재정적자문제를 근본적으로 해결해 준다. 정년이 연장되면 연금 기여금 납부기간이 그만큼 길어져 수입이 증가하고, 연금지급개시연령이 지연되어 그만큼 지출이 감소하기 때문이다. 수입은 늘고 지출은 줄어드는 일석이조의 대안인 셈이다. 하지만 그렇다고 해서 무조건 반길 일만은 아니다. 국가 차원에서 정년연장은 일자리를 둘러싼 세대갈등을 야기한다. 정년이 늘어나면 고령근로자에게는 유리하지만 청년 일자리는 감소하기 때문에 청년들에게는 불리하다. 따라서 정부는 정년연장에 신중한 입장을 취한다.

2) 고령화와 정년연장

사실 정년제도는 시대변화에 맞지 않다. 건강한 노인 때문이다. 고령화로 노인만 늘어나는 게 아니라 건강한 노인도 늘어나고 있다. 고령인구가 대규모 의료비와 케어비용을 발생시키는 병자집단이라는 것은 사실이 아니다. 현대 노인들은 이전 세대보다 건강하고 활동적이며 생산적이다. 의료기술이 발전하고 의료진에의 접근성이 개선되어 노인의 건강수준도 크게 향상되었다. 건강한 노인들은 이전 세대보다 더 오래 일할 수 있다. 통상적인 정년 이상 일을 할 수 있는 신체적·정신적 능력을 보유하고 있다. 교육수준도 이전 세대보다 높다(Healy, 2004). 하지만 정년제도 때문에 일정한 연령이 되면 무조건 퇴직해야 한다. 건강한 노인이 증가하고 있음에도 정년은 연장되지 않았다. 그 결과 정년 이후 삶이 늘어났다. 서유럽 국가의 경우 정년 후의 삶의 기간이 평균 20년 정도이다. 건강한 노인들을 정년제도를 이유로 노동시장에서 강제 퇴역시키는 것은 사회적 자원낭비라 하지 않을 수 없다. 현재 OECD 국가의 정년은 대부분 60~65세 사이에 있다.[10] 개발도상국들은 이보다 더 이르다. 정년연장의 여지가 충분하다는 것이다.

노인의 직무성과 저하도 과학적이고 객관적인 사실이 아니다. 노인은 인지기능의 저하로 청년에 비해 직무처리 속도와 정보처리 능력이 떨어지고, 그로 인해 직무성과가 낮다고 생각한다. 하지만 연령과 생산성 간의 관계에 관한 확실한 증거는 없다. 노인의 오랜 숙련과 경험에 기반을 둔 지식과 직무기술은 청년보다 나을 수도 있다. 노인의 직무능력 저하는 노인에 대한 편견일 가능성이 크다.

유럽은 고령근로자의 경제적 유용성, 특히 숙련성에 주목(재조명)해 2000년부터 고령근로자 일자리 확대와 정년연장에 대해 논의했다(Kitashiro & Ollila, 2006 : 11). 2000년 유럽회의(the Council of Europe)[11]는 리스본전략(Lisbon strategy)을 채택하고 55~64세 고령근로자 고용률 제고를 통한 전체 고용률 70% 달성을 목표로 제시했다. 2000년 유럽연합 집행위원회(European Commission, EC)[12]는 고용평등에

10) 1965~2005년 사이 선진국 43개 국가 기대수명은 평균 9년이 증가한 반면에 법정 정년은 단지 6개월만 연장되었다. 법정 퇴직연령 연장은 대부분 최근에 이루어졌다.

11) 1949년 인권과 민주주의, 법치주의, 중동부 유럽지역에 대한 지원을 목적으로 설립되었다. 현재 회원국은 46개국이며 본부는 프랑스 스트라스부르에 있다. 조직은 각료위원회(각국 외무장관), 의원회의(각국 국회의원), 지방자치단체협의회, 사무처 등으로 이루어져 있고, 유럽인권재판소(European Court of Human Rights)와 유럽인권위원회(European Commission of Human Rights) 등의 독립기구를 두고 있다. 1950년 "인권 및 기본적 자유에 대한 유럽협정"과 1989년 "고문과 비인간적 처벌 등의 금지에 관한 협정"이 중요한 성과이다.

12) 유럽연합(European Union, EU)의 행정부 역할을 담당하는 유럽연합 집행위원회는 유럽통합 관련 조약의 수호, 유럽연합의 각종 정책 입안, 유럽연합의 이익 수호를 위해 활동한다. 유럽통합의 중심기구이다.

관한 일반적 기준을 마련했는데, 기회평등의 원칙에 따라 고령근로자 고용차별을 야기하는 고용장벽을 제거할 것을 권고했다. 2001년 유럽연합 집행위원회는 스톡홀름 정상회의(Stockholm summit)에서 고령근로자 고용률 50% 달성을 목표로 제시했다. 2002년 유럽연합 집행위원회 바르셀로나 정상회의(Barcelona summit)에서는 정년을 60세에서 65세로 5년 연장하는 것을 목표로 제시했다. 2004년에는 고령근로자 고용률 제고와 정년연장을 재확인한 동시에 고령근로자 고용 유지 및 고용률 제고를 위해 고령근로자 고용을 유지하거나 고령근로자에게 새로운 고용 기회를 주는 기업에게 인센티브를 주고, 근로자 평생학습을 포함한 기술개발 프로그램을 실시하며, 공공부문에서의 고령근로자 고용을 확대할 것을 권고했다. 이런 노력에 힘입어 유럽연합국가의 고령근로자 고용률은 개선되었다.

제4절 한국의 국민연금

한국의 국민연금은 1988년부터 실시되어 지금은 가장 대표적인 사회보장제도로 자리 잡고 있다. 4절에서는 국민연금의 도입과정과 기금운용방식, 대상, 급여, 보험료 등 국민연금의 내용에 대해서 살펴본다.

1. 도입과정

우리나라 국민연금은 처음부터 적립방식으로 추진되었다. 정부가 적립방식을 채택하려 했던 근본적인 이유는 국민연금을 노인의 소득보장과 국민복지 향상을 위한 사회복지정책이 아니라 내자(內資) 동원수단으로 이용하려고 했기 때문이다.

우리나라가 국민연금에 대해 논의하기 시작한 것은 박정희 정권 시절인 1970년대 초였다. 박정희 정권은 사회보장제도를 국가재정에 부담을 주는 소비성 제도로 인식했다. 당시 국민연금의 도입을 주도했던 KDI[13]는 이런 우려를 불식시키기 위해 연금의 투자효과를 부각시켰다. KDI 원장 김만제는 박정희 대통령에게 "우리나라의 경제사회 여건으로 보아 단기적으로는 국민의 조세저항이 점차 강해지며 또한 민간저축의 제고뿐만 아니라 국가재정을 위한 투자재원의 조달에도 크게 기여할 수 있다"고 설득했다(1972년 11월 30일 청와대). 이를 수용한 박 대통령은 1973년 1월 12일 연두기자회견에서 연금제도의 도입을 공식적으로 천명하였다. 보건사회부, 경제기획원, KDI가 공동으로 작성한 국민복지연금제도(안)를 보면, 제도 실시의 기대효과로 소득재분배에 의한 국민들의 복지균점을 실현하고, 적립된 기금은 경제개발에 필요한 내자로 활용하여 국가경제부흥에 이바지하며, 본격적인 사회보장체제를 구축하여 복

13) 당시 KDI는 산업화로 인한 근로자 계층의 급증과 이들에 대한 노후대비책의 미비 그리고 제2차 경제개발 5개년 계획의 성공에 따른 경제적 여력의 확보를 바탕으로 연금제도를 도입해야 할 시기가 되었다고 판단했다.

지국가 건설에 기여한다는 것이 적시되어 있는데, 연금기금을 내자로 동원하려는 정부의 의지가 노골적으로 드러나 있다.[14] 1973년 11월 국민복지연금법은 국회를 통과하였다. 그러나 중동전쟁과 석유파동으로 인한 심각한 경기불황으로 국민복지연금의 실시는 보류되었다.

전두환 정권이 들어선 후인 1980년대 중반 GNP의 증대와 물가안정으로 경제여건이 크게 호전되자 국민연금의 도입논의가 재개되었다. 1986년 정부 의뢰하에 KDI는 다시 국민연금의 도입방안에 대해 연구하여 1988년부터 실시하도록 정부에 건의하였다. 1986년 8월 11일 전두환 대통령은 하계기자회견을 통해 제5차 사회경제발전 5개년 계획의 일환으로 국민연금의 도입, 전국민건강보험, 최저임금제의 도입 등을 골자로 한 국민복지 3대 정책을 발표하였다.[15] 그런 다음 내부 검토를 거쳐 1986년 12월 국민연금법이 국회를 통과하였다.[16] 국민복지연금법에서 '복지' 자가 빠지고 국민연금법이 된 이유는 가난한 노인을 적용대상에서 제외하고, 정부가 재정지원을 거의 하지 않는다는 사실 때문이었다(국민연금공단, 1998 : 96).

국민연금은 2년간의 준비기간을 거쳐 1988년에 시행되었다. 그런데 중요한 것은 1973년의 국민복지연금법의 제정배경과 1986년의 국민연금법의 제정배경이 좀 다르다는 것이다. 국민복지연금법의 가장 중요한 목적은 내자동원이었다. 그러나 국민연금법은 적어도 외면적으로는 연금 본래의 목적인 근로계층의 노후생활보장에 초점을 두었다. 1986년 입법예고 시 정부는 "성장의 과실을 국민 각 계층에 균형 있게 배분하기 위한 사회복지 확충정책의 일환으로, 그리고 평균수명 연장 및 핵가족화에 따른 국민의 노후생계를 보장하고 산업화에 따른 각종 사회적 위험으로 인한 소득능력 상실자와 그 가족의 생활을 보장"하기 위해 국민연금을 실시한다고 했다. 그 무렵 경제여건이 무척

14) 당시 언론의 반응은 상당히 부정적이었다. 대부분의 언론들이 연금이 시기상조이고, 내자동원책(중화학공업 투자)이며, 연금 급여액이 적은 데 비해 부담은 많고, 영세근로자들과 여성근로자들에 대한 배려가 없다는 점 등을 지적하였다(국민연금공단, 1998 : 64-65, 83-85).

15) 전두환 대통령은 서구 복지국가의 재정적자를 보고 사회보장제의 도입에 부정적인 인식을 가지고 있었으나 경제와 사회의 균형발전이 필요하다는 김만제 부총리와 사공일 청와대 경제수석의 말을 듣고 설득당했다고 한다(국민연금공단, 1998 : 111).

16) 전두환 정권이 내자동원의 필요성이 별로 없었음에도 국민연금법의 시행을 추진한 진정한 이유는 취약한 정권정당성을 다소라도 제고하기 위해서였을 것이다.

좋았기 때문이었겠지만(저 유가, 저 환율, 저 국제금리 등 이른바 3저 호황) 실무적인 논의 과정에서도 내자동원 논리는 나오지 않았다. 그리고 당시 이해원 보건사회부장관이 국회 보건사회위원회에서 제안 설명을 하면서, "국민복지연금법이… 실시가 유보되어 왔으나, 그간 물가가 안정되고 국민소득 수준이 향상되는 등 여건이 성숙됨에 따라" 국민연금을 시행하겠다고 그 배경을 밝혔다(국민연금공단, 1998 : 94-107).

그리하여 시행 초기에는 저율의 보험료율로 출발하되 향후 단계적으로 인상하는 수정적립방식을 채택하였는데, 이는 내자동원의 필요성이 별로 크지 않았다는 데 대한 증거가 될 수 있다. 그리고 정부 입장에서 부과방식 대신 적립방식(수정적립방식이긴 하지만)을 선택한 이유는 "정부의 개입을 가능한 한 최소화하는 것"에 있었다(국민연금공단, 1998 : 96). 그럼에도 이후 진행된 상황을 보면 정부의 내자동원 의지가 없었다고 보기 어렵다. 국민연금 시행 후 매년 수조 원에 달하는 막대한 자금이 조성되고, 조성된 자금의 반 이상을 정부가 차입해 사용했기 때문이다.

2. 부분적립방식

우리나라 국민연금은 기금을 조성한다는 점에서 적립방식이 분명하지만 완전한 적립방식이라고는 하기는 어렵다. 시행 초기에 보험료율을 낮게 책정했다가 점진적으로 상향 조정(3% → 6% → 9%)했고, 일정한 재분배 기능도 가지고 있는데, 이는 부과방식의 특징이다.

국민연금이 재분배적 요소를 가지고 있다는 사실은 급여산식에서 확인된다. 즉, 전 가입자에게 동일한 액수의 연금을 지급하는 균등 부분(A 부분)이 전체 연금액의 상당 부분(평균적으로 50% 정도)을 차지하는데, 전체 가입자의 표준소득월액의 평균치보다 낮은 사람은 이 부분 때문에 상대적으로 유리하고, 그 반대인 경우는 불리하다. 여기서 소득계층 간 소득재분배가 발생한다.

이 때문에 우리나라 국민연금을 수정적립방식, 혼합방식 또는 부분적립방식이라고 한다. 부분적립방식의 문제점에 대해서는 이정우(1999 : 60)가 다음과 같이 잘 지적하였다. 첫째, 기금의 완전한 적립이 요구되는 적립방식과 기금을 전혀 필요로 하지 않는 부과방식 사이에서 기금규모 설정의 임의성 여지가 너무 넓어 적립기금의 절대규모가 아무런 객관적인 기준이 없이 정치적·자의적으로 결정될 가능성이 높다. 둘째, 보험료의 수준이 정치적 고려에 의해 책정될 위험성이 있다. 보험료는 적립방식의 경우 개인별로 부담과 수혜의 기대 값이 상호 균형을 유지할 수 있는 수준에서, 부과방식은 매년도 연금재정이 수지균형을 유지할 수 있는 수준에서 결정이 된다. 반면에 부분적립방식의 보험료는 일정한 기준이 없이 정치·경제·사회적 여건에 따라 자의적으로 결정될 수 있다.

3. 대 상

국민연금은 1988년 상시 근로자 10인 이상의 사업장 근로자를 대상으로 시작했다. 1992년에는 5인 이상 사업장으로 확대되었고, 1995년 7월부터는 농어촌 지역주민으로, 1999년 4월부터는 도시 지역주민으로 확대됨으로써 전 국민연금이 달성되었다(2003년 7월부터 모든 사업장으로 확대). 다른 나라에 비해 이례적으로 빠른 적용확대였다.

국민연금의 가입자는 사업장가입자와 지역가입자로 구분된다.[17)] 사업장가입자란 근로자를 상시 고용하는 사업장의 18세 이상 60세 미만의 근로자와 사용자를 말한다. 지역가입자는 사업장가입자가 아닌 자로서 18세 이상 60세 미만인 자인데, 도시 자영업자, 농민, 임시직, 일용직, 파트타임 근로자 등 유급종사자와 실업자, 학생, 군인 등 비경제활동인구까지 포함한다.

다른 공적연금의 적용대상이 되는 직업계층과 공공부조대상자인 국민기초생활보장수급자는 국민연금에서 제외된다. 이를 적용제외자라 하는데, 공적

17) 임의가입자(적용제외자 중 본인이 희망하여 가입한 자)와 임의계속가입자(60세 이후부터 65세까지 본인이 희망하여 가입한 자)도 있지만 소수이다.

연금(국민연금, 공무원연금, 군인연금, 사립학교교직원연금, 별정우체국연금) 가입자 및 수급자의 무소득배우자, 18세 이상 27세 미만의 학생과 군인, 기초생활수급자, 1년 이상 행방불명자 등을 말한다.

한편 국민연금 재정적자에 대비하기 위해 2013년부터 연금수급연령을 60세에서 65세로 단계별 연장하였다. 즉, 1953~1956년생은 61세부터, 1957~1960년생은 62세부터, 1961~1964년생은 63세부터, 1965~1968년생은 64세부터, 1969년생 이후는 65세로 연장한 것이다.

4. 급 여

우리나라 국민연금 급여는 노령연금, 장애연금, 유족연금, 반환일시금으로 구성되어 있다. 노령연금은 기본연금에 부양가족연금을 가산한 금액으로 정해진다. 기본연금액은 다음 산식에서 보듯이 전체가입자의 평균소득(A값)과 개별 가입자의 평균소득(B값)을 기준으로 산정된다. 노령연금 기본연금액 산정에 전체 가입자의 평균소득(A값)을 반영하기 때문에 소득계층 간 소득재분배(수직적 재분배)가 발생한다.

$$P = 1.38 \times (A + B) \times (1 + 0.05n)/12$$

P : 기본연금액
A : 균등부분(연금수급 직전 3년간의 전체가입자 평균소득월액의 평균액)
B : 소득비례부분(가입자의 가입기간 중 기준소득월액의 평균액)
n : 20년 초과 가입 월수

국민연금 가입자는 자신이 내는 보험료보다 많은 연금급여를 받게 된다. 그 이유는 위의 산식에서 보듯이 전체 보험료에 1.38배를 더해 주기 때문이다. 또한 국민연금은 소득재분배 기능이 있기 때문에, 저소득층은 이보다 더 많은 연금급여를 받게 된다.

5. 보험료

국민연금 보험료는 가입자의 소득에 부과된다. 사업장가입자의 경우 소득이란 근로소득에서 비과세근로소득을 차감한 소득을 말하고, 지역가입자의 경우 농업소득, 임업소득, 어업소득, 사업소득(도매업, 소매업, 제조업, 기타의 사업에서 얻는 소득)을 말한다.

국민연금의 보험료율은 사업장가입자와 지역가입자가 다르다. 사업장가입자의 현재 보험료율은 표준소득월액의 9%인데, 시행 초기(1988~1992년)에는 3%로 시작하여 1993년 6%로 인상되었고, 1998년부터 9%로 인상되었다. 그리고 1999년 3월까지는 가입자 본인과 사용자가 각각 3%씩을 부담했고, 여기에 퇴직금전환금에서 3%가 더해졌다. 그러다가 1999년 4월부터 퇴직금전환금제도가 폐지되고 근로자와 사용자가 4.5%씩을 부담하는 것으로 바뀌었다.

퇴직금전환금제도가 폐지된 이유는 재직기간 1년 미만 등 근로기준법 미적용 근로자의 퇴직금전환금 납부문제, 퇴직금에서 퇴직금전환금을 공제하는 방식에 따른 이견, 국민연금법상 퇴직금전환금의 소급납부 등에 따른 노사간의 갈등, 연봉제도 도입 급증 및 퇴직금의 기업연금제도화 등의 추세 감안 등 여러 가지였다. 이로써 근로자는 종전 6% 부담에서 4.5%로 부담이 경감되었고, 사용자는 종전 3%에서 4.5%로 부담이 늘었으나, 매월 납부 시 자금운용측면에서 자금부담이 완화되는 효과가 발생하여 큰 불만은 없었다.

지역가입자는 본인이 보험료를 전액 부담하는데, 보험료율은 소득의 3%에서 시작하여 2000년 7월부터 매 1년마다 1%씩 상향조정되어 2005년 7월 9%로 인상되었다.

〈표 5-4〉 국민연금 보험료율

(단위 : %)

사업장가입자	1988~1992년	1993~1997년	1998~1999년 3월	1999년 4월 이후
근로자	1.5	2.0	3.0	4.5
사용자	1.5	2.0	3.0	4.5
퇴직금전환금		2.0	3.0	
합계	3.0	6.0	9.0	9.0

지역가입자	1995~1999년	2000~2004년	2005년 이후
합계	3.0	6.0	9.0

6. 기금운용

우리나라 국민연금은 부분적립방식을 채택하고 있기 때문에 시행 초기에 상당한 액수의 적립금이 축적되며, 적립금의 운용이 재정안정에 관건이 된다. 따라서 적립금을 적재적소에 투자하여 최대의 수익을 올리는 것이 감독기관인 보건복지부와 관리운영기관인 국민연금공단의 중요한 책무가 된다.

국민연금은 제도의 연륜이 오래지 않아 노령연금 수급자가 많지 않고 따라서 적립금이 급하게 누적되고 있다. 국민연금 적립금은 2015년 500조를 돌파하였고, 정부 추계에 의하면 2020년 847조 원, 2043년에는 2,561조 원까지 증가할 것으로 예상된다.

국민연금 적립금은 대부분 금융부문에 투자된다. 국민연금 시행 초기에는 채권, 금전신탁, 수익증권 등 주로 채권 관련 상품 위주로 운용하였으나, 1990년부터 주식형 수익증권 투자사업을 시작했고, 1993년부터 본격적으로 주식투자를 시작하였다. 현재는 국공채, 금융채권, 회사채 등의 채권 투자, 주식에의 직접 투자, 수익증권과 금전신탁, 단기금융상품 등 다양한 금융상품에 투자하고 있으며, 해외 주식에도 투자하고 있다.

국민연금 적립금의 구체적인 투자현황은 ❙그림 5-2❙와 같다.

(단위 : 조 원, %)

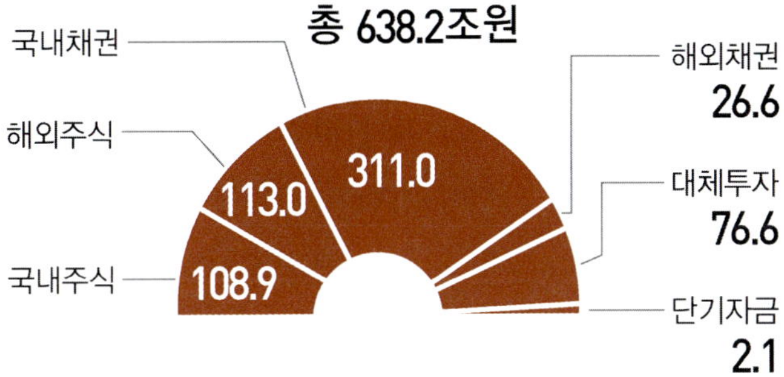

※ 2018년 12월 말 기준. 복지 및 기타부문을 제외한 금융부문.

| 그림 5-2 | 국민연금 기금 투자 현황

출처 : 한국경제(2019. 3. 1).

국민연금 적립금은 가입자 모두의 공동 자금이기 때문에 신중하게 다루어야 한다. 국민연금공단은 기금운용 규정을 두고 기금을 엄격하게 관리하고 있다. 국민연금 기금운용원칙은 수익성, 안정성, 공공성, 유동성, 운용 독립성 등 다섯 가지이다.

〈표 5-5〉 국민연금 기금운용원칙(기금운용규정 Ⅱ-2)

원 칙	내 용
수익성의 원칙	가입자의 부담, 특히 미래세대의 부담 완화를 위하여 가능한 한 많은 수익을 추구하여야 한다.
안정성의 원칙	기금은 투자하는 자산의 전체 수익률 변동성과 손실위험이 허용되는 범위 안에 있도록 안정적으로 운용하여야 한다.
공공성의 원칙	전 국민을 대상으로 하는 제도이고, 적립규모가 국가경제에서 차지하는 비중이 크므로 국가경제 및 국내금융시장에 미치는 파급효과를 감안하여 운용하여야 한다.
유동성의 원칙	기금은 연금급여의 지급이 원활하도록 유동성을 고려하여 운용하여야 하며, 특히 투자한 자산의 처분 시 국내금융시장 충격이 최소화되는 방안을 사전에 강구하여야 한다.
운용 독립성의 원칙	기금은 상기 원칙에 따라 운용하여야 하며, 다른 목적을 위하여 이러한 원칙이 훼손되어서는 안 된다.

국민연금기금의 운용에서 가장 중요한 것은 안정성과 수익성이다. 국민의 노후를 대비하기 위한 자금이라는 점에서 무엇보다도 투자의 안정성이 요구되고, 또 일정한 수익이 보장되어야 한다는 점에서 그렇다.

그런데 투자수익이 높은 금융상품은 안정성이 떨어지고, 반대로 투자 안정성이 높은 금융상품은 투자수익이 떨어지는 게 현실이다. 그리고 정부 채권과 같은 공공부문에의 투자는 안정성이 높은 반면에 수익성은 낮고, 주식과 같은 민간부문에의 투자는 수익성은 높지만 안정성이 낮다. 이렇게 볼 때 안정성과 수익성을 동시에 담보할 수 있는 방법을 찾는 것이 국민연금기금운용자의 최대 과제라 할 수 있다.

국민연금기금의 수익성과 공익성을 놓고 수익성을 중시하는 사람이 있는가 하면 공익성을 강조하는 사람도 있다. World Bank는 공적연금기금에서 중요한 것은 수익성이며 공익을 추구할 필요는 없다고 한다. 반면에 국제사회보장협회(ISSA)는 교육, 보건의료, 교통 등과 같은 공익성이 있는 사업에 투자해도 좋다고 한다(정창률, 2010 : 57-58).

2025년 국민연금 개혁안

2025년 3월, 여야는 18년 만에 국민연금 개혁안에 합의하여 국민연금법 개정안을 국회 본회의에서 통과시켰다. 이번 개혁은 보험료율과 소득대체율 조정, 청년층 지원 확대, 국가 지급보장 명문화 등 여러 측면에서 중요한 변화를 담고 있다.

1. 보험료율과 소득대체율 조정
   1) **보험료율 인상** : 현행 9%에서 13%로 인상하였다. 2026년부터 매년 0.5%포인트씩 단계적으로 인상하여 2033년에 13%에 도달할 예정이다.
   2) **소득대체율 조정** : 현행 40%에서 43%로 상향 조정하였다. 2026년부터 소득대체율을 43%로 고정하여 노후소득 보장 수준을 강화했다.

2. 청년층 및 저소득층 지원 확대
   1) **출산 크레딧 확대** : 기존에는 둘째 아이부터 인정되던 출산 크레딧을 첫째 아이부터 12개월로 확대하고, 상한 50개월 제한을 폐지했다.
   2) **군 복무 크레딧 확대** : 기존 6개월에서 최대 12개월로 확대하여 군 복무 기간 동안의 연금 가입 기간을 보완했다.
   3) **저소득 지역가입자 보험료 지원 확대** : 기존에는 납부 재개 시 12개월 동안 보험료의 50%를 지원했으나, 이번 개정으로 저소득 지역가입자로 지원 대상을 확대했다.

3. 국가의 연금급여 지급 보장 명문화

   국민연금법 제3조의2를 신설하여 국가가 국민연금의 안정적 · 지속적인 지급을 보장하고, 필요한 시책을 수립하도록 규정했다.

4. 재정 안정화 및 기금 운용
   1) **기금 소진 시점 연장** : 보험료율 인상과 기금 수익률 제고 노력으로 국민연금 기금 소진 시점을 기존 2056년에서 2071년으로 15년 연장할 수 있을 것으로 전망된다.
   2) **기금 수익률 목표 상향** : 정부는 기금 수익률 목표를 연 4.5%에서 5.5%로 상향 조정하여 기금의 지속 가능성을 높이려는 노력을 한다.

5. 향후 과제와 전망

   이번 개혁은 국민연금 제도의 지속 가능성과 노후소득 보장을 강화하기 위한 중요한 전환점이다. 그러나 여전히 구조개혁 논의, 자동조정장치 도입 여부, 세대 간 형평성 문제 등 해결해야 할 과제들이 남아 있어, 연금개혁특별위원회를 중심으로 이러한 논의가 지속될 것으로 예상된다.

제5절 한국의 기초연금

한국의 기초연금은 일정 소득 이하의 65세 이상 노인을 대상으로 기여방식이 아닌 조세를 재원으로 하는 선별적인 노령급여이다. 5절에서는 기초연금의 성격과 도입배경, 수급대상, 급여와 재정에 대해서 알아본다.

1. 기초연금의 성격

우리나라 기초연금[18)]은 노인에게 연금을 지급하여 안정적인 소득기반을 제공함으로써 노인의 생활안정을 지원하고 복지를 증진하는 데 목적이 있다. 기초연금 수급자는 65세 이상 노인으로 일정 소득 이하인 사람이고, 공무원, 사립학교교직원, 군인, 별정우체국직원 등 직역연금 수급권자 및 그 배우자는 제외한다. 기초연금 재정은 가입자가 내는 보험료가 아니라 조세로 충당한다.

공적연금은 재정조달방식(조세방식 또는 사회보험방식)과 대상자 범위(보편주의 또는 선별주의)에 따라 분류되는 것이 일반적이다. 우리나라 기초연금은 조세로 재정을 조달하고 일정 소득 이하 노인을 수급대상으로 한다. 조세방식의 선별주의제도라는 것이다. 하지만 선별주의로 규정하는 데는 다소 문제가 있다. 기초연금은 전체 65세 이상 노인의 70%를 선정대상으로 한다. 노인의 70%는 노인의 다수를 의미한다. 다수를 대상으로 하는 제도를 선별주의로 보는 것은 무리가 있다. 대표적인 선별주의제도인 공공부조와 비교해 보면 된다. 그렇다고 보편주의제도로 보기도 어려운 것이 모든 노인을 대상으로 하고 있지 않기 때문이다. 이러한 모호성이 우리나라 기초연금의 가장 큰 문제점이다.

18) 기초연금법은 2014년 5월에 제정되었다. 이 법은 2008년 실시된 기초노령연금법을 명칭과 내용의 일부를 개정한 것이다.

2. 도입배경

2007년 기초연금법(제정 당시에는 기초노령연금법)이 국회를 통과함으로써 2008년부터 저소득 65세 이상 노인에게 기초연금이 지급되었다. 기초연금의 도입은 노인의 노후소득보장 정책으로서 획기적인 조치였다.

기초연금은 중하위 소득계층 노인(전체 노인의 70%)을 대상으로 하기 때문에 상당한 재정이 필요하다. 막대한 재정 부담에도 불구하고 정부가 기초연금을 신설한 데는 이유가 있다. 무엇보다도 급격한 고령화에 대한 대책이 절실했기 때문이다.

고령화는 경제와 사회 전반에 영향을 주고 있는데, 가장 심각한 것 중의 하나가 노인의 노후생계보장 문제이다. 서구 복지국가의 경우 공적연금의 연륜이 오래되고 또 보장의 수준이 높아 노인의 노후생계는 공적연금으로 충족되고 있다. 반면에 우리나라는 기초연금이 도입되기 전에는 소수의 가난한 노인을 대상으로 하는 경로연금만 시행되었고, 대표적인 노후소득보장제도인 국민연금은 사각지대가 넓어 많은 수의 노인, 특히 중하위 소득계층 노인이 제대로 된 생계보장을 못 받고 있었다.

이런 상황에서 경로연금이 제대로 된 공적노후소득보장제도로서 역할을 다하기 위해서는 급액인상은 물론 대상자도 대폭 확대되어야 한다는 요구가 노인단체와 시민사회단체로부터 줄기차게 제기되었다. 경로연금은 1998년 국민연금이 전 국민으로 확대될 즈음에 당시 65세 이상 노인이 연령요건으로 인해 국민연금에 가입하지 못하게 됨에 따라 이들의 소득을 보충적으로 지원해 주기 위해 도입된 제도였다. 주된 대상은 65세 이상 생활보호대상자(현 국민기초생활수급자)와 65세 이상 저소득노인이었다. 그러나 경로연금은 제도가 도입된 지 10년이 지났음에도 금액 면에서나 지급대상자 수에 있어서 개선된 게 별로 없었으며, 경로연금의 액수가 용돈도 안 될 정도로 너무 적어 소득보장의 기능을 제대로 하지 못했다.

경로연금대상자 확대 문제는 국민연금사각지대와 연결되어 있었다. 국민연금에 법적으로는 가입해야 함에도 불구하고 소득부족과 실업 등의 다양한 이유로 인해 많은 사람이 납부예외를 인정받았다(납부예외는 소득이 일시적으로 없을 경우 보험료 납부를 면제해 주는 제도로 연금액 산정 시 가입기간에서 제외된다). 당시 500만 명에 가까운 가입자가 납부예외자로 분류되었으며, 특히 지역가입자의 경우 절반에 가까운 수가 납부예외로 보험료를 내지 않았다. 납부예외자가 장기간 이런 상태에 머물 경우 이들은 노후에 국민연금을 받지 못하게 될 것이고, 다른 대책이 없다면 많은 가입자들이 '소득 없는 장수'라는 위험에 직면하게 될 게 확실했다.

결국 국민연금사각지대에 있는 노인들에 대한 공적노후소득보장을 기존 제도인 경로연금제도의 확대를 통해서 해결할 것인지 아니면 새로운 제도를 만들어서 해결할 것인지를 놓고 논의가 진행되었으며, 노후소득보장체계의 재구축이라는 측면에서 결정된 것이 기초연금이었다.

3. 수급대상

기초연금의 수급대상자는 한국 국적을 가지고 주민등록이 되어 있는 65세 이상 노인으로서 가구의 소득인정액이 선정기준액 이하여야 한다. 말하자면 국가가 정한 기준액보다 적은 소득(재산 환산 소득 포함)을 가진 노인이 기초연금의 수급대상자라는 것이다.

소득인정액은 다음에서 보듯이 월 소득평가액과 재산의 월 소득환산액을 합산한 금액이다.

소득인정액 = 소득평가액 + 재산의 소득환산액

1) 소득평가액

월 소득평가액은 근로소득에 기타소득을 합산한 것이다. 산정방식은 다음과 같다.

월 소득평가액 = {0.7 × (근로소득 − 60만 원)} + 기타소득

산정대상 월 소득은 근로소득에서 기본공제액인 60만 원을 공제한 금액에서 30%를 추가로 공제한 것이다. 일용근로소득, 공공일자리소득, 자활근로소득은 근로소득에서 제외된다.

기타소득은 사업소득, 재산소득, 공적이전소득, 무료임차소득을 합산한 것이다. 구체적인 것은 <표 5−6>과 같다.

〈표 5-6〉 기초연금 소득평가액 산정 기타소득

구 분	내 용
기타소득	사업소득 + 재산소득 + 공적이전소득 + 무료임차소득
사업소득	기타사업소득 + 임대소득 기타사업소득 : 도매업 · 소매업, 제조업, 농업 · 어업 · 임업, 기타 사업에서 얻는 소득 임대소득 : 부동산, 동산, 권리, 그 밖의 재산의 대여로 발생하는 소득
재산소득	이자소득 + 연금소득 이자소득 : 예금 · 적금 · 주식 · 채권의 이자와 배당 또는 할인에 의하여 발생하는 소득 연금소득 : 민간 연금보험, 연금저축 등에 의해 정기적으로 발생하는 소득
공적이전소득	각종 법령의 규정에 의해 정기적으로 지급되는 각종 수당 · 연금 · 급여 · 기타 금품, 즉 국민연금, 공무원연금, 군인연금, 사립학교교직원연금, 산재급여를 말함(일시금으로 받는 금품은 재산으로 산정)
무료임차소득	자녀 소유의 고가 주택에 거주하는 본인 또는 배우자에 대하여 임차료에 상응하여 소득으로 인정하는 금액. 본인 또는 배우자의 주민등록상 주소지 주택이 자녀명의이고, 시가표준액 6억 원 이상인 경우, 연 0.78%의 소득이 적용됨

2) 재산의 월 소득환산액

재산을 소득으로 환산하는 산식은 다음과 같다.

재산의 월 소득환산액 = [{ (일반재산 − 기본재산액) + (금융재산 − 2,000만원) − 부채 } × 0.04(재산의 소득환산율, 연 4%) ÷ 12개월] + 고급 자동차 및 회원권의 가액

이 산식에서 보듯이 재산의 월 소득환산액은,

- 일반재산에서 기본재산액을 공제하고,
- 여기에 금융재산에서 2천만 원을 뺀 금액을 합한 다음,
- 부채를 공제하고,
- 그렇게 산출된 금액에 재산의 소득환산율인 연 4%를 곱한 후,
- 이를 12개월로 나누어 월 소득환산액을 산출하고,
- 고급 자동차 및 회원권의 가액을 합한 것이다.

기본재산액은 지역별로 다르다. 고급 자동차 및 회원권은 그 가액(시가표준액)을 그대로 적용한다. 회원권은 지방세법에 의한 골프회원권, 승마회원권, 콘도미니엄회원권, 종합체육시설이용회원권, 요트회원권을 포함한다.

4. 급여와 재정

1) 급 여

기초연금의 급여는 기준연금 대상자와 소득재분배 급여 대상자에 따라 다르다.

- **기준연금 대상자** : 국민연금 비수급자(무연금자), 국민연금 월 급여액이 기준연금액의 150% 이하인 사람, 국민연금의 유족연금이나 장애연금 수급자, 장애인연금 수급자이다. 이들에게는 매월 정액의 기준연금이 지급된다.

• **소득재분배 급여 대상자** : 기준연금에 해당되지 않는 사람은 소득재분배 급여(A급여)에 따른 산식에 의해서 산정된 기초연금을 받는다.

소득재분배 급여(A급여) 대상자의 연금산식은 다음과 같이 복잡하다.

소득재분배 급여(A급여) 기초연금 = (기준연금액 − 2/3 × A급여) + 부가연금액

* A급여는 국민연금의 노령연금 산식 요소 중 하나로 연금 가입자 전체의 평균소득(균등부분)이다.

여기서 보듯이 기준연금액에서 A급여의 2/3를 공제하고, 여기에 부가연금액을 합해서 정한다. 부가연금액은 기준연금액의 50%이다. 이 산식으로 계산한 금액이 기준연금액을 초과하더라도 최고액인 기준연금액으로 기초연금액이 산정된다.

기초연금의 급여액은 2019년 4월부터 소득하위 20%에 속하는 노인 150만 명을 대상으로 기준연금 최대 30만 원까지 지급하였으며, 2020년부터는 소득하위 40%까지 최대 30만 원까지 지급한다(보건복지부, 2019).

기초연금은 수급대상자가 주소지 주민센터나 읍면사무소, 가까운 국민연금공단 지사에 직접 신청하여야 한다.

2) 재 정

기초연금의 재정은 국가와 지방자치단체가 부담한다. 국가는 지방자치단체의 노인인구 비율 및 재정여건 등을 고려하여 100분의 40 이상 100분의 90 이하의 범위 안에서 대통령령으로 정하는 비율을 부담한다. 국가가 부담한 금액을 차감한 액수는 특별시·광역시·도 또는 특별자치도(시도) 및 시군구(자치구)가 상호 분담하되, 그 부담비율은 노인인구 비율 및 재정여건 등을 고려하여 시·도의 조례로 정한다.

"불평등한 공적연금, 구조 개혁 시급"

우리나라의 대표적인 공적연금인 국민연금 수급자와 공무원・사학・군인연금 수급자 간 수령액 차이가 매우 큰 것으로 확인됐다. 공무원연금 등은 국민연금과 비교해 낸 보험료가 많고 가입기간이 길어 나타나는 현상이지만, 국민연금의 개혁에서는 이들 연금의 개혁도 추진해야 한다는 지적이 나온다.

2019년 5월 29일 국회 보건복지위원회 정춘숙 의원실(더불어민주당)이 국민연금과 공무원연금, 사학연금, 군인연금공단 등에서 받은 '2019년 3월 기준 월 연금액별 수급자 현황' 자료에 의하면, 국민연금 전체 수급자 458만 9,665명 중 월 50만 원 미만 수급자가 77.5%(355만 8,765명)인 것으로 나타났다. 이어 월 50만 원 이상~월 100만 원 미만 80만 6,843명(17.5%), 월 100만 원 이상~월 200만 원 미만 22만 4,025명(4.9%) 등이며, 월 200만 원 이상~월 300만 원 미만은 32명에 불과했다. 특히 국민연금 수급자 중 이제껏 월 300만 원 이상 수급자는 한 명도 없었다.

이에 반해 공무원 퇴직연금 수급자는 총 49만 5,052명이며, 이 중 월 수급액이 100만 원 미만인 사람은 3만 5,359명(7.1%)에 불과했다. 대신 월 100만 원 이상~월 200만 원 미만이 14만 3,075명(28.9%), 월 200만 원 이상~월 300만 원 미만 19만 3,035명(39%), 월 300만 원 이상~월 400만 원 미만 11만 9,078명(24%), 월 400만 원 이상~월 500만 원 미만 4,420명(0.89%) 등이었다. 월 500만 원 이상을 받는 공무원연금 수급자도 85명이나 됐다.

국민연금 수급자와 공무원연금 등 다른 직역연금 수급자 간에 연금액 격차가 이처럼 크게 나는 것은 가입 기간과 불입한 보험료에서 차이가 크기 때문이다.

국민연금은 매달 소득의 9%(직장 가입자는 노동자 4.5%, 사용자 4.5% 부담)를 보험료로 내지만, 공무원연금은 월 보험료율이 17%(공무원 8.5%, 국가 8.5% 부담)에 이른다. 게다가 공무원연금은 국민연금과 달리 퇴직금을 포함한다.

출처 : 부산일보(2019. 5. 30).

CHAPTER

06 퇴직연금

퇴직연금은 근로자가 소득의 일정 부분을 매월 금융기관에 적립해 두었다가 퇴직 시 누적 적립금과 적립금 투자수익을 합한 적립총액을 연금 또는 일시금으로 되돌려 받는 근로자 노후소득보장제도이다.

퇴직연금은 임의가입 민간보험이다. 사회보험처럼 본인의 의사와 관계없이 의무적으로 가입하는 것이 아니라 본인이 원하지 않으면 가입하지 않아도 된다. 임의가입임에도 선진국은 근로자의 반 이상이 가입해 있다. 정부는 기업과 근로자의 퇴직연금 가입을 적극 권장한다. 이는 근로자 노후소득보장 기능이 연금보험 못지않기 때문이다. 정부는 퇴직연금 가입을 유도하기 위해 노사 모두에게 세금감면 혜택을 준다.

6장에서는 1절에서 퇴직연금의 개념과 공적연금과의 관계를 살펴보고, 2절에서는 퇴직연금을 시행하고 있는 국가들의 제도 현황을 알아보고, 3절에서는 한국의 퇴직급여를 분석해 본다.

제1절 퇴직연금의 개념과 성격

퇴직연금은 임의가입의 민간보험임에도 불구하고, 근로자의 노후소득보장 기능이 공적연금에 못지않게 중요해지고 있다. 따라서 1절에서는 퇴직연금의 개념과 공적연금과의 관계를 분석해 본다.

1. 퇴직연금의 개념

퇴직연금(retirement pension)은 근로자가 소득의 일정 부분을 매월 금융기관에 적립해 두었다가 퇴직 시 누적 적립금과 적립금 투자수익을 합한 적립총액을 연금 또는 일시금으로 되돌려 받는 근로자 노후소득보장제도이다.

퇴직연금은 임의가입 민간보험이다. 사회보험처럼 본인의 의사와 관계없이 의무적으로 가입하는 것이 아니라 본인이 원하지 않으면 가입하지 않아도 된다. 임의가입임에도 선진국은 근로자의 반 이상이 가입해 있다. 정부는 기업과 근로자의 퇴직연금 가입을 적극 권장한다. 근로자 노후소득보장 기능이 연금보험 못지않기 때문이다. 정부는 퇴직연금 가입을 유도하기 위해 노사 모두에게 세금감면 혜택을 준다. 세금감면은 퇴직연금의 가장 큰 인센티브이다. 근로자 다수가 가입하고, 세금감면이 있는 등 공익성이 커지자 이를 일정 부분 감독하기 위한 법령을 제정한 국가도 있다(미국).

퇴직연금을 법정화한 국가도 있다. 법에 따라 의무적으로 가입해야 하는 퇴직연금을 법정퇴직연금(the mandatory retirement pension)이라 한다. 법정퇴직연금은 호주와 스위스가 대표적이다. 호주는 법정 완전적립 민간보험으로 연금보험을 대신하고 있고(사용자만 기여금 부담. 근로자 부담은 없음), 스위스는 연금보험과 법정 기업연금을 병행 실시하고 있다. 우리나라도 퇴직연금을 법정화한 나라에 속한다. 우리나라는 소규모 사업장 근로자를 포함한 모든 근로자는 퇴직연금에 의무적으로 가입해야 한다. 싱가포르와 말레이시아도 법정시스템이다. 퇴직연금뿐만 아니라 공공주택 구입자금, 의료비, 교육비, 자본시장 투자까지 포괄하는 개인저축계정방식으로 운영하고 있다.

퇴직연금은 회사 또는 노조가 운영하는 경우도 있지만, 대부분 민간금융회사(은행, 보험회사, 투신사 등)가 판매하는 퇴직연금 상품을 구매하는 형태로 운영한다. 금융회사가 판매하는 퇴직연금을 보통 연금플랜이라 한다. 이 연금플랜을 근로자가 구매하는데, 구매비용, 즉 기여금은 노사가 공동부담 하고, 분담비율은 노사합의로 정한다. 퇴직연금급여는 확정급여형과 확정기여형이 있다. 확정급여형은 연금급여가 사전에 확정되어 있기 때문에 근로자는 적립금 수익에 신경 쓰지 않아도 된다. 확정기여형은 매월 내는 액수만 정해져 있을 뿐 급여액은 확정되어 있지 않고, 통장에 적립된 돈의 투자도 가입자의 몫이다. 확정급여형과 확정기여형 선택도 노사합의로 한다.

퇴직연금은 좁게는 기업연금(occupational pension)을 말하고, 넓게는 개인연금(private savings plans)까지 포함한다. 퇴직연금과 기업연금은 거의 구별 없이 사용되고 있다. 퇴직연금이 기업연금에서 시작되었기 때문이다. 개인연금은 기업연금과 아주 유사하다. 가입자가 금융회사가 판매하는 퇴직플랜을 자유의사에 따라 구매하고, 확정기여형과 확장급여형 중 하나를 선택할 수 있으며, 정부의 세금감면 혜택을 받는다는 점에서 그렇다. 하지만 역할은 조금 다르다. 개인연금은 기업연금에 가입한 근로자가 더 많은 노후자금을 마련하기 위해 추가로 가입하는 저축제도이다(기업연금이 2층이라면 개인연금은 3층). 또한 근로자가 아니어서 기업연금에 가입할 수 없는 자영업자와 자영업자에게 고용된 근로자가 가입한다. 이들도 노후자금이 필요하고 세금감면 혜택도 원한다. 이렇게 볼 때 개인연금은 기업연금을 보충하는 제도라 할 수 있다.

퇴직연금의 기여금(부금)은 개인계정(individual account)에 적립된다. 정기적(매월)인 부금과 그 투자수익이 누적된 개인저축계정에서 사유(퇴직, 장애, 사망 등)가 발생하면 연금 또는 일시금으로 가입자에게 지급된다. 개인통장이지만 마음대로 인출할 수는 없다. 법이 정한 합당한 사유일 경우만 가능하다. 개인계정의 명칭은 개인투자계정(individual capitalization accounts, ICA), 개인계정(individual account, IA), 개인퇴직계정(individual retirement account, IRA) 등 나라별로 다양하다.

퇴직연금은 신자유주의자가 선호한다. 퇴직연금이 노후소득보장제도인 동시에 저축제도이기 때문이다. 신자유주의자는 1980년대 이후 재정적 지속가능성 문제로 위기에 빠진 서구 연금보험(부과방식)을 적립방식으로 전환하고 민영화하길 원한다. 퇴직연금은 사회보험을 대체하거나 보완하는 연금개혁의 모델이 되었다.

2. 퇴직연금과 연금보험

퇴직연금과 연금보험은 전혀 다른 제도이다. 연금보험은 1889년 독일 노령폐질보험, 1911년 영국의 국민보험, 1935년 미국 사회보장에서 시작된 사회보험이다. 사회보험은 국가의 법률에 의거해 정부가 관장하는 완전한 공적시스템이다. 반면에 퇴직연금은 1920년대 호황기 때 미국의 기업이 근로자복지 차원에서 시행한 기업연금이 시원이다. 기업연금은 정부와 무관한 완전한 민간시스템이다. 양자의 비중도 다르다. 시민의 노후소득보장시스템에서 주는 어디까지나 연금보험이고, 퇴직연금은 이를 보완하는 것에 불과하다. 근로자를 예로 들면, 법정 연금보험에 자동 가입하고, 회사가 기업연금을 실시하고 있다면 기업연금에도 가입하고, 나아가 본인이 더 많은 노후자금을 원하면 임의로 개인연금에 가입한다.

하지만 이처럼 확연히 다른 연금보험과 퇴직연금의 경계가 모호해지고 있다. 임의보험인 퇴직연금이 법정화하고, 민간보험인 퇴직연금이 사회보험인 연금보험을 완전히 대체하는 상당히 이례적인 일 때문이다. 칠레를 필두로 한 남미국가에서는 이 두 가지가 동시에 일어났다. 남미국가는 1980년대 들어 부과방식 연금보험을 적립방식 민간투자펀드로 완전히 대체한 엄청난 개혁을 단행한 동시에 퇴직연금을 법정화하여 모든 근로자를 민간투자펀드에 강제로 가입시켰다(자영업자는 임의가입). 이유는 기존의 부과방식 연금보험의 만성적인 재정적자 때문이었다. 더 많이 내고 적게 받는 부분적인 개혁으로는 빚더미에 올라앉은 연금보험을 해결할 수가 없었던 것이다.

싱가포르는 퇴직연금으로 연금보험을 대체한 것이 아니라 처음부터 연금보험 대신 법정 퇴직연금을 도입했다. 싱가포르는 1955년 모든 근로자를 의무가입자로 하는 법정 퇴직준비금(퇴직연금)제도를 실시했다. 이후 단계적으로 공공주택 구입자금, 의료비, 교육비, 자본시장 투자로 확대하여 현재는 퇴직연금은 물론 의료보장, 교육복지, 재테크까지 담당하고 있다. 시스템 운영자인 공적공제기금은 법에 의해 설립된 공공기관이지만 정부기구는 아니다. 그럼에도 정부 대신 포괄적인 복지국가 기능을 수행한다. 홍콩도 싱가포르의 공적공제기금을 모델로 삼아 2000년 완전적립방식의 법정 개인퇴직연금인 강제성공적금계획을 연금보험 대신 신설했다(근로자, 자영업자 의무가입).

선진국 중에서 퇴직연금을 법정화한 나라는 호주와 스위스이다. 호주는 1992년 법정 완전적립 민간보험인 퇴직보장제를 도입했다. 퇴직보장제는 법정 퇴직연금임에도 정부 규제는 거의 없다. 기여금 전액을 기업이 부담하고, 운영은 사용자와 근로자로 구성된 투자신탁이사회에서 자율적으로 한다. 완전한 민간 뮤추얼펀드이다. 스위스는 연금보험(1층)과 퇴직연금(2층)을 병행하고 있는데, 퇴직연금이 법정연금이다(근로자 의무가입, 자영업자 임의가입). 재정은 사용자와 근로자가 공동으로 부담하고, 운영은 기업 자체 운영펀드, 보험회사, 노조가 한다. 퇴직연금의 재정규모도 매우 커서 법정 부과방식 연금보험과 비슷할 정도이다. 우리나라도 퇴직연금을 법정시스템으로 운영한다. 하지만 연금보험(국민연금)에 비해 규모가 매우 작다.

이상에서 보듯이 여러 나라가 법정 퇴직연금을 실시하고 있다. 이것은 연금보험은 법정보험, 퇴직연금은 임의보험이라는 공식이 더 이상 통용되지 않음을 뜻한다. 또한 사회보장이 주역이고 퇴직연금이 조역이라는 생각도 틀린 게 되었다. 퇴직연금이 연금보험을 대체할 수도 있게 되었기 때문이다.

사실 과거 싱가포르의 공적공제기금은 후진적인 것으로 간주되어 별로 주목을 받지 못했다. 하지만 남미를 비롯한 세계 각국이 연금보험개혁을 모색할 때 재정적자가 구조적으로 발생할 수 없는 강제저축제도인 공적공제기금은 아주 중요한 모델이었으며, 신자유주의자가 가장 선호하는 대안이 되었다.

앞으로 법정 퇴직연금은 연금보험의 미래가 될 수도 있다. 유럽 여러 나라가 기존의 확정급여형 연금보험을 확정기여형으로 전환하여 연금보험의 만성적인 재정적자에서 벗어나려 하고 있기 때문이다. 확정기여형은 내는 돈만 정해져 있을 뿐, 받는 돈은 미정이므로 재정적자가 발생하지 않는다. 또 받는 돈은 가입자의 투자 결정에 좌우되기 때문에 정부는 책임지지 않아도 된다. 이런 점에서 확정기여형은 퇴직연금과 다를 바 없다. 만약 연금보험이 확정기여형으로 바뀌면 모든 근로자가 가입한 초대형 퇴직연금이 탄생한다. 그런 의미에서 퇴직연금이 연금보험의 미래일 수 있다는 것이다.

제2절 주요국의 퇴직연금

퇴직연금은 이제 여러 나라에서 실시되고 있다. 이것은 연금보험은 법정보험, 퇴직연금은 임의보험이라는 구분보다는 노후 소득보장이라는 기능이 더 중요해지고 있음을 나타낸다. 2절에서는 주요국이 실시하고 있는 퇴직연금제도를 분석해 본다.

1. 칠레의 개인투자계정

개인저축계정으로 연금보험을 완전 대체한 나라는 남미의 작은 나라 칠레가 최초였다. 1981년 칠레는 만성적 재정위기에 빠진 연금보험을 근본적으로 개혁하기 위해 기존의 부과방식연금을 적립방식의 민간투자펀드로 전환했다. 이것은 사회보장 역사상 두 가지 점에서 놀라운 사건이었다. 하나는 정책의 시행주체가 정부로부터 민간부문, 즉 민간투자신탁회사(투신사)로 바뀐 것이다. 사회보장의 주체는 정부여야 하고, 영리를 목적으로 하는 민간부문은 사회보장의 주체가 되어서는 안 된다는 상식을 뒤집었다. 다른 하나는 재정운용방식을 전통적인 부과방식에서 완전적립방식으로 바꾼 것이다. 뮤추얼펀드, 개인연금, 기업연금과 같은 민간보험의 전형적인 재정운용방식인 적립방식을 연금보험에 적용한 것으로 이 역시 놀라운 일이었다.

칠레의 연금 민영화를 주도한 세력은 당시 칠레 군사정권 안의 신자유주의자들이었다. 미국 시카고학파 경제학의 영향을 크게 받은 신자유주의 성향의 전문가들은 시장 메커니즘과 민간부문의 참여를 강조하면서 연금을 민영화시킬 것을 주장했다. 이들은 군인연금을 개혁대상에서 제외함으로써 최대 기득권층인 군부를 포섭했고, 일반시민은 연금혜택이 늘어나고 부담은 감소한다는 논리로 설득했다. 공공부문 근로자, 교사, 보건부문 근로자 등 기득권을 가진 여러 이익집단들은 여기에 거세게 반대했지만, 민주화 이후 연기금 수익률과 저축률이 크게 개선되는 등 개혁의 성과가 가시화되면서 저항은 사라졌다.

칠레 연금개혁의 주요 내용을 간추리면 다음과 같다.

- 핵심은 개인투자계정(individual capitalization accounts, ICA)이다. 개인투자계정은 가입자 명의로 개설된 저축계정을 말하는데, 가입자가 매월 납부하는 기여금이 여기에 적립된다.
- 임금근로자는 의무가입, 자영업자는 임의가입이다.
- 기여금은 임금(근로자)이나 소득(자영업자)의 10%이고, 사용자 부담은 없다.
- 급여는 노령연금, 장애 및 유족연금이 있다.
- 연금 수급연령은 남자 65세, 여자 60세이다.
- 연금은 개인투자계정의 적립금 총액을 보험수리적으로 계산하여 월단위로 지급(programmed withdrawal)한다. 생명보험회사와 계약하여 사망할 때까지 연금(life annuity)으로 받을 수도 있다.
- 개인투자계정 적립금은 연기금운용회사(pension fund administrators, AFP)인 투자신탁회사가 관리한다. 가입자는 AFP 선택권이 있다. AFP는 연기금 관리 이외의 다른 사업을 할 수 없다.
- AFP는 노동사회복지부 산하의 연기금감독청(Superintendency of Pension Funds Administrators, SAFP)의 감독을 받는다. SAFP는 AFP의 인허가권, 감독권, 해산권을 보유하고 있으며, AFP가 투자하는 상품의 투자비율(국채, 사채, 주식 등의 비율)과 종류(특정 회사의 주식만을 보유하도록 할 수 있다)까지 규제한다.

칠레의 연금개혁은 1990년대 들어 연기금 투자수익률과 보유자산이 크게 증가하고, 저축률과 투자율도 증가했으며, 정부 재정적자는 감소하고, 나아가 경제성장에도 기여하는 등 기대 이상의 성과를 거두었다.

칠레 연금개혁의 성공에 가장 고무된 것은 World Bank이었다. World Bank는 1994년 연금보험을 민영화하는 방안을 담은 「고령화 위기로부터의 탈출 : 노후보장과 경제성장을 위한 정책」(Averting the Old Age Crisis : Policies to Protect the Old and Promote Growth)을 발표했다. 이 보고서는 기존의 부과방식연금이 노후 소득보장에 실패했을 뿐만 아니라 과도한 재정 부담으로 경제성장에 큰 장애가 되고 있다고 비판하고, 이의 해결을 위해서는 연금보험을 민영화시키는 길밖에는 없다고 주장했다.

칠레의 성공에 자극받은 인근 남미국가들도 칠레를 모델로 해서 연금개혁에 나섰다. 1990년대 말 모든 남미국가들이 개인저축계정을 수용한 연금개혁을 완료하였다. 칠레의 연금개혁은 선진국 연금개혁에도 상당한 영향을 미쳤으며, 계획경제에서 시장경제로 이행한 러시아와 중국의 연금개혁에서도 중요한 참고사례가 되었다.

2. 미국의 퇴직연금

1) 퇴직연금의 발전

미국은 퇴직연금은 1920년대 장기호황기에 이른바 복지자본주의(welfare capitalism)라는 이름 아래 여러 대기업들이 근로자복지 차원에서 시행한 기업연금(기업의 퇴직금제도)이 효시이다. 기업연금은 1929년 대공황의 여파로 크게 위축되었다. 기업연금의 주체인 기업이 수없이 파산했기 때문이다.

1935년에는 사회보장법이 도입되었다. 이 법에 의해 국가가 운영하는 연금보험이 도입됨으로써 국가복지 차원의 근로자 노후소득보장시스템이 수립되었다. 민간연금의 입지가 현저히 줄어들었다.

하지만 2차 세계대전 후 퇴직연금 가입자는 증가하기 시작했다. 퇴직연금 가입자는 1935년 비농업부문 근로자의 6%에서 1950년 20%로 15년 사이 3배 이상 증가했고, 1970년대가 되면 40%를 넘어선다. 1974년에는 개인퇴직계정(individual retirement account, IRA)이 도입되고, 이후 가장 대중적인 기업연금으로 발전하였다. 1978년에는 임의가입 개인연금 401(k) 플랜도 도입되었다. 대공황으로 명맥만 유지했던 기업연금이 1970년대 들어 완벽하게 부활한 것이다. 퇴직연금의 자산가치도 치솟았다. IRA 자산가치는 1996년 GDP의 18%, 401(k)는 11%에 달하게 된다(Hacker, 2002 : 89).

민간연금 가입자 수가 늘어난 주된 이유는 연금보험이 미약했기 때문이다. 퇴직근로자가 받는 연금보험의 액수가 생활수준과 임금 상승에 비해 너무 적었다. 백인 고임금 정규직 근로자의 불만이 특히 컸다. 하지만 연금보험의 인상은 공공복지의 팽창을 싫어한 공화당과 민주당 의원들의 반대로 어려운 일이었다. 회사와의 단체교섭을 통해 퇴직연금을 인상하거나 개선하는 것이 훨씬 현실적이었다. 노조 지도자들이 이에 주목했다. 이들은 회사와의 단체교섭에서 퇴직연금을 주요 교섭대상으로 삼았다. 교섭에 성공하면 노조와 지도부의 위상이 공고해질 수 있었기 때문이다.

퇴직연금의 과세 혜택도 큰 매력이었다. 퇴직연금 갹출금은 소득세 과세대상에서 제외되었다. 퇴직연금 사용자 부담금도 면세대상이었다. 사용자가 퇴직연금의 확충에 강하게 반대하지 않은 것도 이 때문이었다.[1] 게다가 사용자 입장에서 퇴직연금은 여전히 유능한 직원을 모집하고 확보하는 데 유용한 부가급여였다.

미국의 퇴직연금은 법정 퇴직연금이 아니다. 그럼에도 워낙 많은 미국인들이 가입하고 있고, 세금감면 혜택이 있는 등 공공성이 강해 법률(ERISA)의 일정한 규제를 받고 있다. 미국의 퇴직연금은 위기에 처한 공적연금 개혁의 모델이 되었다. 우리나라 퇴직급여도 미국 퇴직연금의 영향을 많이 받았다.

2) 퇴직연금의 종류

(1) 개인퇴직계정(IRA)

개인퇴직계정(individual retirement account, IRA)은 미국에서 가장 대중적인 근로자 노후대비 기업연금이다. IRA는 금융기관이 판매하는 다양한 형태의 퇴직플랜을 근로자가 구매하는 것이 핵심이다. 퇴직플랜 구매비용(보험료)은 근로

1) 연금보험도 같은 세금감면 혜택이 있었다. 연금보험과 퇴직연금의 과세 특혜는 미국 세금감면 규모 중 최대였다.

자와 회사(사용자)가 분담한다. 분담비율은 노사가 합의해서 정한다. 노사가 낸 보험료는 조세감면 혜택이 있다. 조세감면 혜택이 가장 큰 인센티브이다.

IRA는 법정 퇴직연금이 아닌 임의 민간보험이다. 그럼에도 공익성이 강하기 때문에 정부가 근로자퇴직소득보장법(the Employee Retirement Income Security Act, ERISA)을 제정해 규제하고 있다(수급연령 65세, 가입연령 21세 이상, 근속연수 1년 이상 등).

IRA는 확정기여형과 확정급여형 두 가지 형태가 있다. 선택은 노사합의로 한다. 확정급여형은 정부 규제가 비교적 강하고, 장기적으로 재정부담이 커 기업은 확정기여형을 선호한다. 적립금 투자수익을 원하는 근로자도 확정급여제보다는 확정기여형을 더 선호한다.

IRA는 여러 형태가 있다. 가장 오래되고 일반적인 것이 기본형(traditional IRA)이다. 기본형은 1974년 도입되었다. IRA 거래와 수익은 모두 과세소득에서 공제된다. 단, 퇴직 시 수급하는 연금(일시금)은 과세대상이다. 2위 IRA는 Roth IRA이다(1998년 도입).[2] Roth IRA도 세금공제 혜택이 있지만 기본형과는 반대로 기여금에는 세금공제 혜택이 없고 연금(일시금) 수령 시 전액 비과세 혜택을 받는다. 미국 IRA는 미국 중산층이 주로 가입하는 노후대비 저축계정으로서 미국인의 주요 가계자산 중 하나로 자리 잡고 있다.

(2) 401(k) 플랜

401(k) 플랜은 임의가입 개인연금이다. 401(k) 플랜 명칭은 개인퇴직저축 규제 조항명에서 유래한 것이다(1978년 도입). 401(k) 플랜은 은행, 증권회사, 기타 금융기관에서 취급하며, 가입자가 자신의 근로소득 중 일정 비율을 정기적으로 적립하고, 사용자도 일정 액수를 지원한다(대개 근로자가 납부하는 금액과 같은 수준).

개인별 적립금은 주식이나 채권, 뮤추얼펀드 등에 투자된다. 개인의 투자종목 선택을 허용하는 401(k) 플랜도 있다. 401(k)에 납부하는 기여금은 근로자나 사용자 모두 세금감면 혜택(과세대상 면제)을 받는다. 대부분의 401(k) 플랜이 60세에

2) Roth IRA의 근거가 된 1997년 납세자구호법(the Taxpayer Relief Act) 입법을 주도한 상원의원 William V. Roth, Jr.의 이름을 딴 것이다.

적립금을 상환하며, 일시금이나 연금의 형태로 지급한다. 가족의 의료비 등 긴급하게 지출해야 할 일이 생겼을 경우 계정 내 적립금을 사용할 수 있으며, 한도 내에서 대출도 받을 수 있다.

401(k)는 엄격하게 말해서 연금제도라기보다는 근로자 자산형성을 위한 저축제도이다. 그러나 퇴직자 입장에서 보면 401(k) 적립금은 연금보험에 버금가는 훌륭한 노후대비책이다.[3)]

(3) Keogh 플랜

Keogh Plan은 IRA에서 제외된 소규모 회사 운영 자영업자와 그 근로자를 위한 세제혜택이 있는 개인연금이다.[4)] Keogh 플랜은 IRA와 같이 확정기여형과 확정급여제가 있으며, 선택은 가입자의 자유이다. 개인별 적립금은 주식, 채권, 뮤추얼펀드, 부동산 등 다양하게 투자된다. 사용자 기여금이 있어야 법적 제도로 인정받고 또 조세감면 혜택을 받는다.

〈표 6-1〉 미국의 퇴직연금

구 분	내 용
IRA	• 가장 대중적인 근로자 노후대비 기업연금 • 금융기관이 판매하는 다양한 형태의 퇴직플랜을 근로자가 구매. 퇴직플랜 구매 비용은 근로자와 사용자가 분담. 분담비율은 노사합의로 결정 • 보험료 조세감면 혜택
401(k) 플랜	• 임의가입 개인연금 • 근로자 자산형성을 위한 저축제도 • 가입자 근로소득 중 일정 비율 적립, 사용자 일정액 지원
Keogh 플랜	• IRA에서 제외된 소규모 회사 운영 자영업자와 그 근로자를 위한 세제혜택이 있는 개인연금 • 확정기여형과 확정급여형 중 가입자 자유 선택 • 사용자 기여금이 있어야 법적 제도로 인정

3) 비영리조직 근로자를 위한 403(b) 플랜도 있고, 공무원을 위한 457(b) 플랜도 있다. 내용은 같다.

4) Keogh 플랜은 이의 도입을 주도한 뉴욕 주 하원의원 Eugene James Keogh의 이름을 딴 것이다.

3) 근로자퇴직소득보장법(ERISA)

퇴직연금은 사용자와 근로자 간의 단체협약에 의해 시행 여부와 재정분담이 결정되는 민간보험이다. 개인연금은 시장에서 판매되는 상품이다. 따라서 정부가 간여할 수 없다. 그럼에도 미국 정부는 퇴직연금에 간여하고 있다. 퇴직연금이 가입자 수나 재정규모, 노후소득보장 기능 면에서 연금보험에 버금갈 정도로 공익성이 크기 때문이다.

정부가 퇴직연금을 규제하는 법률이 근로자퇴직소득보장법(ERISA)이다. ERISA는 퇴직연금을 기업에게 의무화하는 법률이 아니라 퇴직연금의 최저기준을 정한 법률이다. 퇴직연금을 일정 범위 안에서 규제함으로써 퇴직연금 가입자의 이익을 보호하는 데 목적이 있다.

ERISA는 포드 정부 때인 1974년 9월에 제정되었다. 시작은 1963년 자동차제조업체 스튜드베이커사(the Studebaker Corporation)의 폐업으로 인한 퇴직연금 미지급사태로 소급된다.[5] 당시 동사가 관리한 퇴직연금 재무 상태에 큰 문제가 있었다. 이미 60세에 도달하여 완전연금을 받는 근로자 3,600명과 반환일시금(연금급여의 15%)을 받을 수 있는 권리를 가진 40~59세의 10년 근속자 4,000명을 제외한 근로자 2,900명은 퇴직연금을 전혀 받을 수 없게 된 것이다. 민주당 소속 아칸소 상원의원 맥클란(John L. McClellan)이 상원 조사위원회를 통해 퇴직연금 실태조사에 나섰다. 그는 노동계 지도자 비리쉬(George Barasch)가 400만 달러의 노동조합퇴직급여펀드를 오용·유용한 혐의를 잡아 3년간 조사했지만 증거를 찾지 못했다. 하지만 퇴직연금을 규제하는 법률이 반드시 필요하다고 생각한 그는 1965년 10월 법안을 제출했다. 공화당 뉴욕 상원의원 재비츠(Jacob K. Javits)도 퇴직연금펀드 규제 법안을 제출했다. 기업계와 노조는 퇴직연금 규제법에 반대했다. 퇴직연금에 대한 회사와 노조의 재량권을 제한해서는 안 된다는 것이었다. 기업과 노조의 반대로 퇴직연금 규제법은 무산되었다. 7년 후인 1972년 9월 12일 NBC 방송이 퇴직연금에 관한 특집을 방영했다. 근로자

5) 1961년 케네디 대통령이 퇴직연금개혁을 위해 대통령기업연금위원회(the President's Committee on Corporate Pension Plans)를 설치했으나 그의 암살로 진전을 이루지 못했다.

수백만 명이 가입한 퇴직연금펀드의 부실을 폭로한 사회고발 프로그램이었다. 퇴직연금 규제 필요성에 대한 여론이 조성되었다. 1973년 의회는 퇴직연금에 관한 일련의 청문회를 개최했다. 연방정부 차원의 일정한 규제가 필요하다는 데 의견이 모아졌다. 1974년 9월 2일 ERISA는 의회를 통과했다.

ERISA는 기업이 준수해야 할 퇴직연금의 최저기준, 퇴직연금에 관한 재무 및 기타 정보의 고지 의무, 연방법정에서의 법률구제와 법적 접근방법을 규정하고 있다. 퇴직연금의 최저기준은 퇴직연금 시행 최저기간, 기업의 최저부담, 퇴직급여의 운용방식을 포함한다.

ERISA에 의해 퇴직연금급여보증공단(the Pension Benefit Guaranty Corporation, PBGC)도 설립되었다. PBGC는 기업 파산 등으로 퇴직연금펀드가 파산하여 연금을 지급할 수 없을 경우 가입자에게 연금을 대신 지급하는 연금공단이다. PBGC는 연금수급권을 보호하기 위해 퇴직연금펀드의 완전적립을 의무화했다. 퇴직연금펀드의 자산가치가 연금 지급에 필요한 액수를 넘어서면, 사용자는 적립을 중단할 수 있지만, 반대로 부족하면 반드시 적립해야 한다. PBGC는 사용자가 최저 기여조건을 충족시키지 못할 경우와 퇴직연금펀드가 약속된 연금급여를 지급하지 못할 경우 퇴직연금플랜을 중단시킬 수 있는 권한(비자발적 종료)도 있다.

3. 싱가포르의 공적공제기금

공적공제기금은 개인연금을 법정화한 것이다. 싱가포르는 공적공제기금(the public provident fund)으로 사회보장을 대신하는 가장 대표적인 나라이다. 싱가포르의 공적공제기금은 포괄적인 강제저축제도(a compulsory comprehensive savings plan)이다.

근로자와 사용자가 공동 부담하는 기여금이 개인계정에 적립되고, 가입자에게 지급사유(퇴직, 질병 등)가 발생하면 정해진 절차에 따라 적립금과 그 이자수입을 합한 금액을 반환(월정연금이나 반환일시금)한다. 연금의 경우 수급권자가 사망하면 수급권이 유족에게 승계된다. 개인계정에 적립된 돈을 계정보유자(가입자)에게만 지급하기 때문에 소득재분배 효과가 없다.

싱가포르 공제기금 관리운영기관은 중앙공제기금(the Central Provident Fund, CPF)이다. CPF는 정부 대신 포괄적인 복지국가 기능을 수행한다. CPF는 1955년 사용자와 근로자가 각각 월 임금의 5%를 적립한 퇴직준비금으로 시작했으며, 단계적으로 공공주택 구입자금, 의료비, 교육비, 자본시장 투자로 확대되었다.

CPF 계정은 세 종류다.

- **보통저축계정**(ordinary account, OA) : 주택구입비, 교육비, 금융자산투자에 사용된다.
- **의료저축계정**(medisave account, MA) : 의료비 및 건강보험료 지불에 사용된다.
- **특별저축계정**(special account, SA) : 은퇴 후 생계비, 은퇴 관련 금융상품 투자에 사용된다.

각 계정은 별도로 관리된다. 하지만 계정 간 이체가 가능하다. 한 계정에 적립금이 부족하면 여유가 있는 계정의 적립금을 이체한다.

계정 기여금은 소득비례제이고 소득상한선(ceiling)이 있다. 기여율은 가입자(근로자)의 연령에 따라 다르다. 가입자 연령이 낮을수록 기여율이 높고, 사용자보다 근로자의 부담이 많다.[6] 이 기여금이 세 가지 계정, 즉 보통저축계정, 의료저축계정, 특별저축계정에 할당된다. 계정별 할당비율도 가입자 연령별로 다르다. 가입자 연령이 낮을수록 보통저축계정에 더 많이 할당되고, 연령이 높을수록 의료저축계정에 더 많이 할당된다.

한편 가입자가 55세가 되면 기초연금(minimum sum, MS)을 받는다. 기초연금은 퇴직 후 일상생활에 필요한 자금을 매월 지급하는 것이다. 인플레, 평균수명, 싱가포르 삶의 질을 고려해 매년 인상된다. 기초연금은 퇴직계정(retirement account, RA)에서 지급된다. 퇴직계정은 가입자가 55세가 되면 보통저축계정과 특별저축계정의 적립금을 이체해 개설된다. 기여금은 없다.

6) 예컨대 50세 이하는 사용자 17%, 근로자 20%, 합계 37%이다. 51~55세는 이 비율이 각각 16%, 19%, 합계 35%이고, 56~60세는 12%, 13%, 합계 25%이며, 61~65세는 8.5%, 7.5%, 합계 16%이고, 66세 이상은 7.5%, 5%, 합계 12.5%이다.

가입자가 질병에 걸리면 의료저축계정에서 의료비, 즉 가입자와 부양가족의 입원비용과 화학치료와 방사선치료와 같은 일부 외래진료비가 지급된다. 의료저축계정은 신체상해보험인 MediShield와 장기요양보험인 ElderShield의 보험료를 납부하는 데도 사용할 수 있다. MediShield는 고가의 의료비용과 중증 질병 진료비를 커버한다. ElderShield는 중증장애보험으로 장기간의 케어가 필요한 노인을 대상으로 한다.

보통저축계정은 주택구입제도(home ownership)에 따라 주택을 구입하는 데 사용할 수 있다. 주택구입비의 전부 또는 일부, 주택구입 월 납부금으로 사용한다. 가입자는 자신의 보통저축계정과 특별저축계정 적립금을 CPF 투자제도에 따라 보험, 신탁, 펀드, 고정자산, 채권, 주식 자산펀드, 금 등에 투자할 수 있다. CPF 적립금 이자율은 시중은행 기본금리수준이고 정부가 보장한다.[7]

4. 홍콩의 강제성공적금계획

홍콩은 싱가포르의 공적공제기금과 유사한 강제성공적금계획(强制性公積金計劃), 약칭 강적금(强積金)으로 연금보험을 대신하고 있다. 강적금은 완전적립방식의 법정 개인퇴직계정이다. 홍콩의 강적금은 1995년 8월에 제정된 강제성공적금계획조례(强制性公積金計劃條例, the Mandatory Provident Fund Schemes Ordinance)에 의해 2000년 12월 시행되었다.[8] 강적금제도의 주요 내용은 다음과 같다.

- 강적금 적용대상은 18~65세의 모든 근로자 및 자영업자이다(강제가입). 공무원·사립학교교사 퇴직연금 가입자, 외국인 근로자는 적용제외 한다.
- 기여금은 근로자 임금 또는 자영업자 소득(평가수입)의 5%이다. 사용자도 임금의 5%를 부담한다. 단, 최저임금 미만 근로자는 가입이 선택적이다. 소득상한선이 있어 일정 소득 이상인 사람은 일정 소득의 5%만 부담한다.

7) http://www.mycpf.cpf.gov.sg/ (Singapore central provident fund 2017. 2. 10)

8) http://www.mpfa.org.hk/ (香港強制性公積金計劃管理局 2017. 2. 10)

- 기여금과 투자수익은 가입자 계정에 65세까지 적립된다. 65세가 되면 계정에 적립된 돈에서 연금이 지급된다.
- 근로자는 사용자가 선택한 펀드에 자동적으로 가입한다. 근로자가 직장을 옮길 경우 자신의 누적 적립금을 새로운 직장의 펀드로 이전하거나, 전 직장의 펀드에 잔류할 수 있다.
- 사용자, 근로자, 자영업자가 납부한 기여금은 세금공제를 받고, 연금은 면세이다.
- 강적금 관리감독기관은 1998년 설립된 강제성공적금계획관리국(强制性公積金計劃管理局, the Mandatory Provident Fund Schemes Authority)이다.

홍콩의 강적금은 2000년에야 실시되었다. 게다가 강적금은 사회보험이 아니라 개인저축계정이다. 이처럼 개인저축계정으로 시민의 노후소득보장을 기하고, 그것도 매우 늦은 시기에 시행한 것에는 다음과 같은 이유가 있다.

시기적으로 지체된 것은 식민지 홍콩정부가 견지했던 자유방임정책과 홍콩주민의 대다수가 중국난민과 그 후손이라는 역사적 사실로 설명할 수 있다. 영국 출신 홍콩총독이 중국에서 피난해 온 중국인들을 위해 복지국가 수준의 사회복지를 제공할 이유가 없었고, 유교적 가속수의 관념을 가진 수민은 가족의 문제는 가족이 책임져야 한다고 생각해 정부의 사회복지제도에 의존하려 하지 않았다.

그러나 1980년대 들어 이런 상황에 변화가 생겼다. 고령화가 진행되어 노인복지와 노후보장제도의 필요성이 제기되고, 중국의 개혁개방과 함께 홍콩의 제조업이 대륙으로 대거 이전함에 따라 실업자가 급증하여 사회복지 수요가 증가한 것이다. 경제발전으로 역량을 갖춘 시민사회는 정부에 대해 적극적으로 사회복지의 확충을 요구했다. 정부가 나서서 적극적으로 대책을 강구해야 한다는 여론이 조성되었고, 정부도 노후보장제도의 도입이 불가피하다는 것을 인정했다.

사회보험이 아닌 강제저축제도를 선택한 것에는 영토반환이라는 특수한 이유가 있었다. 홍콩반환(1997년)을 앞둔 1992년 홍콩의 마지막 총독 패튼(Christopher

Patten)은 영토반환 전에 홍콩시민을 위한 노후 소득보장제를 신설하려고 했다. 그는 서구식 사회보험시스템을 제안했다. 그러나 기업과 중국정부는 사회보험에 반대했다. 기업계는 노동비용의 증가를 원치 않았고, 중국정부는 향후 자국의 영토로 편입될 홍콩이 관대한 서구식 사회보장제도를 갖추는 것을 부담스러워했다. 결국 홍콩정부는 법정 공제기금(the mandatory provident fund)을 선택했다. 이에 대해 노동비용의 증가를 우려한 노동집약적인 중소기업과 소규모 서비스업계가 반대했다. 그러나 홍콩경제에서 차지하는 이들의 비중과 영향력은 미미했다. 홍콩경제의 핵심으로 부상한 금융자본은 적립금이 새로운 금융상품이 될 것으로 생각해 찬성했다.

제3절 한국의 퇴직급여

우리나라는 퇴직연금을 퇴직급여라고 한다. 퇴직급여는 사용자가 퇴직근로자에게 지급하는 현금급여로서 시행 여부를 노사가 자율적으로 결정하는 임의 부가급여(임금 외 복지후생 급여)이다. 3절에서는 우리나라 퇴직급여의 종류와 퇴직연금의 유형에 대해서 알아본다.

1. 퇴직급여의 종류

우리나라 퇴직급여는 두 가지이다. 하나는 퇴직금이고, 다른 하나는 퇴직연금이다. 이 두 급여는 뿌리가 다르다. 퇴직금은 상당히 이른 시기인 1961년 근로기준법상의 퇴직금 규정에 의거 실시되었고, 퇴직연금은 2005년 12월 근로자퇴직급여보장법에 의해 시행되었다.

근로자퇴직급여보장법은 기존의 퇴직금제도를 퇴직급여시스템에 흡수했다. 퇴직금제도를 폐지하지 않고 존치하되 법적 근거를 근로기준법이 아니라 근로자퇴직급여보장법으로 옮긴 것이다. 퇴직연금과 성격이 매우 유사한 퇴직금을 퇴직급여로 일괄해서 법으로 규정하기 위한 조치였다.

정부가 퇴직연금을 도입한 이유는 기존의 퇴직금제도가 근로자의 노후소득보장 기능을 다하지 못하고 있었기 때문이다. 연령에 관계없이 퇴직과 동시에 무조건 일시금으로 퇴직금을 수령하고, 근로자 근속연수의 하락과 연봉제・중간정산제의 확산으로 퇴직금이 근로자의 노후생활보장의 재원으로 활용되기보다는 조기에 소진되었다. 게다가 퇴직금을 사내에 장부상으로만 적립함에 따라 기업이 도산하면 근로자는 일자리도 잃고 퇴직금도 떼이는 이중의 고통을 당하는 사례가 적지 않았으며, 근로자 퇴사 시 일시금으로 지급해야만 하는 퇴직금은 기업에게도 상당한 부담을 주었다. 더욱이 퇴직금제도는 5인 이상 사업장 근로자를 적용대상으로 하고 있어 많은 근로자가 퇴직금 수

혜대상에서 제외되었다.

근로자퇴직급여보장법은 이런 문제들을 해결하기 위해 다음과 같은 규정을 두었다.

- 기업이 퇴직금과 퇴직연금 중 하나를 선택해 의무적으로 시행한다.
- 퇴직연금의 사외 적립을 의무화한다.
- 퇴직연금은 중도해지 할 수 없다.
- 5인 미만 사업장 근로자에 대해서도 퇴직급여(연금)를 확대 적용한다.

2. 퇴직연금의 유형

기업이 퇴직금 대신 퇴직연금을 선택할 경우 노사합의에 의해 확정급여형과 확정기여형 두 가지 중 하나를 선택해야 한다.

확정급여형은 퇴직급여의 수준과 내용이 사전에 확정되어 있는 대신 적립금의 운용수익에 따라 기여금은 가변적이다. 따라서 적립금의 운용수익이 예상보다 좋으면 기업은 기여금 부담을 줄일 수 있다. 근로자는 자신이 퇴직 시 받게 되는 금액이 정해져 있어 안정적이나 기업은 기여금 부담이 확정되지 않아 그만큼 위험부담이 있다. 확정급여형은 최소한 예상퇴직연금액의 일정 부분(60% 이상)을 사외에 적립해야 하고, 감독기관으로부터 퇴직연금 운용과 관련된 건전성 감독을 받도록 하는 등 기업의 파산위험에 대한 안전보장장치를 두고 있다. 그러나 기금적립이 부족한 상황에서 기업이 도산할 경우 수급권이 완전히 보호되지는 않는다.

확정기여형은 기여금이 사전에 확정되어 있는 대신 급여는 확정되어 있지 않고 적립금의 운용수익에 의해 좌우된다. 근로자가 직접 기금운용방식을 선택할 수 있으며 기금운용수익이 좋을수록 근로자는 기존의 퇴직금보다 높은 수익을 얻을 수 있다. 그렇지만 적립금 운용결과가 좋지 않으면 근로자가 책임을 전적으로 져야 하는 위험도 있다. 확정기여형은 반드시 적립금을 사외에 특별계정형태로 적립·운용하여야 하며, 엄격한 운용규제를 받아 기업 도산 시의 위험에 대해서도 가장 안정적으로 대응할 수 있다.

확정기여형과 확정급여형 외에 개인퇴직계좌(individual retirement account, IRA)가 있다. 개인퇴직계좌는 보충적인 제도로서 개인형과 기업형이 있다. 개인형은 중도 퇴직자를 위한 것이고, 기업형은 소규모사업장을 위한 것이다. 개인형은 중도 퇴직하는 근로자가 퇴직 또는 직장을 옮길 때 받은 퇴직금을 자기명의 계좌에 적립했다가 노후자금으로 활용할 수 있도록 한 연금통산장치이고, 기업형은 10인 이하 소규모사업장이 노사협약 없이 퇴직금이나 퇴직연금 대신 선택하는 특례제도이다. 운용방식은 확정기여형과 거의 같다.

우리나라 퇴직급여의 가장 큰 특징은 근로자 부담이 전혀 없다는 것이다. 일반적으로 사용자와 근로자가 퇴직연금 기여금을 공동부담 하는 서구 퇴직연금과 다른 점이 이것이다. 이유는 퇴직금제도에 있다. 우리나라 퇴직금제도는 사용자가 재정을 모두 부담(근로자 1년 임금총액의 1/12)하고 또 기업이 의무적으로 시행해야 하는 법정시스템으로 유명했다. 퇴직급여가 이런 퇴직금제도를 계승했기 때문에 근로자 부담이 없게 된 것이다.[9)]

〈표 6-2〉 퇴직금과 퇴직연금

구 분	퇴직금	퇴직연금	
		확정급여형	확정기여형
비용부담주체	사용자	사용자	사용자
퇴직급여 형태와 수준	일시금	연금 또는 일시금 (퇴직금과 같음)	연금 또는 일시금 (퇴직금보다 많거나 적을 수 있음)
비용부담 수준	연간 임금총액의 30일분(1/12)	경제상황 등에 따라 변동	퇴직금과 같은 수준
적립방식과 수급권 보장	사내적립, 불안정	부분사외적립, 부분 보장, 도산위험 존재	전액사외적립, 보장

9) 퇴직급여는 세 가지 이론이 있다. 첫째, 공로보상설이다. 퇴직급여를 장기근속에 대한 공로를 인정해 사용자가 지급하는 것으로 본다. 둘째, 생활보장설이다. 퇴직급여를 퇴직 후의 생활을 보장하는 수단으로서 보는 것이다. 셋째, 임금후불설이다. 퇴직급여를 근로자의 근로기간 중 적립한 임금을 퇴직 후에 지급하는 것으로 간주한다. 우리나라 판례는 임금후불설을 채택하고 있다.

사용자의 관리부담	인사노무관리 경직적	퇴직 후에도 관리 필요	적립 후 부담 없음
직장이동 시 통산	불가능	어려움	쉬움
세금감면 혜택	사용자 : 전액 공제	사용자 : 전액 공제 근로자 : 과세 이연	좌동
적합 기업	도산위험이 없고, 임금상승률이 높은 근로자	도산위험이 없고, 퇴직연금수급자 관리능력이 있는 기업	연봉제, 체불위험이 있는 기업, 직장이동이 빈번한 근로자

CHAPTER 07

건강보험

건강보험은 질병과 사고로 인한 치료와 비용 지출을 보전해 주기 위한 사회보장제도로, 사회보험 중 가장 오랜 역사를 가지고 있다. 건강보험에서 제공하는 급여와 운영 방식은 나라마다 다르다. 건강보험은 가입자를 대상으로 보험료를 재정으로 하는 사회보험 방식도 있고, 전 국민을 대상으로 조세로 운영하는 수당 방식도 있다. 또한 질병 치료에 드는 진료비를 보장하는 소득보장 방식과 의료서비스를 제공하는 의료보장 방식도 있다.

7장에서는 1절에서 건강보험의 개념을 살펴보고, 2절에서는 진료비의 유형과 지불방법 그리고 3절과 4절에서는 최근 급성장하고 있는 민간건강보험과 한국의 건강보험에 대해서 살펴본다.

제1절 건강보험의 개념과 특성

예상하지 못한 심각한 질병이나 상해를 당해 병원에서 치료를 받으려면 고액의 진료비를 지불해야 한다. 게다가 날로 발전하는 의학적 진단기술과 치료기술의 발전 때문에 병원 진료비는 거의 매년 인상된다. 병원 진료비는 가족에게 상당한 경제적 부담을 준다. 특히 가족 중 중증질환이나 만성질환 환자가 발생하면 그러한데, 병원에 지불해야 할 진료비가 만만치 않기 때문이다. 만약 저축한 돈이나 가입해 놓은 보험이 없을 경우 가족은 재정적 위험(financial risks)에 빠질 수 있다.

1. 건강보험의 개념

건강보험(health insurance)은 가족의 치료비 지출로 인해 재정적 위험에 직면한 사람에게 치료비의 전액 또는 일부를 지급하는 사회보험이다. 이는 건강보험이 국민의 질병 치료를 공적으로 보장하는 의료보장제도가 아니라 질병 치료에 드는 진료비를 보장하는 소득보장제도라는 것을 의미한다.[1)]

건강보험 급여는 현물급여와 현금급여 두 가지가 있다. 현물급여는 외래진료, 입원진료, 약제, 전문의진료, 출산, 치과진료, 환자후송, 가정보호 등과 같은 의료서비스의 비용을 제3자인 보험자가 지불하는 것이다. 현금급여는 질병이나 출산으로 인해 일을 못해 봉급을 받지 못하는 경우 이를 보전(대체로 사유발생 당시 소득의 50~75%, 부양가족의 수에 따라 증감)해 주는 것이다.

현물급여와 현금급여 중 현금급여는 우리에게 익숙하지 않다. 하지만 건강보험은 원래 현금급여를 위해 생긴 것이다. 다시 말해 질병치료기간 동안 중

1) 건강보험 가입자 입장에서 건강보험은 질병 치료비를 조달하는 방법 중 하나이다. 질병 치료비 조달방법은 건강보험만 있는 것은 아니다. 건강보험 외에도 민간보험회사나 비영리법인이 운영하는 민간건강보험도 있고, 우리나라 손해보험처럼 진료비 본인부담금을 상품으로 만든 민간보험도 있다.

단되는 소득(보수)을 건강보험관리기관이 직장을 대신해서 지급하는 데 일차적인 목적이 있었다는 것이다. 진료서비스(현물급여) 보장은 부차적이었다. 1911년 영국 국민보험의 하나로 시작된 건강보험이 좋은 예이다. 영국의 이런 전통은 지금도 이어지고 있는데, 국민들에게 무상의 포괄적인 의료서비스를 보장해 주는 국민보건서비스(the National Health Service, NHS)와는 별도로 현금급여 프로그램(건강보험)을 운용하고 있다.

2. 건강보험의 내용

건강보험의 적용대상은 근로자, 자영업자, 공직자(공무원, 교직원, 군인 등) 등 일정한 소득원을 가진 경제활동인구와 그 부양가족이다. 보험료를 부담하는 사람을 피보험자라 하고, 피보험자의 부양가족을 피부양자라 하며, 피보험자와 피부양자를 합해서 피보험대상자라고 한다. 건강보험의 초창기에는 피부양자를 급여대상에서 제외하였으나 건강보험의 급여범위가 확대되면서 피부양자도 혜택을 받게 되었다.

건강보험 보험료 징수와 급여 지급 등 관리운영은 건강보험관리운영기관이 한다. 정부가 건강보험을 직접 관장하는 나라가 있으나 소수이고(영국, 스웨덴, 일본 등), 대부분의 나라에서는 공법상의 기구 또는 준 자치적인 비정부기관이 관리운영을 담당하고 있다.

3. 건강보험의 특성

사회보험연금이나 실업보험은 피보험자로부터 보험료를 징수하고 급여를 제공하는 관리운영기관이 동일하다. 예컨대 우리나라 국민연금 가입자는 국민연금공단에 보험료를 내고 수급자는 국민연금공단으로부터 연금을 받는다. 하지만 건강보험은 보험료를 징수하는 기관(건강보험관리운영기관)과 급여(의료서비스)를 제공하는 기관(의료기관)이 다르다. 우리나라 건강보험에서 보듯이 건강보험 가입자는 보험료를 국민건강보험공단에 내고, 의료서비스는 병원과 의원 등 의료기관에서 받는다. 건강보험 가입자가 받은 의료서비스의 대가인 진료비는 건강보험 가입자(환자) 대신 건강보험관리운영기관이 의료기관에게 지급한다. 이와 같이 의료서비스를 받는 환자가 진료비를 의료기관에 직접 지불하지 않고, 제3자인 관리운영기구가 대신 지불하기 때문에 의료기관이 청구하는 진료비의 적정성을 통제하기 위해 진료비심사기구를 둔다.

건강보험은 사회보험 중 가장 오랜 역사를 가지고 있다. 1883년 비스마르크 건강보험이 그것이다. 원래는 산재보험이 먼저 입안되었으나 정부와 사회 제세력들 간의 이견으로 입법화가 지연되어 비교적 쉽게 합의에 도달한 건강보험이 먼저 의회를 통과하여 세계 최초의 사회보험이라는 영예를 안게 되었다.

제2절 진료비의 유형과 지불방법

건강보험은 단기 사회보험이다. 그리고 다른 사회보험과 달리 현금 이전보다는 서비스 제공을 주요 내용으로 하고, 비용의 일부를 가입자가 부담하도록 한다. 2절에서는 건강보험의 특성인 진료비의 유형과 지불방법에 대해서 알아본다.

1. 진료비의 유형

건강보험은 다른 사회보험과 달리 서비스 비용의 일부를 가입자가 부담하도록 하고 있다. 진료비의 일부를 환자가 부담하는 것이다. 이를 진료비 본인부담제(cost-sharing)라 한다. 건강보험이 수익자 부담을 두는 이유는 서비스의 남용을 억제하고(도덕적 해이의 방지), 수익자와 비수익자 간의 형평성을 도모하며, 수익의 정도와 수익자의 부담능력에 따라 부담을 달리함으로써 수익자의 책임을 촉구하고, 수익자 부담 부분을 사회보장 재원으로 재충당할 수 있다는데 있다.

사실 진료비 본인부담제는 피보험 대상자가 질병이라는 사회적 위험에 빠진 그 시점에 진료비의 일부를 부담시킨다는 점에서 사회보장의 기본 정신에는 부합되지 않는다. 사회보장이 질병, 재해, 노령, 실업 등 사회적 위험에 대비하기 위해 고안된 제도라는 점에서 그렇다. 그러나 전 세계적으로 국민의료비가 급증하자 각국은 재정안정을 위해 본인부담제를 도입 또는 확대했고, ILO도 저소득층에게는 적용하지 않고 특별히 많은 비용이 드는 질병을 제외한다는 조건을 달아 이를 인정하였다. 진료비 본인부담제는 세 가지 형태가 있다.

- **정률제**(coinsurance) : 의료 이용자가 의료서비스 비용의 일정 비율을 부담하는 방식이다. 진료비의 일부를 피보험자에게 부담시킴으로써 불필요한 의료 이용을 억제하는 데 목적이 있다. 하지만 진료비 부담 때문에 꼭 필요한 의료서비스까지 억제시키는 부작용이 나타날 수 있다. 본인부담률이 매우 높을 경우 본인부담금에 대한 추가적인 보험 수요(영리를 목적으로 하는 민간건강보험)가 생길 수도 있다.
- **정액제**(copayment) : 의료서비스를 이용할 때마다 일정액(flat fee)을 부담시키는 방법이다. 건강보험은 일정액 이상만 부담한다. 가벼운 질환으로 의료기관을 빈번하게 이용하는 것을 억제한다.
- **공제제**(deductible) : 진료비의 일정액까지는 본인에게 전액 부담시키고, 일정액을 초과하는 부분만 건강보험이 부담한다. 건강보험 이용의 대부분을 차지하는 소액 진료비를 전부 자부담시킴으로써 심사 및 지불을 위한 막대한 행정비용을 절감하고, 건강보험의 남용을 막는다.

우리나라 건강보험도 본인부담제가 있다. 입원과 외래별 또 외래의 경우 의료기관 유형별, 금액별로 본인부담의 형태가 다르다. 우리나라 건강보험의 본인부담률은 입원과 외래를 합해 진료비의 40~50%에 달하는데, 세계 최고 수준이다. 입원의 경우 제도적으로는 진료비의 20%만 본인이 부담하도록 되어 있으나 특진비, 특실료, 고가 의료검사장비 이용료 등 보험 외 급여의 비중이 높아 실질적으로 진료비의 거의 절반에 달하고 있다(비보험급여의 비중이 커진 이유는 병원이 낮은 건강보험수가를 보전하기 위한 데 있음은 주지의 사실이다). 그리하여 사회보험으로서의 실효성에 의문이 제기되어 "우리나라 건강보험은 사회보험이 아니라 진료비 할인제도"라는 자조적인 말이 나오는 것이다. 고액의 본인부담은 중산층보다는 서민에게 큰 부담이 된다는 점에서 결코 바람직한 게 아니다.

2. 진료비 지불방법

건강보험의 관리운영기구가 의료기관이 건강보험의 가입자인 환자에게 제공한 의료서비스의 대가로 지불하는 진료비 지불방법에는 행위별수가제(fee-for-services), 총액계약제(global budgeting), 포괄수가제(diagnosis related groups) 지불제가 있다.

1) 행위별수가제

행위별수가제는 의료기관이 환자에게 제공한 모든 의료서비스를 항목별로 계산한 다음 그 총액으로 진료비를 책정하는 방법이다. 그래서 점수제 또는 성과불제로 부르기도 한다. 우리나라와 일본, 미국이 행위별수가제를 채택하고 있다. 행위별수가제는 의료 인력이 환자에게 제공한 서비스를 일일이 화폐로 환산·집계하여 수가를 계산하기 때문에 의료기관의 입장에서는 가장 합리적이다.

그러나 행위별수가제는 의료 인력의 진료행위 하나하나가 의료기관의 수익에 직결되기 때문에 과잉진료를 유도하고, 의료기관의 청구에 따라 진료비가 지불되는 데다가 환자에게는 의료기관을 상대로 의료서비스 가격의 적정성을 따져야 할 인센티브가 별로 없기 때문에 진료비 부당청구의 가능성이 있다.

행위별수가제하에서 과잉진료와 부당청구가 구조적으로 발생한다는 사실은 우리나라 건강보험에서 잘 확인되고 있다. 이런 현상은 우리나라뿐만이 아니다. 행위별수가제를 채택하고 있는 미국의 경우도 Medicare 프로그램(사회보장연금 수급자를 대상으로 하는 건강보험)에서 매년 대략 10% 정도의 부당청구로 인한 손실이 발생하는 것으로 추정되고 있다(전창배, 2001 : 18).

게다가 행위별수가제는 의료기관의 과잉투자를 야기한다. 우리나라 일부 의원들은 거액을 들여 호텔 같은 시설과 전문 대학병원을 능가하는 전문 인력과 장비를 갖추고, 마케팅 전담 지원까지 두어 고객 확보에 나서고 있는 실정이다. 이는 의료서비스의 질을 높이고 환자의 편의성을 높였다는 점에서 긍정적인 면이 있지만, 막대한 투자비용의 회수를 위해 과잉진료를 하게 만드는 요인이 되고 있다.

2) 총액계약제

총액계약제는 보험자와 의료기관이 일정 기준에 따라 진료비 총액을 협상하여 의료기관에 일괄 지급하는 방식이다. 대부분의 병원이 공공병원(중앙정부 또는 지방정부 소유)이거나 민간병원이라도 거의가 비영리인 유럽의 경우, 병원 진료비는 총액계약제로 정산되고 있다(독일, 미국, 영국 등은 의원급에 총액계약제 적용). 진료비 총액은 인건비, 약품비, 재료비, 음식・청소 등의 유지비 등을 포함하여 계산되는데(실제 지출되는 각 예산 항목을 합산하기 때문에 원가계산방식이라고도 한다), 통상 전년도 진료 실적과 인건비 상승분 등을 감안하여 결정한다.[2)]

의사들의 보수는 의료기관별로 다르다. 병원은 경영자가 자체 기준에 따라 고용 의사들에게 보수를 지급하며, 의원의 경우 등록 환자와 진료건수를 고려해 보수를 받는다. 사용자가 없는 의원 의사는 의사협회(유럽)나 자신이 속한 의사집단(미국)으로부터 보수를 받는다.

총액계약제의 가장 큰 장점은 과잉진료가 없다는 것이다. 의사는 사전에 지급받은 진료비 한도 내에서 자기 환자들의 진료 문제를 해결해야 하므로 불필요한 입원이나 고액의 진료를 피하고자 하는 경제적 유인이 생긴다. 말하자면 의사가 아무것도 하지 않을수록 의사의 수입이 늘어나는 구조라는 것이다. 이렇게 되면, 과잉진료를 원천적으로 방지할 수 있다. 미국에서는 이를 관리의료(managed care)라고 한다.[3)]

하지만 총액계약제는 보건의료의 효과성은 높일지 모르나 환자에 대한 보

---

2) 독일의 경우 입원요양비는 1일당 정액으로 정해지고, 병원의 진료보수에는 의료장비 등 설비투자비용은 제외되고 인건비 등 경상비용만 고려된다. 병원의 설비투자비는 정부가 부담한다. 그리고 보험의사가 처방하는 약제비는 정부가 정하는 게 아니라 매년 연방약품공업협회에서 발표하는 약품가격 리스트에 준한다. 이 약제처방 역시 보험의사협회에서 심사한다.

3) 1990년대 초반 민간보험 시장에서 시작된 관리의료의 진료비 지출 억제 효과를 인정한 미국 정부는 Medicare와 Medicaid에도 적극 권장하였다. 즉, 연방정부가 Medicare 1인당 평균 지출 액수의 95%에 해당하는 금액으로 관리의료를 채택한 보험회사와 계약을 맺어 Medicare 대상 피보험자들을 보험회사로 보냄으로써 5%의 비용을 절약하고자 했던 것이다.

건의료 서비스의 질을 낮출 가능성이 있다(비용 절감을 위한 과소 진료의 가능성 상존). 그리고 '크림 떠내기(cream skim)' 현상이 발생할 가능성도 있다. 크림 떠내기란 보험회사들이 위험이 적은 환자들만 선택하고, 위험이 높거나 위험을 예측하기 힘든 환자들은 다른 데로 떠넘기는 현상을 말하는데, 진료예산을 선불로 받는 의사들에게는 이런 인센티브가 분명 존재한다(West, 1997).

총액계약제의 정착은 의료전달체계의 확립이 반드시 선행되어야 가능하다. 선진국의 예에서 보듯이 의원에 총액계약제를 적용하기 위해서는 주치의 제도가 필수적이고, 입원(응급환자를 제외한)은 이들 주치의의 판단에 의해 결정되어야만 하는데, 이는 1, 2차 의료전달체계의 확립이 전제되어야 가능한 일이다. 그리고 건강보험의 급여범위가 매우 포괄적이어야만 한다. 우리나라와 같이 비보험급여의 비중이 높을 경우 총액계약제가 도입되면 의료기관이 비용 절감의 압박을 피하기 위해 보험급여 대상에서 제외되는 의료서비스의 비중을 확대하고자 할 것이기 때문이다.

3) 포괄수가제

포괄수가제(DRG 지불제, diagnosis related groups)는 행위별수가제 안에서 지불단위를 포괄화한 진료비지불방식이다.[4] 예컨대 제왕절개술, 충수절개술, 항문과 항문 주위 수술 등 수술행위별로 진료비를 정액화한 것이다. 포괄수가제는 미국 정부가 진료비 억제를 위해 1983년부터 Medicare에 도입한 것이 최초이다.[5]

우리나라 보건복지부도 포괄수가제의 필요성을 인정해 1997~1999년까지 시범사업을 거쳐 2002년 7개 질병군(비교적 간단하고 문제가 발생하지 않을 만한 질병. 예 : 안과 수정체 수술, 이비인후과 편도 · 아데노이드 수술, 일반외과 충수절제술, 항문과 항

4) 민간의료의 비중이 압도적으로 큰 우리나라의 경우 행위별수가제의 가장 현실적인 대안이 바로 이 DRG 지불제이다. 고려대학교 의과대학 안형식(2000 : 13) 교수가 잘 지적한 바와 같이, "현재와 같은 행위별수가제하에서는 과잉진료에 대한 시비는 끊임없이 제기될 것이며, 진료비 지불제도는 의료기관의 진료행태를 바꿀 수 있는 중요한 기전이며, 포괄수가제 등 진료비 지불에 대한 대안이 마련되어야 한다."

5) 1965년 이후 급격히 증가한 의료비 문제에 대처하기 위해 1983년 레이건 정부가 병원을 대상으로 DRG 지불제를 도입했다. 1989년 의원으로 확대했다(Whiteman, 2001 : 12-13).

문 주위 수술, 산부인과 제왕절개술 등)에 한해 포괄수가제를 시행하였다. 의료기관의 참여는 자발적이었다.

하지만 시범사업은 사실상 실패했다. 대형병원들은 여전히 행위별수가제로 비용을 청구했고, 시범사업에 참여한 소규모 의원들은 포괄수가제로 행위별수가제보다 오히려 더 많은 수익을 얻었다. 이런 문제를 해결하기 위해 정부는 2012년 7개 질병군 포괄수가제를 모든 의료기관으로 확대하였다. 그러나 아직 성공적이라는 평가는 없다. 한국에서 포괄수가제의 성공 여부는 원가계산방식에 달려 있다. 당연한 말이지만 의료 소비자인 시민과 공급자인 의사가 모두 납득할 수 있는 수준이어야 한다.

포괄수가제의 가장 큰 약점은 진료의 질 저하이다. 진료량에 관계없이 동일한 진료비를 받는 의료기관의 입장에서는 가급적 최소한의 진료서비스로 진료효과를 거두려는 유인이 존재하기 때문이다. 그러나 포괄수가제를 도입한 미국에서도 결정적인 의료의 질 저하는 없었던 것으로 나타났는데, 그 이유는 다른 의료기관과 경쟁해야 하는 처지에서 의료의 질을 무한정 낮출 수는 없었고, 또 의사로 구성된 진료비심사기구(peer review organization)가 엄격하게 모니터링 했기 때문이다. 우리나라도 의료기관 간의 경쟁이 심하고, 심사평가원이라는 강력한 진료비 심사기구가 존재하다는 점을 고려할 때, 포괄수가제를 도입해도 의료의 질 저하는 크게 우려하지 않아도 될 것 같다.

제3절 민간건강보험

민간건강보험(private health insurance)은 민간에서 진료비를 보험 상품으로 만든 것이다. 상품 판매자는 민간보험회사이고, 구매자는 시민이며, 구매자에서 진료서비스를 제공하는 자는 병의원이다. 병의원이 환자(보험 구매자)에게 제공한 진료서비스 비용은 보험회사가 지불한다. 3절에서는 민간건강보험의 성격과 공적건강보험의 보완관계를 알아본다.

1. 민간건강보험의 성격

민간건강보험은 시민의 의료 욕구를 충족시키고 진료비를 보험으로 커버한다는 점에서 사회보험인 공적건강보험(public health insurance)과 같다. 하지만 양자는 근본적인 차이점이 있다. 무엇보다 민간건강보험은 영리를 추구한다는 것이다. 건강보험은 건강보험회사의 상품일 뿐이다. 시민의 복지를 추구하는 공적건강보험에 대비된다.

가입에서도 차이가 난다. 공적건강보험의 가입은 의무적인 데 반해 민간건강보험은 임의적이다. 공적건강보험은 법정 프로그램으로서 가입자 본인의 의사와는 무관하게 무조건 가입해야 한다(직장에 취업하면 자동 가입). 이에 반해 민간건강보험은 원하는 사람만 가입한다.

보험료에서도 차이가 난다. 공적건강보험은 보험료 산정 시 가입자 개인의 위험률은 따지지 않는다. 국민 전체의 질병발생률만 본다. 보험료는 가입자 소득에 비례(income based)해서 부과한다. 소득이 많은 사람이 더 부담하는 것이다. 따라서 건강한 사람에서 아픈 사람으로의 소득이전과 함께 고소득층에서 저소득층으로의 소득재분배가 발생한다. 이와 달리 민간건강보험은 가입자 개인의 위험에 따른 보험료(risk rated)를 부과한다. 위험률이 높은 사람이 더 많은 보험료를 내는 것이다. 물론 아픈 사람만 혜택을 받기 때문에 건강한 사람으로부터 아픈 사람으로의 소득이전은 발생한다.

〈표 7-1〉 공적건강보험과 민간건강보험의 차이점

구 분	공적건강보험	민간건강보험
영리/비영리	비영리	영리
가입	법정 의무	임의
보험료	소득비례	위험비례

그런데 이런 구분은 이념형적인 것이며, 양자 간 경계가 모호한 부분이 있다. 건강보험의 공익성이 워낙 커 민간부문임에도 정부가 일정한 규제를 가하기 때문에 이런 현상이 나타난 것이다.

이론적으로 양자의 가장 확실한 차이는 공적건강보험이 법정보험이고, 민간건강보험이 임의보험이라는 것이다. 하지만 반드시 그런 것만은 아니다. 예컨대 우루과이와 스위스는 민간건강보험이 법정 프로그램이다. 미국의 일부 주는 일정 수 이상의 근로자를 고용하고 있는 기업은 건강보험에 의무적으로 가입하도록 법정화하고 있다.

민간건강보험은 영리를 목적으로 하는 보험회사가 운영한다. 하지만 예외도 있다. 호주와 아일랜드는 가장 큰 민간건강보험회사가 공공소유이다. 공적으로 조성된 사회보험펀드(건강보험 포함)를 민간보험회사가 관리하게 만든 나라도 있다(싱가포르, 말레이시아).

2. 공적건강보험의 보완

민간건강보험이 공적건강보험을 보완하는 경우도 있다. 한국과 프랑스에는 공적건강보험의 진료비 본인부담금을 보험화한 민간건강보험이 있다. 공적건강보험 급여에서 제외되는 부분, 예컨대 외래 약제비, 치과 진료비 등을 민간건강보험이 커버하는 나라도 있다(슬로베니아). 호주와 영국에는 전문의 진료와 선택적인 병원 진료를 대상으로 하는 민간건강보험 상품이 있다.

제4절 한국의 국민건강보험

한국의 국민건강보험은 1963년에 제정되었으나 사문화되어 있던 의료보험법을 1977년 전면 개정하여 강제적용의 사회보험방식으로 시작되었다. 4절에서는 우리나라 건강보험의 내용인 적용대상, 급여와 보험료를 알아보고, 건강보험의 시행 이후 오랫동안 지속되었던 건강보험 관리운영 통합논쟁에 대해서 살펴본다.

1. 적용대상

우리나라 국민건강보험 적용대상은 직장가입자와 지역가입자로 구분된다. 직장가입자는 사업장의 근로자 및 사용자와 공무원 및 교직원, 그리고 그 피부양자로 구성된다. 지역가입자는 직장가입자를 제외한 지역주민이다. 건강보험 대상자 중 피부양자는 직장가입자에 의하여 주로 생계를 유지하는 자로서 보수 또는 소득이 없는 자를 의미하며, 직장가입자의 배우자, 직계존속(배우자의 직계존속 포함), 직계비속(배우자의 직계비속 포함) 및 그 배우자, 형제자매를 포함한다.[6)]

국민건강보험은 1977년 7월 1일 500인 이상의 근로자를 상시 고용하고 있는 대기업의 근로자를 적용대상으로 시작되었다. 1977년도는 제4차 경제개발 5개년 계획의 시발 연도였으며, 이미 1963년에 제정되었으나 사문화되어 있던 의료보험법을 전면 개정하여 강제적용의 사회보험방식으로 하되 적용이 용이한 일정 규모 이상의 사업장 근로자를 우선 적용하고, 이를 단계적으로 확대하도록 했던 것이다. 그 후 1979년 7월부터 300인 이상, 1981년 1월부터 100인

6) 2017년 3월 건강보험법이 개정되어 가입자의 직계존속 중 재산과 소득이 일정액 이상인 사람은 단계적으로 피부양자에서 제외된다. 2018년 7월에서 2022년 6월까지 1단계에서는 2인 가구 기준 중위소득 이하, 재산과표 5.4억 원 이하이면서 연소득 1천만 원 이하의 경우만 피부양자로 인정하고, 2022년 7월 2단계 개편부터 2인 가구 기준 중위소득의 60% 이하, 재산과표 3.6억 원 이하이면서 연소득 1천만 원 이하인 경우만 피부양자로 인정한다.

이상 사업장 당연 적용 확대, 동년 2월 1일 5인 이상 사업장 임의적용, 1982년 12월부터 16인 이상, 1988년 7월부터 5인 이상 사업장 당연 적용 확대 등 단계적으로 적용대상자를 확대하였다.

공무원 및 사립학교교직원과 같은 공직자를 대상으로 하는 특수직 건강보험은 직장건강보험과는 별도로 1979년 1월에 시작되었다. 공직자 건강보험의 적용대상도 조금씩 확대되었는데, 1980년 1월에 군인가족, 1981년 7월에는 공무원 및 사립학교교직원 퇴직연금수급자, 동년 10월에는 군인 퇴직연금수급자, 1986년 1월에는 유족, 장해, 상이연금수급자도 포함되었다.

근로자나 공직자 같이 비교적 안정된 봉급생활자에게 건강보험을 먼저 적용한 데는 그들의 사회적 힘이 강하고 자격관리와 징수관리 등이 용이하다는 나름대로의 이유가 있었다. 그러나 보건의료 욕구가 크면서 재정적 부담능력은 떨어지는 농어민과 도시 영세 자영업자 층이 배제되어 있다는 사실은 복지국가를 지향하는 정부의 의지나 사회적 형평에 비추어 볼 때 문제가 있었다. 이에 대한 비판이 확산되자 정부는 자영업자로의 확대에 대해 진지하게 검토하지 않을 수 없었다. 그 준비 작업으로 1981년 7월부터 홍천, 옥구, 군위 등 3개 시군에 대한 시범사업을 실시하였고, 1982년 7월에는 강화, 보은, 목포로 확대하였다.

1987년 6월 항쟁과 6·29선언, 12월 대통령선거 등 1980년대 후반은 민주화의 열풍이 불던 시기였다. 이 무렵 전두환 정권은 제6차 경제사회발전 5개년 계획에 전국민건강보험 방침(1988년 1월 농어민, 1989년 1월 도시민)을 포함시켰고, 노태우 대선 후보 역시 이를 공약으로 내걸었다. 선거기간 중 이미 농어촌 지역주민에게 건강보험증이 발급되었다. 건강보험의 확대 적용이 선거용이었던 것이다. 아무튼 1988년 1월에는 농어촌 지역주민을 위한 건강보험이, 이듬해인 1989년 7월에는 도시민을 위한 건강보험이 실시됨으로써 전국민건강보험이 달성되었다(1987년 2월 한방건강보험, 1989년 10월 약국건강보험 실시).

2. 급 여

우리나라 건강보험급여의 종류로는 현물급여인 요양급여와 분만급여, 건강진단, 현금급여인 요양비, 분만비, 본인부담보상금이 있다. 요양급여는 피보험자 및 피부양자의 질병 또는 부상에 대하여 요양기관에서 실시하는 현물급여로서 진단, 약재 또는 치료재료의 지급, 처치·수술 기타의 치료, 의료시설에의 수용, 간호, 이송을 대상으로 하며, 보험자가 비용을 부담하는 요양급여의 기간은 제한이 없다. 분만급여는 말 그대로 요양기관에서의 분만(피보험자와 피부양자)을 대상으로 하는 현물급여이고, 건강진단은 피보험자에 대하여 질병의 조기발견과 그에 따른 요양급여를 제공하기 위해 실시하는 현물급여이다.

요양비는 현금급여로서 피보험자 또는 피부양자가 긴급 또는 기타 부득이한 사유로 인하여 요양기관 외의 의료기관이나 약국 등에서 요양을 받았을 경우 요양급여에 상당하는 금액을 현금으로 지급하는 것이다. 분만비도 현금급여로서 피보험자 또는 피부양자가 요양기관 외의 장소에서 분만한 경우 지급한다. 본인부담보상금은 본인부담금이 일정 액수를 초과한 경우 초과한 금액의 일정 비율을 보상금으로 지급하는 것이다.

3. 보험료

우리나라 건강보험 보험료는 직장가입자와 지역가입자가 다르다. 직장가입자는 소득비례 보험료를 부담하는데, 보험료율은 보수월액의 6.12%(2017년)이다. 보수월액은 동일사업장에서 당해 연도에 지급받은 보수총액을 근무월수로 나눈 금액이다. 보험료는 가입자와 사용자가 분담한다. 분담비율은 근로자는 가입자와 사용자가 5 : 5, 공무원은 가입자와 정부(사용자)가 5 : 5, 사립학교 교원은 가입자, 사용자(학교법인), 정부가 5 : 3 : 2이다.

봉급생활자인 직장가입자는 보수월액에 일정한 비율을 곱하여 보험료를 산정하므로 보험료 부과가 매우 간단하지만, 대부분이 자영업자인 지역가입자는 상당히 복잡하다. 지역가입자 건강보험료는 가입자의 소득, 재산, 자동차, 생활수준 및 경제활동참가율을 참작하여 정한 부과요소별 점수를 합산한 보험료 부과점수에 점수당 금액을 곱하여 보험료를 산정한 후 경감률 등을 적용하여 세대 단위로 부과한다. 지역가입자 보험료 부과 기준 소득에는 이자소득, 배당소득, 사업소득, 근로소득, 연금소득, 기타소득이 포함되고, 재산에는 주택, 건물, 토지, 선박, 항공기, 전월세가 포함된다.

2000년 정부는 건강보험을 통합하면서 봉급생활자와의 형평을 고려하여 지역가입자도 소득만을 기준으로 하는 보험료 부과체계를 적용하려 했다. 말하자면 봉급생활자는 소득에 대해서만 보험료가 부과되는 데 반해, 지역가입자는 소득은 물론 재산에까지 보험료가 부과되는 불합리한 현실을 개선하고자 했던 것이다. 그러나 자영업자의 소득파악이 저조하고, 당분간 개선될 가능성도 없는 것으로 판단되자 이를 철회하고 종전과 같이 소득과 재산 양자에 보험료를 부과하기로 입장을 바꾼 바 있다.

4. 관리운영 통합논쟁

건강보험 보험자는 하나인 경우도 있고, 여러 개의 건강보험조합으로 분립되어 있는 경우도 있다. 전자를 통합방식(unified system), 후자를 조합방식(separated system)이라 한다. 또한 대부분의 국가들은 공무원, 철도노동자, 선원, 광부 등 특수직 종사자를 위한 별도의 특별제도를 두고 있다.

우리나라 건강보험은 조합방식으로 시작했다가 통합방식으로 전환했다. 1977년 건강보험을 시작할 때는 조합방식을 채택하여 직장과 지역의 많은 의료보험조합(지역조합 227개, 직장조합 145개)으로 분리되어 있었으나, 1999년 1월 6일 건강보험의 완전 통합을 골자로 한 국민건강보험법이 국회를 통과함에 따라 직장조합, 지역조합, 공무원·사립학교교직원조직이 하나로 통합되고, 공법상의 기구인 국민건강보험공단이 관리운영을 맡게 되었다. 2003년에는 재정도 완전 통합되었다.

조합방식과 통합방식을 놓고 학계와 시민사회단체가 벌인 논쟁을 이른바 건강보험통합논쟁이라고 한다. 건강보험통합논쟁은 전두환 정권기인 1980년에 시작되어 김대중 '국민의 정부'까지 대략 네 단계를 거치면서 진행되었다.

- 복지부(당시 보사부) 내부에서 통합문제를 제기한 논쟁의 시발 단계
- 논쟁이 국회, 언론, 경제기획원, 국무총리실, 관변 연구기관, 학계 등으로 번진 확산 단계
- 농민단체, 진보적인 보건의료단체, 건강보험노동조합 등 시민사회단체가 중심이 되어 시정운동(민중의 복지요구투쟁)으로 발전시킨 사회운동 단계
- 김대중 '국민의 정부'에 의해 통합이 실현된 제도통합 단계

건강보험통합논쟁은 여러 가지 중요한 의의를 가지고 있다. 광복 이후 가장 많은 학자들이 참여해 가장 오래 전개한 논쟁이고, 대통령선거에서 주요 공약의 하나가 되었을 정도로 집단이해관계가 상충되는 뜨거운 쟁점이었으며, 복지부 관료들의 논쟁에서 시작하여 정치계, 언론계, 학계 등으로 확대되다가 이익단체와 시민사회단체가 대규모로 참여한 사회운동 차원으로 또 최초로 표출된 민중들의 복지요구투쟁으로 발전했다는 점에서 그렇다.

5. 상병수당 도입의 필요성

상병수당은 병이 나서 일을 할 수 없을 때, 일을 하지 못하는 동안 소득을 보장해 주어 다시 일을 할 수 있도록 돕는 제도이다. 즉, 건강보험 급여 중 현금급여에 해당된다. 근로자가 병이 나서 아프면 쉬는 게 상식이다. 그러나 한국의 근로자는 아파도 쉴 수 없다. 일을 중단하면 소득도 중단되기 때문이다.

건강보험공단 산하 건강보험정책연구원이 2019년 1월에 펴낸 '상병수당제도 도입연구' 보고서에 따르면 국제사회보장협회(ISSA) 182개국 중 19개국만 상병수당제도가 없다. 경제협력개발기구(OECD) 회원국 중에는 한국과 미국만 없다.

국제노동기구(ILO)가 1952년 이미 기준을 제시했다. 한국은 1999년 국민건강보험법을 만들 때 50조에 규정을 담았으나, 이후 논의된 적은 없다.

그러나 최근 코로나19로 인하여 상병수당 도입의 필요성이 다시 논의되고 있다. 박능후 보건복지부 장관은 2020년 4월 국회에서 "자영업자도 그렇고 상병수당이 필요한 환경에 있는 사람들이 많아서 본격 논의할 시점이 됐다고 본다"고 말했다. 이는 질병으로 인한 가계 파탄의 이유가 의료비 부담보다 소득 상실에 더 큰 원인이 있기 때문에, 소득 손실 보장 논의가 필요하다는 것이다.

CHAPTER 08

노인장기요양보험

우리나라는 2018년 노인인구가 전체 인구의 14%를 넘어서 고령사회에 접어들었다. 그리고 평균 기대수명은 2017년 말 기준으로 82.4세에 이르렀으나, 건강수명은 64.9세로, 평균 17.5년은 건강하지 못한 노후생활을 보내게 된다. 예전에는 인생을 생로병사(生老病死)라고 하였으나, 지금은 한 단계가 추가되어 생로병요사(生老病療死)가 된 것이다. 즉, 건강하게 살지 못하는 기간이 평균 17.5년이며, 대부분의 기간을 누워서 지내는 요양이 필요한 것이다. 이처럼 노령화로 인하여 길어진 요양기간에 대비하여 만들어진 사회보험이 노인장기요양보험이다.

8장에서는 1절, 2절에서 장기요양의 개념과 유형, 3절에서는 비용 조달방법을 알아보고, 4절에서 우리나라의 노인장기요양보험제도를 분석해 본다.

제1절 장기요양의 개념

고령노인 중에는 치매, 뇌졸중, 중증정신질환 등 만성질환자가 많다. 이들 중에는 식사, 배설, 청결, 이동 등 이른바 기본적인 일상생활능력이 현저히 떨어져 타인의 도움 없이는 생활할 수 없는 노인이 있다. 이런 노인을 수발하는 일은 가족의 책임이다. 하지만 여성의 사회진출이 활발해지고 맞벌이 부부가 늘어나면서 돌봄이 필요한 노인을 가정에서 돌봄할 수 없는 가족이 늘어났다. 이들은 어쩔 수 없이 비용이 많이 드는 노인요양시설에 노인을 맡긴다.

가정에서 노인을 돌보는 것을 가정돌봄(home care)이라고 하고 시설에서 노인을 돌보는 것을 시설돌봄(facility care)이라고 한다. 또 가정돌봄이 사적 공간인 가정에서 이루어진다 하여 비공식적 돌봄(informal care)이라고 하고, 시설돌봄이 공개적인 시설에서 제도적으로 이루어진다 하여 공식적 돌봄(formal care)이라고 한다. 이러한 가정돌봄과 시설돌봄을 합한 것이 장기요양(long-term care)이다. '장기'라는 말이 들어간 것은 노인 돌봄이 장기간을 요하기 때문이다.

WHO(2000)는 장기요양을 보건과 사회시스템의 주요 부분으로서 가족, 친구, 이웃 등 비공식적 돌봄 제공자와 건강 · 사회 · 기타 전문가와 보조원 등 공식적 돌봄 제공자의 돌봄을 받아야 하는 사람을 위한 활동으로 정의하였다. 매우 간략하지만, 이 정의는 장기요양의 두 가지 중요한 사항, 즉 보건시스템과 사회시스템이 혼합되어 있고, 공식적 돌봄과 비공식적 돌봄을 포함한다는 것을 말하고 있다.

미국에서는 2010년대 들어 장기 서비스와 지지(long-term services and supports, LTSS)라는 용어가 장기요양을 대신하고 있다. 2010년에 제정된 환자보호와 적정요양법(the Patient Protection and Affordable Care Act) 때문이다.[1] 이 법은 장기서비스와 지지를 시설과 비시설의 장기요양서비스와 지원이라고 간단하게 정의

1) 이 법을 오바마케어법이라고 한다. 오바마케어는 공공의료보장제도와 민간건강보험의 사각지대에 놓인 사람(주로 공공부조에서 배제된 흑인 차상위계층)을 위한 건강보험 부담금 지원제도이다.

했다(US DHHS, 2013). 장기서비스와 지지는 신체적 · 인지적 · 발달적 · 만성적인 건강상태로 인해 일상생활동작능력(ADL)과 수단적 일상생활동작능력(IADL)에서 타인의 도움이 필요한 사람을 지원하는 것이다.[2] 장기서비스와 지지는 가정에 있는 사람과 지역사회생활시설 또는 장기요양시설에 있는 사람을 대상으로 한 개인적 돌봄 서비스와 건강 관련 서비스이다. 장기서비스와 지지의 건강 관련 서비스는 치료서비스와는 다르다. 중증질환이나 장애로 인해 진료서비스를 받고 있는 사람을 위한 지원과 서비스가 핵심이다. 장기서비스와 지지는 유료 서비스와 무료의 비공식적 서비스를 포함한다(US DHHS, 2013).

미국이 장기요양(LTC)을 장기서비스와 지지(LTSS)로 바꿨다 하더라도 장기요양이 장기간의 돌봄이 필요한 만성병(치매, 뇌 손상, 만성정신질환)이나 장애를 가진 사람을 위한 건강 돌봄 및 개인적 돌봄이라는 사실은 변함이 없다.

〈표 8-1〉 장기요양의 개념

구 분	내 용
가정돌봄과 시설돌봄	• 가정돌봄과 시설돌봄을 합한 것 • 가정돌봄 : 사적 공간인 가정에서 이루어지는 비공식적 돌봄 • 시설돌봄 : 공개적인 시설에서 제도적으로 이루어지는 공식적 돌봄
WHO	보건과 사회시스템의 주요 부분으로서 가족, 친구, 이웃 등 비공식적 돌봄 제공자와 건강 · 사회 · 기타 전문가와 보조원 등 공식적 돌봄 제공자의 돌봄을 받아야 하는 사람을 위한 활동
미국 환자보호부담적정보험법	• 장기요양 대신 장기서비스와 지지라는 용어 사용 • 장기서비스와 지지 : 신체적 · 인지적 · 발달적 · 만성적인 건강상태로 인해 일상생활동작능력(ADL)과 수단적 일상생활동작능력(IADL)에서 타인의 도움이 필요한 사람을 지원하는 것

2) Barthel 척도에 의하면, ADL(일상생활동작능력)은 컵으로 물마시기, 식사, 옷 갈아입기, 용모단정, 머리빗기, 침구정돈, 세탁물 정리, 양치질하기, 세수하기, 목욕하기, 소변보기, 대변보기, 체위변경, 앉고 일어서기, 보행능력(평지 50m 걷기) 등이고, IADL(수단적 일상생활동작능력. Instrumental ADL)은 대중교통 이용, 돈 계산능력, 은행 이용, 외출 능력, 공공기관 이용, 신문 읽기, 전화 걸기 등이다.

제2절 장기요양의 유형

장기요양은 장기요양시설돌봄(institutional care), 지역사회돌봄(community care), 비공식적 돌봄(informal care)으로 분류되는 것이 일반적이다. 장기요양시설돌봄은 장기요양시설이 제공하는 생활시설돌봄(residential care)이다. 지역사회돌봄은 생활시설돌봄과 가정돌봄의 중간에 있는 준생활시설돌봄(semi-residential care)이다. 비공식적 돌봄은 가족, 친구, 이웃 등이 제공하는 가정돌봄(home care)이다.

1. 장기요양시설

장기요양시설은 환자가 이전의 기능을 회복하는 데 목적을 둔 것이 아니라 노년기 신체적 기능의 악화를 방지하고 사회적응을 촉진하는 것을 목적으로 하는 생활시설(residential facilities)이다. 장기요양시설이 제공하는 서비스는 의료적 서비스뿐만 아니라 사회적 서비스를 포함한다. 장기요양시설의 돌봄은 대부분 낮은 기술이지만, 정맥 약물치료, 주사, 환기시스템, 상처치료 등 의료적 개입도 포함한다. 장기요양시설은 돌봄서비스, 개인적 돌봄서비스, 룸과 식사 등을 제공한다. 장기요양시설은 요양원과 다양한 형태의 그룹 생활시설(group supportive housing)이 있다.

1) 요양원

장기요양시설의 중심은 요양원(nursing home)이다. 요양원은 대표적인 장기요양시설이고, 장기요양시설 중 가장 많은 비중을 차지하고 있다. 일반인은 장기요양이라 하면 요양원을 연상한다. 요양원은 회복기에 있는 중증질환자 또는 전문적인 돌봄이 장기적으로 필요한 사람(일상생활의 도움이 필요한 사람)을 대상으로 시설돌봄(institutional care)을 제공한다.

미국의 경우 요양원은 고가의 병원 진료를 대신하기 위해 발전했으며, 다수가 영리를 목적으로 한다(요양원 체인회사도 있다). 비영리기관이 운영하는 요양원도 있지만 수가 많지 않다. 정부(중앙정부 및 지방정부)가 운영하는 시설은 1할도 안 된다. 메디케어(Medicare; 사회보장연금 수급자를 대상으로 하는 의료보장제도)와 메디케이드(Medicaid; 공공부조 수급자를 대상으로 하는 의료부조제도) 수급자가 요양원 입소자 중 가장 많다. 입소 노인은 여성이 많고, 85세 이상 초고령자가 절반을 차지한다. 대략 절반이 치매 환자이고, 심장병, 고혈압, 관절염, 뇌혈관질환, 우울 환자도 있다. 요양원과 요양원 병상 수는 꾸준히 증가하고 있다.

2) 그룹 생활시설

그룹 생활시설은 장기요양이 필요한 사람을 돌봄하고 슈퍼비전하는 공동생활시설이다. 요양원 이외의 소규모 그룹 홈, 유료양로원, 노인공동주택을 포함한다. 모두 유료시설이다. 숙식 돌봄시설(board and care homes), 가정생활시설(assisted living facilities), 평생돌봄보장 은퇴자공동체(continuing care retirement communities), 노인공동주택(congregate housing) 등이 있다.

(1) 숙식 돌봄시설

의료적 슈퍼비전, ADL 돌봄, 식사, 기사 등을 제공하는 소규모 생활시설(그룹 홈)이다. 가정 같은 환경을 조성하는 것을 중시한다. 신체 허약, 발달장애, 만성적인 정신질환을 가진 노인을 대상으로 한다. 4~10명의 노인이 가정처럼 꾸민 주거공간에서 공동생활을 한다. 치매 노인만 전문으로 하는 시설도 있다.

(2) 가정생활시설

가정 같이 꾸며진 시설에서 개인 룸, 식사, 가사서비스, ADL 돌봄, 사회활동, 24시간 돌봄을 제공한다. 철학은 개인의 자율성과 프라이버시를 존중하는 것이다. 타인의 돌봄이 어느 정도 필요하지만 전적으로 타인의 돌봄에 의존할 필요가 없는 신체 허약 노인이 주된 대상이다. 입소비가 숙식 돌봄시설보다 비싸다. 경제적으로 여유가 있는 80세 이상 고령 여성노인이 주 고객이다.

(3) 평생돌봄보장 은퇴자공동체

돌봄의 지속을 보장하는 고급 유료양로원이다. 주거만 보장하는 곳도 있고 요양시설 수준의 돌봄을 보장하는 곳도 있다. 공동체 안에 살면서 사망할 때까지 돌봄을 받는다. 시설은 입소자의 건강한 생활스타일과 예방적 돌봄을 위해 노력해야 하는 인센티브가 있다. 시설은 입소자가 오래 있을수록 이익이다. 입소자는 대부분 부유한 노인이다. 입소자는 매월 비용을 내고 입소 시 입원비를 낸다. 입원비가 수만 달러, 매월 입소비가 수천 달러에 이른다.

(4) 노인공동주택

분리된 아파트와 레크리에이션 시설, 식당, 장애 노인용 목욕시설, 비상 연락망, 지역사회와 연결되는 교통수단을 제공하는 다세대 주거시설이다. 서비스가 많지는 않다. 개인적 돌봄과 슈퍼비전은 없다.

3) 장기요양시설의 돌봄과 직원

장기요양시설이 제공하는 의료적 서비스와 사회적 서비스는 매우 다양하다. 개인적 관리 돌봄, 중간단계 돌봄, 준 중점치료, 단체지역유람, 레크리에이션활동, 간호, 기억력 개선 활동, 호흡기치료, 언어치료, 작업치료, 운동, 정맥치료, 오락(파티, 댄스, 합창 등), 사회복지서비스 등이 그것이다.

이 중에서 중요한 것이 개인적 관리 돌봄, 중간단계 돌봄, 준 중점치료이다. 관리 돌봄(custodial care)은 식사, 목욕, 옷 입기, 화장실 사용하기 등 ADL을 돕는 것이다. 중간단계 돌봄(intermediate care)은 관리 돌봄과 의료적 돌봄 및 의료적 슈퍼비전을 포함한 돌봄이다. 준 중점치료(sub-acute care)는 24시간 모니터링과 재활치료를 포함한 의료서비스이다. 고수준의 진료가 필요한 사람과 수술 후 퇴원 환자를 대상으로 한다.

장기요양시설의 직원도 다양하다. 간호사, 물리치료사, 사회복지사, 언어치료사, 호흡기치료사, 간호보조원, 영양사, 작업치료사 등이 같이 일한다. 장기요양시설의 핵심 인력은 간호사이다. 간호사는 입소자를 24시간 돌봄하고 슈퍼비전한다. 의사는 의학적 관점에서 진료를 감독한다.

2. 지역사회돌봄

지역사회돌봄은 가정이나 지역사회에 기반을 둔 비시설 돌봄이다. 지역사회돌봄은 탈시설화(de-institutionalization) 이념을 배경으로 하고 있다. 탈시설화는 보호가 필요한 사람을 시설 외부, 즉 지역사회에서 보호하자는 이념이다.[3)]

지역사회돌봄은 시설돌봄과 가정돌봄 중간에 있다. 가정에서 가족과 생활을 같이 하면서 지역사회에 있는 돌봄시설을 필요할 때 이용한다. 그래서 시설과 비시설의 경계가 다소 모호한 측면이 있다. 예컨대 장기요양시설처럼 방과 식사를 제공하는 지역사회돌봄시설이 그렇다. 하지만 자립생활이 불가능함에도 요양원에 가길 원하지 않는 노인을 위한 옵션이기 때문에 지역사회돌봄에 포함시킨다.

지역사회돌봄은 두 가지 유형이 있다. 하나는 가정기반서비스(home-based services)이고, 다른 하나는 지역사회기반서비스(community-based services)이다. 가정기반서비스는 노인의 가정에서 서비스를 제공하는 것이고, 지역사회기반서비스는 가정 밖 지역사회에서 서비스를 제공하는 것이다.

1) 가정기반서비스

가정기반서비스는 간단히 말해서 가정돌봄이다. 가정기반서비스는 넓게는 비공식적 지원 네트워크(informal support network), 즉 친구, 이웃, 교인이 제공하는 정서적 · 사회적 · 경제적 지원을 포함하지만, 좁게는 공식적 지원 네트워크(formal support network), 즉 공공기관과 민간기관의 직원들이 제공하는 노인을 위한 보건의료, 사회복지서비스, 가사서비스를 말한다. 공식적 가정기반서비스는 전문적 교육과 훈련을 받은 사회복지사, 간호사 또는 가정봉사원이 노인의 가정을 방문하여 제공한다. 가정봉사원파견사업, 가정간호, 안부간호, 임

3) 지역사회돌봄은 1957년 영국 왕립정신질환장애법률위원회(the Royal Commission on the Law Relating to Metal Illness and Metal Deficiency)가 정신병자를 병원(시설)에서 장기간 보호하기보다는 지역사회의 보호에 맡기는 게 더 효율적이라는 정책적 권고를 한 것이 효시였다. 이런 탈시설 이념이 나오게 된 까닭은 당시 정신병 치료제가 크게 발전하여 정신병원이 아닌 가정에서도 환자의 치료가 가능하게 되었기 때문이다. 이후 지역사회돌봄은 시설돌봄에 대한 대안으로 발전했다.

종간호, 도시락 배달 등을 예로 들 수 있다.

미국의 경우 가장 대표적인 가정기반서비스는 가정 건강돌봄(home health care)이다. 가정 건강돌봄은 가정방문서비스이다. 만성병이나 장애로 인해 장기적인 돌봄이 필요한 사람과 집중적인 병원치료 후 장기간의 돌봄이 필요한 사람을 대상으로 한다. 환자 상태에 따라 의료적 서비스와 사회적 서비스가 제공된다. 숙련 간호사, 물리치료사, 언어치료사, 작업치료사, 사회복지사, 영양사, 케이스매니저, 가정봉사원 등이 참여한다. 미국에는 많은 가정 건강돌봄시설(home health agencies)이 있다. 가정 건강돌봄시설은 가정방문서비스가 주된 수입원이며, 비용은 메디케어 프로그램이 지불한다(단, 메디케어 인증시설). 주정부, 지역사회, 종교단체가 운영하는 가정 건강돌봄 프로그램도 있다. 이들은 메디케어 인증대상이 아니다. 심장병, 고혈압, 당뇨병 환자들이 주된 대상이다.

2) 지역사회기반서비스

지역사회기반서비스는 공식적 지원서비스로서 가정 밖 지역사회에서 노인을 돌봄하는 것이다. 노인을 시설에 입소시키지 않고 지역사회에서 돌봄하기 때문에 노인을 지역사회에 통합시키는 효과가 크다. 노인복지관, 주간보호소, 단기보호소, 경로당, 경로식당, 보건소, 정신건강센터에서 재가노인에게 제공되는 서비스를 포괄한다. 지역사회기반서비스의 주요 프로그램은 다음과 같다(Kirst-Ashman, 2003 : 284).

(1) 노인주간돌봄

노인주간돌봄은 노화로 쇠약해진 노인을 주간에 돌봄하는 프로그램이다. 돌봄서비스와 함께 의료서비스와 재활서비스가 제공되며, 식사와 레크리에이션도 있다. 노인데이돌봄센터는 일반 직장인이 근무하는 시간에 노인을 돌봄한다. 소수지만 저녁시간과 주말에 서비스하는 곳도 있다. 지역사회복지관 등 비영리 사회복지기관이 부설로 운영하는 경우도 있다.

(2) 호스피스

호스피스는 시한부 환자와 가족에게 의료적·정서적·영적 서비스와 지지를 제공하는 시설이다. 의사, 간호사, 사회복지사, 성직자, 자원봉사자 등이 팀을 이루어 돌봄한다. 호스피스 전문시설, 병원 부설 시설, 가정 호스피스가 있다.

(3) 시니어센터

연극, 강의, 예술, 공예, 체력 운동, 요리, 건강 체크 등 노인들의 다양한 사회적 활동과 교육 및 레크리에이션 활동을 지원한다.

(4) 단체급식 프로그램

노인에게 단체로 따뜻한 음식을 제공한다. 노인이 서로 사귈 수 있는 기회도 된다.

3. 비공식적 돌봄

비공식적 돌봄은 가족, 친구, 이웃의 돌봄에 의존하는 것이다. 아수 오래된 전통적인 돌봄방식이다. 노인 돌봄을 위한 공공 프로그램이 많음에도 여전히 노인 돌봄의 가장 큰 비중을 차지하고 있다. 경제적 가치가 얼마인지 정확히 계산하긴 어렵지만 상당한 규모일 것으로 추산된다.

가족 돌봄 제공자 대부분이 전문적인 돌봄 훈련을 받지 않아 돌봄 수준은 장기요양시설에 비해 낮다. 가족 돌봄 제공자 대부분이 여성인 것도 문제이다. 여성 가족 돌봄 제공자의 노동력 가치는 제대로 평가받지 못하고 있다. 가족 돌봄을 지나치게 여성에게 의존하는 것은 성차별 이슈 중 하나이다.

〈표 8-2〉 장기요양의 유형

유 형	내 용
장기요양시설	• 노년기 신체적 기능의 악화를 방지하고 사회적응을 촉진하는 것을 목적으로 하는 생활시설 • 의료적 서비스와 사회적 서비스 제공 • 장기요양시설의 돌봄은 대부분 낮은 기술이지만 하이테크 의료적 개입도 포함함 • 돌봄서비스, 개인적 돌봄서비스, 룸과 식사 등 제공 • 대표적인 장기요양시설은 요양원
지역사회돌봄	• 가정이나 지역사회에 기반을 둔 비시설 돌봄 • 시설돌봄과 가정돌봄 중간에 위치 • 요양원에 가길 원하지 않는, 자립생활이 불가능한 노인을 위한 옵션 • 종류 : 가정 건강돌봄, 노인데이돌봄, 호스피스
비공식적 돌봄	• 가족, 친구, 이웃의 돌봄 • 아주 오래된 전통적인 돌봄방식 • 경제적 가치가 얼마인지 정확히 계산하긴 어렵지만 상당한 규모일 것으로 추산

제3절 장기요양비용의 조달방법

장기요양의 비용을 조달하는 방법은 조세, 사회보험, 민간보험 등 세 가지가 있다. 대부분의 국가는 조세방식으로 대처하고 있고, 고령화가 심화된 소수의 국가만 사회보험으로 해결하고 있다. 민간보험의 역할은 미미하다.

1. 조 세

대부분의 국가들은 장기요양비용을 정부의 일반세입에서 충당하고 있다. 지방정부가 노인복지 차원에서 재정조달과 시설의 설치 및 관리운영을 책임지고, 중앙정부가 재정의 일부를 지원하는 게 일반적이다.

조세방식은 안전망방식(safety-net type)으로 불리기도 한다. 장기요양 수급자가 빈민이나 무의무탁 노인 등 장기요양비용을 부담할 능력이 안 되는 소수의 사람이기 때문이다. 장기요양 급여는 공공부조 프로그램의 하나로 제공되고, 수급자격을 얻기 위해서는 자산조사를 거쳐야 한다. 수급자로 결정되면 요양원 등 장기요양시설을 무상으로 이용할 수 있다. 비용은 정부가 시설에 지급(삼자지불방식)한다(Comas-Herrera et al., 2010).

2. 장기요양보험

장기요양보험(long-term care insurance)은 고령이나 기타 질병에 의해 거동이 불편하여 타인의 도움과 보호가 필요한 사람을 장기간 돌봄을 하는 데 소요되는 비용을 조달하기 위한 사회보험이다.

장기요양보험을 실시하는 나라는 많지 않다. 독일, 네덜란드, 일본, 한국 정도이다. 이들 나라의 공통점은 고령화이다. 잘 알려진 대로 독일, 네덜란드와 일본은 초고령 국가이고, 한국은 고령화 속도에서 세계 최고이다.

장기요양보험은 정부와 건강보험의 재정 부담과 깊은 관련이 있다. 다시 말해서 장기요양이 필요한 노령인구가 크게 늘어나면서 여기에 소요되는 의료 및 시설보호비용이 급증하자 정부로서는 합리적 비용조달방안이 필요했고, 노인 환자의 증가로 재정에 상당한 압박을 받은 건강보험(노인 의료비 급증과 노인의 장기적인 병상 차지)도 실효성 있는 대책이 필요했는데, 이때 대안으로 제시된 게 장기요양보험이었던 것이다. 이런 점에서 고령화율이 높은 독일과 일본이 장기요양보험을 가장 먼저 도입한 것은 당연했다.

독일과 일본이 노인장기요양보험의 도입을 놓고 논의할 때 노인의료비용과 요양시설보호비용을 국가가 부담하지 않고 사회보험방식으로 시민에게 부담시키는 게 합당한지를 놓고 논란이 적지 않았다. 독일은 무려 20년 이상의 토론과 검토를 거쳐 노인장기요양보험의 실시를 결정했다.

독일이 장기요양보험(수발보험)을 도입한 것은 1995년이다(법 제정은 1994년). 독일도 장기요양보험을 실시하기 전에는 영국 등 다른 유럽 국가와 마찬가지로 가족의 돌봄은 기본적으로 가족의 책임이었고, 장기요양 욕구를 해결할 능력이 안 되는 소수의 요보호대상자만 정부 공공부조 프로그램의 혜택을 받았다.

독일이 오랜 논의 끝에 장기요양보험을 실시한 가장 큰 이유는 건강보험 재정적자와 지방정부 장기요양비용의 급증 때문이었다. 고령화로 의료적 서비스가 필요한 노인이 증가하자 건강보험의 노인진료비가 크게 증가했고, 같은 이유로 지방정부의 공공부조 지출이 증가하여 지방정부의 재정에도 적신호가 들어왔다.

장기요양보험은 이런 재정적 압박의 대안이었다. 이는 독일 장기요양보험의 목적, 즉 국가와 지방정부의 장기요양 재정부담 경감, 공공부조의 비중과 부담 경감, 가정기반서비스와 지역사회기반서비스의 확충, 비공식적 가족 돌봄 제공자의 역할 증대에 잘 나타나 있다(American Academy of Actuaries, 2015).

독일의 장기요양보험은 공적연금이나 건강보험처럼 보편적 사회보장시스템의 하나로 운영된다. 건강보험과 연계되어 건강보험 수급자는 자동으로 장기요양보험 수급자가 된다. 진료와 장기요양이 분리되어 진료는 건강보험, 장기요양은 장기요양보험이 책임진다. 장기요양보험은 요양시설 돌봄 비용과 가정돌봄 비용을 지급한다.

장기요양보험법은 장기요양이 필요한 사람을 신체적·정신적 질병 또는 장애를 가진 사람으로서 최소 두 가지 이상의 ADL과 한 가지 이상의 IADL의 도움이 장기간(최소 6개월) 필요한 사람으로 규정하고 있다. 수급자로 인정되면 (ADL 기준은 건강보험 소속 의사와 간호사가 판단), 가정돌봄과 시설돌봄을 선택할 수 있다. 가정돌봄 수급자는 현물급여와 현금급여의 선택권이 있다. 가정돌봄 제공자가 휴가를 갈 경우 사회보험이 전문 돌봄 제공자를 파견(비용은 사회보험이 지급)하고, 가정돌봄 제공자의 연금보험료도 장기요양보험이 부담한다(Schulz, 2010). 모든 돌봄 비용을 커버하지만 식비와 숙박비는 예외로 자부담이다.[4)]

독일에서 민간요양보험의 비중은 미미하다. 장기요양보험의 적용범위가 보편적이고 돌봄 범위도 넓어 구태여 고가의 민간보험을 통해 요양비용을 해결할 이유는 없기 때문이다.

일본이 장기요양보험(개호보험)을 도입한 이유도 독일과 별반 다르지 않다. 고령화로 늘어난 노인 환자가 건강보험 피보험자로서 병원 입원 무료 혜택을 받아 병원 병상의 거의 절반을 차지했다. 급증하는 노인의료비는 건강보험 재정을 위협했다. 노인 의료비 증가와 건강보험 재정악화에 대처하기 위해 일본 정부는 요양원 병상, 노인데이돌봄센터, 가정 건강돌봄을 확충하는 이른바 사회적 입원정책(social hospitalization policy)을 실시했다. 아울러 2000년 법정 개호보험을 실시했다.

일본 개호보험은 중앙정부가 요양서비스 가격과 급여기준을 결정하고, 지방정부가 수급자격과 급여 여부를 결정하는 시스템이다. 수급자는 65세 이상 노인과 40~64세 장애가 있는 사람으로서 지방정부가 임명한 전문가가 수급자격이 있다고 판정한 사람이다. 수급자는 가정돌봄과 시설돌봄을 모두 받을

4) 시설돌봄비용에서 식비와 숙박비를 본인에게 부담시킨 것은 시설돌봄 수급자와 가정돌봄 수급자 간의 형평성을 고려했기 때문이다. 가정돌봄 수급자가 식비와 숙박비를 제외한 돌봄서비스를 받고 있는데, 시설돌봄 수급자에게 식비와 숙박비를 지급하는 것은 형평에 맞지 않았다.

수 있다. 독일과 달리 현금급여는 없다. 독일과 같은 이유로 일본의 민간장기요양보험은 입지가 좁다. 정부의 개호보험을 보충하는 정도이다(American Academy of Actuaries, 2015).

3. 민간장기요양보험

장기요양 부문에서 민간보험이 발달하지 못한 데는 이유가 있다. 장기요양이 보험사고의 하나가 되는지 의심스럽고, 도덕적 해이와 역선택의 발생 가능성이 상당히 높으며,[5] 전통적으로 장기요양은 정부의 책임이라는 인식이 강하기 때문이다.

민간보험으로 장기요양 수요에 대처하는 대표적인 나라가 미국이다.[6] 미국에는 장기요양이 필요한 사람을 대상으로 한 장기요양보험 상품이 많다. 미국인이 다른 나라 사람에 비해 민간장기요양보험에 많이 가입하는 이유는 공적인 장기요양보험(사회보험) 시스템이 없고, 장기요양이 건강보험 적용범위에서 제외되어 있으며, 장기요양서비스 비용이 매우 비싸기 때문이다.[7]

미국의 민간장기요양보험은 주로 생명보험회사에서 취급한다. 민간장기요양보험이 커버하는 장기요양서비스는 요양원, 재가서비스, 노인데이돌봄, 호스피스 등 매우 다양한데, 요양원서비스와 재가서비스를 모두 커버하는 상품도 있고, 요양원서비스만 커버하는 상품과 재가서비스만 커버하는 상품도 있다. 민간장기요양보험은 임의보험이기 때문에 원하는 사람 누구나 가입할 수 있지만, 정신질환자(치매 환자는 예외), 알코올중독자, 약물중독자는 가입할 수 없다.

5) 역선택(adverse selection)은 건강상태가 안 좋은 사람이 그런 사실을 감춘 채 건강보험에 가입하여 많은 혜택을 봄으로써 다른 피보험자와 보험회사에 손해를 끼치는 것을 방지하기 위해 보험회사가 질병 발생 위험이 큰 사람을 보험가입에서 배제하는 것이고, 도덕적 해이(moral hazard)는 어떤 사람이 보험에 가입했다 하여 보험에 가입하기 전보다 위험을 예방하려는 노력을 덜 하여 결국 다른 가입자와 보험회사에 손해를 주는 것이다.

6) 미국 이외에 프랑스나 독일에서도 민간요양보험이 판매되고 있지만, 가격이 비싸 일부 경제적으로 여유 있는 계층만 구입하고 있다.

7) 미국 요양원 입소비는 연평균 7만 달러이다. 뉴욕 소재 요양원의 입소비는 연평균 10만 달러를 넘는다.

민간장기요양보험 가입은 회사를 통해 단체로 하거나 개인이 임의로 한다. 회사를 통한 단체가입의 경우 회사가 보험료의 일부를 지원한다(회사가 기업복지 차원에서 근로자에게 제공하는 부가급여). 장기요양보험 보험료는 세금감면 혜택이 있다. 수급자가 되기 위해서는 ADL 기준을 충족하거나 인지장애가 있어야 한다. 보험회사가 가입자에게 지급하는 보험금은 일반적으로 정액제(서비스 내용과 무관하게 매일 일정액을 지급하는 방식) 또는 정률제(서비스 비용 총액의 일정 비율을 지급하는 방식)로 계산된다(NAIC, 2013).

미국의 민간장기요양보험은 워낙 고가라 가입자가 많지는 않다(700만~900만 명 정도로 추산). 미국인 다수는 선진국 국민답지 않게 가족, 친구, 이웃 등 비공식적 돌봄에 의존하고 있다(천만 명 이상). 공공부문이 장기요양 수요를 충족시키지 못하고 있기 때문이다.

미국의 공공 장기요양 프로그램은 메디케어와 메디케이드가 있다. 연방 프로그램인 메디케어는 사회보장연금 수급자(65세 이상)를 대상으로 요양원 서비스와 가정 건강돌봄 서비스만 지원한다(개인적 관리 돌봄은 제외).[8] 수급기간도 제한적이다. 장기요양이 필요한 노인환자가 아니라 중증질환자의 회복에 필요한 돌봄에 초점을 두기 때문에 요양시설 이용은 100일만 가능하다(21~100일 사이에는 상당한 자부담이 있다). 메디케어 수급자의 장기요양 비용은 메디케어가 요양시설에 직접 지불한다. 메디케이드는 연방정부와 주정부가 재정을 공동부담하고, 운영은 지방정부가 하는 공공부조 프로그램이며, 수급자가 되기 위해서는 자산조사를 받아야 한다.

미국에서 장기요양서비스를 받는 사람(요양원, 기타 요양시설, 가정 건강돌봄 이용자)의 수는 2000년 1,500만 명에서 2050년 2,700만 명으로 증가하고, 65세 이상 노인의 2/3가 장기요양서비스 수요자가 될 것으로 예상되고 있다. 미국 인구센서스국 추계에 의하면, 가장 큰 수요자인 85세 이상 초고령자(oldest old)의 수

8) 메디케어는 원래 중증환자의 퇴원 후 돌봄을 위한 단기요양서비스만 지원했다. 장기요양을 지원하기 시작한 것은 1989년부터다. 이때부터 가정돌봄이 필요한 사람을 위한 가정방문 돌봄과 중증환자의 퇴원 후 돌봄을 위한 단기 가정돌봄이 증가했다. 이는 병원 입원비를 줄이는 효과가 있었다.

는 2015~2050년 사이에 거의 3배(630만 명에서 1,760만 명으로 증가, 인구의 4.5%)로 증가할 전망이다(US DHHS, 2013).

이상에서 보듯이 미국은 공공-민간 병행 시스템으로 장기요양 수요에 대응하고 있다. 하지만 민간 프로그램은 중산층에게도 부담이 될 정도로 비싸고, 공공 프로그램은 매우 제한적이다. 많은 미국인들은 가족, 친구, 지역사회의 도움에 의존하고 있다. 개개인이 사전에 대비하지 않으면 노후에 선택지가 매우 좁은 것이 현실이다.

제4절 한국의 노인장기요양보험

우리나라가 다른 나라에 비하여 비교적 일찍이 노인장기요양보험의 도입에 관심을 보인 이유는 날로 증가하는 노인 인구의 의료비 부담 때문이었다. 건강보험의 지출에서 노인진료비가 차지하는 비중이 상당히 크고, 고령화와 함께 그 비중은 더욱 커져 갔기 때문에, 이에 대한 대책이 필요했던 것이다. 4절에서는 우리나라 노인장기요양보험의 도입과정과 그 내용에 대해서 알아본다.

1. 도입과정

2001년 5월 보건복지부는 건강보험재정 안정대책을 발표했다. 보건복지부는 건강보험 제도개선의 하나로 "치매, 뇌졸중, 중증 정신질환 등 만성질환 노인을 위한 장기노인요양보험 도입 및 장기요양시설 확충"을 제안하였다. 우리나라에서 노인장기요양보험이 최초로 공식적으로 거론된 것이다.

당시 한국의 고령화 정도는 선진국에 비해 낮았기 때문에 노인장기요양보험의 신설은 시기상조라는 지적도 있었다. 그러나 2020년경에는 고령화사회에 도달할 것으로 예상되고,[9] 무엇보다도 고령화 속도가 선진국에 비해 대단히 빠를 것이며, 게다가 핵가족화, 여성의 사회참여 확대, 부양의식의 변화 등 노인부양과 관련된 환경이 크게 변화될 것으로 전망되었고, 서구에 비해 가족수발의존도가 현저히 높은 실정을 감안할 때 노인장기요양보험의 도입은 불가피하다는 의견이 우세했다.

보건복지부도 고령화가 의료수요의 급증을 가져올 것으로 예상했다. 고령화로 뇌혈관질환, 암, 고혈압, 당뇨병, 치매 등 만성퇴행성질환이 크게 증가하

9) 2001년 당시에는 2020년경 고령화사회(노인인구비율 7% 이상)에 도달할 것으로 예상하였으나, 실제로는 2018년 고령사회(노인인구 14% 이상)에 도달할 정도로 우리나라의 고령화속도가 빨랐다.

고, 이에 따라 재가의료(간호), 장기이식 및 인공장기 투입, 노인장기요양 등 보건의료서비스 수요가 늘어날 것으로 보았다.

사실 정부가 노인장기요양보험의 도입에 관심을 보인 가장 큰 이유는 건강보험의 재정적자 때문이었다. 건강보험의 지출에서 노인진료비가 차지하는 비중은 상당히 크고, 고령화와 함께 그 비중은 더욱 커질 전망인데, 이런 점에서 장기요양을 요하는 노인의 요양비용을 건강보험에서 분리하여 별도의 사회보험으로 해결하는 것은 유력한 대안이 될 수 있었다.

아울러 지역의 요보호노인을 대상으로 노인복지서비스의 행·재정적 책임을 지고 있는 지방자치단체에게도 노인장기요양보험은 매력적이었다. 왜냐하면 지방자치단체로서는 지역의 요보호 노인을 위한 요양시설을 건립하는 데 필요한 토지와 건축비 조달은 그리 어렵지 않은 데 비해(토지는 지방자치단체 소유의 토지를 활용하면 되고, 시설건축비는 한 해 예산에서만 조달하면 되므로), 요양시설의 유지·관리에 필요한 운영비용, 즉 인건비, 의약품비, 기타 경상경비를 매년 조달하는 것은 제한된 지방자치단체의 예산에 비추어 볼 때 상당한 부담으로 작용하기 때문이다. 노인장기요양보험이 신설되어 장기요양시설 입소가 필요한 피보험자의 시설이용비용을 책임진다면 지방자치단체는 시설운영비용의 부담에서 항구적으로 벗어날 수 있었다.

그리하여 정부는 2001년 8·15 대통령 경축사에서 노인요양보장제도의 도입을 천명하였고, 2002년 7월 보건복지부의 국무회의 보고(노인보건복지종합대책)에서 공적노인요양보장체계의 구축과 시행을 제시하였다.

노인요양보험제도가 보다 구체화된 것은 '참여정부' 들어서였다. 노무현 대통령은 대선 공약의 하나로 노인요양보험제도의 시범실시 후 공적노인요양보장제도의 도입을 제시했고, 2003년 2월 보건복지부는 대통령직인수위 보고시 요양보호노인을 위한 공적제도의 도입 추진을 밝혔다. 같은 해 4월 보건복지부는 대통령 업무보고에서 2007년 시행을 목표로 공적노인요양보장제도의 도입 추진을 보고했다. 그 전인 3월 이미 보건복지부는 공적노인요양보장추진기획단을 구성해 운영에 들어갔다. 그리고 2004년 1월 국정과제회의 주요 안건으로 공적노인요양보험제도의 2007년 도입 추진이 보고되었으며(동시에

'참여복지 5개년 계획'에도 포함), 2004년 3월 공적노인요양보장제도 실행위원회 및 실무기획단이 구성되었다.

2008년 5월에는 당정협의를 통해 노인요양보장제도 기본 안이 확정되었다. 사회보험방식(관리운영은 건강보험공단이 담당)으로 운영하고, 제도 시행여건을 감안해 시행시기를 2007년에서 2008년으로 1년 연기하는 방침을 정했다. 이어서 동년 9월에 공청회를 거쳐 10월 법안이 입법예고 되었으며, 2006년 2월 국무회의를 통과했다. 아울러 사업의 시행착오를 줄이기 위해 3단계에 걸친 시범사업이 실시되었다. 2005년 7월 1차 시범사업이 실시되었는데, 대상지역은 광주 남구, 수원, 강릉, 안동, 부여, 북제주군 등 6개 시군구였다. 2006년 4월부터는 2차 시범사업이 실시되었다. 대상지역은 1차 6개 시범지역에 부산 북구, 전남 완도가 추가된 모두 8개 시군구였다. 2007년 5월에는 3차 시범사업이 시작되었는데, 대상지역은 2차 8개 시범지역에 인천 부평구, 대구 남구, 청주, 익산, 하동 등이 추가된 13개 시군구였다.

이런 과정을 거쳐 2007년 4월 노인장기요양보험법이 국회 본회의를 만장일치로 통과하고, 법률이 공포됨으로써 2008년 7월부터 노인장기요양보험제도가 시행되었다.

2. 적용대상

노인장기요양보험의 대상자는 65세 이상 노인 또는 65세 미만 노인성 질환자(치매, 중풍 등)로서 거동이 현저히 불편하여 장기요양이 필요한 자이다. 대상자 여부는 등급판정위원회에서 판정한다. 등급판정위원회는 장기요양인정 및 등급판정을 위한 심의기구로서 지역단위(시군구)별로 설치하고, 위원은 15인 이내로 구성한다. 장기요양등급은 장기요양등급 신청인의 신청을 받아 소정의 교육을 이수한 간호사, 사회복지사, 물리치료사 등으로 구성된 건강보험공단 소속 장기요양 직원이 신청인 거주지를 방문하여 신청인을 장기요양인정조사표로 조사한 결과를 토대로 산정한다.

장기요양인정조사는 ADL과 IADL을 포함한 신체기능, 인지기능, 행동변화, 간호처치, 재활영역 등 5개 영역을 대상으로 한다. 원래 장기요양등급은 3등급체계였으나 2014년 7월 노인장기요양 등급체계 개편으로 5등급체계로 확대되었다. 각 등급은 장기요양인정점수로 산정되는데 95점 이상이 1등급, 94~75점이 2등급, 74~60점이 3등급, 59~51점이 4등급, 50~45점이 5등급이다. 45점 미만은 인지지원등급으로 분류된다.

〈표 8-3〉 장기요양등급

등 급	심신의 기능상태	장기요양인정 점수
1등급	심신의 기능상태 장애로 일상생활에서 전적으로 다른 사람의 도움이 필요한 자	95점 이상
2등급	심신의 기능상태 장애로 일상생활에서 상당 부분 다른 사람의 도움이 필요한 자	75~94점
3등급	심신의 기능상태 장애로 일상생활에서 부분적으로 다른 사람의 도움이 필요한 자	60~74점
4등급	심신의 기능상태 장애로 일상생활에서 일정 부분 다른 사람의 도움이 필요한 자	51~59점
5등급	치매환자(노인장기요양보험법 시행령 제2조에 따른 노인성 질병으로 한정)	45~50점
인지지원등급	치매환자(노인장기요양법 시행령 제2조에 따른 노인성 질병으로 한정)	45점 미만

3. 장기요양급여

장기요양급여는 6개월 이상 동안 혼자서 일상생활을 수행하기 어렵다고 인정되는 자에게 신체활동·가사활동의 지원 또는 간병 등의 서비스나 이에 갈음하여 지급하는 현금 등을 말한다. 장기요양인정으로 판정을 받은 대상자는 재가급여(방문요양, 방문목욕, 방문간호, 주야간보호, 단기보호 등), 시설급여, 특별현금급여 등 세 가지 형태의 서비스를 받을 수 있다.

재가급여는 가정에서 요양보호사와 간호사 등이 제공하는 식사 도움, 화장실 도움, 세면, 목욕, 말벗, 외출동행, 간호서비스, 집안 청소 등 일상 가사지원서비스를 말한다. 그리고 하루 중 일정 시간 동안 주야간보호시설을 이용한 기본적 요양서비스, 신체 또는 정신 기능 유지 및 기능 향상 프로그램 등에의 참여, 가족 등이 불가피하게 일정 기간 동안 집을 비워야 할 경우 노인을 단기보호시설에 입소시켜 요양서비스를 제공하는 것도 재가급여에 포함된다.

시설급여는 요양에 필요한 시설과 설비 및 전문인력을 갖추고 있는 노인요양시설에 장기간 입소하여 전문요양서비스를 받게 하는 것이다. 특별현금급여는 도서벽지 지역 등 요양시설이 없어 불가피하게 가족 등으로부터 요양을 받는 경우에 지원되는 현금급여이다.

〈표 8-4〉 장기요양급여의 종류

급 여	내 용	
재가급여	방문요양	장기요양요원이 수급자의 가정 등을 방문하여 신체활동 및 가사활동 등을 지원
	인지활동형 방문요양	1~5등급 치매수급자에게 인지자극활동 및 잔존기능 유지·향상을 위한 일상생활 함께하기 훈련을 제공(기존의 방문요양과는 달리 빨래, 식사준비 등의 가사지원은 제공할 수 없으나, 잔존기능 유지·향상을 위해 수급자와 함께 옷 개기, 요리하기 등은 가능함)
	방문목욕	목욕장비를 갖추어 노인을 방문하여 목욕서비스 제공
	방문간호	의사의 지시를 받은 간호사가 노인을 방문하여 간호서비스 제공
	주야간보호	하루 중 일정 시간 동안 주야간보호시설을 이용하여 기본적 요양서비스 제공
	단기보호	단기보호시설에 입소시켜 요양서비스 제공
	기타 재가급여	수급자의 일상생활 또는 신체활동 지원에 필요한 용구로서 보건복지부장관이 정하여 고시하는 것을 제공하거나 대여 ※ 수동휠체어, 전동·수동침대, 욕창예방매트리스·방석, 이동욕조, 성인용보행기 등

시설급여	노인요양시설	요양에 필요한 시설과 설비 및 전문인력을 갖추고 있는 노인요양시설에 장기간 입소시켜 전문요양서비스 제공
	노인그룹홈	
특별 현금급여	가족요양비	도서벽지 지역 등 요양시설이 없어 불가피하게 가족 등으로부터 요양을 받는 경우에 지원되는 현금급여
	특례요양비	요양인정자가 요양서비스 제공기관으로 지정되지 않은 시설 이용 시 요양서비스비용의 일부 지급(양로원, 장애인복지시설 등)
	요양병원요양비	요양인정자가 노인복지법상 노인전문병원 또는 의료법상 요양병원 입원 시 간병비(간병인 이용비)의 일부 지급

보건복지부(2006)는 요양급여의 기본원칙을 다음과 같이 정한 바 있다.

- 요양서비스는 노인 등의 심신상태 및 생활환경과 노인 등 및 그 가족의 욕구와 선택을 종합적으로 고려하여 실시하되 필요한 범위 안에서 적정하게 실시하여야 한다.
- 노인 등이 가족과 함께 생활하면서 가정에서 수발을 받는 재가수발급여가 우선적으로 실시되어야 한다.
- 노인 등의 심신상태나 건강 등이 악화되지 않도록 의료서비스와 연계하여 실시한다.

4. 재 정

노인장기요양보험의 재정은 노인장기요양보험료, 국가지원, 본인일부부담으로 충당된다. 노인장기요양보험료는 건강보험 가입자(직장가입자, 지역가입자)가 부담하며, 건강보험료액에 노인장기요양보험료율을 곱하여 산정된다. 노인장기요양보험료는 건강보험료와 통합 고지되고, 징수 후 노인장기요양보험료와 건강보험료는 각각의 독립회계로 관리된다. 노인장기요양보험료율은 장기요양위원회의 심의를 거쳐 대통령령으로 정하게 되어 있다. 장기요양위원회는 보건복지부 장관 소속 심의기구(위원장 보건복지부 차관)로서 근로자단체,

사용자단체, 시민단체, 노인단체, 농어민단체, 자영업자단체 등 적용대상자 대표들과 의료계 등 장기요양기관 대표, 학계, 고위공무원단 소속 공무원, 공단 추천자 등 공익 대표로 구성된다.

국가는 보험료예상수입액의 20%(국고) 및 의료급여수급권자의 장기요양급여비용(국가와 지방자치단체가 각각 분담)을 부담한다. 본인일부부담은 시설급여서비스 비용의 20%, 재가급여서비스 비용의 15%이다(원래 정부안에는 시설급여와 재가급여 모두 비용의 20/100으로 하는 것으로 되어 있었으나 국회 입법과정에서 수정되었다). 소득·재산이 일정 금액 이하인 저소득층은 본인일부부담금을 1/2로 경감(시설급여 10%, 재가급여 7.5%)받으며, 국민기초생활수급노인은 무료이다.

〈표 8-5〉 노인장기요양보험의 재정

구 분	내 용
노인요양보험료	• 건강보험 가입자 부담 • 건강보험 보험료율 × 노인장기요양보험료율 • 건강보험료와 통합 고지
국가부담	• 보험료 예상수입액의 20%(국고) • 의료급여수급권자의 장기요양급여비용(국가와 지방자치단체가 각각 분담)
본인부담	• 시설급여서비스 비용의 20%, 재가급여서비스 비용의 15% • 저소득층은 본인일부부담금 1/2로 경감 • 국민기초생활수급노인은 무료

CHAPTER 09

산업재해보상보험

산업재해보상보험, 즉 산재보험은 산업재해를 당한 근로자의 치료비와 재해로 인해 상실한 임금을 보상해 주는 사회보험으로, 산업화의 필수적인 사회보험이다. 따라서 19세기 말 산재보험이 탄생한 독일이나, 1960년대 산업화를 추진하던 우리나라에서도 산업화와 함께 가장 먼저 준비한 것이 산재보험이었다.

9장에서는 1절에서 산업재해보상보험의 특성을 알아보고, 2절에서는 산업재해에 관한 이론과 제도의 발전단계를 살펴보고, 3절에서는 산재보험의 대상이 되는 요건인 산업재해와 직업병을 분석해 보고, 4절에서는 산재보험의 재정 원천인 보험료에 대해서 살펴보고, 마지막 5절에서는 우리나라의 산재보험제도를 분석해 본다.

제1절 산업재해보상보험의 개념과 특성

산업재해보상보험(industrial injury insurance; 산재보험)은 산업재해(industrial injury)를 당한 근로자의 치료비와 재해로 인해 상실한 임금을 보상해 주는 사회보험이다.

산재보험은 연금, 건강보험, 실업보험과 다른 점이 있다. 즉, ① 보험료를 사용자만 부담하고, ② 근로자가 아니라 사용자가 보험자이며(사용자보험), ③ 주된 적용대상이 임금근로자이고(특히 산재 위험이 높은 생산직 근로자, 자영업자는 제외), ④ 수혜자(근로자)와 보험료 납부자(사용자)가 다르며(가입자와 수혜자의 불일치), ⑤ 철저히 수지상등의 원칙(민간보험의 기본원칙)을 따르고, ⑥ 보험료가 위험발생률, 즉 산재발생률에 비례한다.

산재보험은 관리운영 면에서도 다른 사회보험과 차이가 난다. 연금이나 건강보험은 개인을 피보험자로 삼기 때문에 보험자(관리운영자)는 가입자를 개인별로 지속적으로 관리해야 한다. 예를 들어, 개별 가입자의 임금과 직장 이동 여부를 항시 파악해야 하는 것이다. 반면에 산재보험의 피보험자는 개별 근로자가 아니라 사용자(사업장)이기 때문에 그럴 필요가 없다.

산재보험의 주된 적용대상은 산업재해의 위험을 안고 있는 임금근로자이며, 산업재해와는 무관한 자영업자는 제외된다. 선진국은 생산직은 물론 사무직을 포함한 모든 근로자를 적용대상으로 하고 있고, 개발도상국이나 후진국은 농업노동자를 제외하고 있으며, 근로자도 산재위험이 높은 산업(기계공업)에만 적용하고, 중소기업을 제외하는 경우가 많다.

대부분의 나라가 산재보험을 사회보험방식으로 운영하지만 민간보험으로 이를 대신하는 나라도 있다. 예컨대 독일, 오스트리아, 캐나다, 일본, 스웨덴, 노르웨이 등 대부분의 선진국은 사회보험방식을 채택하고 있고, 덴마크, 핀란드, 싱가포르는 민간보험방식을 채택하고 있다. 사회보험과 민간보험의 경쟁체제로 운영하는 나라도 있는데, 호주, 벨기에, 포르투갈, 스위스, 네덜란드가 그렇다. 미국은 예외적으로 사회보험, 민간보험, 자가보험(대기업의 자체보험)의 경쟁체제로 한다. 산재보험을 민간보험이 운영하는 경우 정부는 사용자로 하여금 자신의 근로자의 산재위험에 대비하기 위해 민간보험에 가입할 것을 의무화하고 있다.

산재보험은 재해보상의 책임을 전체 사용자에게 공동 부담시켜(책임의 분산) 산재보상으로 인한 사용자의 일시적인 경제적 부담을 경감시키는 데 주 목적이 있다. 그리고 '개별 사용자와 개별 산재 근로자 간의 관계'를 '국가와 개별 산재 근로자 간의 관계'로 전환시켜 재해보상과 관련된 노사관계의 악화를 막는다는 데도 의의가 있다. 또한 산재보험의 실시로 재해보상청구권 행사가 간소화되어 근로자는 보상을 비교적 신속하게 받을 수 있고 국가가 보험자가 됨에 따라 보상의 보증을 보다 확실히 받을 수 있다(보상의 안정성)는 장점이 있다(윤조덕, 1999 : 4-5).

제2절 산업재해보상의 이론과 발전단계

작업과정에서 생긴 재해에 대해서, 사용자가 근로자에게 보상을 해야 하는가에 대해서는 산업화 과정에서 많은 논란이 있었다. 2절에서는 사용자가 근로자에게 산재보상을 해야만 하는 이론과 산재보상의 발전단계를 분석해 본다.

1. 산재보상의 이론

사용자가 근로자에게 산재보상을 해야만 하는 것을 정당화하는 이론으로는 다음과 같은 세 가지가 있다(Rejda, 1999 : 262-263).

- 산업위험 이론(occupational risk theory) : 산업재해의 비용을 생산비의 일부로 간주하는 이론이다. 따라서 산재보상 비용은 생산비에 전가되어 생산원가를 증가시킨다. 산재보상 비용이 생산비의 일부가 되면, 근로자는 산재보상 비용을 부담할 이유가 없다. 그리고 보험료는 임금총액(payroll)에 비례하여 부과되는 사회보장세(payroll tax)와 같다.
- 사회비용 최소화 이론(least social cost theory) : 산재보상이 산재발생을 억제시켜 기업의 경제적 비용을 감소시킨다는 이론이다. 산재발생률을 줄여야 보험료 부담이 줄어들고, 산재보험에 가입하지 않았을 때보다 산재보험에 가입했을 때 비용 부담에서 이익이 되기 때문에 기업은 사고를 줄이려는 인센티브가 있다.
- 사회적 타협 이론(social compromise theory) : 산재보상으로 사용자와 근로자 양측이 희생과 이득을 공유한다는 이론이다. 산재 근로자로서는 산재보상을 받는 데 필요한 법정비용을 줄일 수 있고, 기업주도 근로자가 제기하는 법정제소(litigation)의 부담과 재판에서 패소했을 때 부담해야 하는 높은 보상비를 피할 수 있는 장점이 있다.

2. 산재보상의 발전단계

오늘날 거의 모든 산업국가에서 근로자가 산업재해를 입게 되면 사용자가 재정을 전담하는 산재보험을 통해 산재로 인한 모든 피해를 보상받고 있다. 산업재해가 사용자를 위해 노동하는 과정에서 발생하는 재해이기 때문에 사용자가 그 피해를 모두 보상하는 것은 당연한데, 이처럼 너무나 당연한 산재보상이 산재보험으로 보장받기 시작한 것은 19세기 말부터이다.

산업재해를 가져온 산업 자본주의 초기, 즉 19세기 초·중반에는 산재를 당한 근로자는 민사소송을 통해 개별적으로 피해보상을 받을 수밖에 없었으며, 소송을 통한 보상이 법적 절차나 비용 측면에서 개별 근로자에게 지나친 부담을 주어 이에 대한 근로자의 불만이 컸다. 산재보상에 대한 근로자의 불만이 거세지자 19세기 후반부터 사용자책임법을 제정하여 산재의 사용자책임을 강화했다.

이와 같이 관습법 또는 민법을 통한 보상, 사용자책임법, 산재보험으로 발전한 것을 산재보상의 세 단계라고 하는데, 이를 정리하면 다음과 같다.

- **관습법(common law)이나 민법(civil codes)을 통한 보상** : 산재를 입은 개별 근로자가 민법(유럽 대륙국가)이나 관습법(영미권 국가)에 의한 소송을 통해 보상을 받은 단계이다. 소송 제기자인 근로자는 반드시 사용자의 잘못을 증명해야만 보상을 받을 수 있었다. 그러나 사용자가 산재 책임을 회피하는 데는 많은 방법이 있어[1] 실제로 근로자가 산재소송을 통해 산업재해를 보상을 충분히 보상받기는 대단히 어려웠다. 또한 산재 근로자가 부담해야 하는 소송비용은 상당액에 달했으며, 승소한다 하더라도 그 배상액은 매우 적었다. 따라서 대부분의 산재 근로자가 산재로 인한 소득의 상실과 산재 치료를 위한 의료비용의 부담이라는 이중의 고통을 감수하지 않을 수 없었다.

1) 산재 근로자 자신에게도 과실의 책임이 있거나, 동료 근로자의 과실로 인한 재해이거나, 산재 근로자가 자신의 일에 따르는 특정한 위험을 사전에 인지하고 있었거나 하는 경우, 산재보상을 받을 수 없었다. 이는 산재가 오직 사용자의 과실에 의한 것이 명백하고, 일에 따른 특정한 위험을 사전에 인지하지 못한 경우에만 보상이 주어졌다는 것을 의미한다.

- **사용자책임법**(employers' liability law) : 민법이나 관습법에 의한 보상이 너무 까다로워 이에 대한 근로자의 저항이 커지자 19세기 후반 들어 유럽 각국은 산재의 사용자 책임을 명시한 사용자책임법을 제정(1871년 독일,[2] 1880년 영국, 1885~1910년 미국의 각 주)하여 산재 근로자에 다소 유리하게 만들었다. 이 법에 의해 산재의 책임이 일차적으로 사용자에게 부과되고 산재보상 조건이 다소 완화되었다. 그러나 여전히 사용자와 근로자의 과실 여부, 공장의 고유한 위험도를 엄격히 따졌으며, 산재 근로자가 소송비용을 부담해야만 했다. 또한 광산이나 철도 등 산재위험이 높은 산업체에만 적용되었다.
- **산재보험**(industrial injury insurance) : 1884년 독일은 산재보험을 세계 최초로 도입하였다. 독일의 산재보험은 산재발생의 책임소재에 따른 보상의 결정과 소송을 통한 개별 보상이라는 기존의 관행을 지양하고, 산재보상에 초점을 맞추었다. 산재보험법에 따라 해당 업종 산업체(처음에는 제조업과 광산업, 1886년에 공무원과 산림업, 1887년에는 수산업으로 확대)에게 강제 적용했으며, 산업체가 피보험자가 되어 보험료를 갹출, 산재기금을 조성(산재보험공단)하여 산재를 연대 책임졌다(근로자는 보험료 면제). 이런 독일식의 산재보험은 유럽 대륙국가로 점차 확대되어 갔다. 반면에 영국은 1897년 노동자보상법(the Workmen's Compensation Act)을 제정했으나, 사용자의 보험가입을 의무화하지는 않았으며, 보상도 근로자의 무과실에 한하였다. 그 후 1934년에 석탄산업에 강제 적용되었다. 대부분의 대기업은 민간보험에 가입했다. 1946년 국민보험법의 제정으로 비로소 전산업체로 확대되었다. 미국은 현재까지도 개별 기업과 민간보험회사 간의 계약에 의한 근로자 보상체계가 유지되고 있다. 단, 가입은 의무화되어 있고, 급여와 보험료 등 주요 사항은 법으로 규정되어 있다.

2) 1870년 독일 통일 직후 제정된 제국사용자책임법을 말한다. 철도, 광산, 채석장과 공장 근로자의 산재에 대한 사용자의 책임을 명시했다. 그러나 실제 보상받은 근로자의 비율은 20%에 불과했다(엄규숙, 1999 : 32).

산재보험은 사용자책임의 원칙을 사회보험으로 연대화한 것이다. 다시 말해서 개별 산재 피해자에 대해 개별 사용자가 책임지고 보상하던 시스템을 전체 산재 피해자를 전체 사용자가 연대책임 지는 시스템으로 바꾼 것이다. 보험가입자가 그 수급자인 산재 근로자가 아니라 그를 고용하고 있는 개별 산업체라는 점에서 그렇다.

〈표 9-1〉 **산재보상의 발전단계**

구 분	내 용
관습법이나 민법	산재를 입은 개별 근로자가 민법(유럽 대륙국가)이나 관습법(영미권 국가)에 의한 소송을 통해 보상을 받은 단계
사용자책임법	산재의 책임이 일차적으로 사용자에게 부과되고 산재보상 조건이 다소 완화
산재보험	산재발생의 책임소재에 따른 보상의 결정과 소송을 통한 개별 보상이라는 기존의 관행을 지양하고, 산재보상에 초점을 둠

제3절 산업재해의 요건

산재보험의 보상대상은 산업재해(industrial accidents)와 직업병(industrial disease) 두 가지이다. 따라서 업무와 관련된 재해와 질병인지의 여부가 보상을 결정하는 데 관건이다.

1. 산재의 인정범위

산재 인정범위는 이른바 업무수행성(in the course of employment)과 업무기인성(out of employment)이라는 2요건주의(要件主義)[3]에 따라 정해진다. 업무수행성이란 업무수행 과정에서 발생한 재해여야 한다는 것을, 업무기인성이란 업무로 인해 입은 재해여야 한다는 것을 말한다.

업무수행성은 보통 사용자의 관리하에 있는 경우를 말하지만, 많은 예외가 있고, 또 예외적 업무를 둘러싼 분쟁이 끊이지 않고 있다. 그럼에도 업무수행성의 범위는 확대되는 추세이다. 예컨대 작업 직전이나 직후에 발생한 재해, 회사 기숙사와 회사 교통수단에서 발생한 재해를 업무수행 과정에서 발생한 재해로 인정한 것이 좋은 예이다.

업무기인성의 범위도 확대되는 추세이다. 네덜란드는 업무상 재해와 비업무상 재해 그리고 직업병과 일반 질병과의 구분을 아예 없애 버렸다. 어차피 산재보험이나 건강보험을 통해 치료와 보상을 해야 한다면, 산재 여부의 판정에 관한 분쟁의 소지를 원천적으로 없애는 게 합리적이라고 판단한 것이다.

3) 2요건주의는 1897년 영국의 노동자보상법에서 최초로 규정되었는데, 오늘날까지 산재 판정 기준으로 준용되고 있다.

2. 직업병

직업병은 1925년 독일 사회보험법 개정에서 처음 산재에 포함되었다. 직업병은 작업 중의 순간적 사고(accidents)가 아니라 장기적 진행과정을 거치는 질병(disease)이기 때문에 업무기인성을 증명해야 하는 문제가 제기되기 쉽다. 다시 말해서 일반 질병과 구분되는 직업병으로서의 특이성을 갖지 못하는 경우가 많아 회사와 개별 근로자 간의 다툼이 생길 소지가 많다는 것이다. 업무기인성을 증명하기 위해 다음과 같은 세 가지 방법이 사용되고 있다.

- **지정열거방식**(schedule or list system) : 직업병 목록을 만들어 이에 해당하는지의 여부를 가리는 방법이다. 개별 근로자로서는 직업병 여부를 입증하기가 쉽다는 장점을 갖지만, 새로운 직업병에 대처하기가 곤란한 약점을 가진다.
- **일반정의방식**(general coverage system) : 직업병을 일반적으로 정의해 놓고 구체적으로 문제가 된 질병이 그것에 해당하는지 여부를 가리는 방법이다. 직업병의 범위를 넓게 잡을 수 있는 장점이 있지만, 전문가의 판정이 필요하고 또 입증 책임이 개별 근로자에게 귀착되어 상당한 부담을 준다는 약점이 있다.
- **혼합방식**(combined or mixed system) : 상기 두 방식을 혼합한 것으로 직업병 목록을 통한 판정과 직업병 판정 여부를 가려 새로운 직업병을 인정하는 것 양자를 허용하는 방법이다.

초기에는 지정열거방식을 주로 채택했으나 요즘에는 혼합방식을 채택하는 추세이다. 현대에 올수록 산업체에서 사용하는 화학물질의 종류가 다양해져 새로운 직업병이 끊임없이 발생하고 있고, 또 현대 의학의 발전으로 직업과 질병의 관련성이 많이 밝혀졌기 때문이다. 그러나 산재보험의 운영을 민간보험에 맡기고 있는 미국의 경우 보험회사가 산재 판정 여부를 직업병 목록에 주로 의존하고 있어 산재보상을 받기가 어렵고, 법적 분쟁의 발생률도 사회보험방식을 채택하고 있는 유럽에 비해 높다.

3. 산재보험의 지급 요건

산재보험의 급여 요건은 '업무상 재해'이다. 우리나라 산재보험법은 업무상 재해를 "업무상의 사유에 의한 근로자의 부상 · 질병 · 신체장해 또는 사망"이라고 규정하고 있다. 우리나라는 1981년 법 개정 이전까지는 2요건주의에 의거하여 업무상 재해를 인정했다. 그러다가 1981년부터 2요건 중 업무수행성을 삭제함으로써(2요건주의의 폐기) 업무상 재해의 인정 요건이 완화되어 그 범위가 확대되었다.

한편 업무상 재해에서 업무는 당해근로자가 종사하는 일, 즉 근로계약을 기초로 하여 형성되는 사용자 종속적 근로관계하에서 근로자가 근로계약 내용에 따라 직무상 행하는 일은 물론 그 부수적 행위를 총칭한다. 업무상 재해 여부는 구체적 사안에 따라 판단하되 객관적으로 보아 당해근로자의 업무상 내재되어 있는 위험이 현실화한 것인가, 사회의 경험법칙상 그러한 업무에 종사하였다면 그러한 재해가 발생될 수 있을 것이라는 개연성이 있는가 여부를 기준으로 판단한다. 업무상 재해 인정의 일반적 기준은 근로자가 사업주의 지배관리하에서 자업 중, 자업 준비 중, 작업종류 전후에, 업무와 관련하여 발생하였거나 근로자가 담당하는 업무와 재해 발생 간에 상당한 인과관계가 있는 경우 등이다.

업무상 재해 여부의 판단에 있어 좋은 사례가 되는 것이 출퇴근 도중에 발생한 사고로 인한 사상(死傷)이다. 출퇴근 도중에 발생한 사고로 인하여 사상한 경우는 사회적 위험으로부터의 재해이므로 업무상 재해로 보지 않는 게 원칙이지만, 관리 · 이용권이 근로자에게 전담되어 있지 않고 사업주가 소속 근로자의 출퇴근용으로 제공한 교통수단의 이용 중에 발생한 사고의 경우 사업주 시설물 이용 중의 재해로 보아 업무상 재해로 인정하고 있다.

제4절 산재보험 보험료

산재보험 보험료는 산재 책임이 궁극적으로 사용자에 있다는 가정 아래 사용자만 부담하며, 산재보험료는 기업의 산재예방 노력에 인센티브를 부여하기 위해 산업별 전년도 산재발생률에 비례하여 산정된다.

그런데 산재보험 시행 초기에는 기업별 또는 산업별 산업재해 위험의 차이를 무시하고 근로자의 수에 고정 보험료율(전 산업에 공통된 비율)을 곱해 기업이 부담해야 할 보험료 총액을 산정하는 방식이 고려되었다. 이는 1939년 영국 광산노조가 왕립근로자보상위원회에 표명한 다음과 같은 주장에 잘 나타나 있다(Beveridge, 1942 : 41).

> "보험료는 사용자가 전부 부담해야 한다. 산재보상에 소요되는 기금의 비용은 전국의 모든 산업체에 평등하게 부과되어야 한다. 그리고 보험료는 기업이 고용한 근로자의 수에 따라 고정비율(fixed flat rate)로 책정되어야 한다."

베버리지도 이런 주장에 동조했다. 그는 산재 위험이 높은 기업에게 과중한 보험료를 부담 지우는 것은 형평에 맞지 않다고 보아 다음과 같이 주장했다.

> "산재발생률과 질병발생률이 높은 기업에게 과중한 보험료가 부과되는 것은 불공평(inequitable)하다고 생각한다. 근로자 수를 고려하여 근로자 총수에 비례하여 보험료를 부과하는 것이 합당하다."(Beveridge, 1942 : 41)

그러나 오늘날 대부분의 나라가 기업의 산재예방 노력을 진작시키기 위해 산재보험료율을 산재발생률에 연동시키고 있다. 예외가 오스트리아인데, 오스트리아의 산재보험은 전 산업에 동일한 하나의 보험료율을 적용하고 있다.

베버리지는 산재보험의 비용을 사용자만 부담하는 것에 대해서도 이의를 제기했다. 그는 산업체와 산업체, 사용자와 근로자는 상호 의존적 상황에서 사용자만이 보험료를 부담해야 할 이유가 없으며, 이해공동체(community of interest)인 기업과 근로자가 산재보험의 비용을 분담하는 것이 합리적이라고 보았다. 그리고 그는 광산과 조선업체의 산재발생률이 높은 게 사실이지만, 산재발생률은 경영자의 관심 여하에 따라 감소하기도 증가하기도 하는 것이 현실이기 때문에 모든 산업체의 산재발생률이 동일하다고 가정하는 것이 온당하다고 주장했다(Beveridge, 1942 : 42).

그러면서도 베버리지는 사용자에게 산재를 줄이기 위한 인센티브를 부여할 필요가 있다는 점은 인정하여 산재 예방에 대한 관심이 약한 사용자에게 경각심을 불어넣기 위해서 특별부담(special charge)을 지우는 것이 필요하다고 생각했다. 베버리지는 산재보험에 한해 산업체 과세(industrial levy)라는 용어를 사용했는데, 이는 평균 산재발생률을 초과하는 산업체에 한해 부과되는 일종의 벌금 형태의 추가 보험료라는 의미이다(Beveridge, 1942 : 138).

그러나 베버리지의 생각과 달리 산재발생률은 산업별로 상당한 차이를 보이고 있고, 산재발생률이 높은 기업에게 특별부담을 지우는 것과 산업별로 보험료율의 차이를 두는 것은 산재발생률이 높은 기업에게 보다 많은 보험료를 부담시킨다는 점에서 대동소이하다. 아무튼 오늘날 대부분의 나라들이 베버리지의 생각과 달리 산재발생률에 비례하여 보험료를 부과하고 있고, 또한 사용자에게만 보험료를 부담시키고 있다.

제5절 한국의 산업재해보상보험

우리나라 산업재해보상보험은 산업화가 진전되면서 급격히 증가하는 산업재해로부터 근로자를 보호하기 위해 1964년에 도입되었으며(법 제정은 1963년), 우리나라 최초의 사회보험이었다. 그 이전에는 1953년에 제정된 근로기준법에 의거해 보상을 받았는데, 근로기준법은 업무상 재해의 책임을 사용자에게 부과했으나 사용자의 개별책임주의에 입각한 재해보상은 강제성이 약했고, 강력한 행정력이 전제되지 않았기 때문에 실효성이 미약했을 뿐만 아니라 사용자의 경제적 능력이 없을 경우 재해보상을 받기가 어려웠다.

1. 적용대상

우리나라 산업재해보상보험은 1964년 상시근로자 500명 이상의 광업 및 제조업에 한정해 실시되었다. 적용근로자 수도 64개 사업장의 8만여 명에 불과했다. 그 후 적용범위는 꾸준히 확대되어 2000년 7월 1일부터 농업, 임업(벌목업 제외), 어업, 수렵업 등 근로자 5명 이상인 경우에만 적용되는 일부 업종을 제외한 모든 업종으로 확대되었다.

그리고 산업재해에 노출될 위험이 큰 중소기업 사업주에게도 산재보험 가입을 허용(임의가입)했다. 2005년에는 중소기업 사업주 산재보험 임의가입 대상을 "자동차를 사용하여 여객 또는 화물운송 사업을 행하면서 근로자를 사용하지 아니하고 행하는 자"로 확대함으로써 자영업자에게도 가입기회를 부여했다. 2008년에는 근로기준법상 근로자로 인정되지는 않지만 근로자와 유사하게 노무를 제공하는 특수형태근로종사자 4개 직종(보험모집인, 콘크리트믹서트럭자차기사, 학습지교사, 골프장 캐디)을 당연적용 대상에 포함시켰다. 2009년에는 건설업자가 아닌 자가 시공하는 건설공사에 대하여 건축공사는 100m^2 초과, 대수선공사는 200m^2 초과 시 당연적용사업에 포함시켰고, 2009년 7월에는 건설기계사업을 행하면서 근로자를 사용하지 않는 사업주에게까지 산재보험 임의가입 대상에 포함시켰다. 2012년 5월에는 특수형태근로종사자의 범위를 택배기사, 퀵서비스기사(전속) 2개 직종으로 확대했고, 퀵서비스업자 및 비전속 퀵서비스기사에게도 산재보험 임의가입을 허용했다. 2012년 11월에는 예술인도 임의가입 대상에 포함시켰다.

2. 급 여

산재보험급여는 산업재해보상보험법의 적용을 받는 사업 또는 사업장 소속 근로자가 업무상 사유로 인해 부상·질병·장해 또는 사망한 경우 이를 회복시키거나 소득을 보장하고 그 가족의 생활보호를 위하여 지급되는 급여를 말한다.[4] 산재보험급여의 종류는 일시장해급여, 영구완전장해급여, 영구부분장해급여, 현금급여 이외의 현물급여, 유족급여가 있다.

- **일시장해급여**(temporary disability benefits) : 일시적 장해에 대한 급여로서 1~3일간의 대기기간 후 26~52주간 지급된다. 장해가 길어지면 일시장해급여에서 영구장해급여로 대체된다. 급여는 산재 환자의 산재 이전의 평균 임금의 1/3 내지 1/2이 지급된다. 환자가 병원에 입원해 있는 기간 동안은 삭감된 급여가 지급된다.
- **영구완전장해급여**(permanent total disability benefits) : 의학적 판단에 의해 영구완전장해로 판정이 되면 즉시 지급된다. 영구완전장해 근로자가 사망할 때까지 지급하는 것이 원칙이다. 급여는 산재 이전 평균 임금의 2/3 내지 3/4 정도이다. 타인의 지속적 보호가 필요한 경우 추가로 비용이 지급된다.

4) 최근 우리나라에서 산업재해 사고로 사망한 노동자의 수는 2016년 969명, 2017년 964명, 2018년 971명으로, 매일 3명 정도이다. 여기서 산업재해 질병으로 사망하는 노동자까지 합치면, 2018년 한 해 동안 2,142명, 하루 6명으로 세계 최고의 산업재해 사망률을 기록하고 있다(중앙일보, 2019. 9. 16).

- **영구부분장해급여**(permanent partial disability benefits) : 영구장해이긴 하지만 장해의 정도가 부분적인 경우 지급된다. 급여는 노동능력의 상실 정도에 비례한다. 일시보상금으로 지급되는 경우도 있다.
- **현물급여** : 무상의 의료서비스, 입원서비스, 재활서비스 등으로, 의료보험보다 폭넓은 서비스가 부여되는 게 보통이다. 회복 때까지 제공되는 서비스이다.
- **유족급여**(survivors benefits) : 미망인에게 연령에 관계없이 사망(과 재혼)할 때까지 지급된다. 유족급여는 산재 근로자 평균 임금의 1/3 내지 1/2 정도이다. 미성년 자녀에게는 1/2 내지 2/3가 지급된다.

우리나라 산재보험급여는 산재보험법 제정 당시에는 요양급여, 휴업급여, 장해급여, 유족급여, 장의비만 있었다. 이후 급여범위가 조금씩 확대되었는데, 1983년 업무상 재해로 요양 개시 후 2년 이상 장기요양을 필요로 하는 폐질근로자를 위한 상병보상연금을 도입했고, 2000년에는 상시 또는 수시로 간병이 필요한 중증장해자를 보호하기 위해 간병급여를, 2008년에는 산재근로자의 사회・직업 복귀를 촉진하기 위한 직업재활급여를, 2010년에는 진폐근로자와 유족을 위한 진폐유족연금과 진폐보상연금을 도입했다. 우리나라 산재보험급여는 다음과 같다.

- **요양급여** : 근로자가 업무상의 사유에 의하여 부상을 당하거나 질병에 걸린 경우 그에 따른 요양으로 인해 발생된 치료비 등에 대하여 의료기관이나 재해자에게 지급되는 보험급여로서 현물로 지급한다. 치료에 소요되는 일체의 비용을 근로자에게 지급하는 것이 아니라 근로복지공단이 설치한 보험시설이나 산재보험 지정의료기관의 진료 등을 통해 보상받게 되며, 비용은 근로복지공단에서 해당 요양기관에 직접 지급한다.
- **휴업급여** : 업무상 사유에 의하여 부상을 당하거나 질병에 걸린 근로자가 요양 때문에 취업하지 못해 임금을 받지 못한 기간에 지급하는 보험급여이다.

- **상병보상연금** : 요양개시 후 2년이 경과되어도 치유되지 않고 부상 또는 질병상태가 폐질등급에 해당하는 경우 휴업급여 대신 지급되는 보험급여이다.
- **장해급여** : 업무상 재해로 인하여 근로자의 신체 등에 장해가 남는 경우 그 등급에 따라 지급되는 보험급여로 연금 또는 일시금으로 지급된다.
- **유족급여** : 근로자가 업무상의 사유에 의하여 사망한 경우에 유족에게 지급되는 보험급여로 연금으로 지급되는 것이 원칙이나 연금 수급권자가 없는 경우 일시금 지급이 가능하다.
- **장의비** : 근로자가 업무상의 사유에 의하여 사망한 경우 장제를 지낸 유족에게 지급되는 보험급여이다.
- **간병급여** : 요양을 종결한 근로자가 의학적으로 상시 또는 수시로 간병이 필요하여 실제로 간병을 받는 경우에 지급되는 보험급여이다.
- **직업재활급여** : 산재근로자의 직업재활을 촉진시키기 위한 보험급여로 직업훈련 비용 및 수당을 비롯하여 직장복귀지원금, 직장적응훈련비, 재활운동비가 있다.
- **진폐연금** : 진폐근로자가 진폐로 장해등급을 판정받거나 사망한 경우 기초연금(최저임금의 60%)과 장해등급별 장해(유족)연금(24~132일분)을 합하여 지급한다.

3. 재활과 복지

산재보험은 1964년에 도입된 이래 급여수준 개선에 치중하여 산재근로자의 치료종결 후 사회복귀 촉진을 위한 재활기능이 별로 없었다. 이에 산재근로자에 대한 재활사업 및 사회복귀의 중요성을 2000년 시행된 법률에 명시함으로써 재해근로자에 대한 사후관리 기능을 강화하는 법률적 근거를 마련했다.

재활과 복지는 산재근로자의 단기적 생활안정 지원이라는 복지적인 측면 외에 다시 일할 수 있는 기회를 적극적으로 제공하는 노동정책적인 측면을 고려한 것으로서 산재근로자가 주어진 복지혜택만을 받는 수동적인 존재를 넘어 독립적인 생산 활동 주체로서 사회에 적극 참여하고 사회와 통합되도록 하는 것을 목적으로 한다.

초기에는 직업훈련원(안산과 광주)을 개설·운영하고 산재근로자의 생활 안정을 위한 융자사업 등 단순 복지사업 위주였으나 1998년 근로복지공단에 재활사업부를 신설하여 재활복지업무를 독자적으로 추진할 수 있는 조직을 갖추고, 2001년부터 재활사업 5개년 계획을 수립함으로써 재활사업을 체계적으로 추진하게 되었다.

재활·복지사업은 재활사업과 복지사업으로 구분되는데, 재활사업으로는 맞춤형통합서비스, 합병증 등 예방관리제, 재활스포츠 지원, 심리상담서비스, 희망찾기프로그램, 사회적응프로그램 등이 있고, 복지사업으로는 생활안정자금융자사업, 산재장학사업, 대학학자금 융자사업 등이 있다.

〈표 9-2〉 재활·복지사업의 내용

구 분	프로그램	내 용
재활 사업	맞춤형통합서비스	직업복귀에 어려움을 가진 산재근로자에 대해 요양 초기 단계에서부터 요양, 보상, 재활서비스를 지원하고, 내·외부의 자원을 활용하여 손상된 신체기능을 회복시킴으로써 직업복귀를 지원하는 프로그램이다.
	합병증 등 예방관리제	요양 종결 후 남은 증상이나 합병증의 정기적인 관찰과 의학적 처치 등을 통해 예방하는 것이다. 합병증 등 예방관리는 증상이 고정된 산재장해인을 대상으로 한다. 산재근로자가 요양 중인 경우에는 합병증 등 예방관리를 받을 수 없다.
	재활스포츠 지원	산재근로자의 상병 및 장해부위에 대해 그 운동범위와 가용능력을 향상시킴으로써 사회복귀를 촉진하기 위한 지원금제도이다. 지원 대상은 산재요양 또는 재요양 종결 이후 3개월 이내이며 지원신청일 현재 실업 중인 자, 통원 요양 중인 자 중에서 요양종결이 예정된 자로서 다음 장해 중 하나 이상의 장해가 남았거나 남을 것으로 예상되는 자이다.

재활 사업	심리상담서비스	산업재해로 인한 산재근로자의 불안, 가족 및 대인관계, 직업 및 사회적응 등 다양한 심리·사회적 문제를 해소하기 위한 개별 심리상담서비스이다.
	희망찾기프로그램	집단상담을 통해 산재근로자의 심리·사회적 문제를 해결하도록 지원하는 프로그램으로서 외부 전문기관에 위탁 운영하고 있으며, 일부 근로복지공단 소속지사 및 병원에서도 자체 전문 인력을 활용하여 운영하고 있다.
	사회적응프로그램	외부 기관에 재활욕구프로그램을 위탁운영시키는 것으로 위탁기관으로 선정된 기관에 프로그램 수행비용이 지급된다.
	취미활동지원	진폐증 등 진행성 질병으로 장기입원 중인 환자를 수용하는 의료기관을 대상으로 입원환자의 실정에 맞는 취미활동반을 개설·운영토록 권장하고, 운영에 필요한 재료비 등을 지원한다.
	직업훈련지원	산재장해인이 직업훈련기관 및 사설학원 등에서 직업훈련을 희망할 경우 그 비용을 지원함으로써 다양한 직업훈련기회를 제공하고 이들의 사회복귀를 촉진하기 위한 프로그램으로 민간기관에 위탁운영하고 있다.
	원직장복귀지원 (사업주 직장복귀지원사업)	장해급여자의 원직장복귀를 촉진하기 위해 프로그램으로 초기에는 직장복귀지원금을 지급했으나 장해급여자의 직무수행 및 직무전환에 필요한 재활운동비와 직장적응훈련비 지원이 추가되었다.
	산재근로자 창업지원사업	창업을 희망하는 산재장해인들의 빠른 정착 및 생활안정을 위해 근로복지공단 명의로 전세 점포를 얻고, 이 점포를 창업희망자에게 저리로 대여를 해주는 사업이다.
복지 사업	생활안정자금융자사업	산재근로자와 유족에게 가정유지에 소요되는 각종 애경사비용 등을 필요한 시기에 저금리로 융자해 주는 사업이다.
	산재장학사업	산재근로자와 그 자녀에게 장학금(고교생)을 지급한다.
	대학학자금 융자사업	산재근로자 본인, 그 배우자 및 자녀에게 대학학자금을 저금리로 융자한다.

출처 : 고용노동부(2013a).

4. 보험료

우리나라 산재보험의 보험료도 다른 나라와 같이 사업주(사용자)가 전액을 부담한다. 사업주는 보험료를 전액 부담함으로써 사업주에게 부과되는 근로기준법상 재해보상책임과 민법 기타 법령에 의한 손해배상책임의 전부 또는 일부를 면제받는다. 이로써 사업주는 법적·금전적 위험부담을 분산시킬 수 있고, 재해근로자는 신속한 보상을 받을 수 있다.

1) 산재보험료율

산재보험료는 사업주가 경영하는 사업장 내 근로자의 보수총액에 같은 종류의 사업에 적용되는 보험료율(산재보험료율)을 곱한 금액으로 산정된다. 따라서 사업주가 부담하는 보험료는 사업주가 경영하는 사업의 보수총액 및 그 사업이 속한 업종의 보험료율에 의해 산정된다. 우리나라는 사업종류별 산재보험료율을 기본으로 하되 개별실적요율을 병행 사용하고 있다.

산재보험료율은 순보험료율(85%)과 부가보험료율(15%)로 구성되고, 순보험료율은 다시 보험급여지급률과 추가증가지출률로 구성된다. 순보험료율의 구성요소인 보험급여지급률은 과거 3년간 보수총액에 대한 산재보험급여 총액의 비율을, 추가증가지출률은 당해연도 보수총액 추정액에 대한 산재보험법에 따른 연금 및 급여개선 등 당해 보험연도에 추가로 지급될 금액을 고려한 조정액의 비율을 의미하고, 부가보험료율은 산재예방·재해근로자 복지 등의 산재보험사업에 소요되는 비용으로서 전 사업에 균등하게 사용되는 비용과 재해발생 정도에 따라 사용되는 비용이 포함되며, 각각 사업종류별 보수총액의 구성비율과 보험급여 지급률의 구성비율에 따라 분할·가감하여 결정된다.

산재보험료율은 원칙적으로 사업종류별로 적용된다. 그러나 동일한 사업종류에 속하더라도 재해가 많거나 적은 사업장이 있으므로, 업종 내 모든 사업장에 일률적으로 동일한 보험료율을 적용한다면 재해가 적은 사업장의 사업주는 불만을 갖게 되고, 재해가 높은 사업장의 사업주는 적극적으로 재해를 줄이려는 노력을 하지 않을 수가 있다.

이를 고려해 1969년도부터 개별실적요율제도를 도입하여 개별사업장의 재해발생 정도에 따라 산재보험료율을 일정 범위 내에서 증가 또는 경감시켜 주고 있다. 현재 개별실적요율은 대통령령이 정하는 일정 규모의 사업, 즉 산재보험 관계 성립 후 3년이 지난 사업 중에서 ① 건설업 및 벌목업을 제외한 사업으로서 상시 근로자 20인 이상인 사업, ② 건설업 중 일괄적용을 받는 사업으로서 매년 당해 보험연도의 2년 전 총공사실적이 일정액 이상인 사업에 대하여 적용되고 있으며, 보험수지율에 따라 당해 업종 산재보험료율의 50% 범위 내에서 사업규모별로 차등을 두어 이듬해 산재보험료율을 인상 또는 인하하고 있다.

2) 보험료 신고와 납부

산재보험료의 신고와 납부의 의무자는 사업주이며, 자진신고와 납부를 원칙으로 한다. 산재보험료의 납부는 산재보험사업의 원활한 수행을 위해 원칙적으로 추정된 보험료 전액을 일시에 선납(개산보험료)하고 사후에 정확한 보험료를 확정(확정보험료)하여 신고하도록 하고 있다. 선납한 보험료와 확정된 보험료 간 차액이 발생하면 사업주는 그 초과금액을 반환받을 수 있다.

개산보험료는 매 보험년도 초에 미리 납부하게 될 보험료로서 산재보험 적용 사업장의 근로자에게 그 해 지급될 것으로 추정되는 보수총액에 산재보험료율을 곱하여 산정된다.

확정보험료는 매 보험년도의 초일(보험년도 중에 보험관계가 성립한 경우에는 성립일)부터 연도 말일 또는 보험관계가 소멸한 날의 전날까지 해당 사업장 근로자에게 실제 지급한 보수총액(지급하기로 결정된 미지급 보수액 포함)을 기준으로 산정한다.

3) 보험료 징수

산재보험과 고용보험은 각각 별도의 법에 근거하여 보험료 징수를 포함한 관리운영이 독립적으로 운영되었다. 그러나 두 보험의 보험료 산정기준이 상이하고 보험료 징수업무가 중복되어 행정의 비능률과 민원인의 불편이 이어졌다.

이의 개선을 위해 2010년 1월 27일 고용보험 및 산업재해보상보험의 보험료 징수 등에 관한 법률(보험료징수법)이 개정되었다. 이에 따라 각기 상이한 4대 사회보험의 징수업무가 국민건강보험공단으로 통합되었으며(시행은 2011년 1월 1일부터), 근로복지공단이 수행하고 있는 고용보험 및 산재보험의 보험료 징수 업무(고지, 수납 및 체납관리)가 노동부장관의 위탁을 받아 국민건강보험공단으로 이관되었다. 동시에 고용보험과 산재보험의 보험료 산정기준 및 납부방식을 다른 사회보험과 통일시키기 위해 보험료 산정기준을 임금에서 소득세 과세대상 근로소득으로, 보험료 납부방식은 자진신고납부에서 월별 부과고지로 변경했다.

4) 근로복지공단

산재보험과 고용보험의 보험자는 근로복지공단이다. 근로복지공단은 1977년 6월 설립된 근로복지공사가 확대 개편된 조직인데, 산재보험 업무 범위가 확대되고 고용보험제도가 시행됨에 따라 보험사업의 효율적 운영을 위해 1995년 5월 발족했다. 이에 따라 정부가 직접 관리운영 하던 산재보험 집행업무가 근로복지공단에 위탁되었다. 근로복지공단은 업무상 재해 판정 및 보험급여 지급 등 산재근로자에 대한 요양·보상·의료·재활의 산재보험 관련 업무와 산재보험과 고용보험의 보험료 산정 및 부과업무(징수는 건강보험공단)를 담당하고 있다. 산하에 산재병원을 두고 있다.

CHAPTER 10 고용보험

고용보험은 근로자가 본인의 의사와 무관하게 실직을 하여 소득을 상실한 경우, 상실한 소득의 일부를 보전해 주는 사회보험이다. 고용보험은 실업보험이라고도 한다. 고용보험이나 실업보험이나, 실업으로 소득을 상실한 근로자의 소득을 보장해 주고 재취업을 도와준다는 점에서는 동일하나, 고용보험은 재취업 등 고용지원에 초점을 맞추고 있고, 실업보험은 실업으로 인한 소득보장에 초점을 맞추고 있다는 점에서 다르다.

10장에서는 1절에서 고용보험의 개념을 살펴보고, 2절과 3절에서는 고용보험의 목적과 유형에 대해서 알아보고, 4절에서는 오랫동안 진행되어 온 고용보험의 민영화를 정리해 보고, 5절에서는 우리나라의 고용보험제도를 분석해 본다.

제1절 고용보험의 개념

고용보험(employment insurance)은 정규직 근로자가 본인의 의사와 무관한 이유로 실업자가 되어 상실한 소득의 일부를 보전해 주는 사회보험이다. 말하자면 고용보험은 실직 근로자의 소득보장제도인 것이다.

고용보험이 실직 근로자에게 지급하는 급여를 실업급여(employment benefits)라 한다. 실업급여를 받기 위해서는 기본적으로 비자발적 실업자(involuntarily unemployed)여야 한다. 본인이 원해서 직장을 그만둔 경우는 실업급여를 받을 수 없다. 수급자격 취득에 필요한 기간(qualifying period) 조건에도 부합되어야 한다. 고용보험에 가입했다 해서 곧바로 실업급여를 지급하는 것이 아니라 최소 며칠, 수주, 수개월 등 일정 기간이 경과해야 한다는 것이다(보통 6개월 이상). 그리고 실업급여 신청자는 노동능력이 있고 노동할 의지가 있는 사람이어야 한다. 따라서 노동능력을 상실한 사람은 실업급여대상이 될 수 없다.

실직자는 고용사무소(employment office)에 실업자로 의무적으로 등록해야만 하고, 실업급여가 지급되는 기간 동안 취업을 위해 노력하고 있다는 사실을 정기적으로 고용사무소에 보고해야 한다. 취업정보를 얻기 위해, 또 취업을 위해 노력하는데도 불구하고 적합한 일자리를 구하지 못한 사람에게만 실업급여가 주어진다.

합당한 이유 없이 적절한 일자리(suitable employment)를 거부하는 사람은 실업급여 지급이 중단된다. 적절한 일자리는 전직 임금과 비교해서 적절한 임금, 취업을 원하는 사람의 집에서부터 일자리의 거리, 전직・노동능력・직업훈련 수준과의 연관성, 새로운 일자리의 위험도와 건강을 해치는 정도 등을 감안하여 그 여부를 결정한다. 그리고 적절한 이유 없는(without good cause) 자발적 실업, 개인적 과실로 인한 실업, 노동쟁의로 인한 실업 등은 실업급여대상에서 제외된다.

실업급여는 실직 전에 받았던 임금에 비례한다(실직 전 임금의 40~75% 수준). 실업급여 산정의 베이스가 되는 개별 실업자의 임금은 실업 전 취업기간의 평균임금이다. 실업급여 수급기간이 길어지면 급여는 줄어든다. 실업급여 지급기간은 고정되어 있다. 실업급여 지급기간은 대개 1년으로 다른 사회보험에 비해 짧다. 실업급여가 단기급여이기 때문이다. 예외적으로 2년간 지급하는 나라도 있고(덴마크), 6개월만 지급하는 나라도 있다(슬로바키아).

실업급여는 도덕적 해이를 유발할 수 있다. 왜냐하면 고용보험에 가입한 실직 근로자는 실업급여를 받는 동안 새로운 일자리를 찾는 데 소극적일 수 있기 때문이다. 실업급여가 없는 실직 근로자는 당장 생계가 문제가 되므로 보다 열심히 일자리를 찾을 것이다. 실업급여를 받는 실직 근로자가 일자리 찾기에 소극적이면 실업기간이 연장된다. 그 결과 실업률이 높아진다. 고용보험은 이런 도덕적 해이가 발생하지 않도록 시스템을 적정하게 설계해야 한다 (Fredriksson & Holmlund, 2006).

고용보험은 실업보험(unemployment insurance)에서 출발했다. 미국의 실업보험(1935년 사회보장법)과 영국의 실업보험(1911년 국민보험)에서 보듯이 원래 실업보험은 실업자의 생계보장, 즉 가장의 실업으로 인해 발생한 가족의 생계곤란에 대비하기 위해 만든 사회보험이다. 고용이 아니라 실업에 초점을 둔 제도였다는 것이다.

그러다가 1960년대 후반부터 전 세계적으로 산업구조조정이 본격적으로 진행되면서 적극적 인력정책의 필요성이 대두되자 독일과 일본을 중심으로 기존의 실업대비 실업보험을 다양한 고용정책과 연계시킨 고용보험체제, 즉 적극적 노동시장정책(active labour market policy)의 한 수단으로 전환했다. 우리나라도 1995년에 뒤늦게 실업보험을 도입하면서 구조조정(노동시장의 유연화)으로 인해 일자리를 잃은 실업자의 재취업에 초점을 둔 고용보험체제를 선택했다.

제2절 고용보험의 목적

고용보험의 주 목적은 실직 근로자의 소비를 완화시키는 것이다. 근로자가 어떤 이유로 실업자가 되어 소득이 중단되었을 때 실업급여를 지급함으로써 최소한 생계에 필요한 소비를 할 수 있도록 지원하는 제도가 고용보험이다. 고용보험의 개인적·일차적 목적은 다음과 같다(Rejda, 1999 : 303).

- 비자발적 실업기간에 현금급여를 제공한다. 실업기간은 단기적인 것으로 간주되어 실업급여는 대개 길어야 1년 동안 지급된다. 장기 실업과 만성적 실업은 고용훈련, 심층상담, 일자리 재배치 등 다른 방법으로 해결한다.
- 근로자의 생활수준을 유지시켜 준다. 근로자의 생활수준은 평소 임금수준에 좌우된다. 따라서 실업급여수준은 평소 임금수준에 비례해야 한다.
- 재취업에 필요한 시간적 여유를 갖도록 한다. 실업급여를 받아 생계유지가 가능하면, 다른 직장을 구할 수 있는 시간적 여유를 갖게 된다.
- 실직 근로자가 새 일자리를 찾도록 조력한다. 취업 희망자와 사용자를 서로 연결해 주거나, 새로운 일자리에 대한 정보를 제공하거나 하여 재취업할 수 있도록 돕는다.

고용보험은 실업자의 생계보장과 재취업지원이라는 개인적 또는 일차적 목적뿐만 아니라 경기조절과 고용안정이라는 사회경제적 또는 이차적 목적을 갖고 있다. 고용보험의 사회경제적·이차적 목적은 다음과 같다(Rejda, 1999 : 304).

- 경기조절 효과(counter-cyclical effect)가 있다. 실업보험은 강력한 자동경기조절 기능을 수행한다. 경기불황기에는 실업급여가 증가하여 개인 소득과 소비를 떠받쳐 준다. 경기불황기에 구매력을 유지시켜 준다는 것이다.
- 사회적 비용을 분담시킨다. 실업의 사회적 비용을 여러 사용자가 분담한다는 것이다. 실업률이 높은 기업의 경우 실업급여 비용을 지불하자면 그 부담이 너무 크다.

- 노동활용도를 개선한다. 실직 근로자가 신속하게 새 일자리를 찾게 만들고, 새로운 기술을 취득하도록 조력함으로써 경제의 효율성과 안정을 제고할 수 있다.
- 사용자에게 고용안정화 노력에 대한 유인을 제공한다. 기업별로 실업률의 차이에 따라 보험료를 차등 부과함으로써 사용자에게 고용을 유지하는 유인을 갖게 만든다.
- 숙련 노동력을 유지하게 만든다. 숙련 기술자에게 실업기간 동안 실업급여를 제공함으로써 전직하지 않고 동일 직장에 재취업할 수 있는 기회를 제공함으로써 숙련 기술자를 확보하는 데 도움이 된다.

제3절 고용보험의 유형

실직자를 위한 소득보장제도는 두 가지 유형이 있다. 제1유형은 일차적으로는 고용보험으로 해결하고, 실업급여 수급기간을 넘겨 수급자격을 상실한 저소득 장기 실업자를 대상으로 2차적으로 실업부조(unemployment assistance)를 제공하는 방식이다. 제2유형은 실업부조를 실시하지 않되 고실업 시기에 실업급여 지급기간을 일정 기간 연장함으로써 실업자의 생계보장을 강화하는 연장급여제도(extended benefit)를 실시하는 방식이다. 영국, 독일, 프랑스 등 유럽의 복지국가는 제1유형에, 미국, 일본, 한국은 제2유형에 속한다.

고용보험제도는 강제적 고용보험제도, 임의적 고용보험제도, 실업부조제도, 이원적 고용보험제도 등 네 가지 형태로 분류되기도 하는데, 그 내용은 다음과 같다(고용노동부, 2013b : 72-74).

1. 강제적 고용보험제도

강제적 고용보험제도는 사업장 근로자에 대해 포괄적으로 적용하는 사회보험으로서 1911년 영국이 최초로 실시한 이래 미국, 독일, 일본, 한국 등의 국가에서 채택하고 있다. 강제적 고용보험제도는 실업이 산업사회의 모든 근로자에게 발생할 수 있는 사회적 위험이기 때문에 근로자와 그 가족을 보호하기 위해서는 강제가입이 불가피하다는 인식에 바탕을 두고 있다. 의무가입을 원칙으로 하는 강제적 고용보험제도는 실업의 위험으로부터 근로자를 보호하는 데 적합하며, 소득보장뿐만 아니라 취업알선과 직업훈련 등 고용정책과 연계해 근로자의 조기재취업에도 유리하다.

2. 임의적 고용보험제도

임의적 고용보험제도(voluntary system)는 노동조합이 정부의 인가를 받아 설립한 실업기금(unemployment fund)이 운영하는 것으로 덴마크, 핀란드, 스웨덴 등 북유럽 국가에서 실시되고 있으며, 사회보험이 등장하기 전인 19세기 중후반 유럽에서 유행했던 공제조합에 기원을 두고 있다. 임의적 고용보험제도는 노동조합이 운영하기 때문에 노조 가입이 강제적인 경우 사실상 강제적 고용보험제도와 동일하며, 비조합원만 임의적이다. 임의적 고용보험제도는 근로자 개인이 가입 여부를 선택할 수 있는 자유가 있다. 하지만 고용보험에 가입하지 않게 되면 실업의 위험으로부터 보호받을 수 없고, 고용보험에서 제공하는 취업알선과 직업훈련의 혜택에서도 배제된다.

3. 실업부조제도

실업부조제도는 사회보험이 아니라 소득조사(income test)를 거쳐 선정된 저소득 실업자를 대상으로 정부재정으로 실업수당을 제공하는 일종의 사회부조제도이다. 실업부조는 고용보험과 달리 지급기간에 제한이 없어 저소득 실업자들에게 매우 요긴한 소득보장제도이다. 호주와 뉴질랜드는 고용보험은 없고, 실업부조만 실시하고 있다.

4. 이원적 고용보험제도

독일, 프랑스, 영국, 포르투갈은 고용보험과 실업부조를 병행해서 실시하고 있다. 이들 나라는 강제적 고용보험을 기본으로 하되 실업급여기간이 종료하였거나 급여요건을 충족시키지 못한 실업자에게 실업부조 혜택을 주고 있다. 그리고 스웨덴과 핀란드는 임의적 고용보험을 기본으로 하면서 실업급여기간이 종료하였거나 급여요건을 충족시키지 못한 실업자를 대상으로 실업부조를 병행 실시하고 있다. 고용보험이 안전망이라면 실업부조는 안전망의 안전망, 제2차 안전망인 셈이다. 이를 이원적 고용보험제도(dual system)라 한다.

제4절 고용보험의 민영화

고용보험의 운영을 민간보험회사에 맡기자는 주장은 오래전부터 있었다. 우리나라 일부 전문가들도 이에 동조하고 있다. 하지만 고용보험의 민영화는 결정적인 한계가 있다. 보험회사가 자신에게 유리한 사람만 선택하고 불리한 사람은 배제하는 역선택(adverse selection)이 그것이다.

역선택은 정보의 비대칭(asymmetric information) 때문에 발생한다. 당연한 말이지만 근로자 본인은 보험회사보다 자신의 실업 위험에 대해 더 많은 정보를 가지고 있다. 보험회사는 평균 실업률에 입각해 보험료를 산정한다. 실업률이 낮은 근로자는 고용보험 가입 인센티브가 약하다. 실업의 위험이 별로 없는 안정된 직장의 근로자에게 실업보험은 매력이 별로 없다. 반대로 실업 위험이 큰 근로자에게 고용보험은 매력적이다. 이런 차이는 악성피보험자(bad risks)의 역선택을 야기한다. 다시 말해서 보험회사는 악성피보험자는 가입대상에서 배제하고 저위험군 근로자만 가입시키려 한다는 것이다. 만약 보험회사가 모든 근로자를 차별하지 않고 받아들인다면 악성피보험자에게 지급되는 많은 보험급여 때문에 손해를 보게 된다. 보험회사는 손해의 보전을 위해 보험료를 인상해야 한다. 그러나 고용보험 보험료가 인상되면, 저위험 근로자는 매력을 더 못 느낀다. 보험회사가 이런 문제를 해결하기 위해서는 가입 근로자를 선별하거나(고위험 근로자의 가입을 거부) 보험료를 차등화(고위험 가입자에게는 더 많은 보험료 부과)하는 방법 외에는 없다. 하지만 이 두 가지 방법은 사회적 관점에서 받아들이기 어렵다. 고위험 근로자를 차별하는 것이기 때문이다. 사회보험방식의 고용보험은 보험료 산정 시 개별 근로자의 실직 위험은 전혀 고려하지 않는다.

게다가 실업의 위험은 개인별로 예측하기 어렵다. 경기불황 시에는 많은 근로자가 동시에 실업의 위험에 처한다. 경기불황을 예측하는 것도 어렵다. 경기불황 시 고용보험을 운영하는 민간보험회사는 대량 실업사태에 직면하여 파산할 수도 있다. 그러면 실업자에게 약속된 실업급여를 지불할 수 없다. 이런 문제를 조절할 수 있는 힘을 가진 존재는 국가밖에 없다. 이런 이유로 고용보험은 법정 사회보험방식으로 운영해야 한다.

제5절 한국의 고용보험

우리나라는 1960년대 이후 고도 성장기에 실업률이 워낙 낮아 자본이나 노동 그리고 정부 모두 실업대책으로서의 실업보험에 별로 관심이 없었다. 그러다가 1980년대 말 들어 인력수급불균형 문제, 산업구조조정에 따른 고용조정지원 문제, 그리고 직업훈련강화 문제 등에 대한 제도적 수단으로서의 고용보험에 대한 관심이 고조되면서 논의가 본격적으로 이루어졌다. 말하자면 대규모 실업사태에 대응하기 위해 만들어진 서구의 실업보험과 달리 기업의 구조조정(근로자 입장에서는 정리해고)이 불가피한 상황에서 그 결과 발생할 수밖에 없는 상당수의 실업자에 대한 사회안전망의 하나로 제시되었던 것이다. 쉽게 말해서, 고용보험은 근로자가 구조조정(정리해고)을 수용하도록 하는 정부와 기업의 전략 또는 반대급부였던 것이다. 따라서 우리나라 고용보험의 목적은 실업자에 대한 직접적 생계보장(실제로 고용보험이 도입된 1995년 우리나라의 실업률은 2%에 불과했다)보다는 고용조정과 인력정책에 더 큰 비중이 두어졌다.

1. 목 적

우리나라의 고용보험은 대규모 실업사태에 대응하기 위한 것이 아니라 기업구조조정에 대한 사회안전망의 하나로서 도입되었다. 이는 다음과 같은 우리나라 고용보험의 목적에 잘 나타나 있다.

- 산업구조조정 과정에서 고용조정을 지원하여 고용안정 및 구조조정을 촉진한다. 산업구조조정과정에서 불가피하게 발생하는 고용조정을 지원함으로써 고용안정과 기업의 구조조정을 지원한다. 저생산·저부가가치산업에서 고생산·고부가가치산업으로의 인력이동을 지원함으로써 산업구조·인력구조의 고도화(기업의 경영합리화)를 도모하는 데 조력한다.

- 인력수급을 원활화한다. 인력 풀을 형성하고, 국가의 직업안정기능을 체계화한다.
- 근로자의 직업능력개발 활성화로 노동생산성을 향상시키고, 기업경쟁력을 강화한다. 기업의 인력 확보, 취업기회 확대, 실업문제 해결에 기여한다.
- 실직근로자의 생계안정을 기하고, 재취업을 촉진한다. 실직자에 대한 실업급여 지급과 함께 고용정보 제공, 직업상담, 취업알선, 직업훈련안내 등 종합고용서비스를 제공하여 재취업을 촉진한다.
- 남북통일에 대비한 적극적 노동시장정책을 추진할 수 있도록 만든다. 독일은 통일 후 고용보험으로 실업증가 문제를 해결했는데, 우리나라도 노동시장의 관리능력을 배양하여 통일에 대비한다.
- 경기조절 기능을 수행한다. 고용보험지출액이 실업률의 증감에 연동하므로 경기상황이 좋을 때 적립된 기금이 경기불황 시 지출되어 구매력을 증가시킨다.

우리나라 고용보험은 실직 근로자에게 실업급여를 지급하는 전통적 의미의 실업보험사업 외에 산업구조조정의 촉진 및 실업예방, 고용촉진 등을 위한 고용안정사업, 근로자의 생애 직업능력개발을 위한 직업능력개발사업을 상호 연계하여 실시하는 사회보장제도임과 동시에 적극적 노동시장정책의 수단으로 간주되고 있다. 다시 말해서 전통적 실업보험이 실직자의 생계를 지원하는 사후적·소극적 사회보장제도인 데 비해 우리나라의 고용보험은 실직자에 대한 생계지원은 물론 재취업을 촉진하고 더 나아가 실업의 예방, 노동시장의 구조개편, 직업훈련 등의 강화에 목적을 둔 사전적·적극적 차원의 종합적 인력정책이라는 것이다.

2. 적용대상

우리나라 고용보험은 1980년대 후반부터 인력수급 불균형에 대한 대응책과 산업구조조정에 따른 고용조정 지원책이 필요했으며, 아울러 직업훈련을 강화시킬 필요성이 제기되었는데, 이에 대한 대안으로서 논의가 시작되었다.

고용보험제 도입에 대해 일부에서는 근로의욕의 저하, 실업의 장기화 등 부작용을 초래할 것이라는 우려도 있었으나, 우리나라도 일본이나 독일과 같이 국가의 적극적 인력정책 추진을 위해 고용보험제의 도입이 필요하다는 데 노사정이 공감함에 따라 김영삼 정부는 제7차 경제사회발전 5개년 계획 및 신경제 5개년 계획에 고용보험의 도입을 포함시켰고, 1993년 12월에 고용보험법을 제정하였다. 고용보험법의 제정에 따라 1995년 7월부터 고용보험이 실시되어 실업급여는 30인 이상의 사업장부터, 고용안정・능력개발사업은 70인 이상 사업장부터 적용되었다(70인 이상 사업장의 실업급여는 1996년 7월부터 지급).

IMF 외환위기 사태 직후 1998년 1월부터 실업급여가 10인 이상 사업장으로, 고용안정・능력개발사업은 50인 이상 사업장으로 확대되었다. 이어 1998년 3월 실업급여가 5인 이상 사업장으로 확대되었고, 1998년 7월에는 고용안정・능력개발사업이 5인 이상 사업장으로 확대되었으며, 1998년 10월에는 1인 이상을 상시 고용하는 전 사업장(상시근로자 4인 이하의 농업・임업・수렵업 등 일부 업종 제외)으로 확대되었다(상시근로자의 수는 전년도 매월 말일 현재 사용하는 근로자 수의 합계를 전년도의 조업월수로 나눈 수로 산정).

그리고 2003년 1월 1일부터는 5인 미만 농림어업 및 수렵업 중 법인에 대하여 고용보험을 확대 적용하였고, 2004년 1월 1일부터는 전 규모의 건설공사로 확대되었고, 2006년 1월 1일부터는 근로자를 사용하지 아니하거나 5인 미만 근로자를 사용하는 자영업자에게도 소득 등을 고려하여 자신을 피보험자로 하여 고용안정・직업능력개발 사업에 있어서 이 법의 적용을 받을 수 있도록 했다.

한편 1998년부터 고용보험을 전 사업장으로 확대함으로써 모든 사업장이 당연적용(의무가입)의 대상이 되었지만 고용보험에서 제외되는 적용제외자도 있다. 65세 이상 노인, 한 달간 소정근로시간이 60시간 미만인 자, 공무원, 사립학교교직원 등이 그들이다.

외국인은 원칙적으로 고용보험을 적용하지 않는다. 그러나 국내거주 자격(F-2) 및 영주 자격[F-5, F-6(결혼이민)]을 가지고 있는 외국인은 취업활동에 아무런 제한이 없어 당연 적용대상이 된다. 기타 국내취업활동이 가능한 체류자격을 가진 외국인(C4, E-1~E-8, E-10, F-4, H-2)의 경우에는 본인이 가입을 원하는 경우에 적용하며, 비전문취업(E-9)은 당연 적용대상이었다가 2006년 1월 1일부터 임의적용으로 변경되었다. 주재(D-7), 기업투자(D-8) 및 무역경영(D-9)의 체류자격을 가진 외국인은 상호주의에 따라 외국인 본국법이 우리나라 국민을 고용보험에서 배제할 경우 적용제외 된다. 불법취업 외국인 근로자는 당연히 고용보험의 적용대상에서 제외된다.

임의가입자도 있다. 사회안전망이 상대적으로 취약한 직업집단, 즉 별정직·계약직 공무원, 50인 미만의 근로자를 고용하고 있는 자영업자도 본인이 원하면 고용보험에 가입할 수 있다(2012년 1월 시행).

3. 사업체계

1) 실업급여

우리나라 고용보험에서 실업자는 근로의 의사와 능력이 있음에도 불구하고 취업하지 못한 상태에 있는 자를 말하는데, 이러한 실업자들의 생활안정을 도모하고 구직활동을 용이하게 만들기 위하여 실업급여를 지급한다. 실업급여는 구직급여, 취업촉진수당, 연장급여, 상병급여가 있다.

구직급여는 수급요건을 갖춘 수급자격자의 생활안정을 위해 지급되는 기본적 급여이다. 실직 전 18개월 동안 180일 이상 근무하다가 회사의 경영악화 등 비자발적 사유로 실직 또는 이직하게 된 경우로서 적극적 재취업활동이 전제되었을 때 지급받을 수 있다. 자진 퇴사하거나 본인의 중대한 잘못으로 해고된 경우는 적용되지 않는다. 퇴직 당시의 연령과 보험가입기간에 따라 90~240일간 실직 전 평균임금의 50%에 해당하는 금액을 지급한다.

취업촉진수당은 구직급여 수급자의 빠른 재취업을 장려하기 위해 근로의욕을 고취시키는 일종의 인센티브이다. 취업촉진수당은 조기재취업수당, 직업능력개발수당, 광역구직활동비, 이주비가 있다.

조기재취업수당은 구직급여를 받고 있는 도중에 급여일수 1/2 이상을 남기고 재취업에 성공한 경우 남은 기간 동안 받을 수 있는 구직급여액의 1/2을 일시에 지급한다. 직업능력개발수당은 직업안정기관에서 지시한 직업능력개발훈련을 받는 경우 훈련기간에 대하여 일당을 지급한다. 광역구직활동비는 직업안정기관의 소개로 거주지로부터 멀리 떨어진 지역에서 구직활동을 하는 경우 교통비와 숙박비를 지원한다. 이주비는 직업안정기관이 소개한 일자리에 취업하거나, 직업능력개발훈련을 받기 위해 주거를 이전하는 경우 이주한 거리에 따라 지급한다.

연장급여는 급여수급기간이 만료되었지만 취업하지 못하거나(특별연장급여), 생계가 어렵거나(개별연장급여), 직업훈련이 필요한 자(훈련연장급여)에게 구직급여의 70%에 해당하는 금액을 연장하여 지급하는 것이다.

상병급여는 실업신고를 한 이후 질병, 부상, 출산으로 취업이 불가능하여 실업의 인정을 받지 못하는 경우 지급한다.

〈표 10-1〉 실업급여의 종류

종 류	내 용
구직급여	고용보험에 가입한 회사에서 실직 전 18개월 동안 180일 이상 근무하다가 회사의 경영 악화 등 비자발적인 사유로 실직 또는 이직하게 된 경우로 적극적 재취업활동이 전제되었을 때 지급받을 수 있다. 지진 퇴사하거나 본인의 중대한 질못으로 해고된 경우는 적용되지 않는다. 퇴직 당시의 연령과 보험가입기간에 따라 90~240일간 실직 전 평균임금의 50%에 해당하는 금액을 지급한다.
취업촉진수당	구직급여 수급자의 빠른 재취업을 장려하기 위해 근로의욕을 고취시키는 일종의 인센티브이다. 취업촉진수당은 조기재취업수당, 직업능력개발수당, 광역구직활동비, 이주비가 있다. • **조기재취업수당** : 구직급여를 받고 있는 도중에 급여일수 1/2 이상을 남기고 재취업에 성공한 경우 남은 기간 동안 받을 수 있는 구직급여액의 1/2을 일시에 지급한다. • **직업능력개발수당** : 직업안정기관에서 지시한 직업능력개발훈련을 받는 경우 훈련 기간에 대하여 일당을 지급한다. • **광역구직활동비** : 직업안정기관의 소개로 거주지로부터 멀리 떨어진 지역에서 구직활동을 하는 경우 교통비와 숙박비를 지원한다. • **이주비** : 직업안정기관이 소개한 일자리에 취업하거나, 직업능력개발훈련을 받기 위해 주거를 이전하는 경우 이주한 거리에 따라 지급한다.
연장급여	급여수급기간이 만료되었지만 취업하지 못하거나(특별연장급여), 생계가 어렵거나(개별연장급여), 직업훈련이 필요한 자(훈련연장급여)에게 구직급여의 70%에 해당하는 금액을 연장하여 지급한다.
상병급여	실업신고를 한 이후 질병, 부상, 출산으로 취업이 불가능하여 실업의 인정을 받지 못하는 경우 지급한다. 질병, 부상의 경우 증명서를 첨부해 청구한다. 출산급여는 출산일로부터 45일간 지급한다.

2) 고용안정사업

고용안정사업은 실업의 예방을 위한 고용조정지원사업과 고령자, 여성 등 유휴인력의 고용촉진을 위한 고용촉진지원사업으로 구분된다.

고용조정지원사업은 경기변동, 산업구조의 변화 등으로 발생하는 구조조정으로부터 근로자를 보호하기 위한 사업으로서 고용유지 조치를 실시하여 고용을 유지하고 실업을 예방하는 데 목적이 있다. 휴업수당지원금, 인력재배치

지원금, 전직훈련지원금 등이 있다.

고용촉진지원사업은 통상적인 노동시장 조건에서 취업이 곤란한 장애인, 여성가장에게 고용기회를 제공하고, 고용촉진시설을 설치·운영하는 경우 그 비용의 일부를 지원하는 사업이다. 고용촉진지원금, 고령자고용연장지원금, 임금피크제지원금, 임신·출산여성 고용안정지원금 등이 있다.

〈표 10-2〉 고용안정사업의 종류

종 류	내 용
고용조정지원사업	경기변동, 산업구조의 변화 등으로 발생하는 구조조정으로부터 근로자를 보호하기 위한 사업. 고용유지 조치를 실시하여 고용을 유지하고 실업을 예방하는 것이 목적. 휴업수당지원금, 인력재배치지원금, 전직훈련지원금 등이 있음
고용촉진지원사업	통상적인 노동시장 조건에서 취업이 곤란한 장애인, 여성가장에게 고용기회를 제공하고, 고용촉진시설을 설치·운영하는 경우 그 비용의 일부를 지원하는 사업. 고용촉진지원금, 고령자고용연장지원금, 임금피크제지원금, 임신·출산 여성 고용안정지원금 등이 있음

고용촉진지원금은 일자리 함께하기 지원, 반듯한 시간 선택제 일자리창출 지원, 고용환경개선지원, 유망창업기업고용지원, 전문인력 채용지원 등 기업이 직무체계나 고용환경을 개선해 일자리를 늘리는 것을 지원하는 사업이다.

고령자고용연장지원금은 노동시장에서 취직이 곤란한 고령자의 고용안정과 고용촉진을 지원하는 제도로 정년연장지원금, 정년퇴직자 재고용지원금, 고령자다수고용촉진장려금, 60세 이상 고령자 고용지원금이 있다.

임금피크제지원금(2006년 신설)은 피크임금 소정비율과 당해연도 임금과의 차액을 지급하는 제도이다. 노사합의로 임금피크제를 도입·실시한 사업장에서 18개월 이상 근무한 근로자로서 임금이 기준감액률 이상 하락한 근로자를 대상으로 한다.

임신·출산 후 계속고용지원금은 출산전후 휴가 중이거나 임신 중에 계약기간 또는 파견기간이 만료된 근로자와 1년 이상 계속 근로계약을 체결한 사업주에게 주는 보조금이다.

직장어린이집 설치지원 및 설치비용 융자사업도 있다. 근로자의 육아부담을 완화시켜 주기 위해 직장어린이집을 설치·운영하는 사업주 및 사업주단체에 직장어린이집 설치, 시설 전환비 및 비품비, 보육교사·보육시설의 장 및 취사부의 인건비를 지원하는 사업이다.

3) 직업능력개발사업

직업능력개발사업은 사업주에 대한 지원과 근로자 개인에 대한 지원으로 대별된다. 사업주에 대한 지원은 고용보험에 가입한 사업주가 재직근로자 등을 대상으로 직업능력개발훈련을 실시할 경우 소요된 비용을 지원하는 제도이다. 사업주에 대한 지원에는 직업능력개발훈련지원금, 유급휴가훈련지원금 등의 전통적인 사업과 국가인적자원개발 컨소시엄 지원사업, 중소기업 핵심직무능력향상사업, 중소기업 학습조직화사업 등 중소기업 특화사업이 있다.

국가인적자원개발 컨소시엄 지원사업은 중소기업의 훈련시설·장비 부족으로 인한 훈련실시의 어려움을 해소하기 위한 사업이고, 핵심직무능력향상사업은 중소기업의 핵심역량 제고에 필요한 양질의 훈련과정을 제공하기 위한 사업이며, 학습조직화사업은 대체인력 확보의 어려움 때문에 훈련 참여에 애로사항이 많은 중소기업 근로자의 일과 학습 연계를 지원하는 사업이다.

근로자 개인에 대한 지원은 근로자 능력개발지원 및 대부, 전직실업자의 재취업훈련 지원이 있다. 그리고 실업자훈련을 개선하기 위해 정부 규제중심 물량제방식에서 수요자 중심의 자율적인 직업능력개발로 전환한 직업능력개발계정제(내일배움카드제)를 도입했다(2008년). 직업능력개발계정제는 정부가 훈련생에게 일정한 금액을 지원하면 훈련생은 정부가 제공하는 상담과 훈련정보를 바탕으로 지원금액 내에서 훈련과정을 결정하고 직업훈련을 받는 제도로서 실업자훈련에 훈련기관 간의 경쟁과 훈련생의 선택이라는 시장원리를 도입한 것이다.

〈표 10-3〉 직업능력개발사업의 종류

종 류	내 용
사업주 지원	고용보험에 가입한 사업주가 재직근로자 등을 대상으로 직업능력개발훈련을 실시할 경우 소요된 비용을 지원하는 제도. 직업능력개발훈련지원금, 유급휴가훈련지원금 등의 전통적인 사업과 국가인적자원개발 컨소시엄 지원사업, 중소기업 핵심직무능력향상사업, 중소기업 학습조직화사업 등 중소기업 특화사업이 있음
근로자 개인 지원	근로자 능력개발지원 및 대부, 전직실업자의 재취업훈련 지원, 직업능력개발계정제(내일배움카드제)

한편 개인의 직업능력개발훈련을 직접 지원하는 사업은 훈련대상에 따라 실업자를 지원하는 계정제와 중소기업 및 비정규직 근로자를 지원하는 근로자수강지원금 및 근로자능력개발카드, 중소기업·비정규직근로자를 지원하는 단기직무능력향상지원사업(JUMP) 등 다양했는데, 재직과 실업상태를 반복하는 실업자 및 비정규직 등 취약계층 근로자들에게 취업상태에 따라 직업능력개발훈련 지원제도를 달리하는 것에 문제가 있어 2011년 근로자 직무능력향상훈련과 취업 및 이·전직 지원을 위한 내일배움카드제 등 두 가지로 통폐합했다. 이에 따라 기존 근로자능력개발카드제, 중소기업·비정규직근로자 단기직무능력향상지원사업(JUMP)은 폐지되었고, 근로자수강지원금은 근로자 직무능력향상지원사업으로 확대되었으며, 내일배움카드제는 기존의 실업자 이외에 이·전직을 희망하는 비정규직 근로자로 확대되었다.

4. 보험료

우리나라 고용보험 보험료율은 근로자 보수의 3% 이내에서 보험수지의 추이와 경제상황 등을 고려하여 결정되며, 고용안정·직업능력개발사업 및 실업급여의 보험료율로 구분된다. 고용안정·직업능력개발사업 보험료(사업규모별로 0.25~0.85%)는 사업주가 전액을 부담하고, 실업급여 보험료(1.1%)는 사업주와 근로자가 1/2씩 부담한다.

사업주에게 부과하는 고용보험료는 근로자 개인별 월평균보수(전년도 보수총액을 전년도 근무개월 수로 나눈 금액)에 보험사업별 보험료율을 각각 곱한 금액을 합산하여 산정한다.

- **고용안정 · 직업능력개발사업 월별보험료** : 근로자 개인별 월평균보수(전년도 보수총액을 전년도 근무개월 수로 나눈 금액) × 고용안정 · 직업능력개발사업 보험료율
- **실업급여 월별보험료** : 근로자 개인별 월평균보수(전년도 보수총액을 전년도 근무개월 수로 나눈 금액) × 실업급여 보험료율

고용보험료의 산정기초가 되는 '보수'란 소득세법에 따른 근로소득에서 비과세 근로소득을 공제한 총급여액의 개념과 동일하며, 연말정산에 따른 갑근세 원천징수 대상 근로소득과 동일하다. 소득세법에 따른 근로소득은 근로기준법에 의한 임금보다 광의의 개념으로 고용관계 기타 이와 유사한 계약에 의해 근로를 제공하고 지급받는 모든 경제적 가치들을 합한 것이다.

〈표 10-4〉 보험사업별 고용보험 보험료율 (단위 : %)

구분		1998 이전		1999.1.1. 이후		2003.1.1. 이후		2006.1.1. 이후		2011.4.1. 이후		2013.7.1. 이후	
		근로자	사업주	근로자	사업주	근로자	사업주	근로자	사업주	근로자	사업주	근로자	사업주
실업급여		0.3	0.3	0.5	0.5	0.45	0.45	0.45	0.45	0.55	0.55	0.65	0.65
고용안정사업			0.2		0.3		0.15	능력개발사업에 통합					
능력개발사업	150인 미만		0.1		0.1		0.1		0.25		0.25		0.25
	150인 이상 (우선지원)		0.3		0.3		0.3		0.45		0.45		0.45
	150~1,000인 미만		0.5		0.5		0.5		0.65		0.65		0.65
	1,000인 이상 및 국가기관		0.5		0.7		0.7		0.85		0.85		0.85

CHAPTER

11 공공부조

공공부조는 사회보험, 수당과 함께 사회보장제도를 구성하는 주요 제도이다. 베버리지보고서에서는 사회보험을 1차 사회안전망(primary social safety net)이라고 하고, 공공부조를 2차 사회안전망(secondary social safety net)이라 하였다. 이는 공공부조가 사회보험료를 납부할 소득이 없는 저소득층을 국가가 세금으로 보호하는 제도이기 때문이다. 이처럼 사회보험이 예방적이고 1차적이라면, 공공부조는 사후적이며 2차적인 것이다.

11장에서는 1절에서 공공부조의 개념과 기능을 알아보고, 2절에서는 공공부조의 역사적 배경을 영국과 미국을 중심으로 살펴보고, 3절에서는 신자유주의 이후 강조되고 있는 근로연계복지(workfare)를 분석해 본다. 그리고 4절에서는 저소득 근로자에게 소득을 보완해 주는 근로장려세제(EITC)를 살펴보고, 5절에서는 우리나라의 공공부조제도인 국민기초생활보장제도에 대하여 알아본다.

제1절 공공부조의 개념과 기능

공공부조는 국가의 재정으로 저소득층을 보호하는 공적인 부조이다. 따라서 대상자는 저소득층으로 한정되며, 엄격한 자산조사 절차를 거쳐 부조를 받게 된다. 1절에서는 이러한 공공부조의 개념과 기능에 대하여 알아본다.

1. 공공부조의 개념

공공부조는 민간에서 이루어지는 사적 부조에 대비되는 용어[1])로, 나라마다 상이하게 불린다. 미국에서는 public assistance, 영국에서는 national assistance, social assistance, 독일에서는 sozialhilfe, 프랑스에서는 aide sociale로 불린다.

한국의 사회보장기본법(제3조 제3항)에서는 "공공부조란 국가와 지방자치단체의 책임하에 생활유지 능력이 없거나 생활이 어려운 국민의 최저생활을 보장하고 자립을 지원하는 제도를 말한다"고 정의하고 있다. 이러한 정의는 베버리지보고서의 정의와 크게 다르지 않다. 베버리지보고서에서는, "사회부조란 사회보험에 가입하지 못한 빈곤집단의 최저생활을 보장하기 위하여, 급여수급의 조건을 갖춘 사람들에게 국가재정에서 현금급여를 지급하는 제도"라고 정의하고 있다. 이러한 베버리지보고서의 공공부조 정의와 비교해 볼 때, 한국의 공공부조 정의는, 최저생활의 보장과 함께 자립지원을 강조한다는 특성이 있다.

이와 같이 공공부조는 다양하게 정의할 수 있으나, 공공부조의 핵심은 비기여·자산조사 방식의 사회보장이라는 것이다. 즉, 공공부조란 "국가의 재정적 책임으로 수급자가 기여를 하지 않고, 자산조사를 통해 급여를 제공하는 사회보장제도"라고 할 수 있다.

1) 우리나라에서 1995년 사회보장기본법이 제정되기 전에는 공공부조를 사적 부조에 대비되는 의미로 공적 부조라고 하였다.

2. 공공부조의 기능

사회보장에 관한 국가의 역할은 여러 가지가 있으나, 공공부조에서는 소득 이전의 기능이 중요하다고 할 수 있다. 국가는 조세제도라는 합법적 강제수단을 통하여 시장에서 이루어진 소득분배 구조에 개입하고, 공공부조를 통해 저소득층에게 공적으로 소득이전을 함으로써, 소득이 높은 계층에서 낮은 계층으로 소득을 재분배한다. 이러한 공공부조의 기능은 다음과 같다(안병영 외, 2018 : 559-562).

첫째, 공공부조는 모든 국민의 최저생활을 보장하는 사회안전망 기능을 한다. 공공부조는 소득이 낮아서 인간다운 생활을 영위하기 곤란한 사람들에게 국가가 소득지원을 함으로써 인간다운 생활을 할 수 있는 최저소득(a decent minimum income)을 보장하는 데 목적이 있다.

둘째, 공공부조는 소득불평등을 완화하는 재분배 기능을 한다. 공공부조 수급자의 대다수는 소득세를 납부하지 않는 집단에 속하기 때문에, 공공부조를 위한 재원에 기여를 하지 않는다. 따라서 중・상층의 소득이 조세 및 공공부조를 통해서 저소득층인 공공부조 수급자에게 이전되는 효과를 지닐 수 있다. 공공부조는 고소득층에서 저소득층으로 소득을 직접적으로 재분배하는 수직적 재분배효과가 가장 큰 사회보장제도이다.

셋째, 공공부조는 계급 간 대립 및 갈등을 완화함으로써 사회적 안정에 기여하고, 정치체제를 정당화하는 기능을 한다. 미국의 공공부조 발달과정을 연구한 피븐과 클라워드(F. Piven & R. Cloward, 1984)에 따르면, 미국에서 재분배정책은 사회경제적 불안정 시기에 빈민과 실업자에 의해 야기되는 사회적 불안과 소요를 방지하고 정치적 안정을 도모하기 위한 수단으로 발전하였다. 한국에서 지난 1997년 말 외환위기를 통해 경험했던 것처럼, 경제위기는 기업의 구조조정을 촉발하고, 구조조정은 근로자의 정리해고를 수반하여 실업자의 증가를 가져온다. 또한 구조조정이 가져온 실업자의 증가는 노숙자, 가정파탄, 빈곤 등 여러 사회문제를 양산할 수 있다. 경제위기에 직면하여 사회적 안전망을 갖추지 못한 사회에서는 사회적 갈등이 증폭되고, 이에 따라 정치

사회적 불안정이 초래되며, 결국 자본투자가 줄어들어 경제회복이 지체될 수밖에 없다.

넷째, 공공부조는 시장경제를 지원하는 기능을 한다. 자본주의 사회는 호황과 불황이 주기적으로 반복되는 경기순환적 특성을 지닌다. 전후 복지국가의 발달을 주도했던 케인즈주의는 경기순환을 위한 정부의 재정정책의 중요성을 강조한다. 경기가 하락하는 경우에는 지속적인 경제불황 상태에 빠지지 않도록 정부가 유효수요를 유지해 주어야 하며, 이를 위한 사회보장제도의 역할이 중요하다고 하였다. 공공부조는 최저생계의 유지를 위한 소득을 지원하기 때문에, 유효수요를 유지하기 위한 효과적인 수단으로 작용하여 경제안정 기능을 한다.

제2절 공공부조의 역사적 배경

공공부조는 빈민법에 기원을 두고 있다. 즉, 빈민에 대한 가혹한 처우 때문에 악명 높았던 빈민법을 현대화한 것이 공공부조이다. 공공부조는 영미계 국가에서 발전해 왔으며, 이는 영국과 미국의 빈민법이 공공부조로 발전한 과정에서 확인할 수 있다.

1. 공공부조의 발전과정

빈민법을 가장 체계적으로 시행한 영국은 공공부조라는 용어도 최초로 만들었다. 그러나 20세기 들어 공공부조를 발전시키고 완성한 나라는 미국이다.

1) 영국의 공공부조 발전과정

공공부조가 정부 공시문서에 처음 등장한 것은 1909년 영국 왕립빈민법위원회(the Royal Commission on the Poor Law and Relief of Distress)의 빈민법개혁보고서였다. 이 보고서는 빈민법의 명칭을 공공부조(the Public Assistance)로 변경하고, 구빈행정의 책임부서로 공공부조청의 신설을 권고하였다(Jones, 1991 : 91-93).

공공부조는 1948년 영국이 국민부조법(the National Assistance Act)을 제정하면서 명칭이 국민부조로 바뀐다. 이 법은 부제가 기존의 빈민법을 종료시키는 법(An Act to terminate the existing Poor Law)이었으며, 법 제1장 첫머리에 "기존의 빈민법을 폐지하는 효과를 갖는다"고 명기함으로써 빈민법에 대한 대체입법임을 분명히 하였다. 따라서 공공부조 주무부서인 부조청(the Assistance Board)도 국민부조청(the National Assistance Board)이 되었다. 노동당은 이미 1930년대부터 차별적 어감을 지닌 공공부조라는 용어를 쓰지 않았다. 일부 노동당 의원은 과거 공공부조 대상자로서 쓰라린 경험을 가지고 있었다. 이처럼 공공부조는 빈민법과 함께 상당히 부정적인 의미로 사용되었음을 알 수 있다(Jones, 1991 : 138-139).

국민부조는 1966년 노동당 정부(1964~1970) 때 보충급여(the Supplementary Benefit, SB)로 명칭이 바뀐다. 국민부조를 소득보장제(income guarantee)로 전환한다는 방침을 세운 노동당 정부는 공공부조 행정을 간소화하고, 수급권 결정에서 관료적 재량권을 축소함으로써 낙인을 줄이려고 했다. 공공부조 관리운영은 사회보장시스템에 흡수되었다. 하지만 낙인문제는 해결되지 않았다. 보충급여는 대처 정부(1979~1990) 때인 1986년 명칭이 소득지원제(the Income Support, IS)로 변경된다. 소득지원제에서는 보충급여의 주거비 지원금이 주택급여에 흡수 통합되고, 공공부조 자격요건과 급여에 관한 규정도 더 단순화되고, 재량권은 축소되었다(Hill, 1993 : 69, 132).

2) 미국의 공공부조 발전과정

미국의 빈민법이 공공부조로 발전하는 과정은 영국보다 복잡하다. 식민지 시대 빈민법은 기초 지방정부인 시군정부가 담당했다. 시군정부가 담당하던 빈민법은 남북전쟁(1861~1865)을 거치면서, 주정부 빈민구제사업으로 대체되었다. 남북전쟁 이후 부랑자시설, 고아원, 작업장, 구빈원, 원외구호의 필요성이 커지면서 주정부가 사회복지사업에 직접 개입하기 시작했고, 행정의 중앙집권화가 가속화되었다. 1880년대 들어 사람들은 주정부의 빈민구제사업을 공공복지(public welfare)로 불렀다.[2)]

주정부들은 민간기관에 대한 보조금 규모를 축소하고, 공공복지를 확대해 나갔다. 공공복지행정을 위해 주정부에 자선교정청(the state boards of charities and corrections)을 신설했고, 자선교정청은 공공복지부(the state departments of public welfare)로

2) 하지만 연방정부가 사회복지에 개입하기는 아직 일렀다. 1854년 피어스 대통령(Franklin Pierce, 1804~1869. 미국 제14대 대통령)이 연방정부의 사회복지 책임을 인정할 수 없다 하여 거부권을 행사한 것이다. 발단은 국유지 활용문제였다. 1848년 정신이상자를 위한 복지대책 수립의 선구자 도로시 딕스(Dorothea Dix) 여사가 500만 에이커의 국유지를 정신이상자를 위한 정신병원시설 건립에 사용하자고 제안하자 의회는 1천만 에이커의 국유지를 할당하는 법안을 통과시켰다. 피어스 대통령은 이를 거부한 것이다. 하지만 그의 거부권 행사는 사회복지의 국가책임 자체를 부정한 것은 아니었고, 사회복지의 책임이 연방정부가 아니라 주정부에 있다는 사실을 천명한 것이었다(Axinn and Stern, 2001 : 51).

발전되었다.[3)] 1910년대 진보의 시대(the Progressive Era)가 되면, 주정부들은 구제 가치가 있는 빈민에 대한 원조를 강화했다. 1926년 40개 주정부가 부양자녀를 둔 어머니를 돕기 위한 공공구제 프로그램을 시행했다. 빈곤 노인에게 현금의 노령연금을 지급하는 주정부도 나타나기 시작했다.

하지만 주정부의 공공복지사업은 곧 한계를 드러냈다. 1929년 대공황 때문이었다. 주정부 공공복지 프로그램은 대량실업이나 도시빈곤 문제에 대처하기는 역부족이었다. 대공황은 주정부 공공구제 프로그램의 재정을 파탄시켰다. 연방정부의 재정적 지원이 절실했다. 드디어 연방정부가 공공복지의 전면에 나서게 되었다. 1933년 루스벨트 대통령은 연방긴급구호법(the Federal Emergency Relief Act)을 제정하여 주정부의 공공구제에 필요한 재정을 지원했다. 이 법에 의거 연방긴급구호청(the Federal Emergency Relief Administration, FERA)이 설립되었다. FERA는 지방정부(주정부와 시군정부)에 새로운 일자리를 만들어 실업자에게 제공하는 것을 주 목적으로 했다. 1935년 사회보장법의 공공부조는 FERA를 계승한 것이다. 연방긴급구호청의 명칭에서 보듯이 1930년대 중반까지 공공부조를 지칭하는 용어는 구호(relief)였다.

사회보장법은 65세 이상 고령 빈민, 시각장애인, 신체장애아동, 고아, 신생아와 산모 등 다양한 취약계층을 지원하는 프로그램들을 담고 있었다. 핵심은 연방정부의 지방정부에 대한 보조금 지급 규정이었다. 각 주정부가 사회적 약자를 위한 정책을 수립하면 그 재정의 1/3에서 1/2을 연방정부가 보조금을 교부하도록 하였다. 이로써 3세기를 이어온 구빈에 대한 지방책임이라는 빈민법적인 원칙은 폐기되고, 주정부에 대한 연방정부의 지원정책이 항구화되었다. 말하자면, 미 역사상 처음으로 구호(relief)가 연방예산의 주요 항목이 된 것이다(Trattner, 1999 : 237).

하지만 미국의 공공부조가 빈민법을 현대화했다는 것은 절반만 사실이다. 왜냐하면 사회보장법에서 연방정부는 재정만 지원하고, 공공부조의 관리운영

3) 미국 최초의 자선교정청은 1863년 매사추세츠 주가 만들었다. 매사추세츠 주 자선교정청의 가장 중요한 임무는 보호의 법적 기준을 충족시키기 위해 민간기관과 공공기관을 조정하고 감독하는 것이었다. 1897년에는 자선교정청을 운영하는 주정부가 16개로 늘어났다.

을 주정부에 일임함으로써 자산조사, 가족의 부양의무, 주거 요건 등 주요한 사항에서 전통적인 빈민법 기준을 그대로 적용한 주정부가 많았기 때문이다.

사회보장법 제정 이후 미국에서는 빈민법, 공공복지, 구호라는 용어는 거의 사라졌다. 그것을 대신한 것은 AFDC 또는 복지(welfare)였다. AFDC는 1935년 사회보장법의 일부, 즉 타이틀 Ⅳ : 주정부가 운영하는 빈곤가정 부양자녀 지원 공공부조 프로그램(ADC)에서 나왔는데, 자녀부양으로 생활이 곤란한 여성가장을 돕기 위해 만들어진 공공부조프로그램으로, 사회보장법 제정 시 반대가 거의 없었다. 그런데 1960년대 들어 주된 수급자가 백인 여성가장에서 흑인 여성가장으로 바뀌고, 흑인 여성가장의 윤리적 문제(미혼모, 혼외자녀, 동거파트너 등)가 부각됨에 따라 백인 주류사회는 AFDC 수급자를 복지수급모(welfare mother)라 부르며, 무임승차자 또는 사기꾼으로 낙인찍었다. 복지라는 단어가 유독 미국에서 부정적인 의미를 가지고 있고, 복지수급자가 정부에 의존하는 사람, 자립 능력이 없는 사람, 납세 부담을 주는 사람으로 인식되는 것도 이 때문이다. 결국 AFDC는 클린턴 정부 때인 1996년 일과 직업훈련을 조건으로 한 복지와 복지수급기간의 제한(일몰제, 생애 5년)을 핵심으로 한 일시부조프로그램(the Temporary Assistance for Needy Families program, TANF)으로 대체됨으로써 역사 속으로 사라졌다.

이상에서 보듯이 미국의 공공부조는 빈민법에서 시작하여 빈민의 욕구를 중시하는 현대적인 사회복지제도로 발전하였으나, 백인 납세자의 흑인 복지수급자에 대한 부정적 인식으로 인해 복지(welfare)보다는 일을 중시하는 워크페어(workfare)로 변하고 말았다.

2. 공공부조 노령연금

공공부조 노령연금도 공공부조 프로그램이다. 자산조사로 대상자를 선정하고, 정부예산으로 재정을 조달한다는 점에서 그렇다. 차이가 있다면, 공공부조 노령연금은 빈민 중에서 노인만 대상으로 한다는 것이다. 공공부조 노령연금은 일반적인 공공부조보다 먼저 실시되었는데, 이는 빈민 중에서 노인을 우선적으로 보호하기 위한 것이었다.

공공부조 노령연금을 세계 최초로 시행한 나라는 덴마크다. 1891년 덴마크는 정부세입으로 재정을 충당하는 조세방식의 공적연금을 세계 최초로 도입했다. 재정은 중앙정부와 지방정부가 반분하고, 도덕적으로 건전하고 욕구가 있는 60세 이상의 노인을 수급자로 했다. 도덕적으로 건전한 노인이란 구제가치가 있는 사람이라는 것인데, 노령연금의 수급대상을 구제가치가 있는 빈민으로 한정했음을 알 수 있다. 조세방식의 노령연금은 농민의 이익이 반영된 것이었다. 산업화 초기단계에 있었던 덴마크에서 기업과 노동자의 정치적 권력은 자영업자인 농민보다 약했다. 갹출방식의 사회보험은 농업생산비용과 생산물가격을 인상시킬 것이었기 때문에 농민은 받아들일 수 없었다(Baldwin, 1990 : 63-64).

영국은 1908년 노령연금을 신설했다. 재정은 정부가 부담하고, 70세 이상의 노인 중 자산조사와 도덕성조사(moral test)를 통해 선정된 사람으로 했다. 자산조사는 일정 소득 이하인 사람을 선별하는 것이고, 도덕성조사는 습관적으로 술을 마셔서는 안 되고, 지난 10년간 형무소에 간 적이 없어야 하며, 빈민구제의 대상이 된 적이 없어야 함을 확인하는 절차, 즉 구제가치가 있는 빈민을 선택하는 절차였다. 도덕성조사는 1919년 폐지되었다. 영국 노령연금은 공공부조였음에도 독일 사회보험 연금보다 급여액수가 많았고, 수급자 수도 3배가 많았다(Rodgers, 1998 : 230).

스웨덴은 1913년 보편적 공적연금을 신설했다. 보편적 공적연금은 세계 최초의 보편주의 공적연금이었는데, 근로자를 대상으로 하는 사회보험방식의 완전적립연금과 조세방식으로 재정을 충당하는 보충적 자산조사 연금 두 부분으로 구성되었다. 이 중에서 보충적 자산조사 연금이 노령연금이다. 자산조사 연금은 사회보험 연금의 보험료를 전혀 납부하지 않은 사람을 포함한 모든 60세 이상 스웨덴 사람을 대상으로 하는 정액제 연금으로서, 재정은 중앙정부와 지방정부 예산에서 충당하였다. 스웨덴이 조세방식의 노령연금을 도입한 것은 덴마크처럼 농민의 정치적 권력이 강했기 때문이다.

미국은 1920년대 들어 주정부들이 연방정부에 앞서 노령연금을 실시했다. 주정부 내 빈곤 노인을 대상으로 현금급여를 지급했다. 주정부 재량사업이었기 때문에 수급자 선정과 연금액은 주정부마다 달랐다. 사회보장법 제정 직전인 1934년 28개 주정부가 노령연금 프로그램을 실시하고 있었다. 사회복지에 관한 한 대단히 보수적인 미국에서 노령연금을 시행한 것은 노인을 구제가치가 있는 사람으로 인정했기 때문이다.[4)]

4) 1898년 뉴질랜드, 1908년 호주, 1927년 캐나다도 공공부조 노령연금을 실시하였다.

제3절 근로연계복지

신자유주의는 사회보장에 지대한 영향을 미쳤으며, 공공부조도 예외가 아니었다. 신자유주의가 공공부조에 미친 가장 큰 영향은 공공부조 수급자에게 복지급여의 조건으로 근로를 요구한 정책이었다. 이를 근로연계복지, 즉 워크페어(workfare)라고 한다. 워크페어의 주 목적은 공공부조 수급자의 복지의존성(welfare dependency)을 줄이는 데 있다. 신자유주의자들은 복지국가의 지나치게 관대한 복지프로그램으로 인해 근로인센티브가 약화되어 비효율이 만연되었다고 주장했다. 이들은 이런 논리를 바탕으로 복지국가의 재편 내지는 축소를 요구했다.

1. 미국의 워크페어정책

워크페어의 종주국은 미국이다. 이는 저소득층을 지원하는 공공부조에서도 국가의 일방적인 지원보다는 개인의 책임을 강조하는 개인주의적 철학이 적용되기 때문이다.

1) 케네디 정부의 사회서비스개정

미국의 워크페어정책은 신자유주의가 등장한 1980년보다 18년이나 이른 1962년에 이미 나타났다. 케네디 정부(1960~1963)의 1962년 사회보장법 개정, 즉 사회서비스 개정(the Service Amendments)이 그것이다(Day, 2000 : 317-318).

케네디 대통령은 1961년 공공복지행정의 개혁을 위해 공공복지임시특별위원회(the Ad Hoc Committee on Public Welfare)를 설치했다. 위원은 공공복지와 민간복지 부문의 전문가 25명으로 구성했다. 임무는 충분한 재정 지원, 공공부조 사무소의 효과적인 행정과 조직, 빈곤과 가족문제의 원인에 관한 연구, 훈련된 인력에 의한 저소득층의 재활서비스 제공 등이었다. 공공복지임시특위의 주도적 관념(guiding ideals)은 다음 두 가지였다.

- 사람은 복지혜택을 받으면 일을 안 할 수 있다.
- 사회복지사에 의한 재활서비스는 복지수급자를 일하게 만들 수 있다.

위원회는 케이스워크와 정신분석치료를 통해 복지수급자의 근로동기 문제를 치료할 수 있고 가족을 강화할 수 있으며, 이를 통해 복지수급자의 수를 줄일 수 있다는 사회복지계의 주장을 전폭적으로 수용했다. 위원회는 다음과 같은 사항을 정부에 권고했다.

- AFDC[5] 수급자 재활을 위한 사회복지사 양성과 이에 대한 정부의 재정 지원
- 실업상태에 있거나 무능력한 부모에 대한 지원
- 혼외 출생 아동, 요보호대상자, 가족 붕괴에 관한 연구와 시범사업
- 공공부조 수급에 필요한 주거요건의 철폐
- 탁아소 원비 재정 지원 강화
- 돈을 관리할 수 없는 사람을 위해 현금 대신 바우처 지급
- 공공부조 수급자의 가족소득(공공부조 자격요건)에서 자녀가 번 돈은 제외

1962년 케네디 대통령은 사회보장법 개정을 의회에 상정하면서 복지수급자의 근로윤리 강화와 공공부조에 대한 새로운 접근이 필요함을 강조했다. 다음은 그가 의회에 보낸 메시지의 핵심 부분이다(Day, 2000 : 318).

5) 부양아동을 둔 가족을 지원하는 미국의 대표적인 공공부조 프로그램이다. 1935년 미국 사회보장법의 일부로 시작될 때 명칭은 ADC(the Aid to Dependent Children)이었다. ADC는 부모가 없거나 부모가 있어도 무능력하거나 실업상태에 있어서 부모 양육을 받을 수 없는 아동을 경제적으로 지원하기 위한 공공부조 프로그램이었다. ADC는 가정주부가 자녀를 가정에서 양육하는 것을 돕는 데 주 목적이 있었기 때문에 일을 하지 않아도 수급자격을 주었다. 1962년 ADC는 부양아동가족급여(AFDC)로 변경되었다. AFDC가 ADC와 다른 점은 수급자(여성가장)의 취업을 권장한 것이었다. AFDC는 수급자의 지역사회 자원봉사나 직업훈련 참여를 의무화할 수 있었다.

> "빈곤의 원인을 개인에게서 찾는 것으로 되돌아가고, 요보호대상자와 요보호 대상자가 될 가능성이 있는 사람의 직업훈련과 직업소개서비스를 통해 이를 보강해야 합니다."

케네디 정부는 이런 접근을 실천에 옮기기 위해 보건교육복지부(the Department of Health, Education, and Welfare) 안에 사회재활서비스부서(the Social and Rehabilitative Service)를 신설하고, 다음과 같은 세부 방침을 정했다.

- 사회복지사가 복지수급자에게 충분한 서비스를 제공할 수 있도록 보장한다.
- 사회복지사의 케이스 수는 60케이스 이내로 한정한다.
- 1명의 슈퍼바이저가 5명의 케이스워커를 지도한다.
- 가족 기능 강화를 위해 가정봉사원을 파견한다.
- 개별 아동을 위한 서비스 플랜을 작성한다.
- AFDC 급여의 오용을 방지하기 위해 후견인을 둔다.

1962년 사회서비스 개정의 가장 중요한 목표는 공공부조 수급자의 취업이었다. AFDC 수급자가 합당한 이유 없이 직업훈련을 거부하면 수급자격을 박탈할 수 있게 했다. 하지만 수급자 수는 감소하지 않았고, 오히려 늘었다. 1955년 AFDC 수급 아동은 전체 아동의 3%였으나, 1970년 8.5%로 증가했다. 저소득층의 노동활동 참가율이 증가하지도 않았다. 탁아사업의 강화, 저소득층에 대한 직업훈련의 강화로는 한계가 있었던 것이다.

케네디 정부의 사회서비스 개정에는 워크페어의 초기형태가 나타나 있다. 공공부조 수급자의 취업을 중시하고, 직업훈련을 거부하면 수급자격을 박탈할 수 있도록 만든 것은 전형적인 워크페어정책이다. 진보적이고 자유주의적인 케네디 정부가 수급자의 권리를 제한한 워크페어정책을 적극 추진하고 시행한 것은 이상할 수도 있지만, 인종문제에 비춰보면 특이할 것도 없다.

1935년 사회보장법 제정 당시 AFDC는 부양자녀를 둔 백인 여성가장을 주된 대상으로 했다. 하지만 시간이 지나면서 부양자녀(대부분 혼외 출산 자녀)가 있는 흑인 여성가장이 다수를 차지했다. AFDC 수급자를 복지수급모(welfare mothers)라고 하는데, 이들에 대한 백인 납세자들의 인식은 매우 부정적이었다. 복지수급모 상당수가 십대미혼모 출신이고, 그들 자녀 대부분이 혼외출산아들이었기 때문이다. 백인 프로테스탄트 납세자들은 이들을 도덕적으로 문제가 있는 사람으로 보았다. 이러한 여론에 밀려 1950년대 후반부터 여러 주정부가 AFDC 수급자 축소와 신규 수급자 억제에 나섰다. 다른 주에서 이주한 사람(특히 남부지역 출신 흑인)의 수급을 금지하거나 부정수급자(동거 배우자가 있는 여성) 색출을 통해 수급자격을 박탈했다.[6] 백인 주류사회는 AFDC를 부단하게 문제삼고 결국에는 폐지하게 만든다.

2) 존슨 정부의 WIN

케네디 정부의 워크페어정책은 뒤이은 존슨 정부(1963~1969)로 계승된다. 존슨 정부는 1967년 공공부조에서 워크페어를 강화하기 위해 사회보장법을 개정했다. 1967년 사회보장법 개정은 근로인센티브프로그램(the Work Incentive Program, WIN)을 담고 있었다. WIN은 공공부조에서 취업과 직업훈련을 최고 우선순위에 두었다. 6세 이하 자녀가 없는 AFDC 수급자는 직업훈련과 취업대상자 명부에 의무적으로 등록해야 하고, 등록을 거부하면 수급자격을 박탈(자녀는 수급자격 유지)할 수 있도록 했다.

WIN은 AFDC 수급자, 즉 부양자녀를 가진 여성가장의 근로인센티브를 강화하는 데 목적이 있었다. WIN의 핵심은 AFDC 수급자를 취업자로 만들거나 아니면 공공부조 수급권을 박탈하는 데 있었다. 워크페어로 복지를 대체(welfare → workfare)한 것이었다.

WIN은 AFDC의 주된 수급자인 흑인 여성가장, 즉 복지수급모에 대한 미국인의 생각이 큰 영향을 미쳤다. 당시 복지수급모에 대한 미국인의 인식은 매

6) 부정수급자 색출을 위해 사회복지부서 공무원이 흑인가정을 한밤에 급습(midnight raid)하는 일이 이어졌다. 한밤의 급습은 1967년 3월 캘리포니아 주 대법원이 사생활침해라 하여 불법으로 판결할 때까지 지속되었다. 1968년에는 연방 대법원도 위헌판결을 내렸다(Trattner, 1999 : 309-310).

우 부정적이었다. 예컨대 복지수급모는 일상적으로 공공부조 급여를 받고 있고, 사기꾼(cheaters), 게으름뱅이(loafers)이며, 더 많은 공공부조 급여를 받기 위해 아이를 더 낳으려 하고, 기금을 낭비(squander)하고 있다고 생각했다. 하지만 이는 <표 11－1>에서 보듯이 편견인 것으로 판명되었다(Rejda, 1999 : 421-422).

〈표 11-1〉 공공부조 수급자에 대한 미국인의 편견과 실제

편 견	실 제
복지수급이 일상화되어 있다.	그러나 실제로 평균 AFDC 수급기간은 29개월에 불과했다. 10년 이상 장기수급자는 극소수였으며, 대부분 장애인이었다.
복지수급자는 사기꾼이다.	그러나 실제로 자격요건보다 더 많은 급여혜택을 받는 경우 대부분이 행정착오로 밝혀졌다.
복지수급 대기자 명부는 게으름뱅이로 꽉 차 있다.	AFDC 대상자 대부분은 아동과 그 어머니이다. 대부분이 노동능력을 갖추고 있지 않다는 것이다. 어머니 중에는 노동능력을 가진 경우도 있지만 어린 자녀를 양육하기 위해 가정에 있어야 하는 경우가 대부분이다.
복지수급모는 보다 많은 급여혜택을 얻기 위해 사녀를 계속 가지려 한다.	그러나 대부분의 수급자 가족은 어머니와 한두 명 정도의 자녀로 구성되어 있다. 또 대부분의 자녀는 그 어머니가 복지수급자가 되기 전에 태어났다. 더구나 둘째 자녀에게 주어지는 급여 액수는 아주 적다.
복지수급모는 기금을 낭비하고 있다. 어머니가 급여를 자녀양육에 쓰지 않고 술, 큰 차, 사치품 등의 구입에 사용하고 있다.	그러나 실제로는 그런 일이 없었으며, 여분의 자금이 생기면 음식, 피복, 주택개선 등에 사용하고 있었다.

이처럼 편견과 잘못된 가정 위에 있었기 때문에 WIN은 실패로 끝날 수밖에 없었다. WIN은 AFDC 수급자에게 취업서비스, 직업훈련, 교육, 아동보육과 교통편과 같은 지원서비스를 제공했다. 그러나 1971년에 이르러서 이 프로그램은 부조수급자가 취업할 수 있는 가능성을 높이는 장기 전략 대신 부조수급자에게 직장을 소개하는 데 주력했다. 즉, 부조에 대한 의존을 감소시키려는 전략으로서 인적 자본에 투자를 하는 전략에서 노동시장전략으로 전환했던 것이다. 이 프로그램으로 직장을 잡은 여성은 극히 적었으며, 성과에 비해

비용이 너무 많이 들었다. 근로동기 프로그램은 참담하게 실패하였다. 이유는 프로그램 행정상의 오류가 만연했고, 자녀에 대한 아동보육서비스도 부적절하여 여성의 근로동기를 저하시켰을 뿐만 아니라 노동시장에서는 소수민족과 여성에 대한 차별과 함께 교육과 기술이 부족한 여성 노동력에 대한 장벽이 대단히 높았기 때문이다. 가장 큰 실패요인은 프로그램을 내실 있게 운영하는 데 반드시 필요한 재정이 너무 부족했다는 데 있었다. 결과적으로 근로인센티브 강화 프로그램은 재정 부족 때문에 부조수급자에게 근로자 교육 또는 훈련에 참여하도록 강요하기보다는 근로연계복지에 등록을 강요하는 프로그램으로 전락하고 말았다(Rejda, 1999 : 420).

3) 레이건 정부의 가정지원법

미국 신자유주의 원조 레이건 정부(1981~1989)는 노골적으로 워크페어를 표방했다. 레이건 대통령은 번영의 기본은 자유로운 기업 활동과 건강한 비즈니스 환경에 있다고 확신했고, 사회복지에 대해서는 매우 부정적이었다. 정부의 복지프로그램은 복지사기꾼(welfare cheats)과 무임승차인(free loaders)을 양산하는 곳이었다. 레이건은 이들을 색출하여 노동시장으로 돌려보내겠다고 공언했다.[7)]

레이건 정부는 AFDC, 아동복지서비스, 학교급식, 식료품보조(Food Stamp), 주택보조, 에너지보조, 가족계획, 정신건강서비스, 알코올·약물남용 상담서비스, 법률구조, 직업소개사업 등 거의 모든 복지사업을 축소했다.[8)] 신연방주의(New Federalism) 아래 연방정부의 지방정부에 대한 예산지원도 삭감했다. 연방정부의 예산지원 삭감을 이유로 지방정부가 복지 프로그램을 축소하건 폐지하건 그것은 지방정부 재량에 맡겼다.

---

7) 레이건 정부의 사회복지 억제정책을 존슨 정부의 빈곤과의 전쟁에 빗대어 '복지국가와의 전쟁(War on the Welfare State)'이라고 부른다(Trattner, 1999 : 362).

8) 당시(1980~1981) 복지수급자는 천 2백만 명이었고, 그중 아동이 7백만 명이었다. 아동을 제외한 5백만 명 중 4백만 명이 6세 이하 부양자녀가 있는 여성가장이었다. 나머지는 대부분 단기실업자였다. 복지수급자 대부분이 일시적 실업자, 환자, 기타 위기상황에 있는 사람 등 복지보다는 일자리를 원하는 사람들이었다. 따라서 국가를 상대로 사기를 치는 사람은 극히 소수였다. 게다가 AFDC 예산은 연방예산의 1%도 되지 않았다. 국방예산은 25%였다(Trattner, 1999 : 364-365).

레이건 정부의 워크페어정책은 1981년 총괄예산조정법(the Omnibus Budget Reconciliation Act, OBRA)으로 모습을 드러냈다. 이 법의 목적은 공공부조예산을 축소하고, 공공부조 수급자의 근로를 유도하는 데 있었다. 이 법은 AFDC 수급자격 요건을 크게 강화시키고, 주정부에 근로복지 프로그램을 운영할 수 있는 권한을 부여했다. 이에 따라 주정부는 AFDC 수급자의 유급 근로를 권장하는 프로그램뿐만 아니라 일정 기간 지역사회를 위해 무급으로 봉사하는 프로그램(지역사회봉사제도. 자원봉사 경험을 통해 취업을 유도한다는 취지)도 운영하였다.

1988년에 제정된 가정지원법(the Family Support Act, FSA)도 워크페어를 강화하기 위한 것이었다. 이 법은 AFDC 수급조건으로 여성가장의 취업과 직업훈련을 의무화하고, 그 비용을 정부가 부담하도록 규정했다. 이를 위해 취업기회·기초기술훈련(Job Opportunities and Basic Skills, JOBS) 프로그램이 실시되었다. JOBS는 직업기술훈련, 취업준비, 일자리 찾기, 직업개발 등을 포함했다. JOBS는 WIN을 대체한 것이었다. 정부는 JOBS 참여 여성에게 교통비와 보육보조금을 지급했다. 또한 수급자가 취업을 하여 소득이 생겨도 1년에 한해서 계속 보육보조금과 Medicaid 혜택을 받을 수 있는 자격을 부여했다.

FSA는 AFDC에 대한 관념을 바꿔놓았다. AFDC는 가난한 아동과 가정주부를 경제적으로 지원하는 것이 목적이 아니라 복지수급에 대한 대가로 일을 하고 직업훈련을 받아야 하는 근로윤리 프로그램으로 변하고 말았다. 또한 가정주부에게 엄마의 역할 대신 근로자 역할을 하도록 강요했다. 이를 거부하면 자격이 박탈되었다. 1980년대와 1990년대는 도덕성(morality)이 모든 것의 가이드라인이었다(Day, 2000 : 372-374).

4) 클린턴 정부의 TANF

미국 워크페어정책을 완성한 사람은 민주당 빌 클린턴 대통령(1993~2001)이다. 민주당과 클린턴은 1992년 대선 캠페인에서 워크페어를 적극 활용했다. 민주당 대선캠프는 '우리가 아는 복지 끝내기(end welfare as we know it)'와 '복지수급 2년 이내 종료(two years and you're off)'를 대통령선거공약으로 내걸었다. 수급자의 복지의존성을 끝내고, 복지수급기간을 제한한다는 것이었다. 클린턴은 다음과 같이 말했다(Trattner, 1999 : 390).

> "나는 복지수급자의 낙인을 없앨 수 있다고 생각합니다. 하나의 단순하고도 존엄을 갖춘 원칙, 즉 일할 수 있는 사람이 평생 복지수급자가 될 수는 없다는 원칙을 세우면 됩니다."

클린턴의 워크페어 구상은 1996년 8월 제정된 개인책임근로기회촉진법(the Personal Responsibility, Work Opportunity Reconciliation Act)으로 구체화되었다. 이 법은 1935년 사회보장법의 일부로 시작한 AFDC를 욕구가 있는 가족에 대한 일시부조프로그램(the Temporary Assistance for Needy Families program, TANF)로 대체하고, 공공부조 현금급여 수급기간을 제한했으며, 수급자의 취업조건을 요구하고, 외국인의 수급자격을 박탈했다. 그리고 주정부 공공부조에 대한 연방정부 감독권(1935년 사회보장법 규정)과 주정부의 공공부조 현금급여 지급의무도 폐지했다. 이로써 말 많고 탈 많았던 AFDC는 완전히 폐지되고, 공공부조 주도권이 연방정부에서 지방정부로 넘어갔다. 1997년 시행된 TANF는 1998년 40개 주로 확대되었다. TANF의 주요 내용을 요약하면, 다음과 같다(Blank & Haskins, 2001 : 7-12).

- 주정부가 현금부조 프로그램을 설계하고 수급자격에 관한 규정을 결정하는 것을 책임진다.
- AFDC를 폐지한다.
- 연방정부의 주정부에 대한 재정지원 매칭방식(주정부가 수립한 예산만큼 연방정부가 보조하는)을 총액보조금(the block grant)으로 대체한다. 연방정부 총액보조금은 고정된다. 추가적인 예산은 주정부가 자체적으로 조달해야 한다.
- 주정부는 수급자의 근로상황(근로시간)을 포함한 근로활동 증가에 대해 매년 공표해야 한다. 1주일에 30시간 이상 근로하는 사람이 수급자의 50% 이상이 되어야 한다. 이 조건이 충족되지 않으면 연방정부의 주정부에 대한 보조금을 삭감한다. 주정부는 일하지 않는 수급자에 대해 제재(현금급여 삭감)를 가할 수 있다.
- TANF 수급 5년 이상의 수급자를 위해 TANF 자금을 사용할 수 없다.

• 수급자의 취업을 지원하는 민간단체의 워크페어 프로그램에 정부보조금을 지급하고, 구직자와 구인기업을 연결시켜 주는 전국적 직업소개시스템을 구축하며, 장기간 수급자를 고용하는 기업에 세금공제 혜택을 준다.

TANF의 중요한 점의 하나가 주정부의 재량권이 강화되었다는 것이다. 새로 정립된 연방정부와 주정부의 관계는 다음과 같다.

• TANF 재정은 연방정부와 주정부가 공동 부담한다. 연방정부는 주정부에 보조금을 지급한다.
• 주정부는 자산기준 및 급여수준, 자격요건 등 제도운영에 대한 폭넓은 재량권을 행사한다. 예를 들면, 자녀를 학교에 보내지 않거나, 가정폭력을 저지르는 경우 TANF 급여를 삭감하거나 미혼모가 자녀의 친부와 결혼할 것을 요구할 수 있다.
• 주정부가 연방정부보조금을 받기 위해서는 연방정부의 운영지침(예 : 모든 주정부는 수급자의 근로활동 참가와 자립에 대한 연간목표를 제시해야 한다)을 따라야 한다.

TANF의 운영주체는 주정부이므로 주마다 수급자격조건이 다를 수 있지만, 기본적으로 이전 AFDC 프로그램의 수급자격조건과 유사했다. TANF 수급요건은 다음과 같다.

• TANF 수급자는 반드시 일정 기간 일을 해야 하고(한부모가정은 일주일에 20시간 이상, 양부모가정은 일주일에 35시간 이상), 주정부가 운영하는 직업훈련 프로그램에 의무적으로 참여해야 한다.
• 수급자는 24개월 동안 복지급여를 받으면서 취업준비, 직업훈련을 받을 수 있다. 24개월 후 일자리를 찾거나 찾지 못하거나 일단 복지급여는 중단된다. 복지급여를 원하는 사람은 다시 신청할 수 있고, 수급자격도 얻을 수 있다. 하지만 수급기간 일몰제에 의해 생애 합산 수급기간이 5년(60개월)을 넘을 수는 없다.

- TANF 수급자는 부모의 보호를 받을 수 없게 된 18세 미만의 아동이 있는 가구 중 빈곤가구이다.
- 수급기준은 소득과 재산이다. 소득기준은 소득(소득인정액)이 해당 주정부가 고시한 최저생계비 이하이고, 재산기준은 주택 한 채, 자동차 한 대, 장례비용을 제외한 보유 재산이다. 소득인정액에는 근로소득공제가 있고, 급여는 가구원수별 최저생계비기준에 따라 주정부가 정한 TANF 급여기준액에서 소득인정액을 뺀 금액으로 결정된다(보충급여방식).

TANF의 기본철학은 일이 우선(work first)이라는 것이었다. 공공부조 프로그램에서 근로인센티브를 강화하고, 일을 통해 공공부조 수급자를 자립·자활시키는 것이 TANF의 목적이었다. 국가는 근로능력이 있는 모든 저소득층이 노동을 통해(노동의 상품화) 자립하여 공공부조 수급자에서 벗어날 것을 요구(사실상 강요)했다.

TANF의 핵심은 수급기간 제한(일몰제)이었다. 복지수급자의 취업과 직업훈련은 이미 이전 정부의 워크페어정책에서 시행된 것으로 새로울 게 없었다. 이에 비해 수급기간을 최대 5년으로 못 박은 것은 완전히 새로운 것이고, 꾸준히 이어져 온 공공부조 수급자 억제와 예산삭감의 가장 강력한 조치였다.

그렇다면 TANF는 성공했는가? 일단 복지수급자 수 감소에는 성공했다. 1994년 AFDC 수급자 약 1,400만 명, 인구의 5.5%에서 1997년 TANF 수급자 약 천만 명, 인구의 4.1%로 감소했다. 아이다호는 1996년 24,000명에서 1999년 2,897명으로 격감했고, 남부 플로리다와 조지아도 수급자 수가 1/3로 줄었다. 이로써 정부와 납세자는 돈을 절약하는 데 성공했다. 하지만 많은 AFDC 수급자들이 TANF로 인해 수급자격을 상실했다. 이들 중 노동시장으로 진출한 사람 상당수가 여성가장들이었고, 이들이 얻은 일자리 대부분은 저임금 임시직이었다. TANF로 인해 가장 큰 타격을 입은 사람은 부양아동을 둔 여성가장들이었다(Strawn et al., 2001 : 226). 수급자로 남은 사람의 생활도 개선되지 않았다. 직업훈련에 많은 인센티브를 부여한 것은 저임금근로자로 살 것을 강요한 것이나 다름없었다. 빈곤에서 탈피할 수 없는 핵심 이유가 여기에 있었다(Axinn

& Stern, 2001 : 320).

나아가 공공부조예산이 연방정부예산의 1%에 불과한 사실에 비추어 볼 때 이 정도의 비용절감은 의미가 별로 없다. 그보다는 가치가 더 중요했다. TANF에 깔린 가치는 두 가지 측면에서 프로테스탄트 윤리적이었다. 하나는 여성에 대한 청교도적 도덕성이었다. AFDC 수급자 대부분이 흑인 여성가장이었고, 이들 중에는 십대 미혼모가 많았다. 백인 프로테스탄트는 도덕적으로 문제가 있는 혼외출산 자녀를 자신이 낸 세금으로 부양하는 것은 납득하기 어려웠다. 다른 하나는 프로테스탄트 근로윤리였다. 일을 하든지 아니면 복지급여를 포기하든지 둘 중 하나를 선택하도록 만든 것은 일을 통해 돈을 벌고 자립하는 것이 사람의 도리라는 프로테스탄트 근로윤리가 명백했다(Day, 2000 : 405-408).

사실 이전부터 AFDC의 개혁을 원한 세력은 공화당 정치인과 보수적인 기독교도였다. 이들은 AFDC가 근로윤리, 가족의 가치, 저소득층의 자립의지를 훼손한다고 생각했다. 이들 종교적 우파세력은 1970년대부터 힘을 키워 보수적인 복지개혁의 주도권을 쥐었다. 혼외출산을 축출하고, 십대임신을 막자는 구호는 1990년대 복지개혁을 추동한 힘이었다.

우파적 복지개혁 주장은 민주당에도 영향을 주었다. 1980년대 중반부터 민주당 중도우파 정치인들은 보수우파의 복지개혁 아이디어를 차용하는 것이 공화당을 이길 수 있는 유력한 대안임을 깨달았다. 신 민주당(new Democrat)을 자처한 이들은 복지개혁을 1992년 대통령선거 승리전략으로 삼았다. 근로능력이 있는 사람의 복지수급기간을 제한하는 AFDC 개혁을 주요 공약으로 내건 것이다. 진보적인 정당인 민주당 대선후보가 이런 주장하는 데 대해 놀라움을 표시한 사회복지 전문가들도 있었다. 정부 역할에 대해 부정적인 공화당이면 몰라도 정부 역할에 친화적인 민주당이 복지삭감정책을 주장했기 때문이다.

TANF와 워크페어에 대해 생각해야 할 것이 있다. 근로윤리의 강화만 중요한 것이 아니라 미래의 일하는 사람인 아동을 양육하는 일도 그에 못지않게 중요하다는 사실이다. 미래의 근로자를 양육하는 것은 엘리트에게도 유리하다. 아동양육도 매우 생산적인 일이다. 아울러 인간의 기본적 권리 측면에서 저소득층을 보살피는 것은 사회와 정부의 도덕적 책임이라는 사실도 망각해서는 안 된다.

2. 영국의 워크페어정책

신자유주의의 선봉에 섰던 대처 정부(1979~1990)는 물론 대처리즘을 사실상 승계한 토니 블레어 노동당 정부(1997~2007)도 복지보다는 워크페어를 중시했다. 영국에서 워크페어는 빈곤함정(poverty trap), 즉 '가난의 덫'의 존재에 관한 논의에 집중되었다. 빈곤함정은 높은 수준의 사회보장급여가 존재할 경우 자력으로 일을 해서 가난으로부터 벗어나려 하기보다는 사회보장급여에 의존하여 생계를 해결하려는 의존심이 생겨 결국 가난에 정체되어 버리는 현상을 말한다. 이는 사회복지가 근로유인을 저하시킨다는 논리와 동일하다.

대처 정부는 빈곤함정을 앞세워 사회보장시스템의 개혁에 나섰다. 사회보장개혁의 텍스트가 된 1985년 사회보장백서는 사회보장이 빈곤함정을 만들어내고 있다고 노골적으로 비판하였다. 임금이 조금 늘어났다 해서 공공부조급여를 못 받는 사람이 있는데, 이들은 일하는 것보다 노는 게 차라리 더 유리하다는 것이었다. 신자유주의자들에게 있어 이는 자신의 문제를 스스로 해결하려는 노력을 막는 아주 잘못된 정책이었다(Johnson, 1990 : 40).

이런 인식하에 대처 정부는 1987년 사회보장개혁을 단행하면서 각종 공공부조급여의 수준을 하향 조정하고, 수급요건을 강화했으며, 보편주의 급여인 장제비와 출산수당을 폐지하고, 특히 사회기금(social find)을 만들어 종전의 무상급여를 대출급여로 전환했다.[9] 대처 정부는 이런 일련의 조치로 빈곤함정을 효과적으로 걷어내게 되었다고 주장했다.[10]

9) 대출급여는 생활대출(budgeting loans)과 특별대출(crisis loans)의 두 종류가 있다. 전자는 침대나 조리기 등 고가의 생활비품을 교체하는 데 소용되는 비용에 대한 대출이고, 후자는 홍수, 화재, 폭풍, 도난 등으로 인한 피해물품을 구입하는 데 소요되는 비용에 대한 대출이다.

10) 그러나 사회복지수급자들의 소득이 상당히 줄어들거나 세금을 더 많이 징수당했다. 그리고 공공주택의 임대료가 점점 더 시장가

워크페어는 실업정책에서도 나타났다. 대처 실업정책의 핵심은 복지에서 워크페어로의 전환이었다. 예를 들어, 소득비례 실업급여를 정액급여로 전환하고(소득대체율의 하향화), 보험료 갹출 조건에 미달되는 사람에게 지급하던 특별급여를 폐지했으며, 16~17세 청소년 실업자를 실업급여 대상에서 제외하고 정부 실시 직업훈련에의 참여를 의무화했고, 실업급여 수급 조건으로 적극적인 구직활동 증명을 의무화하고 실업급여 종료 시 재급여요건을 강화했으며, 정부가 소개한 직업의 임금수준이 낮다 하여 취업을 거부할 경우 실업급여 지급을 중지시켰다.

제3의 길을 내세운 블레어 정부는 베버리지식의 소극적 복지(passive welfare)를 지양하고, 적극적 복지(active welfare)로 이를 대신할 것, 즉 궁핍을 자율성으로, 질병을 건강으로, 무지를 교육으로, 불결을 안녕으로, 나태를 진취성으로 대체할 것을 주장했다. 이는 노동당마저 복지국가의 이념을 포기하고 워크페어를 수용했다는 것을 의미한다.

3. 한국의 워크페어정책

우리나라 김대중 대통령의 '국민의 정부'(1998~2003)가 표방한 '생산적 복지'의 이념도 워크페어와 친화력이 대단히 높다. 이는 제15대 대통령 선거가 있었던 해인 1997년 3월에 출판된 김대중 후보의 저서 『김대중의 21세기 시민경제이야기』(김대중 대통령 후보의 철학과 공약을 총 정리해 놓은 책) 중 '생산적 복지'에서 언급한 다음과 같은 문장에 집약되어 있다(김대중, 1997 : 202-203).

> "도움은 수급자의 자립과 자율을 북돋우는 것이어야 한다. 일방적으로 지원을 해서 영영 빈곤의 늪에서 벗어나지 못하게 하는 형태는 바람직하지 못하다. 그러므로 자활을 돕는 것이 가장 큰 복지이다. 자활능력이 있는 사람에게는 자립을 지원하여 자립과 근면을 부추기고 자활능력이 없는 계층은 사회적 구호에

격에 근접함에 따라 세입자에 대한 임대료 보조금(주택급여)이 삭감되었다. 이는 오히려 빈곤함정을 더욱 악화시킨 것이다. Deacon과 Bradshaw는 이를 두고 '빈곤에의 정체(poverty plateau)'라고 비판했다(Hill, 1993 : 132-133).

의해 보호해야 한다. 근로능력과 의욕이 있는 노인, 장애인, 독신여성에 대해서는 기술훈련, 직장시설 개선, 고용 인센티브 제공 등을 통해 일할 기회를 확대해 주어서 경제발전과 연결되는 생산적 복지를 추구해야 한다."

이런 관념은 그가 대통령으로 취임한 후 처음으로 보건복지부 업무보고를 받는 자리에서 당부한 말에서 재확인되었다. 그때 김 대통령은 취약계층의 복지증진을 강조하며, "정신적으로 건강하고 보람을 느끼도록 하는 것이 진정한 복지이고, 생활보호대상자, 장애인, 노인에게는 생활자금을 지원하는 것도 중요하지만 보다 중요한 것은 보람 있게 일할 수 있는 일자리를 제공하는 것이며, 장애인에게 기술훈련을 시켜 직장을 알선하고 장애종류에 알맞은 작업장을 설치하여 장애인이 삶의 보람을 느끼며 국가에 기여할 수 있도록 하고 장애인 편의시설 설치도 관심을 가지고 추진해야 하고, 노인에게도 수공예품 제작 등 일거리를 알선해 주도록" 할 것 등을 지시했는데, 생산적 복지가 워크페어와 대단히 유사하다는 것이 잘 드러나 있다.

한편 워크페어와 같은 의미를 가진 빈곤함정도 우리나라에서 쟁점이 된 바 있다. 2000년 국민기초생활보장법의 근로소득공제제도(근로장려세제, EITC)의 도입 여부를 둘러싼 보건복지부와 기획예산처 간의 이견이 그것이다. 당시 보건복지부는 국민기초생활보장법 시행령 입안과정에서 2000년 10월 제도 시행과 함께 실시하려던 일반 근로자들에 대한 근로소득공제제도의 실시 시기를 2002년으로 늦추면서도 이의 관철을 주장했다. 근로소득공제제도란 저소득층의 근로의욕을 고취시키기 위해 최저생계비 이하 가구가 사업소득이나 이자소득이 아닌 근로소득이 있을 경우 지원금을 정해진 비율대로 추가해 지원(최저생계비의 120% 이하)하는 이른바 '생산적 복지'(김대중 '국민의 정부'의 국정 이념)의 핵심제도였다. 그러나 이에 대해 예산당국인 기획예산처는 수급대상 저소득층의 소득 파악과 근로소득 여부에 대한 조사가 현실적으로 어렵고 막대한 예산이 소요될 가능성이 있다는 점을 들어 근로소득공제제도의 도입을 제고하라고 요구(사실상 반대)했던 것이다.

사회보장제도에 빈곤함정이 존재할 수 있다. 그러나 수급자격의 한계선상에 걸린 일부 대상자의 문제를 전체 제도의 구조적 결함인 양 과대 포장하여 사회복지정책 전반에 대한 부정적 인식을 심화시키고, 사회복지급여를 폐지하거나 급여수준을 하향 조정하는 주요 근거로 이용하며, 나아가 국민의 복지권마저 부정하려는 것은 지나친 처사라 하지 않을 수 없다.

4. 워크페어 찬반론

워크페어는 사회보험의 민영화 추세와 함께 공공부조 '개혁'의 키워드가 되었다. 워크페어를 찬성하는 논리는 다음과 같이 요약된다(Rejda, 1999 : 432).

- 근로는 복지의존성을 확실히 종식시킬 수 있다.
- 기존의 제도는 저소득층의 지위를 향상시킬 수 없다. 기존의 복지급여는 저소득층을 사회로부터 고립시키고, 낙인을 가할 뿐이다. 반면에 근로를 통한 소득은 노동윤리에 맞고, 저소득층의 존엄성을 지켜준다.
- 사회적 가치관이 변했다. 과거에는 한부모가정의 어머니는 가정에서 자녀를 양육해야만 하는 것으로 인식되었으나, 일하는 어머니의 수가 크게 증가한 지금은 한부모가정 어머니라도 가족의 생계를 위해 노동을 해야만 하는 것으로 변하였다.

그러나 워크페어를 공공부조에서 강조하는 것에 대한 반론도 강한데, 이를 요약하면 다음과 같다(Rejda, 1999 : 433-434).

- 워크페어정책의 효과는 미지수이다. 1970년대 후반 캘리포니아 주와 매사추세츠 주 등지에서 워크페어정책이 시행되었는데 이 프로그램을 통해 직업을 갖게 된 사람의 수는 극히 소수였다.
- 워크페어는 노동을 강요한다. 복지수급모 중에는 현재 일자리(파트타임이나 풀타임)를 가지고 있는 경우도 있고, 집에서 자녀를 양육하길 원하는 경우도 있다. 이들에게 주어지는 일자리의 보수는 매우 낮아 생계에 크게 도움이 안 된다. 그럼에도 일자리를 갖게 되면, 각종 복지급여가 삭감된

다. 따라서 이들의 근로인센티브가 높을 수는 없는 것이다.

- 워크페어의 관리운영 비용도 적지 않다.
- 실업이 증가할 수도 있다. 복지수급 여성을 노동시장에 반강제로 투입시키면, 그에 상응하는 수의 실업자가 발생할 수 있다.

〈표 11-2〉 워크페어 찬반론

구 분	내 용
찬성론	• 근로는 복지의존성을 종식시킨다. • 기존의 복지급여는 저소득층을 사회로부터 고립시키고, 낙인을 가할 뿐이다. • 사회적 가치관이 변했다. 한부모가정 어머니라도 가족의 생계를 위해 일을 해야만 한다.
반대론	• 워크페어정책의 효과는 불확실하다. • 워크페어는 노동을 강요한다. • 워크페어의 관리운영 비용도 적지 않다. • 실업이 증가할 수도 있다.

제4절 근로장려세제

근로장려세제(Earned Income Tax Credit, EITC)는 근로빈곤층에 대한 소득지원과 근로유인을 제고하기 위해 조세제도를 활용하여 현금급여를 지급하는 제도이다. 미국이 1975년 최초로 도입한 후 영국, 프랑스, 벨기에, 뉴질랜드 등에서 유사한 형태의 제도가 시행되고 있다. 한국에는 2008년 도입되었고 2011년 이후 대상과 지원 규모가 확대되고 있다.

1. 근로장려세제의 개요

근로장려세제는 경제활동에 참여하는 저소득층에게 자산조사를 통해 급여를 지급한다는 점에서 다른 공공부조제도와 유사하지만, 근로에 대한 인센티브로 환급되는(refundable) 세액공제 방식으로 급여가 지급된다는 점에서 차이가 있다. 또한 근로소득 수준이 낮은 대상에게는 일정 수준까지 근로소득이 증가할수록 지급되는 급여가 증가하는 구조이므로, 다른 복지급여에 비해 근로의욕을 촉진하는 효과가 높은 제도로 인정받고 있다.

미국에서 EITC는 1975년 도입 당시에는 18개월만 적용되는 한시적 성격의 제도였지만, Tax Reform Act(1976)와 Tax Reduction and Simplification Act(1977)에 의해 연장되었고, Revenue Act(1978)를 통해 소득세법에 편입되었다(김재진, 2009 : 36-59).

EITC 제도의 주요 변화를 살펴보면, 도입 당시 EITC의 급여체계는 점증(phase-in) 구간과 점감(phase-out) 구간으로만 구성됐으나, 1978년부터 평탄(flat) 구간이 추가돼 현재의 점증－평탄－점감 구간의 급여 지급 구조를 갖추게 됐다. 또한 1986년 세제개혁을 통해 급여 수준이 물가와 연동됐으며, 1991년부터는 2명 이상의 자녀에 대한 지원금이 확대되어 자녀 수에 따라 상이한 급여체계가 적용되었다. 1993년 총괄예산조정법(OBRA)에 의해 점증 구간의 급여 증가율 및 최대 급여액이 상승했으며, 1994년부터는 무자녀 가구에도 급여가 지급되었다. 2002년부터는 맞벌이 가구를 우대하고 있으며, 2000년대 중반에는 허리케인 피해자나 참전 군인에 대한 세액공제 혜택이 확대되었다(김재진 외, 2012). 미국 국세청(IRS)에 따르면, EITC 수급 가구는 2014년 기준 약 2,750만 가구에 이르며, 예산 규모는 67억 달러로 현금 이전 프로그램 중 가장 큰 규모이다(한국보건사회연구원, 2016).

2. 근로장려세제의 성과

EITC는 빌 클린턴 행정부 때 대폭 확대됐지만 전반적으로 정권 교체와 큰 상관 없이 지속적으로 제도가 확대돼 왔다. 이는 미국이 보수와 진보에 관계없이 전통적으로 탈빈곤 정책에서 근로유인을 중요하게 여겨 온 데다, 소득재분배를 중요시하는 민주당과 감세 및 노동의 공급적 측면을 중요시하는 공화당의 기조가 EITC를 통해 절충된 것과 관계가 깊다. 이러한 정치적 배경과 함께, EITC가 빈곤 완화 및 대상자의 경제활동 참여에 미친 성과 역시 제도가 지속적으로 확대되는 데 중요한 근거 자료로 활용된다. EITC에서 빈곤 감소와 노동 공급은 가장 중요한 효과성이며, 이에 대한 연구 및 평가는 제도 도입 이전부터 활발히 이루어져 왔다. 빈곤 감소 효과는 EITC 급여 지급 이전과 이후의 빈곤율 비교를 통해 쉽게 확인할 수 있으며, 노동 공급 효과는 대상자의 경제활동 참여와 노동 공급시간 측면에서 파악할 수 있다. ❙그림 11－1❙에서 빈곤 감소 효과를 살펴보면, 2013년 기준으로 약 500만 명의 아동을 포함한 940만여 명을 빈곤선에서 벗어나게 했다. 또한 약 2,220만 명의 빈곤을 완화시켰는데, 이 중 810만여 명이 아동이다. 한편 EITC의 노동 공급 효과와 관련해서는 가정과 대상에 따라 다양한 결과들이 보고됐지만 대체로 이미 노동시장에 참여한 대상자의 경우 노동 공급 시간을 감소시키거나 통계적으로 유의미하지 않은 결과가 주를 이루고 있다. 하지만 대상자의 경제활동 참여, 특히 주된 정책 대상 집단인 미혼모의 근로 참여율을 높이는 것으로 보고된다. ❙그림 11－1❙에서 EITC가 급격히 확장된 1990년대에는 미혼모의 근로 참여율이 자녀가 있는 기혼 여성과 18세 미만의 자녀가 없는 독신 여성에 비해 급격히 증가한 것을 확인할 수 있다.

EITC가 노동 공급 시간에 미치는 성과는 불분명하지만 정책 대상자들의 경제활동 참가에 미치는 효과와 다른 복지급여들에 비해 상대적으로 큰 근로 유인을 제공한다는 점은 부정하기 어렵다. 또한 소득재분배 측면에서 미국 사회의 빈곤과 불평등을 해소하는 데 적지 않은 역할을 하고 있다. 미국 EITC는 2004년에 370만 명을 빈곤층에서 벗어나게 했고 전체 빈곤율의 14%를 절감시켰다.

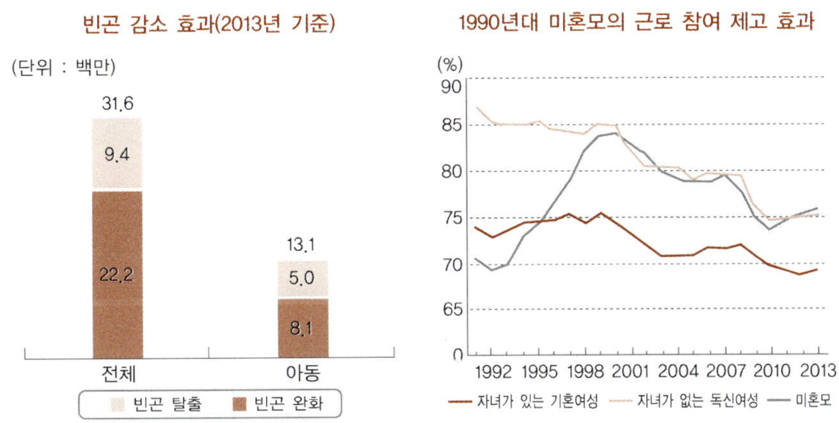

자료 : CBPP(2015). EITC and Child Tax Credit Promote Work, Reduce Poverty, and Support Children's Development, Research Finds, Figure 1, Figure 5.

| 그림 11-1 | EITC의 빈곤감소 효과

EITC는 연방정부의 대표적인 근로빈곤층 지원 제도이지만, 주정부에서도 연방 EITC를 보완하는 주 단위의 프로그램을 운영하고 있다. 워싱턴 DC와 22개 주에서는 주 단위의 EITC를 실시하고 있다. 최근 몇 년 동안 주정부는 정치적 또는 예산 상황에 맞춰 EITC를 도입 및 확대해 오고 있는데, 2009년 경기 침체 이후 오하이오 주는 2013년에 주 단위의 EITC를 도입했고, 5개 주(일리노이 2012, 인디애나 2009, 아이오와 2013, 캔자스 2010, 오리건 2013)에서는 공제액을 높였다(한국보건사회연구원, 2016).

3. 한국의 근로장려세제

한국에서는 근로장려세제(EITC)를 2008년 아시아에서는 처음 시행하였으며, 2014년에는 자영업자가구까지 대상을 넓혔다. 제도의 도입취지는 기존 일반 국민을 대상으로 하는 사회보험제도와 극빈층을 대상으로 하는 국민기초생활보장제도 사이의 사회보장의 혜택을 받지 못하는 근로빈곤층을 지원하기 위한 것이다. 즉, 근로와 연계된 소득지원을 통해 소득 양극화를 해소하고 사회안전망을 구축하고자 하는 것이다.

근로장려세제의 또 다른 정책 목표는 빈곤층의 근로유인이다. 근로장려세제는 점증, 평탄, 점감구간이 있다. 수익이 적다고 많은 지원을 하는 것이 아닌 적당한 수익, 즉 평탄구간에서 가장 많은 지원금을 받을 수 있다. 너무 적은 시간을 일하여 소득이 적은 점증구간, 소득이 어느 정도 선보다 넘어가는 점감구간에서는 지원은 줄어들거나 없어진다. 이러한 제도는 빈곤층의 일하고자 하는 노력을 증가시키려는 방편이다. 일을 어느 정도까지 해야 지원을 해준다는 말이다.

1) 신청자격

근로장려세제 신청 자격을 얻기 위해서는 세 가지 조건을 모두 충족시켜야 한다. ① 가구 요건, ② 총소득 요건, ③ 재산 요건이다. 첫 번째 가구 요건은 배우자가 있거나 18세 미만 부양 자녀가 있거나 혹은 신청자가 만 40세 이상이어야 한다. 두 번째 총소득 요건은 작년 연간 가구소득 총소득이 단독가구일 경우 1,300만 원, 홑벌이 가구는 2,100만 원 그리고 맞벌이 가구는 2,500만 원 이하여야 한다. 마지막 재산요건은 작년 6월 1일 기준으로 가구원 모두가 소유하고 있는 재산 합계액이 1억 4,000만 원 미만이어야 하며, 1억 원 이상인 경우엔 근로장려금의 50%만 지급된다.

2) 지급 현황

근로장려세제는 2018년 기준으로 연소득 1,300만 원 미만인 단독가구면 최대 85만 원을 지급한다. 연소득 2,100만 원 미만 홑벌이가구는 최대 200만 원, 연소득 2,500만 원 미만 맞벌이가구는 최대 250만 원을 받을 수 있다. 2017년에는 157만 가구가 총 1조 1,416억 원의 지원을 받았다.

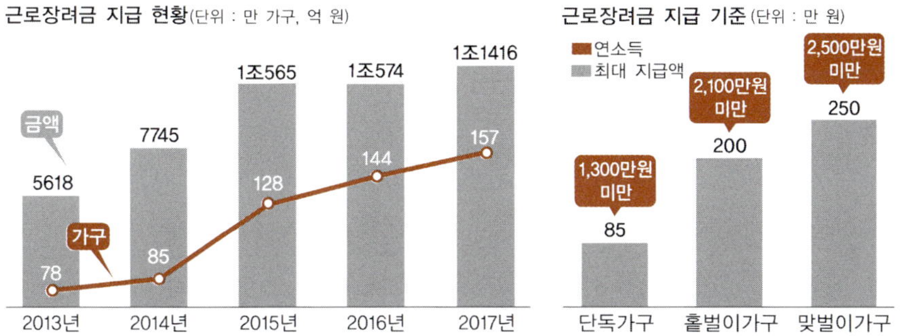

| 그림 11-2 | 근로장려금 지급 현황

출처 : 국세청(2018).

제5절 한국의 국민기초생활보장

우리나라의 대표적인 공공부조는 국민기초생활보장이다. 국민기초생활보장은 기존의 생활보호법(1961년 제정)을 완전히 대체한 것으로, 김대중 정부 때인 1999년 9월 제정된 국민기초생활보장법에 따라 2000년 10월부터 시행되었다.

1. 생활보호제도와 국민기초생활보장제도

김대중 정부가 국민기초생활보장법을 만든 이유는 기존의 생활보호제도가 경제위기에 대응하는 데 한계가 있다고 판단했기 때문이다. 1997년 IMF 구제금융 사태와 구조조정에 따른 대량실업으로 근로능력이 있는 저소득층이 급증하고, 자살자와 노숙자의 증가, 가족의 해체 등 사회문제가 확대되어 근로능력이 있는 저소득층에 대한 최저생계비 지원책이 절실히 필요했는데, 노인이나 장애인 등 근로무능력자에 대한 단순생계지원책에 그쳤던 기존의 생활보호제도는 사회안전망으로서 근본적 한계를 보였던 것이다.

그에 따라 근로능력에 관계없이 최저생계비 이하 저소득층의 기초생활을 국가가 보장할 필요성이 대두되었다. 1998년 45개 시민단체가 국민기초생활보장법 제정추진연대회의를 구성하여 국민기초생활보장법의 제정을 청원했다. 여기에 여야와 정부가 합의하여 1999년 9월 국민기초생활보장법이 국회를 통과했으며, 사회 각계 대표, 전문가, 공무원 등으로 이루어진 국민기초생활보장추진준비단을 구성하여 1년간 준비한 후 2000년 10월부터 시행에 들어갔다.

정부는 국민기초생활보장제도 도입의 의의가 ① 근로능력에 관계없이 빈곤선 이하의 모든 저소득층에게 최저생계비 이상 수준의 생활을 국가가 보장하게 되었고('가난의 책임은 그 개인뿐만 아니라 사회에도 있다'는 빈곤관의 일대전환에 따른 국가에 의한 절대빈곤의 해소를 의미), ② 근로능력자에 대해서는 빈곤에서 스스로 탈출하도록 체계적 자활지원서비스를 제공하여 생산적 복지를 구현한다(빈곤층에게 단순히 생계비를 지원하는 데 그치지 않고, 가난에서 벗어날 수 있도록 적극적으로 지원하는 제도)는 데 있다고 했다.

기초생활보장은 이전의 생활보호와는 몇 가지 점에서 본질적 차이가 있다.

첫째, 최저생계의 보장이 국민의 기본권으로 인정되었다는 것이다. 이전의 생활보호제도는 이른바 프로그램 규정설에 입각해 생활보호수급을 권리로 인정하지 않았다. 생활보호 대상자에게는 생활보호급여청구권이 없었으며, 생활보호급여는 국가예산의 범위 안에서 해도 좋고 안 해도 좋은 프로그램으로서 수급자의 반사적 이익일 뿐 급여의 제공 여부는 정부의 자유재량이었다. 프로그램 규정설에 대응되는 것이 권리설인데, 이는 공공부조 급여를 헌법에 의해 귀속된 재량, 즉 하나의 권리로 인정하는 관념이다. 기초생활보장은 공공부조 수급권을 인정하고 있다. 보호대상자(생활보호법)를 수급권자로 바꾸고, 보호(생계보호, 의료보호, 자활보호 등)를 급여(생계급여, 주거급여, 의료급여 등)로 바꿨으며, 급여의 신청절차를 보다 명확히 했고, 사회복지담당공무원의 직권 신청(사회복지담당공무원은 급여를 필요로 하는 사람이 누락되지 않도록 관할지역 내에 거주하는 수급권자에 대한 급여를 직권으로 신청할 수 있다)을 규정한 데서 이를 확인할 수 있다.

둘째, 기초생활보장은 수급자(대상자) 선정을 합리화함으로써 근로능력이 있는 저소득층의 최저생계비도 보장했다. 생활보호법은 근로능력과 연령을 중시했으나, 기초생활보장은 근로능력과 연령에 상관없이 최저생계비에 미달하는 모든 가구를 수급권자로 인정했다.

셋째, 급여를 합리화했다. 생활보호제도는 대상자 선정과정에서는 소득의 크기를 고려했으나 일단 생활보호대상자로 선정이 되면 소득의 크기와 무관하게 동일한 급여를 제공했다. 이는 대상자의 개별적 욕구를 무시하고 획일적으로 급여를 제공한다는 점에서 매우 불합리한 것이었다. 기초생활보장은 최저생계비와 가구소득의 차액으로 급여를 결정하는 방식, 즉 보충급여방식을 채택함으로써 모든 수급자의 최저생계비를 보장했다.

넷째, 자활보호를 강화했다. 근로능력자에 대해서는 스스로 일자리를 찾거나, 직업훈련, 공공근로, 자활공동체, 자원봉사 등에 참가를 조건부로 생계비를 지급하고, 근로의욕과 근로능력, 가구여건 등을 감안하여 자활지원 프로그램 및 사회복지서비스를 제공함으로써 근로능력자의 자립을 강화했다.

다섯째, 공공부조행정이 보다 체계화되었다. 각종 전산자료와 가정방문 등을 통해 자산조사의 정확도를 높였고, 이를 위해 사회복지전담공무원을 확충했다. 이에 따라 재산을 숨긴 채 생활보호대상자로 선정되었던 사람이 색출·탈락되었으며, 노출되지 않았던 부양의무자를 찾아내어 대상자에서 탈락시키거나 비용의 일부를 부담토록 했다.

생활보호와 기초생활보장의 주요한 차이점, 즉 법적 용어, 대상자 구분, 대상자 선정기준, 급여수준, 자활지원계획 등에 있어 변화내용은 <표 11－3>에 정리되어 있다.

〈표 11-3〉 생활보호와 기초생활보장의 주요 차이점

구 분	생활보호	기초생활보장
법적 용어	**국가에 의한 보호적 성격** : 보호대상자, 보호기관	**저소득층의 권리적 성격** : 수급권자, 보장기관, 생계급여 등
대상자 구분	인구학적 기준에 의한 대상자 구분 • **거택보호자** : 18세 미만 아동, 65세 이상 노인 등 • **자활보호자** : 인구학적으로 경제활동 가능한 근로능력자	대상자 구분 폐지 근로능력이 있는 자는 구분 * 연령기준 외에 신체적·정신적 능력과 부양, 간병, 양육 등 가구여건 감안 가능
대상자 선정기준	보건복지부 장관이 정하는 소득과 재산 이하인 자	소득인정액이 최저생계비 이하인 자 * **소득인정액** : 개별가구의 소득평가액과 재산의 소득환산액을 합산한 금액
급여수준	• **생계보호** : 거택보호자에게만 지급 • **의료보호** : 의료비 전액(거택보호) 또는 일부(자활보호) 지원 • **교육보호** : 중고생 자녀 학비전액 지원 • 해산보호 • 장제보호, 자활보호 등	• **생계급여** : 모든 대상자에게 지급하되 근로능력자는 자활관련사업에 연계하는 조건부로 지급 • **주거급여** : 임대료, 유지수선비 등 주거안정을 위한 수급품 • **긴급급여** : 긴급 필요시에 우선 급여 실시 • 의료, 교육, 해산, 장제보호 등은 전과 동일

자활지원 계획		근로능력자 가구별 자활지원계획 수립을 통한 체계적 자활 지원 • 근로능력, 가구특성, 자활욕구 등을 토대로 자활방향, 자활에 필요한 서비스, 생계급여의 조건 등을 계획 • 자활에 필요한 서비스를 체계적으로 제공하여 수급권자의 궁극적 자활 촉진

2. 맞춤형 급여제도

2015년 7월 맞춤형 급여제도가 도입되었다. 맞춤형 급여제도는 2000년 국민기초생활보장 시행 이후 가장 큰 변화이다. 맞춤형 급여는 기초생활보장 수급자의 여건에 맞게 생계급여, 의료급여, 주거급여, 교육급여 등 급여별로 선정기준을 다르게 한 것이다.

이전에는 가구소득이 최저생계비 이하인 경우에 한해 생계, 의료, 주거, 교육급여 등 모든 급여를 지원했다. 그런데 가구소득이 최저생계비 기준을 조금만 초과해도 급여가 일시에 중단되고, 이로 인해 수급자의 생계가 갑자기 곤란해지거나 계속 수급을 위해 수급자가 일자리를 통한 자립·자활을 기피하는 사례가 있었다. 맞춤형 급여는 가구소득이 증가하여 최저생계비 기준을 초과하더라도 수급자의 여건에 맞춰 필요한 급여를 계속 지급하게 만든 제도이다.

맞춤형 급여와 함께 기존의 최저생계비를 중위소득으로 대체한 것도 중대한 변화이다. 최저생계비는 최소한의 생활에 필요한 물품의 시장가격을 반영하여 최저생활기준을 결정하는 빈곤선으로 절대빈곤 개념에 입각해 있다. 따라서 경제성장에 따른 생활수준의 향상을 반영하지 못한다.

중위소득은 전체 가구를 소득에 따라 줄을 세웠을 때 중간에 위치하는 가구의 소득이다. 중위소득을 공공부조 급여 기준으로 삼으면 중간 소득자의 소득이 향상되면 그만큼 공공부조 급여도 자동적으로 올라간다. 상대빈곤 개념이 적용되는 것이다.

부양능력 판단 기준도 완화되었다. 부양의무자가 수급자를 부양하고도 중위소득 수준의 생활을 유지할 수 있을 만큼 소득이 있는 경우에만 부양능력이 있다고 인정한 것이 대표적이다. 교육급여에서는 부양의무자 기준을 폐지했고, 부양의무자 가구에 중증장애인이 있으면 기준을 추가로 완화했다.

맞춤형 급여가 도입되면서 수급자 수도 늘었다. 국민기초생활보장제도 시행 1년째인 2001년 수급자는 141만 9,995명이었다. 이후 130만~150만 명대에 머물다가 2015년 수급자가 160만 명을 넘어섰다. 2018년에는 174만 명, 2019년 7월에는 183만여 명으로 늘었다. 이에 따라 예산도 증가하고 있다. 생계 의료 주거 교육 등 주요 급여의 국비 예산은 2000년 2조 2,453억 원에서 2018년 10조 원을 돌파했으며, 2019년 예산은 약 13조 1,000억 원이다.

3. 수급자 선정기준

국민기초생활보장 급여를 받기 위해서는 수급권자 가구의 소득인정액이 급여종류별 수급자 선정기준 이하여야 한다. 선정기준은 맞춤형 급여제도에 따라 기준 중위소득의 일정 비율로 하는데, 그 비율은 생계급여 수급자, 의료급여 수급자, 주거급여 수급자, 교육급여 수급자가 다르다.

〈표 11-4〉 수급자 종류별 수급자 선정기준

수급자 종류	기준 중위소득의 비율
생계급여 수급자	30% 이하
의료급여 수급자	40% 이하
주거급여 수급자	44% 이하
교육급여 수급자	50% 이하

기준 중위소득(이하 중위소득)은 보건복지부가 중앙생활보장위원회의 심의·의결을 거쳐 매년 고시하는 국민 가구소득의 중위값이다. 중위소득은 통계청 통계자료(가계동향조사 자료)의 가구 경상소득 중간값에 최근 가구소득 평균 증가율(가계동향조사 자료의 과거 3년 평균 증가율)을 곱하여 산정한다. 중위소득은 수급자 가구원 수에 따라 다르다.

소득인정액은 소득평가액과 재산의 소득환산액을 합한 것이다. 소득평가액은 실제소득에서 가구특성별 지출비용과 근로소득공제를 뺀 것이고, 재산의 소득환산액은 기본재산액에서 부채를 뺀 재산에 소득환산율을 곱한 것이다.

소득인정액 = 소득평가액 + 재산의 소득환산액

* 소득평가액 : 실제소득 − 가구특성별 지출비용 − 근로소득공제
* 재산의 소득환산액 : 재산(기본재산액 − 부채) × 소득환산율
* 2020년 생계급여 수급자 선정기준액은 자산을 반영한 월평균 소득인정액이 1인 가구는 53만 원, 4인 가구는 142만 원이다(경향신문, 2020. 7. 31).

한편 보건복지부는 2021년 10월부터 생계급여 부양의무자 기준을 60년 만에 폐지했다. 원래 생계급여 수급을 위해서는 전술한 소득기준뿐만 아니라 부양의무자 기준을 충족시켜야 했다. 부양의무자는 수급자권자의 1촌의 직계혈족(부모, 아들 딸)과 그 배우자(며느리, 사위)를 말하는데, 이러한 부양의무자가 없거나 부양의무자가 있어도 부양능력이 없거나 또는 부양을 받을 수 없는 사람만 생계급여를 받을 수 있었다.

부양의무자 기준은 그간 유관 시민단체와 사회복지학계의 비판을 많이 받았다. 부양의무자 기준은 생계능력이 있는 가족이 있는 사람의 공공부조 수급을 막기 위한 것으로 1961년 생활보호법이 제정될 때부터 있었으나 가족과 절연한 상태에 있는 빈민이 행정서류상으로만 존재하는 부양의무자로 인해 정부의 지원조차 받지 못하는 불행한 일이 발생하곤 했기 때문이다. 보건복지부는 부양의무자 기준 폐지의 의미를 저소득층 생계지원이 부양가족 중심에서 국가의 책임으로 변화했다는 점과 빈곤 사각지대의 해소에 두었다. 아

울러 보건복지부는 납세자의 정서를 고려해 부모 또는 자녀 가구가 연 기준 1억 원을 초과하는 고소득자이거나 9억 원을 초과하는 재산을 소유하고 있는 경우는 생계급여 대상에서 제외했다.

4. 급 여

1) 급여 원칙

정부는 기초생활보장 급여의 원칙으로 최저생활보장의 원칙, 보충급여의 원칙, 자립지원의 원칙, 개별성의 원칙, 가족부양 우선의 원칙, 타 급여 우선의 원칙 등 여섯 가지를 들고 있다. 각 원칙의 내용은 <표 11-5>와 같다.

〈표 11-5〉 기초생활보장 급여의 원칙

원 칙	내 용
최저생활보장의 원칙	생활이 어려운 자에게 생계·주거·의료·교육·자활 등 필요한 급여를 행하여 이들의 최저생활을 보장한다.
보충급여의 원칙	생계급여 수급자의 최저보장수준은 생계급여액과 수급자 가구의 소득인정액을 합한 수준이 생계급여 선정기준 이상이 되도록 지원한다.
자립지원의 원칙	보장기관은 근로능력이 있는 생계급여 수급자에게 자활사업에 참여할 것을 조건으로 생계급여를 지급한다.
개별성의 원칙	급여수준을 정함에 있어서 수급권자의 개별적 특수 상황을 최대한 반영한다.
가족부양 우선의 원칙	급여신청자가 부양의무자에 의하여 부양될 수 있는 경우에는 기초생활보장 급여에 우선하여 부양의무자에 의한 보호가 먼저 행해져야 한다.
타 급여 우선의 원칙	급여신청자가 다른 법령에 의하여 보호를 받을 수 있는 경우에는 기초생활보장급여에 우선하여 다른 법령에 의한 보호가 먼저 행해져야 한다.

2) 급여 종류

기초생활보장 급여는 생계급여, 의료급여, 주거급여, 교육급여, 해산급여, 장제급여, 자활급여 등 일곱 가지이다. 생계급여는 수급자에게 기본적인 생활필수품 구입에 필요한 금품을 지급하는 현금급여로서 생계급여 지급기준(중위소득의 29%)에서 가구의 소득인정액을 뺀 금액으로 산정한다.

생계급여액 = 생계급여 지급기준 − 소득인정액

해산급여는 출생영아 1인당 정액, 장제급여는 사망자 1구당 정액이다(액수는 매년 정부 고지). 의료급여는 의료급여법에 따라 지급하고, 주거급여는 국토교통부 장관이 정하는 기준에 따라 지급하며, 교육급여는 교육부 장관이 정하는 기준에 따라 입학금, 수업료, 교과서대, 부교재비, 학용품비를 지급하며, 자활급여는 자활사업에 따라 지원한다.

5. 자활사업

1) 자활근로사업

자활근로사업은 저소득층에게 근로의 기회를 주어 자활시키는 데 목적을 둔 프로그램으로 참여자의 자활능력과 사업유형에 따라 근로유지형, 사회서비스형, 인턴·도우미형, 시장진입형으로 나뉜다.

자활근로사업 참여자는 Gateway 단계에서 개인역량 탐색, 기본소양 교육, 개인별 자립계획 수립을 거쳐 맞춤형 자립경로로 들어간다. 맞춤형 자립경로 설정 단계에서는 개인별로 적합한 자활근로사업을 선택하고, 필요하면 공동창업, 개인취업 또는 창업, 고용노동부 취업지원과 같은 도움을 받는다.

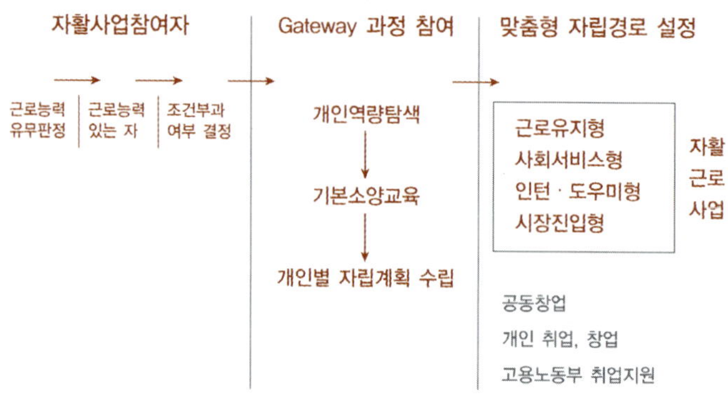

▌그림 11-3▌ 자활근로사업 경로

2) 자활기업

자활기업은 자활근로사업을 거쳐 자립하는 자활경로의 최종단계이다. 자활기업은 2인 이상의 수급자 또는 차상위자가 설립(공동창업)하는데, 공동창업을 통해 근로능력 저소득층을 빈곤으로부터 완전히 탈피시키는 데 목적이 있다. 자활기업은 사회적 기업으로 발전할 수 있으며, 이를 통해 일자리 창출에도 기여한다. 자활기업은 집수리, 청소, 돌봄, 폐자원활용, 음식물재활용 등 전국 5대 표준화사업과 외식 · 도시락, 산모도우미 등의 사업을 할 수 있다.[11)]

3) 지역자활센터

지역자활센터는 근로능력이 있는 저소득층에게 집중적이고 체계적인 자활서비스를 제공하고, 수급자 및 차상위층의 자활에 필요한 사업을 한다. 지역자활센터는 지역사회복지사업 및 자활지원사업의 수행능력과 경험이 있는 사회복지법인이나 사회적 협동조합 등 비영리법인과 단체가 설립 · 운영할 수 있다(지방정부에 설립 신청, 보건복지부 장관이 승인).

11) 2017년 말 기준 자활기업은 1,092개가 운영되고 있다. 업종은 청소(24%), 집 수리(17%), 돌봄(15%) 등이고, 수급자 11,029명을 고용하고 있다(보건복지부 자립지원과, 2018).

지역자활센터는 1996년 자활후견기관 시범사업 후 2001년부터 시·군·구 단위에 1개소씩 설치를 목표로 매년 확대 늘어나고 있다. 지역자활센터 주요 사업과 내용은 <표 11-6>과 같다.

〈표 11-6〉 지역자활센터의 사업과 내용

사 업	내 용
자활의욕고취 교육	근로능력 있는 저소득층의 자활의욕 고취 및 기초능력 배양을 위한 교육프로그램(한글학교, 컴퓨터 교실 등) 개발·운영
자활 지원	자활을 위한 정보제공·상담·직업교육 및 취업알선
창업 지원	생업(창업)을 위한 자금융자 알선, 자영창업 지원 및 기술·경영지도
자활기업 설립·운영지원	기초수급자 등 저소득층이 모여 경제적으로 자립할 수 있는 공동체를 설립해 자립·자활할 수 있도록 체계적인 지원
사회서비스 지원	사회서비스지원 사업 장애인, 산모·신생아, 노인돌보미 바우처사업 등 사회서비스 위탁 수행
기 타	기타 자활을 위한 각종 사업 수급자 또는 차상위층 자녀교육 및 보육을 위한 자활지원프로그램 운영 등

4) 자산형성지원사업

자산형성지원사업은 국민기초생활보장 수급자와 자활근로사업 참여자의 자립과 자활을 돕기 위해 정부가 자산형성을 지원하는 제도이다. 현재 일을 하고 있는 사람만 지원을 받을 수 있다. 자산형성지원사업의 통장 종류와 내용은 <표 11-7>과 같다.

〈표 11-7〉 자산형성지원사업의 통장 종류와 내용

구 분	희망키움통장Ⅰ	희망키움통장Ⅱ	내일키움통장
신청자격	일하는 생계·의료수급가구	일하는 주거·교육수급가구 및 차상위층	자활근로사업참여자(시장진입형, 사회서비스형, 인턴도우미형)
지급요건	생계·의료수급가구가 3년 이내 탈수급 시	주거·교육수급가구 및 차상위층이 3년간 통장을 유지하고, 교육·사례관리 의무 이수 시	자활근로사업단참여자가 3년 이내에 일반노동시장에 취·창업 또는 탈수급 시
혜 택	근로소득장려금 : 가구 총 소득에서 기준 중위소득의 일정률을 공제한 후 장려율을 곱해 산정	근로소득장려금 : 가입자 적립금액과 1:1 매칭해 산정	근로장려금 : 가입자 적립금액과 1:1 매칭한 것에 내일키움장려금을 합해 산정

6. 의료급여

의료급여는 국민기초생활보장 수급자와 국가유공자 등 특정 집단을 대상으로 진료비 전액 또는 일부를 국가가 지원하는 공공부조제도이다.

의료급여 대상자는 1종 수급권자와 2종 수급권자가 있다. 1종 수급권자는 국민기초생활보장법 수급자, 행려환자, 타법 적용자이다. 국민기초생활보장법 수급자는 근로무능력 가구, 희귀난치성질환·중증질환(암환자, 중증화상환자만 해당) 등록자, 시설수급자이다. 타법 적용자는 이재민, 의상자 및 의사자, 입양아동(18세 미만), 국가유공자, 중요무형문화재보유자, 북한이탈주민, 5·18 민주화운동 관련자, 노숙인을 포함한다. 2종 수급권자는 국민기초생활보장대상자 중 1종 수급 대상이 아닌 가구이다.

〈표 11-8〉 의료급여 대상자

1종 수급권자	2종 수급권자
• **국민기초생활보장법 수급자** : 근로무능력 가구, 희귀난치성질환 · 중증질환(암환자, 중증화상환자만 해당) 등록자, 시설수급자 • **행려환자** • **타법 적용자** : 이재민, 의상자 및 의사자, 입양아동(18세 미만), 국가유공자, 중요무형문화재보유자, 북한이탈주민, 5 · 18 민주화운동 관련자, 노숙인	국민기초생활보장대상자 중 1종 수급 대상이 아닌 가구

CHAPTER

12 사회수당

사회보장의 급여는 수급권을 취득하는 유형에 따라, 사회보험과 공공부조 그리고 사회수당으로 나눌 수 있다. 사회보험은 기여를 전제로 자산조사를 하지 않아도 수급권이 생기며, 공공부조는 기여를 하지 않고 자산조사를 받아야 수급권이 생긴다. 반면에 사회수당은 기여를 하지 않고 자산조사도 받지 않아도, 일정 범주에 속하면 수급권이 생긴다. 이처럼 사회보장의 급여 중에서 시민권에 근거하여 수급권을 인정하는 보편적 현금급여를 사회수당(social demogrant)이라고 하고, 대표적인 것은 아동급여와 기본소득(basic income) 등이다.

12장에서는 1절에서 전통적 사회수당인 아동급여를 살펴보고, 2절에서는 새롭게 논의되고 있는 보편적인 사회수당인 기본소득에 대해서 알아본다.

제1절 아동급여

사회보장 급여 중 특정 연령 미만의 모든 아동에게 지급되는 아동급여는 대표적인 사회수당이다. 부모의 소득과 재산 규모와 무관하게 특정 연령 미만의 아동을 둔 가족이면, 누구에게나 아동급여를 지급한다.

1. 아동급여의 개념

아동급여(child benefit)는 자녀를 양육하는 부모 또는 법적 보호자에게 자녀 양육에 필요한 비용의 일부를 정부가 지원하는 것이다. 정부 지원방법은 두 가지가 있다. 하나는 현금급여(cash benefits)이고, 다른 하나는 세금공제(tax credits)이다. 현금급여는 정부가 일반세입에서 매월 일정액을 부모에게 지급하는 수당이다. 세금공제는 납세자의 소득세 기준인 과세표준소득에서 자녀수에 따라 일정액을 공제하는 것이다. 정부가 세금을 덜 징수하는 것은 사실상 정부가 현금을 지급하는 것과 같은 효과를 가진다.

고용관련 아동급여도 있다. 고용 관련 아동급여는 근로자와 자영업자를 대상으로 한다. 근로자가 퇴직, 실업, 질병, 산재, 장애 등의 이유로 자녀를 부양할 수 없을 때 지급한다. 보험료는 사용자만 부담하거나 사용자와 근로자가 공동 부담하는데, 임금총액의 일정률로 정해진다. 정부가 비용의 일부를 지원하는 나라도 있다. 고용 관련 아동급여는 법정급여가 아니라 기업이 자체적으로 운영하는 근로자복지 프로그램이다. 이 때문에 고용 관련 아동급여를 보편적인 아동급여에서 제외하는 것이 보통이다.

아동급여는 대부분 보편적 제도로 운영된다. 수급조건은 아동의 연령뿐이다. 부모의 소득이나 재산과 같은 경제상황과 가족 수 등 사회인구적 특성은 전혀 고려하지 않는다. 그러나 정부의 재정 부담으로 인한 반발 때문에, 고소득층을 배제하는 국가도 있다.[1)]

2. 아동급여의 찬반논리

1) 아동급여의 찬성논리

아동급여의 전신인 가족수당은 베버리지보고서에서 시작되었다. 베버리지는 가족수당을 사회보장에 반드시 필요한 세 가지 전제조건에 포함시켰을 정도로, 가족수당을 중시했다(나머지 둘은 보편적 보건서비스와 완전고용). 베버리지는 가족수당이 필요한 이유로 다음과 같은 세 가지를 들었다(Beverage, 1942 : 153-154).

첫째, 모든 가족의 국민최저소득을 보장하기 위해 가족수당이 필요하다. 일을 하여 소득이 있을 때 소득보장을 충분히 해주지 않고, 실업자나 장애인이 되어야 소득보장을 하는 것은 불합리하다. 사회보험은 국민최저를 보장하기 위한 정책의 한 부분이다. 그러나 국민최저는 임금만으로는 보장되지 않는다. 임금에 기초한 사회보험은 가족의 크기를 고려하지 않는다. 빈곤은 부양해야 하는 가족의 수와 직접적인 관계가 있다.

둘째, 실업자와 장애인에게 주는 소득보장 급여가 근로소득과 같아지는 것은 위험하다. 가족수당이 없으면, 근로소득과 사회보장 급여가 비슷해지는 것을 피할 수 없다. 완전고용은 노동력의 자유로운 이동이 전제되어야만 달성될 수 있다. 근로소득과 사회보장 급여 간의 차이가 커질수록 노동력의 자유로운 이동을 보장할 수 있다. 실업급여와 장해급여의 수준을 불충분하게 만들거나, 아니면 소득이 있을 때나 소득이 없을 때나 동일한 수준의 가족수당을 주어야만 한다.

셋째, 국가의 적정인구를 유지하기 위해서도 가족수당이 필요하다. 출산율을 높이기 위해서도 가족수당이 있어야 한다는 것이다. 가족수당은 가족의 자녀양육비를 보전해 주어 자녀출산을 장려한다. 가족수당은 부모의 자녀양육 책임을 도와준다는 점에서 또 공동체의 새로운 책임(국가의 유지)을 수용한다는 점에서 정당화된다.

---

1) 한국은 2018년 9월 아동수당을 도입할 때, 상위 10%의 고소득층 자녀 11만 명(전체 아동의 4.4%)을 지급대상에서 제외하였으나, 2019년 2월부터 모든 아동으로 확대하였다.

가족수당은 같은 소득을 가지고 있다 하더라도(임금은 가족의 수를 고려하지 않는다) 부양자녀수가 많아 생계비 지출은 많은, 그로 인해 최저생계비에 미달하는 빈곤근로자가 되는 것을 방지하기 위한 보편주의 제도인 것이다. 이런 점에서 보험료가 아니라 정부의 일반세입에서 재정을 충당하는 것은 정당하다. 가족수당이 정액으로 지급되는 것도 의미가 있다. 정액의 양육비 보조금(보통 그리 큰 액수가 아니다)이 고소득층에게는 별로 도움이 안 되겠지만, 저소득층에게는 상당히 도움이 된다는 점에서 그렇다.

캐나다의 아동급여 전문가 배틀(Battle, 2015)은 아동급여의 필요성을 빈곤감소와 사회적 부모 의무 두 가지로 요약했다.

첫째, 빈곤감소이다. 임금이나 보수는 가족의 크기를 전혀 고려하지 않는다. 아동급여는 자녀가 있는 사람에게 자녀양육에 필요한 비용을 지원함으로써 아동 빈곤을 감소시킨다. 아동급여는 저소득층 부모와 중간소득층 부모의 소득격차도 줄인다.

둘째, 사회적 부모 의무(parental recognition)이다. 자녀를 가진 부모의 양육비를 자녀가 없는 사람에게 일부 전가함으로써 사회공동체가 아동의 양육비를 공동으로 부담한다. 하지만 아동이 성인으로 성장해 일을 하면 세금을 납부하거나 사회를 위해 봉사한다. 따라서 아동급여는 정당화된다.

2) 아동급여의 반대논리

이러한 아동급여의 필요성에도 불구하고, 아동급여에 반대하는 논리가 있으며, 이에 대하여 다시 반박하는 논리도 있다(Bradshaw & Hirose, 2016 : 5-7).

첫째, 현금급여가 잘못 사용되고 있다는 것이다. 많은 사람들이 아동급여가 자녀양육이 아니라 부모의 음주, 약물, 도박을 위해 사용되고 있다고 믿고 있다. 그래서 아동급여의 오용을 막기 위해 현물급여가 필요하다고 한다. 그러나 이에 대한 증거가 별로 없다. 반대로 현금급여의 대부분이 가족의 생계를 위해 사용되고 있다는 증거는 많다. 현물급여로는 아농의 다양한 욕구를 모두 충족시킬 수 없다. 보건의료와 교육을 제외하고는, 부모가 현금으로 시장에서 자녀 양육에 필요한 물품을 구입하는 것이 효과적이다.

둘째, 아동급여는 비용이 많이 든다는 것이다. 각국 정부가 사회복지지출에 부담을 느끼고 있는 것은 사실이다. 아동급여 지출도 부담스럽다. 하지만 아동급여가 사회복지지출에서 차지하는 비중은 교육, 보건의료, 기타 사회복지서비스 지출에 비하면 미미한 수준이다. 아동급여로 자녀양육을 하기는 많이 부족하다. 특히 저출산이 고착화되고 있는 사회에서는 아동급여가 자녀출산과 양육에 큰 도움이 될 수 있다.

셋째, 욕구가 큰 아동에게 자원을 집중하는 것이 더 낫다는 것이다. 모든 아동에게 아동급여를 제공하는 것은 비효과적이라는 것이다. 제한된 재정상황을 고려할 때 욕구가 큰 집단에 자원 투입을 집중하는 것이 효과적이라는 데는 일리가 있으나, 다음과 같은 함정이 있다.

- 자산조사가 있는 공공부조는 빈곤가족을 대상으로 한다. 자녀양육에 경제적으로 어려움을 겪고 있는 많은 가족들을 배제한다. 수급자에게 낙인도 가한다.
- 자산조사를 하는 데 소요되는 행정비용이 만만치 않다.
- 동거가족, 동성애자가족 등 가족구조의 유동성이 커짐에 따라, 가족의 소득파악이 어려운 사례가 증가하고 있다. 예컨대 동거부부의 경우 파트너의 변화에 따라 가족 소득이 불규칙해진다.

넷째, 아동급여는 복지의존성을 초래한다는 것이다. 자산조사 급여는 근로인센티브를 약화시키고, 수급권 유지를 위해 일을 기피하여 빈곤함정이 생긴다는 것이다. 그러나 자산조사 아동급여를 실시하고 있는 동유럽 국가를 보면, 이런 일이 발생하지 않고 있다. 아동급여 수준이 너무 낮아 다른 수입이 없으면 생계가 힘들 정도이기 때문이다. 보편주의 아동급여는 근로인센티브에 아무런 영향도 미치지 않으며, 오히려 근로인센티브를 촉진한다.

3. 아동급여의 내용

아동급여는 아동의 양육비를 사회구성원 전체가 공동 부담함으로써 자녀를 양육해야 하는 부모의 경제적 부담을 덜어준다는 점에서 재정을 보험료보다는 조세(정부의 일반세입)로 충당하는 것이 적절하다. 그리고 근로소득이 있는 사람(사회보험 대상자)과 그렇지 않은 사람 모두를 대상으로 한다는 점에서도 조세방식이 합당하다.

그러나 아동은 사회보험의 피부양자에서 보듯이 보험료 납부를 통해 가입자들이 대비해 놓아야 할 보험사고(contingency)의 하나이기도 하다. 따라서 아동급여의 비용을 국가와 부모가 분담해야 한다는 주장이 나올 수 있다.

이런 점을 고려하여 베버리지는 첫째 자녀를 아동급여(가족수당)의 대상에서 제외함으로써, 즉 첫째 자녀의 양육 책임을 부모에게 전담시킴으로써 양육의 재정적 부담을 국가와 부모가 분담하는 것이 좋다고 보았다(첫째 자녀의 양육 책임은 부모가 지고, 그 다음 자녀의 양육비는 정부가 지원함으로써 자녀양육비를 부모와 정부가 공동부담 한다). 그러면서도 그는 부모에게 생계능력이 없는 경우는 첫째 자녀에게도 아동급여를 주어야 한다고 생각했다. 또한 그는 첫째 자녀를 위한 아동급여의 비용을 사회보험기구(보험자)가 지원함으로써 부모와 사회보험이 자녀양육의 책임을 공동으로 지는 것도 좋다고 했다(Beveridge, 1942 : 155).

베버리지는 자녀양육에 필요한 모든 비용(즉, 식품, 피복, 연료, 전기 등)을 아동급여로 지급할 필요는 없다고 주장했다. 왜냐하면 아동급여는 부모의 자녀양육에 필요한 재정적 책임을 완전히 대체하는 것이 아니라 부모의 자녀양육비의 일부를 지원하는 데 목적이 있기 때문이다. 자녀양육비는 자녀양육의 일차적 책임이 있는 부모와 사회공동체가 분담하는 게 합리적이라는 점에서 그러하다.

그러나 현재 대부분의 나라는 첫째 자녀를 아동급여 대상으로 포함시키고 있고, 오히려 첫째 자녀에게 둘째 이상 자녀보다 더 많은 아동급여를 지급하는 나라가 많다. 아동의 나이 제한은 보통 16세에서 18세까지이다. 장애아동의 연령제한은 보다 관대하다. 전업학생인 경우 연령제한을 연장하는 나라도 있다(최대 27세, 룩셈부르크).

대부분의 국가가 자녀수를 불문하고 모든 자녀에게 1인당 정액의 가족수당을 지급한다. 일부 국가는 자녀가 많을수록 보다 많은 급여를 지급한다. 아동급여 액수는 인플레를 고려하여 해마다 인상하는 나라도 있고, 그렇지 않은 나라도 있다. 아동급여는 보편주의시스템이기 때문에 자산조사가 없다. 하지만 경제상황이 악화되면서 고소득층을 급여대상에서 제외하기 위해 자산조사(소득조사)를 적용하는 나라가 늘고 있는 추세이다. 라틴아메리카와 아프리카 일부 국가는 자녀의 취학, 건강검사, 백신접종 등의 조건을 요구하기도 한다.

아동급여는 보편주의가 대세이다. 보편주의는 전체 사회구성원이 아동의 양육비용을 공동으로 책임진다는 의미를 가진다. 아동이 성인으로 성장해 생산적인 일을 하면 모든 사람(자녀가 없는 사람도)이 혜택을 보기 때문이다.

4. 주요국의 아동급여

1) 영국의 아동급여

1918년부터 가족수당(family allowances) 도입운동을 전개한 영국의 여성 사회개혁가 라스본(Eleanor Rathbone)은 가족수당에 관해 세 가지 주장을 했다. 첫째, 한 명의 근로자 임금으로는 두 명의 성인과 자녀로 구성된 가족의 생계비 충당이 안 된다. 둘째, 남성가구주의 임금으로 가족의 생계비를 충당할 수 있다 하더라도 임금 모두를 가족 생계비를 위해 사용하지는 않는다. 셋째, 1930년대 들어 출산율이 저하하여 자녀출산을 장려해야 할 필요성이 생겼다. 요컨대 가족의 생계비 충당과 출산율 제고를 위해 가족수당을 지급해야 한다는 것이었다.

가족수당은 1945년 가족수당법(the Family Allowances Act)이 제정됨으로써 비로소 실현되었다. 가족수당은 첫째 자녀를 제외한 16세 이하의 아동과 19세 이하의 전업학생을 자녀로 둔 부모에게 지급되었다. 가족수당은 주당 일정액을 지급하는 정액제 현금급여였다. 본인부담은 없었고(무갹출방식), 재정은 정부의 일반세입에서 조달하였다. 주무부처는 국세청이었다. 현금급여 가족수당과 별도로 가구주 소득세에서 자녀양육비를 공제하는 세금공제(tax credits)도 실시되었다.

가족수당의 도입은 베버리지의 공이 컸다. 베버리지는 베버리지보고서에서 가족수당의 도입을 역설했는데, 실업보험 급여가 근로인센티브를 약화시키지 않는다는 것을 보증하기 위해서 가족수당이 반드시 필요하다고 주장했다. 가족수당이 없으면 실업보험 급여가 임금보다 많아질 수도 있기 때문이다. 그리고 첫째 자녀를 수급대상에서 제외할 것을 제안했다. 자녀양육의 책임을 부모와 사회가 분담하는 것이 합리적이라고 본 것이다.

정부도 가족수당의 도입을 찬성했다. 정부는 가족수당을 노동계의 임금인상 요구를 회피하기 위한 수단으로 간주했다. 그러면서 정부는 첫째 자녀를 배제하자는 베버리지의 제안을 받아들였다. 당시 결혼율이 높아 첫째 자녀 출생률이 높았는데, 첫째 자녀를 제외하면 정부 부담을 상당히 줄일 수 있었다. 정부는 젊은 부부가 첫 아이만큼은 기를 능력이 있고, 둘째 아이를 낳을 때까지는 정부지원이 필요하지 않을 것으로 가정했다(Bradshaw & Hirose, 2016 : 7-8).

그러나 여러 사회단체들은 가족수당에서 첫째 자녀를 제외한 것에 대해 매우 비판적이었다. 첫째 아이 양육비가 특히 많이 들고, 대부분의 일하는 여성들이 첫 아이가 태어나기 전에 직장을 그만두며, 따라서 남편의 수입에 의존한다고 주장했다(Jones, 1991 : 136).

가족수당은 1975년 아동급여법(the Child Benefit Act) 제정과 함께 아동급여로 대체되었다(실제 지급은 1977년부터). 아동급여는 가족수당의 기본 틀, 즉 정액제 현금급여 및 가구주 세금공제와 16세 이하의 자녀를 대상으로 하는 것을 유지했다. 아동급여가 가족수당과 다른 점은 첫째 자녀를 포함한 것이었다. 첫째 자녀를 배제한 것에 대한 그간의 비판적 여론을 수용한 조치였다. 아울러 전업학생의 연령을 19세에서 20세로 연장했다.

가족수당을 아동급여로 대체한 데는 첫째 자녀에게도 아동급여를 지급하기 위한 것 외에 다른 이유도 있었다. 가족수당의 혜택이 주로 고소득층과 남성가구주에게 돌아간 것을 바로잡으려 한 것이다. 세금공제의 속성상 소득이 많으면 더 많은 세금공제 혜택을 보았고, 소득이 없는 빈민은 혜택을 전혀 보지 못했으며, 가구주인 남성근로자가 여성에 비해 더 많은 공제 혜택을 보았는데, 수급자를 가구주가 아닌 양육자(주로 여성)로 규정함으로써 이를 다소나마 완화시키고자 했다. 어머니에게 지급하는 것이 아동 양육에 효과적이라는 사실은 여러 연구로 증명된 바 있었다(Hood & Keiller, 2016 : 20).

현재 영국의 아동급여는 아동양육비의 약 20% 수준이다. 아동급여 액수는 첫째 자녀가 둘째 이상 자녀보다 많다(1.5배).[2] 2011년에는 아동급여 인상에 물가상승률을 적용하지 않음으로써 동결했다. 아동급여 동결은 2020년까지 연장되었다. 2013년에는 부모 중 한 명의 과세표준소득이 연 5만 파운드 이상인 고소득 가족은 아동급여 대상에서 제외했다. 정부 재정부담을 줄이기 위한 조치였다.

2) 캐나다의 아동급여

캐나다 아동급여는 대체로 저소득층이 유리한 누진제를 강화하는 방향으로 변화되었으며, 급여액도 꾸준히 인상되었다.

캐나다 아동급여는 역사가 상당히 오래되었다. 1918년 1차 세계대전에 대비하기 위한 개인소득세 증세조치와 함께 자녀를 가진 사람의 소득세 일부를 감면해 주는 아동 세금공제제도가 도입되었는데, 이것이 최초의 아동급여였다. 이 아동급여는 캐나다 최초의 소득보장프로그램이다.

1945년에는 모든 캐나다인을 대상으로 하는 보편적 가족수당이 도입되었다. 1978년에는 소득이 없어 세금공제 혜택에서 배제된 빈민에게 환급세액만큼의 돈을 지급하는 세금환급 아동급여가 실시되었다. 이후 캐나다 아동급여는 세 가지 형태로 운영되었다.

2) 2016년 첫째 자녀 월 약 100파운드, 둘째 이상 자녀 월 약 65파운드이다.

- 가족수당 : 보편주의시스템
- 환급 아동세금공제(refundable child tax credit) : 주로 빈곤가족을 위한 제도. 세금공제액을 환급해 주기 때문에 소득이 없는 빈민도 혜택을 본다.
- 불환급 아동세금공제(non-refundable child tax credit) : 준 보편주의 시스템. 소득이 없는 빈민은 세금공제 혜택이 없다. 소득이 있는 중산층이 주로 혜택을 본다.

1993년에는 세 가지 아동급여를 하나로 통합하였다. 신설된 연방 아동급여 제도인 아동세금공제급여(Canada Child Tax Benefit, CCTB)는 기존의 가족수당과 세금환급 아동급여를 대체했다. 아동세금공제급여는 빈곤가구를 포함한 모든 캐나다인 중 17세 이하 자녀를 가진 부모에게 매월 아동수당을 지급하는 보편주의시스템이다.

아동세금공제급여는 기존 세 종류의 아동급여 시스템이 빈곤 감소와 자녀 양육비 지원에 다소 문제가 있었던 점을 고려하여 대다수 국민을 대상으로 함으로써 낙인을 없애고, 안정적이고 확실한 혜택을 주었으며, 소득이 감소하면 아동급여가 인상되고, 아동급여를 소득세 과세대상에서 제외시키는 등 여러 가지를 개선했다(Battle, 2015).

캐나다의 아동급여는 아동세금공제급여 외에 국민아동급여(the national child benefit)가 있다. 1998년 실시된 국민아동급여는 연방정부와 지방정부가 공동으로 운영하는 아동급여이다. 재정은 연방정부가 부담하고, 운영은 지방정부가 한다. 지방정부는 연방정부 보조금 사용에 있어 상당한 재량권을 갖기 때문에 지방별로 제도의 운용(예 : 가족 크기별 액수의 차등)에 차이가 난다. 일부 주정부(퀘벡, 매니토바, 브리티시 콜롬비아 등)는 지방정부 재정으로 운영하는 아동급여를 실시하고 있다.

3) 남아프리카공화국의 아동급여

남아프리카공화국(남아공)은 1998년부터 아동지원보조금(the child support grant)을 시행하고 있다. 남아공은 중진국 중 아동에게 현금급여를 지급하는 거의 유일한 나라이다. 아동지원보조금은 사산조사가 있는 현금급여이고, 남아공 아동의 거의 80%에게 지급된다. 남아공 국적을 가진 17세 이하 자녀를 가진 일정 소득 이하의 사람이 대상이다. 소득조사는 있지만, 재산조사는 없다. 남아공에는 실업자를 위한 공공부조제도가 없기 때문에 아동지원보조금은 저소득층에게는 정기적인 현금소득원으로서 매우 유용한 복지제도이다.

아동지원보조금에 관한 평가보고서에 의하면, 아동의 학업성적 향상, 학교 출석률 향상, 아동의 건강수준 개선, 질병 감소 효과, 범죄행위 감소, 음주 습관 감소, 임신 감소 등의 효과가 있는 것으로 나타났으며, 인적 자본의 발전, 젠더의식의 개선, 불평등의 감소 등 긍정적인 효과를 거둔 것으로 평가되었다(Bradshaw & Hirose, 2016 : 9).

4) 기타 국가의 아동급여

스웨덴의 아동급여는 1차 세계대전 후의 인구감소(다른 유럽 국가도 상황이 유사)에 대처하기 위한 출산율 제고정책으로 1948년에 실시되었다. 16세 이하 스웨덴 국적의 모든 아동을 대상으로 하고, 재정은 정부예산에서 조달된다. 아동급여 액수는 아동 1인당 월 한화 약 15만 원이다(대부분의 서유럽국가가 이 정도 수준이다).

핀란드의 아동급여도 1948년에 실시되었다(이 해에 모든 노르딕 국가가 아동급여를 도입했다). 그 이전에는 근로자만 대상으로 했다. 17세 이하 자녀를 둔 모든 핀란드인에게 지급되며, 자녀가 많을수록 급여액이 인상된다(네 번째 자녀는 첫 번째 자녀의 1.6배). 한부모가족 자녀에게도 지급한다.

프랑스는 아동급여를 가족급여(family benefits)라고 한다. 운영은 가족급여펀드(the Family Benefits Fund, Caf)에서 한다. 가족급여는 아동의 주 양육자에게 지급한다. 주 양육자와 아동은 혈연관계일 필요는 없다. 아동은 프랑스 거주권이 있어야 한다. 6세 이하 아동은 무조건 수급대상이다. 6~16세 아동은 학생이어야 하고, 16~20세는 소득이 프랑스 최저임금의 61.3%를 넘지 않아야 한다.

호주는 2000년 기존의 여러 공공부조를 통폐합하면서 가족조세급여(the family tax benefit)를 신설했다. 가족조세급여는 파트 A와 파트 B가 있다. 파트 A는 20세 이하 부양자녀와 24세 이하 전업학생을 자녀로 둔 가장에게 지급하는 아동급여이다. 가족 소득이 일정액 이하여야 수급자가 된다. 가족 소득이 일정액 이상이면 아동급여가 감액된다(30%까지). 고소득자는 제외한다. 파트 B는 한부모가족을 지원하는 가족급여이다. 가족 소득에 관계없이 5세 이하 자녀가 있는 모든 한부모가족에게 지급한다.

5. 한국의 아동수당

2018년 2월 국회는 임시국회를 열어 2인 가구 기준소득 하위 90% 가정의 5세 이하 아동에게 매달 10만 원의 아동수당을 지급하는 것을 골자로 한 아동수당법을 통과시켰다. 이로써 우리나라도 아동급여 실시국가의 대열에 들어서게 되었다.

정부 차원에서 아동수당에 대해 논의하기 시작한 것은 2006년 보건복지부 산하 대통령자문기구인 저출산고령사회위원회의 '저출산·고령사회 기본계획' 수립과정부터였다. 주로 저출산 극복 효과에 주목했고, 도입은 장기적인 과제로 미루어졌다. 이후 정치권에서 국회의원들이 관련 법안을 내면서 논의를 이어갔다. 이낙연 전 총리도 국회의원 시절이던 2009년, 만 7세 이하의 아동에게 아동수당을 지급하자는 아동수당에 관한 법률안을 내놓은 바 있다. 아동수당이 현실화되기 시작한 계기는 2017년 대선이었다. 대통령선거 과정에서 주요 정당의 모든 후보가 아동수당을 공약으로 내세웠다.

문재인 후보도 선거공약의 하나로 아동수당 신설을 약속했다. 공약은 양육자(부모)의 소득에 관계없이 모든 0~5세의 아동에게 아동수당을 매월 지급한다는 것이었다. 문재인 후보가 대통령으로 당선된 후, 곧 아동수당 신설이 추진되었다. 야당들도 아동수당을 약속한 만큼 반대할 명분이 없었다. 하지만 2017년 국회 예산안 심의과정에서 야당의 제동으로 소득상위 10%의 사람은 배제되었다(2인 가구 기준 소득수준 90% 이하의 만 0~5세 아동을 대상). 액수는 자녀 1인당 10만 원으로 정해졌다. 시행도 2018년 7월에서 9월로 미뤄졌다. 예산은 1년에 약 1.5조 원 소요될 것으로 추정되었다. 아동수당의 주요 내용은 다음과 같다.

- **대상** : 만 0~5세 아동
- **소득기준** : 2인 가구 기준 소득수준 90% 이하
- **지급액** : 매월 10만 원
- **재원** : 정부 일반세입

상위소득가구 10%가 배제된 것에 대해 시민사회와 학계는 상당히 비판적이었다. 아무 근거 없이 보편주의가 훼손되었다고 본 것이다. 우리나라에는 모든 시민을 대상으로 하는 완전한 보편주의 복지시스템이 없었으며, 거의 모든 복지프로그램들이 선별주의로 운영되고 있다. 사회보험이 보편주의라고 하지만 예외자가 상당히 많아 완전한 보편주의라 말하기 어렵다. 이런 가운데 아동수당이 보편주의 원칙을 적용한 첫 번째 복지프로그램으로 추진된 것인데, 국회에서 제동을 걸어 무산시킨 것에 대한 중산층의 불만이 표출되었다.

보편주의는 행정 효율성과 관련이 있다. 일정한 사람을 수급자로 선정하자면 자산조사가 필요하다. 자산조사는 비용이 많이 든다. 수급대상자의 소득, 재산, 가족관계 등 여러 자료를 종합적으로 검토해야 하기 때문이다. 반면에 보편주의는 대상자를 일정 기준에 따라 일률적으로 선별하기 때문에 비용이 많이 들지 않는다. 아동수당은 아동의 출생증명서만 있으면 된다. 10%의 수급자를 배제하여 절감되는 비용과 자산조사비용을 비교하여 합리적으로 결정해야 할 문제이다.[3]

---

3) 상위소득가구 10%도 우리나라 국민이며, 납세자이다. 납세자로서 자신의 자녀양육비의 일부를 지원받는 것이 특혜가 될 수는 없다. 어느 나라건 보편주의 복지제도를 도입할 때, 돈 많은 사람에게 소액의 복지급여가 무슨 의미가 있냐고 할 수도 있다. 하지만 이런 시비에도 불구하고 보편주의제도는 전 국민을 하나의 공동체로 본다는 의미에서 실시되었다.

이러한 논란에 따라, 2019년 2월부터는 소득수준에 관계없이 만 6세 미만(2013년 2월 이후 출생)의 모든 아동에게 지급하기로 하였으며, 2019년 9월부터는 대상을 생후 84개월까지 만 7세 미만의 아동으로 확대되었다(동아일보, 2019. 1. 2).

제2절 기본소득

기본소득은 국가 또는 지방정부가 모든 구성원 개개인에게 아무 조건 없이 정기적으로 지급하는 소득이다. 따라서 기본소득은 가장 보편적인 보장소득 제도라고 할 수 있다. 기본소득에 대한 논의가 최근 서구 사회에서 이루어지고 있지만, 그 뿌리는 오래되었다. 2절에서는 기본소득의 역사적 기원을 알아보고, 기본소득의 개념과 논점에 대해서 살펴본다.

1. 기본소득의 역사[4)]

조건 없는 기본소득이라는 아이디어는 세 가지의 역사적 기원이 있다. 최소소득이라는 아이디어는 16세기 초에 최초로 등장했다. 조건 없는 일회적 급부라는 아이디어는 18세기 말에 최초로 등장했다. 그리고 이 둘은 19세기 중엽에 조건 없는 기본소득이라는 아이디어가 형성되면서 최초로 결합됐다.

1) 최소소득

특정 공동체의 모든 구성원들에게 정부가 보장하는 최소소득이라는 아이디어는 조건 없는 기본소득이라는 더 명확하고 급진적인 아이디어보다 매우 오래된 것이다. 르네상스가 도래하면서, 빈민들의 복지를 살피는 임무는 교회의 독점적인 보호나 자비로운 개인들의 일로 치부되지 않게 되었다. 당시 인문주의자들은 공공부조 형태의 최소소득이라는 아이디어를 활용하기 시작했으며, 1516년 루뱅에서 출판된 토마스 모어의 『유토피아』에서 처음 소개되었다.

토머스 모어는 "도둑질 말고 생존할 방법이 없는 사람이라면 그 어떤 처벌도 이를 막을 수 없다, 끔찍한 처벌 대신 일정 수준 생활할 수 있도록 지원해

4) 기본소득의 역사는 기본소득한국네트워크의 홈페이지 자료를 발췌, 수정한 것임. 보다 자세한 내용은 http://basicincomekorea.org/all-about-bi_history를 참고하기 바람.

야 한다"고 하였다. 당시 지주들은 양모산업에 필요한 양을 키우기 위해 소작농을 쫓아냈는데(인클로저 운동), 토머스 모어는 이를 "양이 사람을 잡아 먹는다"고 풍자하였다. 이처럼 토지를 기반으로 살아가던 농경사회에서 산업사회로 이전되는 과정에서 희생되는 농민들을 구제하기 위해서 새로운 소득의 개념인 최소소득을 주장한 것이다.

(1) 공공부조를 위한 실용적이고 신학적인 탄원

최소소득 보장이라는 아이디어의 아버지로 간주되는 이는 토마스 모어의 절친한 친구이자 동료 인문주의자인 요하네스 비베스(Johannes Vives, 1492~1540)였다. 그는 이론적이고 실용적인 고찰을 바탕으로 이 문제에 관해 상세한 계획을 세우고 포괄적인 토론을 전개한 최초의 인물이었다. 비베스는 1526년 브뤼허 시장에게 보낸 「빈민 원조에 대하여」라는 제목의 보고서에서, 정의의 차원에서가 아니라 도덕적으로 요청되는 구호활동을 더욱 효과적으로 펼치기 위해서 지방정부가 모든 거주자들의 최소 생계를 보장하는 책임을 져야 한다고 제안하였다.

(2) 비베스부터 구빈법까지

비베스의 제안은 몇 년 후 플랑드르의 이프르 지방정부에서 하나의 계획으로 입안되었다. 이는 또한 영국의 구빈법 등, 빈민 구제 방식들에 관한 초기 사고와 조치에 영감을 주었다.

비베스의 제안은 빈민들을 대상으로 하고 정부가 실시하는 자산 심사 계획을 거치는 공적 시혜 조치에 초점을 맞춘 것으로, 사회사상과 제도 개혁의 출발점이었다. 구빈법 시행과정에서 불거진 난점에도 불구하고, 새로운 시대의 사상가들은 공공부조를 정부의 본질적 기능으로 보았다. 이러한 사상의 흐름은 결국 프랑스의 최저통합수당(RMI, 1988년)과 포르투갈의 최저보장소득(RMG, 1997년)처럼 더 많은 나라들에서 국가적으로 재원이 뒷받침되는 포괄적인 최소소득 보장 제도의 뿌리가 되었다.

2) 기본증여

18세기 말 무렵 유럽 전역에 걸친 빈곤의 제거에 좀 더 큰 역할을 수행한 또 다른 아이디어가 부상하였다. 맨 처음에 아이디어를 내놓은 것으로 알려진 사람은 수학자이자 정치활동가인 콩도르세(Nicolas de Condorcet, 1743~1794)였다. 콩도르세는 프랑스 혁명 당시에 저널리스트와 국민공회 의원으로, 『인간 정신의 진보에 관한 역사적 개관』(1795)을 집필하였는데, 이 책의 마지막 장은 사회보험에 관한 것이며, 사회보험이 불평등, 불안전과 빈곤을 감소시킬 수 있는지를 다루고 있다.

한 세기가 지난 후, 이 아이디어는 비스마르크가 제도화한 노령연금과 건강보험으로 시작되는 사회보험의 탄생으로 이어진다. 비록 빈민이 아닌 노동자들에 대한 대규모 소득이전에 관한 것이긴 했지만, 사회보험은 공공부조의 역할을 축소시키고 노동자의 빈곤해소에 커다란 영향을 끼치기 시작했다.

또한 콩도르세의 가까운 친구였던 미국의 정치사상가 토마스 페인(Thomas Paine, 1737~1809)은, "토지는 공공의 재산이므로 지대소득은 시민들이 공유해야 한다"며, 시민배당금을 주장하였다.

3) 생계권과 토지배당

(1) 샤를 푸리에의 생계권

토마스 페인의 관점에서는, 토지에 대한 동등한 소유권은 소득보장이 아니라 모두에 대한 조건 없는 증여로 간주한 것이다. 영국의 윌리엄 코벳, 새뮤얼 리드, 풀렛 스크로프 같은 19세기의 개혁가들은 소득보장 계획이 공공의 자선보다 더 확고한 기초를 제공해 주기 때문에 오히려 더 낫다고 판단하였다. 특히 샤를 푸리에(Charles Fourier, 1772~1837)는 수렵, 채집, 어업과 같은 각 개인의 기본적 자연권을 침해했지만, '문명'은 자신의 필요를 충족시킬 수 없는 사람들에게 생계를 보장해 주어야 한다고 주장하였다.

(2) 조셉 샤를리에의 토지배당

조셉 샤를리에(Joseph Charlier, 1816~1896)는 토지 소유에 대한 동등한 권리를 일정 소득에 대한 조건 없는 권리의 기초로 간주하였다. 그는 “최소소득” 혹은 “보장소득”(그리고 나중에는 “토지 배당”)이라는 이름으로 모든 시민들에게 전체 부동산의 임대료에 기초하여 의회가 매년 정하는 액수만큼을 분기별(나중에는 월별)로 지급받을 수 있는 권리를 조건 없이 주자고 제안하였다.

4) 20세기의 기본소득

20세기에는 기본소득에 관한 토론이 특히 집중된 세 시기가 있었다. 첫째는 “사회 배당”, “국가 보너스”, “국가 배당” 같은 이름으로, 진정으로 조건 없는 보편적 기본소득에 대한 제안이 1920~1930년대 영국에서 전개되었다. 둘째는 1960년대와 1970년대 미국의 “시민보조금”과 “부의 소득세(minus income tax)” 제도에 관한 논쟁이다.

자유주의 경제학파인 시카고학파의 거두인 밀턴 프리드먼은 1962년 발간한 『자본주의와 자유(Capitalism and Freedom)』에서 고소득층에게 세금을 걷듯, 저소득층에게 보조금을 주자고 하면서, 기본소득과 비슷한 ‘부의 소득세(Negative income tax)’를 제안하였다. 프리드먼의 부의 소득세는 레이건 정부에서 저소득층에게 세금공제 형식으로 현금을 주는 근로장려세제(EITC)로 발전하였다.

셋째는 미국 알래스카주에서 1982년부터 석유산업을 통해 확보한 재원으로 알래스카 영구 펀드(APF)를 조성하고, 매년 주민들에게 수익금을 균등배당하고 있다.

2. 기본소득의 개념

기본소득은 국가 또는 지방정부가 모든 구성원 개개인에게 아무 조건 없이 정기적으로 지급하는 소득이다. 기본소득은 세 가지 점에서 기존의 소득보장 제도와 다르다. 첫째, 기본소득은 보편적 보장소득이다. 즉, 국가 또는 지방정부가 모든 구성원들에게 지급하는 소득이다. 둘째, 무조건적 보장소득이다. 즉, 자산 심사나 노동의 요구 없이 지급하는 소득이다. 셋째, 개별적 보장소득이다. 즉, 가구 단위가 아니라 구성원 개개인에게 직접 지급하는 소득이다. 따라서 기본소득은 가장 보편적인 소득보장이다. 모든 구성원의 적절한 삶을 보장한다는 점에서 보편적인 사회보장이고, 단순한 재분배정책이 아니라 사회적 전환의 기초가 된다고 할 수 있다.

3. 기본소득에 대한 논란

최근 스위스에서 기본소득 도입에 대한 국민투표가 실시되어 부결되었고, 핀란드에서 저소득 근로자를 대상으로 기본소득을 시범사업으로 시행하면서 서구 복지국가들의 정책결정자들 사이에서도 고용불안을 특징으로 하는 경제체제에서 기본소득이 사회보험중심의 사회보장제도에 대한 새로운 대안이 될 수 있는지 논의가 이루어지고 있다. 또한 한국에서도 성남시가 추진한 청년수당(만 24세 대상, 연간 100만 원 지급)도 기본소득의 일종으로 관심을 끌었다.

기본소득을 옹호하는 이들은 기본소득이 절대빈곤을 근절하고 상대빈곤을 줄이며, 자유와 평등을 증진할 것이라고 한다. 기본소득을 통해 근로 조건을 향상시키고 노동자의 권리를 신장하며, 가사노동의 대가가 유형적으로 지불되지 않는 미취업 기혼여성의 자율성을 높일 것이라고 보았다. 또한 기본소득을 도입함으로써 현행 사회보장제도에서 수급자격 심사 및 관리를 위해 사용되는 행정비용을 대폭 절감할 수 있다고 주장한다. 이 밖에도 사회구성원 모두에게 기본소득이 지급되면 구매력이 늘어 내수가 증진되고 일자리가 확대되며, 지역 간의 생활 격차가 해소될 수 있다고 전망하였다.

그런데 기본소득을 옹호하는 학자들 사이에서도 급여 수준을 얼마로 정할 것이냐의 문제는 가장 큰 논쟁이 되고 있다. 어느 정도의 금액이 기본생계비로 적당한지는 때와 장소에 따라 다르고, 관점에 따라 다르기 때문이다. 재원을 마련하는 방법에 관해서도 소득세를 중심으로 해야 한다는 입장과 소비세를 중심으로 해야 한다는 입장, 그리고 상속세를 중심으로 해야 한다는 입장 등이 대립한다. 기본소득을 도입하면 기존 사회보장제도인 공공부조와 사회보험의 전면적 재편이 불가피해지는데, 재편 방식 역시 큰 논쟁거리가 되고 있다. 아울러, 시민이 기본소득에 대한 사회적 권리를 보장받으면서 근로의무를 부과받지 않는 것이 바람직하지 못하다는 시각이 많은 것도 사실이다.

그러므로 대다수 국가들에서 기본소득은 아직까지 정책 아이디어 수준에 그치고 있다. 기본소득의 도입에 따른 정부의 재정 부담과 근로의욕 저하에 대한 우려도 있으며, 기본소득이 탈산업사회의 다원화된 집단의 이익에 효과적으로 대응하기 어렵다는 비판의 목소리가 크다(안병영 외, 2018 : 279-280).

핀란드 기본소득 2년간 정책실험 분석결과 공개

국가 단위로는 전 세계 처음으로 2년간 기본소득 정책 실험을 진행해 온 핀란드가 8일 "기본소득 정책은 사람의 스트레스를 줄이고 행복감을 높여주지만 기대했던 고용유발 효과는 미미하다"는 결과를 발표했다.

기본소득은 재산이나 소득, 노동 의지 등과 무관하게 모든 국민에게 동일하게 최소 생활비를 지급하는 제도다. 핀란드는 실업자들로 대상을 한정하는 실험에 나섰다. 핀란드는 2017년 1월부터 지난해 말까지 2년간 25~58세 실업자 중 2,000명을 임의로 선발해 월 72만 원(560유로)의 소득을 주는 실험을 진행했다. 이번 정책 실험의 핵심은 기본소득 대상자가 기존 복지 혜택을 그대로 받을 수 있고 특히 일자리를 찾은 뒤에도 계속 기본소득을 받을 수 있게 한 것이다. 그동안 지급되던 실업수당은 일자리를 찾은 뒤에는 더 이상 돈을 받지 못하기 때문에 낮은 임금 대신 차라리 구직을 포기하는 부작용을 일으켰다. 10%에 육박하는 높은 실업에 고민하던 핀란드 정부는 기본소득 정책을 도입할 경우 실업자들이 소득이 낮은 일용직이나 임시직도 부담 없이 선택할 수 있고, 실패에 대한 공포를 줄여줘 고용과 창업이 늘어나고 새로운 기술을 습득할 시간도 벌어줄 수 있을 것으로 기대하면서 실험을 진행했다.

주요국 기본소득 정책 사례

핀란드	2017년 1월부터 2년 동안 실업자 2,000명에게 기본소득 560유로(약 72만 원) 지급하는 실험
이탈리아	올 4월부터 빈곤층에 1인당 최대 기본소득 780유로(약 100만 원) 지급
인도	제1야당 인도국민회의가 올 4월 총선에서 승리하면 모든 빈곤층에 기본소득 보장 약속
영국 스코틀랜드	지난해부터 4개 지역에서 25만 파운드(약 3억 6,400만 원)의 예산으로 기본소득 실험 중. 올해 9월 정부에 보고서 제출
스위스	2016년 모든 복지를 없애고 전 국민에게 2,050스위스프랑(약 280만 원)을 지급하는 기본소득안 국민투표 부결

피르코 마틸라 핀란드 보건복지장관은 이 날 "2년간 실험을 진행한 결과 기본소득이 고용에 미치는 영향은 작은 것 같다"고 정책 실험 결과를 발표했다. 연구팀은 "실험 결과 기본소득 수혜자들이 노동시장에서 일자리를 찾는 비율은 비수혜자들과 비교해 더 낫지도 못하지도 않았다"고 밝혔다. 9일 블룸버그 보도에 따르면 프로그램 시행 첫해인 2017년 자료만 놓고 분석했을 때, 기본소득을 받은 이들은 1년에 49.64일을 일했고, 기본소득을 받지 않은 대조군은 49.25일을 일해 큰 차이가 없었다는 것이다.

실험 과정에서 1년간 정부로부터 지원받은 총 복지혜택은 기본소득을 받는 이(총 1만 6,159유로・약 2,068만 원)가 기본소득을 받지 않은 이들(1만 1,337유로)보다 훨씬 높았다. 정부가 연간 1인당 600만 원을 더 썼지만 외형상 고용은 별로 나아진 게 없었다는 것이다. 그러나 연구팀은 "이번 실험이 실패했다고 단정 짓기는 어렵다"고 말했다. 일단 사람들의 삶의 질은 높아졌다. 기본소득을 받은 이들은 기본 수입 보장을 받지 못한 이들보다 심리적으로 더 행복하다고 느꼈고, 스트레스가 줄어들어 건강에도 도움이 됐다는 반응을 보였다. 이 실험에 참가한 시니 마르티넨 씨는 "기본 소득은 친구 2명과 레스토랑을 오픈할 자신감을 주었다. 아직 돈을 더 벌지는 못하지만 심리적 효과가 크다"고 말했다. 실제 지난해 말 여론조사 결과 나의 미래에 대해 자신 있다는 응답이 기본소득을 받는 이들(58.2%)이 받지 않은 이들(46.2%)보다 더 높았다.

세계적으로 당분간 기본소득 실험은 계속 이어질 것으로 전망된다. 이탈리아는 올해 4월부터 빈곤층을 대상으로 최대 월 780유로(약 100만 원)의 기본소득을 지급할 예정이다. 4월 예정된 총선에서 인도 제1야당 인도국민회의(INC)는 모든 빈곤층에 기본소득을 보장해 주겠다는 공약을 내걸었다.

출처 : 동아일보(2019. 2. 11).

CHAPTER

13 사회서비스

사회보장의 범위는 계속 확대되고 있다. 1935년 미국에서 처음 사회보장법을 제정할 당시에는, 사회보장은 취약계층에 대한 현금 위주의 소득보장을 의미하였다. 1942년 영국의 베버리지보고서에서는 사회보장의 범위가 소득보장뿐만 아니라, 국민건강서비스(national health service)와 주택서비스까지 확대되었다. 그리고 이러한 사회보장의 범위는 1990년대를 넘어오면서 전 국민을 대상으로 한 보편적인 사회서비스로 확대되었다.

13장에서는 우리나라 사회보장의 기본법인 사회보장기본법의 규정에 따라, 사회서비스를 사회보장의 영역으로 다룬다. 1절에서는 사회서비스의 개념을 분석해 보고, 2절에서는 사회서비스의 발전과정을 세 가지 모델로 나누어 살펴보고, 3절에서는 사회서비스가 사회보장의 주요 영역으로 떠오르게 된 배경을 알아보고, 4절에서는 사회서비스의 구체적인 내용을 분야별로 분석해 본다.

제1절 사회서비스의 개념

사회서비스의 개념은 사회보장기본법(2012)에서 규정하고 있다. 1절에서는 우선 사회보장기본법에서 규정하고 있는 사회서비스의 법적 정의를 살펴본 다음, 사회서비스의 유사 개념인 사회복지서비스의 개념을 분석해 본다.

1. 사회서비스의 정의

우리나라의 사회보장기본법 제3조에서는 사회서비스를 다음과 같이 정의하고 있다.

> "사회서비스"란 국가・지방자치단체 및 민간부문의 도움이 필요한 모든 국민에게 복지, 보건의료, 교육, 고용, 주거, 문화, 환경 등의 분야에서 인간다운 생활을 보장하고 상담, 재활, 돌봄, 정보의 제공, 관련 시설의 이용, 역량 개발, 사회참여 지원 등을 통해 국민의 삶의 질이 향상되도록 지원하는 제도를 말한다.

이러한 사회서비스의 개념을 분석해 보면, 다음과 같다.

- 사회서비스의 주체는 국가・지방자치단체 및 민간을 포괄하고 있다. 즉, 사회서비스의 제공 주체를 국가와 지방자치단체, 즉 중앙정부와 지방정부뿐만 아니라 민간부문까지 포함하고 있다.
- 사회서비스의 대상은 도움이 필요한 모든 국민이라는 것이다. 즉, 사회서비스의 대상을 저소득층이나 취약계층으로 한정하지 않고, 도움이 필요한 모든 국민으로 확대하여 보편적인 적용을 하고 있다.
- 사회서비스의 분야가 복지, 보건의료, 교육, 고용, 주거, 문화, 환경 등의 분야를 망라하고 있다는 것이다. 즉, 사회서비스의 분야를 복지에 한정하

지 않고, 보건의료, 교육, 고용, 주거, 문화, 환경 등 삶의 전 분야로 확대하고 있다.

- 사회서비스의 목적이 인간다운 생활을 보장하는 데 있다는 것이다. 즉, 사회서비스의 목적이 단순한 지원이나 문제해결에 머물지 않고, 헌법이 보장하고 있는 '인간다운 삶의 보장'이라는 헌법 정신을 구현하는 정책적 수단이라는 것을 밝히고 있다.
- 사회서비스의 내용은 상담, 재활, 돌봄, 정보의 제공, 관련 시설의 이용, 역량 개발, 사회참여 지원 등을 통해 국민의 삶의 질이 향상되도록 지원하는 것이다. 즉, 상담, 재활, 돌봄 등 직접적인 지원뿐만 아니라, 정보의 제공, 관련 시설의 이용, 역량 개발, 사회참여 등 간접적인 지원을 통해 전체적으로 국민의 삶의 질을 향상시키고자 하는 것이다.

따라서 사회서비스(social service)는 인간다운 생활 보장과 국민의 삶의 질 향상을 지원하는 제도를 포괄하는 개념으로 종래 사회복지서비스를 사회서비스로 확장 대체하는 개념이며, 보건의료, 교육, 고용, 주거, 문화, 환경 분야에서 새로운 복지수요인 돌봄, 정보의 제공, 역량 개발, 사회참여 지원을 사회서비스에 포함하는 포괄적인 개념이라고 할 수 있다.

2. 사회복지서비스와 차이점

사회서비스와 유사한 개념으로 혼용되고 있는 개념이 사회복지서비스이다. 2012년 개정되기 전 사회보장기본법 제2조 제4항에서는 "사회복지서비스란 국가·지방자치단체 및 민간부문의 도움을 필요로 하는 모든 국민에게 상담 재활 직업소개 및 지도 사회복지시설 이용 등을 제공하여 정상적인 사회생활이 가능하도록 지원하는 제도"라고 정의하였다.

이러한 개념은 종래의 사회보장체계에서 일반적으로 사회사업으로 분리된 것들을 사회복지서비스로 규정한 것이다. 즉, 사회복지서비스는 사회서비스라는 용어가 개정 사회보장법에 등장하기 전에 주로 쓰이던 용어로, 사회복지와 관련된 서비스를 의미하였다.

학술적인 개념으로는, 사회복지서비스란 주로 개별적이고 비물질적인 사회심리적인 서비스를 의미하며, 구체적인 범주로는 아동복지, 가족서비스와 상담, 노인을 위한 지역사회서비스, 노인을 위한 보호서비스, 가사보조 및 가사원조서비스, 지역사회센터, 주간보호, 아동노인, 장애인 정상가족을 위한 켐프, 정보제공 및 의뢰서비스, 집단급식과 차량식사 제공, 장애인 또는 불이익집단의 자조 및 상호원조활동, 성인상담프로그램, 청소년을 위한 시설보호, 성인과 아동을 위한 특별한 시설보호 등을 제시하고 있다(Kahn & Kamerman, 1980).

이러한 사회복지서비스의 개념을 종합해 보면, 사회복지서비스는 사회서비스에 포함되는 개념이며, 사회서비스에서 사회복지와 관련된 부분의 서비스를 의미한다고 할 수 있다. 사회복지서비스와 사회서비스의 차이점을 비교해 보면, <표 13－1>과 같다.

〈표 13-1〉 사회복지서비스와 사회서비스의 차이점

구 분	사회복지서비스	사회서비스
대 상	수급자 등 빈곤계층	서민・중산층까지 확대
서비스 내용	기본적 생활보장서비스	국민의 일상생활 지원, 인적 자본 확충을 위한 다양한 서비스까지 포괄
재정지원방식	공급자(기관)지원	수요자 지원방식 병행
비용부담	정부지원 중심	본인 일부 부담 도입
서비스 제공방식	시설보호 중심	재가 서비스까지 확대

제2절 사회서비스의 역사

사회서비스의 역사는 우선 서구의 복지국가에서 사회서비스가 발전해 온 과정을 세 가지 모델로 나누어 살펴보고, 우리나라에서 사회서비스가 발전해 온 단계를 3단계로 나누어 살펴본다.

1. 사회서비스의 발전 과정

1980년대 이전 서구의 전통적인 복지국가의 사회서비스는 가족이나 민간 자선단체를 통해서 소극적으로 제공되는 수준이었으며, 이 시기에는 스스로 문제를 해결하기 어려운 사람들은 대형시설에서 분리 보호하였다.

그러나 1990년을 전후하여 서구 국가의 고령화가 진행되면서 돌봄을 중심으로 하는 사회서비스 수요가 증가하였으며, 이 시기를 풍미한 신자유주의의 영향으로 사회서비스에서도 시장의 논리가 도입되었다. 과거에는 서비스의 대상자로만 여겨졌던 사람들이 자신들의 선택으로 서비스를 이용하는 이용자의 지위를 가지게 되었으며, 이를 적극적으로 구현하는 데 이용자 선택과 제공기관의 경쟁을 전제로 하는 시장기제가 사회서비스 제공의 원리로 채택된 것이다.

그러나 한편에서는 시장 기제를 이용한 공급방식이 사회서비스의 공공성을 훼손시킨다는 우려도 생겨났으며, 표준화된 제도적 서비스의 공급이 확대되면서, 이러한 방식이 바람직한가에 대한 의문도 제기되었다(김은정, 2015). 이에 따라 사회서비스의 공동체적 접근이 강조되고, 개인의 특성과 욕구에 따른 서비스의 개별화가 강조되기 시작하였다.

1) 의존모델(Dependence Model)

전후 복구로 경제호황을 맞아 복지국가 체계를 구축하던 시기에 사회보장제도는 소득보장 위주로 시장의 역할을 보완하는 방식으로 전개되었으며, 사회권의 실현도 소득보장을 통하여 목표를 달성하고자 하였다. 돌봄을 비롯한 사회서비스에 대해서는 사적 영역에 속한 것으로 보았으며, 비공식 영역에 속한 가정 내 돌봄은 여성의 몫으로 간주하였다. 국가가 서비스를 제공하는 대상은 장애인이나 노동시장에서 편입되지 못한 사람들로 한정되었으며, 이들은 문제를 가진 의존적 존재로 인식되었다(주현정 · 김용득, 2018). 이들에 대한 서비스는 문제에 대한 병리학적 이해와 치료적 접근을 강조하는 심리학의 영향으로 준(準) 의료모델 관점에서 접근되었다. 따라서 이용자의 문제는 신체적, 정신적 기능 이상으로 규정되었으며, 공급자가 가지고 있는 전문지식과 기술에 기반을 두어 욕구를 재단하고 서비스를 공급하는 방식이 주를 이루었다(김보영, 2012). 이들에 대한 서비스는 중앙정부보다는 지방정부와 비영리, 또는 여성에 의해 수행되는 것으로 간주했던 사회적 이데올로기의 영향으로 사회서비스는 제도적으로 발전하지 못하였다(석재은 외, 2007).

의존(dependency)이라는 용어는 부정적인 의미가 강한 것으로 받아들여지기 때문에, 의존상태에 놓인 사람들은 이러한 상태에서 벗어나도록 하는 것이 바람직한 것으로 여겨진다. 그러나 이런 입장과 다르게 의존이나 보호가 가지는 양면적인 의미를 크게 세 가지 차원에서 고려해야 한다는 견해도 있다(Fine & Glendinning, 2005).

첫째, 의존은 양면적인 의미를 가진다는 것이다. 사적인 생활의 영역에서는 의존은 정상적이며, 필요하며, 일상적으로 존재할 수 있는 조건에 해당하며, 의존관계를 통해서 사람들이 가족이나 지역사회 등의 집단이나 공동체를 이룬다고 본다. 반면에 공적인 영역에서 보면 의존은 수치스럽고 부정적인 상태로 이해되는 양면성이 존재한다는 점이다.

둘째, 의존상태의 원인을 무엇으로 보는가의 문제로, 의존이 개인의 특성에서 기인하는가 아니면 사회적 관계의 결과물인가에 대한 논쟁이다. 시설에서의 분리보호가 의존상태를 강화시키는 것은 사회적 조치의 결과가 더 큰 의존을 만들어내는 예라고 할 수 있다. 또한 의학적 기준에 의한 의존 정도에 대한 평가도 살고 있는 사회적 환경에 따라 달라진다는 점도 이와 관련이 있다.

셋째, 의존이 사회적으로 개입해서 해결해야 할 부정적인 상태인가에 대한 것이다. 대개의 경우, 의존상태는 결손의 결과로서 이를 최소화하기 위한 개입이 필요한 것으로 받아들여진다. 하지만 노인 등의 신체적 의존은 다른 사람의 선의를 긍정적으로 조직화하는 '사람들 간의 연결'을 가져오는 긍정적인 의미도 있다는 점이다.

이런 양면적인 의미에 관련된 논쟁에도 불구하고, 의존모델은 노인이나 장애인 등 의존상태에 있는 사람들은 지원이 필요하게 되고, 지원의 필요는 돌봄의 제공을 통해서 충족되고, 제공되는 돌봄은 의존을 심화시킨다는 높은 상호연관의 순환적 흐름이 있다.

2) 자립모델(Independence Model)

1990년대 서구 복지국가는 경제성장이 둔화되고 이에 따라 복지재정 지출의 감소가 이루어지면서, 사회서비스의 패러다임은 중대한 변화를 겪게 된다. 이러한 변화는 수요 측면과 공급 측면에서 동시에 나타났다(주현정 · 김용득, 2018). 수요 측면에서는 전통적인 가족 이데올로기가 해체되면서 여성의 사회진출이 증가하였고, 이런 상황에서 인구의 고령화는 돌봄을 비롯한 사회서비스의 중요성에 대한 인식을 증대시켰다. 이와 함께 장애인 운동과 같은 서비스 이용자의 운동은 서비스 대상자를 의존적인 존재로 전제하는 돌봄 개념을 거부하고 일방적인 수혜자가 아닌 서비스 이용자로서 선택과 결정의 자유를 누릴 권리가 있음을 주장하였다. 공급 측면에서는 성장 둔화에 따른 재정압박 속에서 국가가 관리하는 돌봄서비스를 산업 활성화와 여성의 노동시장 진출의 수단으로 활용할 필요성이 제기되었다(석재은 외, 2007; 양난주, 2015). 이와 함께 정치적으로는 관료주의를 비판하는 신공공관리론의 영향으로 정부가 서비스 제공을 독점하는 것은 잘못된 접근이라는 비판이 제기되었다. 이러한 복합적인 요인들이 작용하면서 지방분권, 민영화, 공급주체의 다양화, 공급자 간 경쟁 등을 통해서 효율성을 추구하는 신자유주의 방식의 복지개혁이 추진되었다. 이 시기에는 의존에 대한 거부감이 크게 높아져서 노동으로 돈을 벌지 않는 사람, 정부의 지원을 받는 사람을 모두 의존적인 사람으로 간주했으며, 정부의 서비스 제공의 목표는 정부에 의존하지 않도록 개인을 변화시키는 것이었다.

사회서비스의 시장화와 이용자의 소비자 선택에 기초하고 있는 자립모델에서는 국가가 돌봄을 비롯한 사회서비스를 제도화하고 공식적인 서비스로 자리매김하면서 표준화를 피할 수 없게 되었다. 이전의 시설 중심의 제한적이었던 돌봄 제공을 넘어 다양한 욕구를 충족시키기 위해 공식적 서비스를 편입시키는 과정은 표준화를 전제할 수밖에 없었다(조남경, 2017). 더구나 제공주체가 다양화되면서 서비스 질에 대해 국가는 품질관리로 대응하게 되는데, 이는 서비스의 내용을 상세히 분류하고 기준을 세우는 서비스의 파편화를 가져왔다. 이 시기 서비스의 특징은 욕구에 대한 보편적 대응, 서비스 내용의 표준화, 서비스 종류의 파편화 등으로 요약된다.

신자유주의 기반의 사회서비스 모델인 자립모델은 합리적이고 자율적인 개인의 주체성이 강조되며, 민주적 원리를 기반으로 자율적인 개인의 의사결정과 선택을 강조하는 방식을 강조한다. 자립모델에서 서비스에 대한 재정지원 책임, 관리, 규제 등을 국가가 담당하지만 경쟁을 통한 이용자의 선택으로 개개인의 공익을 높인다는 자유주의적 관점에서는 선택이 일어날 수 있는 조건을 만드는 시장의 역할을 중요시한다(주현정 · 김용득, 2018). 자립모델은 장애인 서비스 영역에서는 자립생활모델로 표현되었는데, 장애인들은 사회의 짐이 되는 의존자로서 자리매김 되는 것을 거부하고 자신의 생활을 스스로 통제하는 자립생활의 이념을 주장하였다. 자립생활 이념은 다른 사람의 도움 없이 혼자서 자기의 일을 한다는 의미가 아니라, 필요한 도움을 받으면서 그 도움에 대한 통제권을 장애인 당사자가 가져야 함을 표방한다(Fine & Glendinning, 2005).

3) 상호의존모델(Interdependence Model)

서비스 질 하락, 서비스 제공자의 낮은 일자리 질, 취약계층의 권리보장에 대한 미흡 등이 개인의 자율성과 시장의 역할을 중심으로 설계된 접근방식의 근본적인 한계로 지적되기 시작하였다. 또한 소비자주의 접근방식에서는 선택과 경쟁을 통해서 절차적 공공성이 실현될 것으로 기대하였으나, 돌봄 영역에서는 이용자의 취약성과 정보 빈약 때문에 전문가가 주도적일 수밖에 없으며 제한된 소비자 주권만을 가지게 된다는 문제도 제기되었다. 페미니스트 연구자들은 자립생활 담론이 개인을 자립적이고 합리적인 경제적 행위자로 전제하고 있는 신자유주의적 인식과 맞닿아 있는 것으로 비판하였으며, 자유주의에서 전제하는 비의존의 자립적인 인간은 허구라고 하면서, 인간은 누구나 생애에 걸쳐 의존의 시기를 맞게 된다는 점을 강조한다(주현정 · 김용득, 2018). 또한 페미니스트 연구자들은 인간을 본질적으로 상호의존적 관계로 보면서, 인간의 의존은 자연스럽고 당연한 것, 보편적인 것, 정상적인 것으로 전제하면서 정의윤리를 대체하는 돌봄 윤리(ethics of care)를 대안으로 제안한다.

키타이(Kitay, 1999)는 객관적인 욕구 상황이란 없으며 어떻게 욕구를 경험하고 해석하느냐의 문제라고 지적하면서, 욕구에 관심을 기울이고 정서적으로 교류하는 삶의 가치를 사회 전반에 확대하는 것이 중요하다고 보았다. 개인의 독립과 선택의 자유보다는 돌봄을 주고받는 사람 사이의 신뢰와 감정적 유대를 통해 욕구가 충족될 수 있다고 본다. 따라서 정부가 메뉴, 가격, 제공양을 미리 정해놓고, 이용자는 정해놓은 메뉴들 가운데서 선택하여 이용하고 정부가 이에 대한 비용을 지불하는 표준적인 방식을 대체하여 이용자가 실제의 삶에서 중요하다고 인식하는 문제에 대하여 미리 정해져 있지 않은 자연스러운 방식으로 지원이 제공되는 서비스의 유연화, 개인화(personalisation)가 새로이 주장되었다(주현정 · 김용득, 2018). 이와 관련하여 장애의 사회모델을 지지하는 대표적인 학자인 셰익스피어(Shakespeare, 2000)는 페미니스트들이 주장하는 돌봄 윤리를 받아들이면서 서비스를 개인화하고, 배제하는 의미의 의존이라는 용어는 상호의존(interdependence)과 연대책임(caring solidarity)으로 대체되어야 한다고 주장하였다. 상호의존모델은 사회 내부의 공유하고 있는 가치를 기반으로 하는 사회문화적인 관계를 통하여 형성하는 공동체의 가치와 공통의 이익을 추구한다는 점에서 공동체주의와 연결된다고 할 수 있다.

2. 우리나라 사회서비스의 발전 단계

1) 사회서비스 발전의 3단계

우리나라의 사회서비스의 발전은 세 단계로 나눌 수 있다. 사회서비스 발전의 1단계는 민간의 대형생활시설 중심으로 민간이 사회서비스를 담당했던 시기이고, 2단계는 정부가 지역사회복지기관을 적극적으로 확대한 시기이고, 3단계는 이용자 선택 방식으로 사회서비스의 공급을 확대한 시기이다(김영종, 2012).

사회서비스 발전의 1단계는 한국전쟁 이후 1980년대 중반까지로, 민간주도의 대형생활시설이 중심된 시기이다. 이 시기에는 외원기관을 포함하여 민간이 주도하여 시설을 설립하고 운영하였다. 그러다가 1980년대에는 정부가 운영비를 단계적으로 인상하고 지원을 강화하였다. 1단계에서 설립된 시설들은 민간법인이 토지나 건물을 소유하고 있어서 시설의 소유주체는 민간법인이었으며, 민간이 설립하고, 민간이 운영한다는 면에서 '민설민영'의 형태라고 할 수 있다.

사회서비스 발전의 2단계는 1980년대 후반부터 2000년대 초반까지로, 사회서비스 이용시설과 생활시설들이 집중적으로 확대되었다. 이 시기에는 민간법인이 자신의 토지에 건물을 지어서 정부에 기부하고, 정부는 이를 설립한 민간기관에 위탁하여 운영하는 형태, 민간법인의 토지에 정부가 건물을 짓고 토지를 소유하고 있는 민간법인에 위탁하는 형태, 정부의 토지에 민간법인이 건물을 짓고 정부가 이를 민간법인에 위탁하는 형태 등 다양한 설립 형태들이 나타났다. 설립 형태와 관계없이 사회서비스의 운영에 소요되는 비용은 '보조금'이라는 이름으로 정부가 재정을 부담하였으며, 이런 방식은 현재도 그대로 유지되고 있다. 이 시기의 사회서비스는 '관설민영'의 형태라 할 수 있으며, 정부가 설립하고 정부가 운영하는 '관설관영'의 형태도 일부 존재한다.

사회서비스 발전의 3단계는 2000년대 중반 이후로, 서비스 비용을 이용자에게 지급하여 이용자 선택을 기반으로 하는 바우처제도가 시작된 이후이다. 바우처제도는 장애인 활동보조, 영유아 보육, 장애아동 치료, 노인 돌봄, 산모 지원 등 다양한 영역으로 확대되었다. 노인요양보험제도에서는 이용자 선택형 서비스로, 비영리 민간조직뿐만 아니라 개인도 서비스 제공기관이 될 수 있었다. 이 단계에서는 비영리법인이 운영하는 '민설민영'의 형태도 확대되었지만, 개인이 설립하여, 이용자에게 제공한 서비스 대가를 정부로부터 받아 운영하는 '사설사영'의 형태도 크게 확대되었다(김용득, 2018).

2) 사회서비스 발전 단계의 특징

이러한 우리나라 사회서비스 발전 단계의 특징은 사회서비스의 발전 단계는 매우 급속하게 진행되었다는 점과, 사회서비스 발전 단계에서 이전 단계의 서비스 모델을 새로운 단계로 통합하거나 청산하지 못하고 이전의 각 단계가 그대로 병존하고 있다는 것이다.

우리나라 사회서비스 발전 단계에서, 1단계 모델의 대표적인 경우는 장애인시설, 아동시설 등으로 민간이 설립하고, 민간이 운영하면서, 비용은 정부가 부담하는 방식으로 민설민영에 해당한다. 2단계 모델의 대표적인 경우는 사회복지관, 노인복지관, 장애인복지관 등으로 정부가 설립한 경우도 있고, 민간이 설립한 경우도 있으며, 운영은 대부분 민간이 운영하고, 이에 소요되는 운영비용은 정부가 부담하는 관설민영 또는 민설민영에 해당한다. 3단계 모델의 대표적인 경우는 재가노인복지시설, 노인요양시설, 장애인활동지원 제공기관 등이며, 법인이나 개인을 포함한 민간이 설립하고, 운영도 민간이 담당하는 민설민영 또는 사설사영에 해당한다. 특히 3단계 모델에서 법인과 개인을 포함한 민간이 설립하고, 정부로부터 자격을 승인받은 이용자에게 서비스를 제공한 대가로 수입을 얻는 방식으로 운영되는 기관들의 경우에 매출을 높이는데 주력해야 하는 제도적 유인이 존재하기 때문에 공공성이 훼손될 우려가 크게 제기되고 있는 실정이다. 이와 함께 2단계 모델인 사회복지관, 장애인복지관, 노인복지관 등의 경우에도 사회복지법인, 종교법인, 사단법인 등 운영법인이 책임 있는 역할을 하지 못하고 부실 운영의 문제를 야기하는 경우도 발생하고 있어 공공성의 우려가 제기되었다(김용득, 2018).

따라서 날로 심각해져 가고 있는 저출산·고령화에 적극적으로 대처하고 여성 경제 활동의 증가 등 사회서비스 수요의 지속적인 증가에 대처하기 위하여, 보건복지부에서는 2019년부터 사회서비스원 시범사업을 시행하고 있다. 즉, 사회서비스의 공공성을 향상하고 사회서비스 일자리의 질적 수준을 제고하기 위하여 새로운 사회서비스 운영모델을 도입한 것이다. 사회서비스원 시범사업의 추진체계는 **|**그림 13－1**|**과 같다(보건복지부, 2019년 사회서비스원 시범사업 추진계획, 2019).

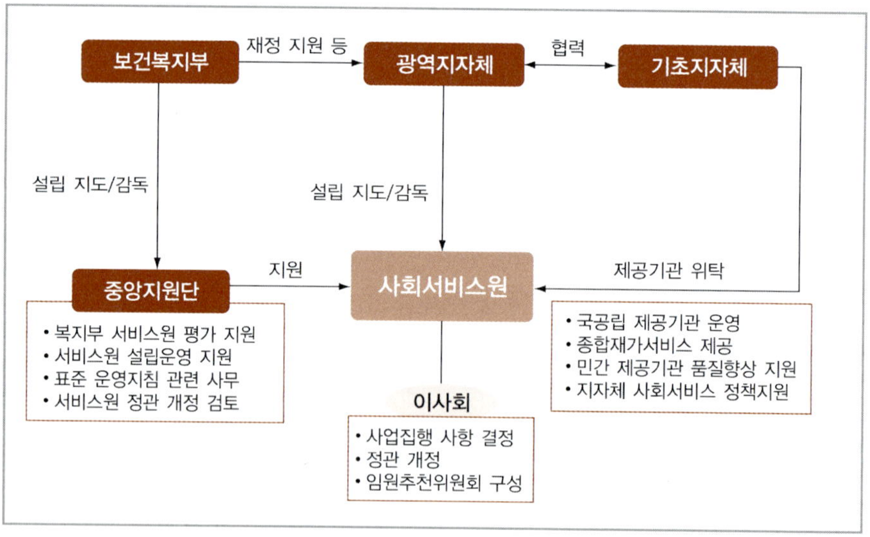

|그림 13-1| **사회서비스원 시범사업 추진체계**

사회서비스원 1차 시범사업지역은 서울시, 대구시, 경기도, 경상남도이며, 시범사업의 1차 연도인 2019년에는 사회서비스 시설 4종(국공립 어린이집, 공립 요양시설, 생활·이용시설, 종합재가센터) 이상, 총 12개 이상의 사회서비스 시설을 국·공립으로 직접 운영하도록 하고 있다(보건복지부 사회서비스정책과, 2018).

2019년도 사회서비스원 시범사업의 주요 내용은 <표 13-2>와 같다(보건복지부, 2019).

〈표 13-2〉 2019년도 사회서비스원 시범사업 주요 내용

1. 개요
   - 지역 : 서울, 대구, 경기, 경남 4개소
   - 예산 : 개소당 평균 12.4억 원[설치비(5억 원) 100%, 운영비(7.4억 원) 50%]
   - 사업내용 : ① 국·공립 시설 위탁운영, ② 종합재가서비스 설치운영, ③ 민간 제공기관 품질 향상 지원, ④ 지자체 사회서비스 정책지원

2. 주요 내용
   - 사업규모 : '19년 국·공립 시설 31개소, 종합재가센터 10개소 운영
   - 고용인원 : 본부 80명(20명* × 4개소), * 예산 편성기준
     서비스원 소속 종사자 약 1천7백여 명

구분	국공립 시설 등 운영				민간시설 지원사업
	국·공립 시설	종합 재가센터	종사자 수	시설유형	
서울	5	4	550여 명	어린이집, 요양시설('20년 이후)	① 경영 컨설팅
대구	9	2	470여 명	어린이집, 노인시설, 노숙인시설, 장애인시설, 기타 공공센터 등	① 시설 안전점검 지원 ② 경영 컨설팅 ③ 대체인력 지원 ④ 민관협력지원사업
경기	10	2	330여 명	어린이집, 요양시설, 다함께 돌봄, 기타 공공센터 등	① 시설 안전점검 지원 ② 경영 컨설팅 ③ 대체인력 지원 ④ 인력수급 지원

경남	7	2	390여 명	어린이집, 요양시설, 커뮤니티케어 센터 등	① 시설 안전점검 지원 ② 경영 컨설팅 ③ 대체인력 지원 ④ 교육훈련 지원
계	31	10	1,740여 명	–	–

또한 사회서비스원 시범사업의 2차 연도인 2020년에는 시범지역을 확대하여, 인천 · 세종 · 광주 · 대전 · 강원 · 충남 등 6개 시 · 도에도 사회서비스원을 설치할 예정이다(보건복지부, 2020).

제3절 사회서비스의 필요성

1990년대 신자유주의 이후 노동시장의 유연화로 경제·사회적 양극화라는 새로운 사회적 위험(new social risk)이 나타나고 있으며, 이러한 새로운 사회적 위험은 저출산과 고령화라는 인구구조의 변화와 가족의 해체로 더욱 심각해지고 있다. 과거 소득보장 중심의 사회보장은 전통적 사회적 위험인 소득의 중단에는 대처할 수 있었으나, 저출산·고령화와 가족의 해체라는 새로운 문제에 대해서는 효과적으로 대처하기 어려웠다. 따라서 이러한 새로운 사회문제에 대처하기 위하여, 전 국민의 삶을 대상으로 한 사회서비스가 필요하게 된 것이다.

1. 인구·가족 구조의 변화

과거에는 아동·노인·장애인 등에 대한 돌봄은 가족과 지역사회에서 담당하였다. 그러나 저출산·고령화 등 인구구조의 변화, 핵가족화 등 가족구조의 변화와 여성의 경제활동 참여 증가 등으로, 과거 가족과 지역사회에서 비공식적으로 담당하던 돌봄기능은 더 이상 기대하기 어렵게 되었다. 따라서 이러한 돌봄기능을 비롯한 사회서비스의 공적 지원에 대한 요구가 나타나고 있다.

2. 인적 자본의 형성

저출산·고령화로 노동력의 지속적인 감소가 예상되면서, 노동공급의 양과 질을 높이기 위해 인적 자원에 대한 투자가 필요하게 되었다. 특히 취약계층 아동에 대한 예방적 투자로 기회의 평등을 실현하고, 실업과 가난의 대물림을 방지하기 위한 서비스가 필요하다. 즉, 단순한 소득보장을 넘어, 인적 자본 형성을 통한 예방적 복지가 필요한 것이다. 또한 교육, 고용, 보건의료 분야의 사회서비스도 이러한 인적 자본의 형성에 기여한다.

3. 사회서비스 욕구의 충족

가족해체 등 사회적 문제로 사회서비스에 대한 욕구는 날로 증가하고 있다. 2015년 사회서비스 수요·공급 실태조사에서, 향후 2~3년 내 사회서비스를 이용할 의향을 현재 이용률과 비교해 보면, 주거 영역이 12배, 성인돌봄 영역이 8.5배 등으로, 사회서비스 전 영역에 걸쳐 현재 이용률보다 상당히 높게 나타나고 있다.

〈표 13-3〉 사회서비스 현재 이용률과 2~3년 내 이용 의향 비율

구 분	전 체		미혼가구		초등재학 이하 자녀		성인자녀 동거가구		노인가구	
	현재 이용률	이용 의향	현재 이용률	이용 의향	현재 이용률	이용 의향	현재 이용률	이용 의향	현재 이용률	이용 의향
상담	1.5	7.6	0.7	7.6	0.8	6.2	2.3	8.3	2.8	9.8
재활	2.4	7.5	1.7	7.4	1.4	1.4	3.2	9.7	4.1	12.2
성인돌봄	1.8	15.3	–	–	–	–	1.8	18.6	4.3	34.9
아동돌봄	5.8	9.9	–	–	40.5	40.5	–	–	–	–
보건의료	10.0	28.2	6.3	21.3	7.1	7.1	14.3	35.6	16.1	35.8
교육	2.3	11.6	0.9	7.2	8.1	8.1	2.0	8.6	0.7	3.8
고용	3.8	13.8	5.2	15.8	1.2	1.2	5.8	16.0	1.9	6.7
주거	0.4	4.8	0.8	6.5	–	–	0.2	3.8	0.7	6.6
문화	31.3	42.5	29.3	39.1	35.4	35.4	36.4	48.3	12.6	22.6
환경	3.2	12.5	1.7	10.0	4.4	4.4	4.6	15.0	2.3	13.6

출처 : 보건복지부 홈페이지. 2015년 사회서비스 수요·공급 실태조사. 검색일 2019. 2. 16.

4. 사회서비스의 공공성

사회서비스는 경제학에서 공공재로 판단하는 두 가지 조건, 즉 비경합성(non-rivalry)과 비배제성(non-excludability)을 지닌 재화는 아니다. 대인서비스가 주인 사회서비스는 서비스 제공자가 제공할 수 있는 서비스의 양에 한계가 있고, 특정 공간에서 서비스 제공이 가능하기 때문에 시장에서도 공급될 수 있다. 그러나 사회서비스는 외부성과 정보의 비대칭성을 지닌 재화이기 때문에, 시장에서 충분한 공급이 어렵고 또한 서비스 구매에서 소비자의 합리적인 선택이 어려워 시장실패의 가능성이 높은 재화이다. 따라서 사회서비스는 공공부문에서 제공하는 것이 바람직하다(안병영 외, 2018).

5. 복지재정의 효율적 활용

과거의 사회복지서비스는 공급자 지원방식으로 서비스 대상자의 선택권이 제약되고, 서비스 제공과정에서 관리·운영비용이 수반되어 비효율과 오남용의 우려가 있었다. 따라서 서비스 대상자의 선택권을 보장하고, 관리·운영비용의 효율성과 투명성을 높이기 위해 사회서비스 제공체계를 개선할 필요가 있었다. 이를 위해 도입된 것이 사회서비스 전자바우처 제공방식이며, 이를 통해 복지재정을 효율적으로 활용하고자 하는 것이다.

6. 일자리 창출

후기 산업사회는 정보화시대로 '고용 없는 성장(jobless growth)'이 이어지고 있다. 따라서 제조업부문의 일자리를 대체할 수 있는 서비스 분야의 일자리가 필요하며, 사회서비스 분야가 일자리 창출의 새로운 대안으로 떠오르고 있다. 특히 사회서비스업은 고용 비율[1]이 낮고 고용 비중[2]도 낮아, 일자리 창출의 잠재력이 큰 분야로 인정받고 있다.

또한 현금급여와 비교해 보면, 사회서비스의 일자리 창출 효과는 보다 직접적이다. 사회서비스는 사람에 의해서만 제공되는 무형의 급여이기 때문에, 사회서비스가 늘어나면 자동적으로 일자리가 창출되는 효과가 나타나는 것이다.

---

1) 보건 및 사회복지 분야 고용 비율(1인당 국민소득 2만 6천 달러 시기) : 한국 3.18%, 일본 7.14%, 미국 9.23%, 스웨덴 16.44%

2) 사회서비스업 고용 비중(2014) : 한국 6.8%, 일본 11.8%, 호주 12.0%, 미국 13.0%

제4절 사회서비스의 체계

사회서비스의 내용을 무엇으로 보는가에 대해서는 여러 가지 이견이 있을 수 있다. 사회서비스를 사회복지서비스의 개념으로 한정해서 본다면, 상담, 재활, 돌봄서비스로 한정할 수 있으나, 본 절에서는 사회보장기본법의 규정에 따라, 사회서비스를 전통적인 복지서비스인 상담, 재활, 돌봄서비스를 포함하여, 보건의료서비스, 교육서비스, 고용서비스, 여가서비스 등을 포괄하는 개념으로 본다.

1. 복지서비스

우리나라 보건복지부에서 시행하고 있는 사회서비스는 산모·신생아 건강관리지원사업, 가사·간병 방문지원사업, 지역사회서비스사업 등이다.[3]

1) 산모·신생아 건강관리지원사업

산모·신생아 건강관리지원사업은 「사회서비스 이용 및 이용권 관리에 관한 법률」에 근거하여 출산가정에 건강관리사를 파견하여 산후관리를 지원하고, 출산가정의 경제적 부담을 경감하고자 하는 가정방문 서비스이다.

지원대상은 산모 또는 배우자가 생계·의료·주거·교육급여 수급자이거나, 차상위계층에 해당하는 출산가정이다. 선정기준은 산모 및 배우자의 건강보험료 본인부담금 합산액이 기준 중위소득 100% 이하 금액에 해당하는 출산가정이다.

지원기간은 태아의 유형, 출산순위, 이용자 선택(단축·표준·연장)에 따라 최소 5일에서 최대 25일까지이며, 지원내용은 산모건강관리(영양관리, 체조지원 등),

3) 보건복지부/정책/사회서비스/사회서비스사업 홈페이지 참조

신생아 건강관리(목욕, 수유지원 등), 산모 식사준비, 산모・신생아 세탁물 관리 및 청소 등이다.

2) 가사・간병 방문지원사업

가사・간병 방문지원사업은 일상생활과 사회활동이 어려운 저소득층을 위하여 요양보호사가 방문하여 가사・간병서비스를 지원함으로써, 취약계층의 생활 안정을 도모하고, 가사・간병 방문 제공인력인 요양보호사의 사회적 일자리를 창출하고자 하는 사업이다.

지원대상은 만 65세 미만의 생계・의료・주거・교육급여 수급자와 차상위계층 중에서 <표 13−4>에 해당하는 사람으로 가사・간병서비스가 필요한 사람이다.

〈표 13−4〉 가사・간병 방문지원사업 대상자

1. 1~3급 장애인
2. 6개월 이상 치료를 요하는 중증질환자
   (보건복지부장관이 고시한 중증질환 상별 해당자로, 최근 3개월 이내 발행된 진단서 또는 소견서 첨부)
3. 희귀난치성 질환자
   (보건복지부장관이 고시한 희귀난치성 질환 상병 해당자로, 진단서 또는 소견서 첨부)
4. 소년소녀가정, 조손가정, 한부모가정(법정보호세대)
   * 이 경우 서비스 대상자는 자녀・손자녀가 됨
5. 기타 위에 준하는 경우로 시・군・구청장이 가사・간병 서비스가 필요하다고 별도로 인정한 자
   (부상으로 인한 장기치료자)

지원내용은 신체수발 지원(세면, 식사 등 보조 등), 신변활동 지원(체위변경, 간단한 재활운동 보조 등), 가사 지원(청소, 식사준비 등), 일상생활 지원(외출동행, 말벗, 생활상담 등)이다. 서비스 가격은 월 244,800원(24시간) 또는 월 275,400원(27시간)이며, 정부는 소득수준 및 이용시간에 따라 차등 지원하고, 서비스 대상자는 서비스가격에서 정부지원금을 뺀 차액을 부담한다.

3) 지역사회서비스사업

지역사회서비스는 영유아발달지원 등과 같은 아동재활, 노인·장애인 사회참여 지원, 비만 아동 건강관리 등과 같은 신체건강관리, 정신건강관리 등 생애주기별 욕구와 지역 특성을 반영하여 맞춤형 사회서비스를 제공하는 것이다. 서비스대상은 기준 중위소득 120% 이하 가구를 원칙으로 하며, 지역별·서비스별로 상이하며, 노인·장애인을 대상으로 하는 서비스는 기준 중위소득 140% 이하의 기준을 적용하고 있다. 구체적인 지역사회서비스의 내용은 <표 13−5>와 같다.

〈표 13-5〉 지역사회서비스의 내용

사업군	사업유형	지원대상	서비스 내용
아동 재활	영유아발달지원	기준 중위소득 120% 이하 가정의 만 0~6세 영유아 ※ 발달평가 결과 추후검사 필요등급을 받은 영·유아 및 보건소장 추천, 발달검사 결과 지연 또는 발달 경계인 경우로 유아교육기관장, 보육시설장이 추천 아동	발달 문제가 우려되는 영유아에게 대근육·소근육 운동, 언어발달, 감각운동에 기초한 인지발달, 정서·사회성 발달 지원
	아동청소년 심리지원	기준 중위소득 140% 이하 가정의 만 18세 이하 범위 내에서 지역여건에 따라 설정 ※ 의사 진단서·소견서, 임상심리사·청소년상담사 소견서, 정신건강센터장의 추천서 등 제출 필요	문제행동 위험군 아동에 대한 상담 및 언어·인지·놀이·미술 프로그램을 지원하여 문제행동 감소 및 정서행동장애로의 악화 방지
	아동청소년 정서발달	기준 중위소득 120% 이하 가정의 만 7~18세 아동으로 학교부적응 및 정서·행동 문제아동 우선지원 ※ 교장·정신건강센터장이 추천하는 아동 등	정서불안, 문화적 소외 아동 등에게 클래식 악기교육 및 정서순화 프로그램을 제공
	인터넷과몰입 아동·청소년 치유	기준 중위소득 120% 이하 가정의 만 18세 이하 아동 중 인터넷 중독 선별검사 결과 고위험군·잠재위험군 판정을 받은 아동	인터넷 과다사용 아동·청소년을 조기에 발견하고 상담, 대체활동을 통해 인터넷 과몰입 치유

아동 역량 개발	아동·청소년 비전형성 지원	기준 중위소득 120% 이하 만 7~15세	아동·청소년 시기의 체계적인 사회·문화 활동 및 자기주도력 향상 프로그램 제공
노인·장애인 사회참여 지원	노인·장애인 돌봄여행	기준 중위소득 140% 이하 가정의 신체활동이 가능한 장애 등록자 및 만 65세 이상 노인	신체적 특성으로 여행 욕구 충족이 어려운 노인·장애인에게 전문 돌봄인력 동반 여행 서비스 제공
신체 건강 관리	시각장애인 안마	전국가구 평균소득 120% 이하 또는 기초노령연금 수급자로 근골격계·신경계·순환계 질환이 있는 만 60세 이상 또는 지체 및 뇌병변 등록 장애인	근골격계·신경계·순환계 질환 등의 증상 개선을 위해 시각장애인의 안마, 마사지, 지압 및 자극요법 제공
	장애인·산모 등 건강취약계층 운동처방	기준 중위소득 140% 이하 장애인, 산모(임신 3개월 이상)	장애인·산모 등 건강취약계층의 신체활동 지원을 통해 의료비 절감 및 건강증진
	비만아동 건강관리	만 5~12세 이하의 경도(비만지수 20%) 이상의 비만아동	비만 초등학생과 부모에게 건강교육, 운동처방 및 운동지도 등을 제공하여 건강한 성장 지원
	장애인 보조기기 렌탈	만 19세 미만의 장애판정을 받은 지체 및 뇌병변 장애아동 등 ※ 소득기준 없음(단, 지자체별 우선순위 설정 가능)	장애아동의 성장 단계에 따른 맞춤형 자세유지도구 렌탈·리폼 서비스
정신 건강 관리	정신건강 토탈케어	기준 중위소득 120% 이하 가정의 정신과 치료가 필요하다는 정신건강의학과 전문의 소견서·진단서 발급 가능한 자	정신질환자와 가족에게 일상생활 지원, 증상관리, 사회적응 및 취업 지원 프로그램 지원
기 타		기준 중위소득 120%(장애인·노인 대상 140%) 이하 가정으로 지자체의 서비스제공계획 및 공고에 따름	지역에 따라 아동재활, 아동역량 개발, 노인·장애인 사회참여 지원, 신체건강관리, 정신건강관리, 가족역량 강화 등 다양한 서비스 제공

4) 지역사회 돌봄서비스

이러한 보건복지부의 지역사회서비스 사업과 함께, 지역사회에서는 영유아발달지원서비스 등과 같은 양육서비스와 가정방문서비스, 활동지원서비스 등과 같은 생활지원서비스, 그리고 심리상담, 사례관리 등과 같은 위기개입서비스도 제공하고 있다. 그리고 이러한 지역사회의 돌봄서비스는 여러 민간서비스기관뿐만 아니라 희망복지지원단, 읍면동 맞춤형복지팀과 같은 공공서비스기관을 통해서 제공되고 있다.

〈표 13-6〉 지역사회 돌봄서비스 분야와 내용

분 야	(영유아) 양육	(취약계층) 생활지원	(취약계층) 위기개입
내 용	영유아발달지원서비스 자녀발달 지원 육아정보 제공	가정방문서비스 급식/배달 활동지원서비스 아동지원서비스 사례관리	심리상담 가족개입 사례관리
기 관	육아종합지원센터 건강가정지원센터 다문화가족지원센터	자립생활센터 심부름센터, 이동지원센터 희망복지지원단 읍·면·동 맞춤형복지팀	아동보호전문기관 노인보호전문기관

2. 보건의료서비스

보건의료서비스란 국민의 건강을 보호·증진하기 위하여 질병의 치료, 간호, 예방, 관리 및 재활을 위한 의료서비스와 건강유지와 증진을 위한 보건서비스를 포괄하는 개념이다.

보건의료서비스는 크게 세 가지, 즉 의약진료 및 치료서비스, 신체건강지원서비스, 정신건강지원서비스로 구분된다. 의약진료 및 치료서비스는 의료기관 내 진료와 치료 그리고 약국의 조제와 복약지도 서비스를 의미하며, 신체

건강지원서비스는 생활체육 프로그램, 건강강좌 등 여러 건강 및 보건 관련 기관 및 전문가들이 제공하는 다양한 종류의 신체건강 서비스를 말하며, 정신건강지원서비스는 상담·심리치료, 자살예방교육, 중독관리 등 정신건강을 위한 전문서비스를 의미한다. 의약진료 및 치료 서비스를 제공하는 서비스 기관은 병·의원이며, 신체건강 혹은 정신건강증진서비스의 경우 이들 이외에 장애인복지, 정신건강 관련시설 등 다양한 관련 기관에서도 함께 서비스를 제공하고 있다.

〈표 13-7〉 **보건의료서비스 분야와 내용**

분 야	의약진료 및 치료	신체건강지원	정신건강지원
내 용	의료기관 내 진료, 치료 약국 조제 및 복약지도	생활체육 프로그램, 건강강좌 맞춤운동서비스, 체육활동 신체건강관리 안마서비스 산모신생아 건강관리 서비스	상담, 심리치료 자살예방교육 중독관리 주간재활·사회재활 치매예방 및 치료지원
기 관	약국 병의원	보건소 공공의료원	정신건강복지센터 각종 상담기관(공공·민간) 치매지원센터

3. 교육서비스

교육기본법은 교육을 학교교육(제9조)과 사회교육(제10조)으로 구분하고 있다. 따라서 교육서비스는 유아교육, 초중등교육, 고등교육 및 사회교육과 이와 관련된 서비스라고 할 수 있으나, 여기서는 사회교육(평생교육)을 여가서비스에서 다루고자 한다.

교육서비스의 분야는 유치원, 초·중·고등교육과정의 정규교육, 지역에서 정규교육을 보완하는 방과후 교실 및 학습공간지원, 대안교육 및 학업중단 예방, 청소년을 지원하는 진로교육으로 나눌 수 있다. 교육서비스를 직접적으로 이용하는 주 계층은 학령기의 영유아·아동·청소년이다. 교육서비스를 제공하는 기관 역시 유아교육, 초중등교육, 고등교육을 제공하는 정규교육기관(어린이집, 유지원, 초중고등학교, 대학), 정규교육을 지원하는 지역아동센터, 청소년수련관, 종합사회복지관, 청소년지원센터 등이 있다.

〈표 13-8〉 교육서비스 분야와 내용

분 야	정규교육	방과후교실, 학습공간	대안교육, 학업중단 예방	진로교육
기 관	어린이집 유치원 초·중·고 사설학원	지역아동센터 청소년수련관 종합사회복지관	대안학교 청소년지원센터	청소년수련관 청소년문화센터 청소년지원센터

4. 고용서비스

고용정책기본법의 고용정책의 목적(제1조)을 비추어 보면, 고용서비스는 국민 개개인이 평생에 걸쳐 직업능력을 개발하고 더 많은 취업기회를 가질 수 있도록 하는 한편, 근로자의 고용안정, 기업의 일자리 창출과 원활한 인력 확보를 지원하는 서비스라고 할 수 있다.

따라서 고용서비스의 분야는 직업훈련과 직업교육을 하는 직업능력개발, 취업상담과 알선 및 정보제공 등을 하는 취업지원, 창업지원, 노인·여성·저소득층 등과 같은 취약계층의 취·창업을 지원하는 취약계층 취·창업지원, 직장 내 양성평등상담 등 취·창업 유지지원 등으로 구분할 수 있다.

〈표 13-9〉 고용서비스 분야와 내용

분 야	직업능력개발	(일반) 취·창업지원	(취약계층) 취·창업지원	취·창업 유지지원
내 용	직업훈련 직업교육	취업상담 취업알선 정보제공 창업보육서비스	노인일자리 여성취업지원 자활지원 장애인 직업재활	직장내 양성평등 상담
기 관	직업훈련기관	고용복지플러스센터 중장년일자리희망센터 유료 직업소개소 창업지원센터	노인종합복지관 여성새로일하기센터 보호작업장	여성노동자상담센터

5. 여가서비스

국민여가활성화기본법에 따르면, 여가서비스란 국민들이 다양한 여가활동 및 평생교육을 통하여 삶의 질을 향상시킬 수 있도록 하는 서비스를 의미한다.

여가서비스는 여가취미, 문화예술, 여가체육 등 취미활동, 체험학습, 동아리활동, 자원봉사 등 체험활동 및 교양교육 등 평생교육에 관한 서비스 등이 있다. 여가서비스를 제공하는 기관들은 체육활동을 제공하는 공공체육센터, 평생교육을 제공하는 공공평생학습관 등이 있으며, 이 외에도 노인종합복지관, 장애인종합복지관 등 복지서비스 기관에서도 여가서비스를 제공하고 있다.

〈표 13-10〉 여가서비스 분야와 내용

분 야	취미활동	체험활동	평생교육
내 용	여가취미 프로그램 문화예술 프로그램 여가체육 프로그램	체험학습지원 동아리활동지원 자원봉사지원	교양교육
기 관	종합복지관 공공체육센터	종합복지관 청소년수련관	노인대학 평생학습관

참·고·문·헌

감정기 외(2004). 사회복지의 역사. 나남.

고경환 외(2011). 2009년도 한국의 사회복지지출 추계와 OECD국가의 장애인소득보장체계 비교. 한국보건사회연구원.

________(2012). 2011년도 한국의 사회복지지출 추계. 한국보건사회연구원.

________(2014). 2013년 기준 한국의 사회복지지출. 한국보건사회연구원.

고용노동부(2013a). 2012년도 산재보험사업연보.

_________(2013b). 2013년판 고용보험백서.

구종회(2003). 선진국 사회복지발달사. 홍익재.

국민연금공단(1998. 국민연금 10년사.

기든스, 앤서니 저. 김현옥 역(1997). 좌파와 우파를 넘어서. 한울.

________________. 한상진·박찬욱 역(1998). 제3의 길. 생각의 나무.

김기원(2000). 「WtW 정책과 생산적 복지에 관한 고찰」. 『생산적 복지와 사회복지정책』. 한국사회복지정책학회 2000년 춘계 학술대회 자료집.

김대중(1997). 김대중의 21세기 시민경제이야기. 산하.

김보영(2012). 「영국 사회서비스 담론 분석 : 두 개의 축에 따른 네 가지 지형」. 한국사회복지학, 64(1).

김상균 외(2011). 사회복지개론. 나남.

김성천 외(2015). 사회복지학개론–원리와 실제. 학지사.

김수행(1986). 경제변동론. 비봉출판사.

김영종(2012). 「한국 사회서비스 공급체계의 역사적 경로와 쟁점, 개선 방향」. 보건사회연구, 32(2).

김용득(2018). 「공공성 담론과 사회서비스의 대화」. 사회서비스 공공화, 지역복지기관의 리포지셔닝. 한국사회복지행정학회 2018 추계학술대회 자료집.

김용하(1996). 「농어촌지역 국민연금 관리의 현안과제와 대책」. 보건복지포럼, 2.

김은정(2015). 「사회적 돌봄체계 구축에서 공동체적 접근에 관한 연구」. 사회복지연구, 46(2).

김재진(2009). 「미국 EITC의 태동과 시대상황」. 재정포럼.

김창엽·이태수·김연명(1998). 「IBRD는 우리에게 무엇을 요구하는가」. 복지동향. 참여연대. 2.

김현아(2013). 「사회복지지출(SOCX) 추계에 관한 소고」. 재정포럼.

남기민(2005). 현대사회복지학. 양서원.

딜라드 저, 허창무 역(1988). 케인즈 경제학의 이해. 지식산업사.

박광준(2002). 사회복지의 사상과 역사. 양서원.

방하남 외(1998). 「실업과 사회안전망」. **사회복지정책**, 7.

보건복지부(2006). 「노인수발보험제도 소개」.

__________(2018). 「기초연금 소개」.

보건복지부 사회서비스정책과(2018). 「사회서비스원 시범사업지침」.

보건복지부 자립지원과(2018). 「자활기업 자료」.

석재은 · 김수정 · 여유진 · 남찬섭(2007). 『사회서비스 제도화 모형 구축에 관한 연구』. 대통령 자문 빈부격차차별시정위원회.

선우덕(2001). 「노인요양의 실태와 사회적 보호 필요성」. 『노인요양의 실태와 사회적 보호방안 토론회 자료집』. 한국보건사회연구원 · 한국여성개발원.

성민선 외(2005). **사회복지개론**. EM커뮤니티.

안병영 외(2018). **복지국가와 사회복지정책**. 다산출판사.

안전행정부(2013). 사회복지 담당공무원 처우개선방안.

양난주(2015). "사회서비스 바우처 정책 평가". **한국사회정책**, 2(4).

양봉민(1999). 「국민의료비 억제와 보험재정 안정화」. 『최근 의보동향』. 국민의료보험관리공단.

엄규숙(1999). 「경제사회변동에 따른 사회보장제도의 재구성과 노조의 대응전략 : 독일 연금제도를 중심으로」. 한국노총 중앙연구원.

원석조(2018). **사회보장론**. 양서원.

윤조덕(1999). 「산재보험과 노동운동 : 우리나라와 독일의 비교를 통하여」. 한국노총중앙연구원.

이기영 외(1998). 「산재보험제도 운용주체의 다원화 방안에 관한 연구」. **재정포럼**, 22.

이성기(2012). 「사회적 양극화 해소를 위한 정책적 대안」. 2012 불교사회복지포럼 자료집.

이성기 · 원석조(2018). **사회복지학개론**. 양성원.

이성기 외(1996). 보건복지사무소 시범사업 2차년도 실태조사. 한국보건사회연구원.

이영환(1989). 「미군정기의 구호정책」. **한국사회복지사론**. 박영사.

이정우(1999). 「국민연금의 적용확대와 정책과제」. 신정부의 사회정책 평가. 한국사회복지정책학회 · 한국사회정책학회 공동정책토론회 자료집.

전광석(1994). **독일사회보장법론**. 법문사.

전창배(2001). 「미국의 건강보험 부당청구 대처사례」. 건강보험동향. 국민건강보험공단.

정창률(2010). 「국민연금 기금의 근본 성격에 관한 연구 : 다양한 위상과 가능성 고찰」. **사회복지정책**, 37(1).

조남경(2017). 「사회서비스의 가치와 지향, 한계, 그리고 가능성 : 이용자 중심성으로 본 사회서비스의 변화와 발전」. **사회서비스연구**, 7(1).

주현정 · 김용득(2018). 「공공성 담론으로 보는 돌봄서비스 : 상호의존의 조직화와 공동생산 제안을 중심으로」. **한국사회복지행정학**, 20(2).

하상락(1989). **한국사회복지사론**. 박영사.

한국보건사회연구원(2016). 미국 근로장려세제(EITC)의 성과와 정책동향.

한국복지연구회(1991). 사회복지의 사상과 역사. 한울아카데미.

한정수(2015). 부문별 사회복지지출수준 국제비교평가. 국회 예산정책처.

희망한국 21(2005). 함께하는 복지. 관계부처합동.

ADB(Asian Development Bank)(2016). "Strengthening Public Pension Systems in Asia." Proceedings of the 2015 ADB－PPI Conference on Public Pension Systems in Asia, Focus: Cambodia, Lao People's Democratic Republic, Myanmar, Viet Nam, and Thailand. Metro Manila, Philippines.

Anderson, M(1980). "Welfare Reform." in Duignan, P. and Rabushka, A. eds. *The United States in the 1980s*. Stanford, CA : Hoover Institution.

Axinn & Stern(2001). *Social Welfare : A History of the American Response to Need*. University of Pennsylvania.

Baldwin, P(1990). *The Politics of Social Solidarity : Class Base of the European Welfare State 1875-1975*. Cambridge : Cambridge Univ. Press.

Barr, N(1987). *The Economics of the Welfare State*. London : Weidenfeld and Nicolson.

Bateman, H. & Piggott, J(1997). "Mandatory Retirement Saving : Australia and Malaysia compared." in Valdes-Prieto, S. ed. *The Economics of Pensions : Principles, Policies, and International Experience*. Cambridge : Cambridge University Press.

Battle, K(2015). *Child Benefits and the 2015 Federal Budget*. Ottawa : Caledon Institute of Social Policy.

Beattie, R. & McGillivray, W(1995). "A Risky Strategy : Reflections on the World Bank Report Averting the Old Age Crisis." International Social Security Review. 48(3/4).

Beveridge, W(1942). *Social Insurance and Allied Services*. Reprinted 1984. London : HMSO.

Blank, R. & Haskins, R. ed(2001). *The New World of Welfare*. Washington, DC : Brookings Institution Press.

Bloom, D. E. Canning, D. & G. Fink, G(2011). "Implications of Population Aging for Economic Growth." *Oxford Review of Economic Policy*. 26(4).

Bradshaw, J. & Hirose, K(2016). *Child Benefits in Central and Eastern Europe-A comparative review*. ILO.

Briggs, A(1983). *A Social History of England*. London: Weidenfeld and Nicolson.

Brown, J(1995). *The British Welfare State : A Critical History*. Oxford : Basil Blackwell.

Campbell, J. C(2003). "Population Aging: Hardly Japan's Biggest Problem." *Asia Program Special Report*. Woodrow Wilson International Center for Scholars. No. 107.

Chu, K. & Gupta, S(1998). *Social Safety Net*. IMF.

Comas-Herrera, A., Pickard, L., Wittenberg, R., Malley, J. & King, D(2010). *The Long-term Care System for the Elderly in England*. ENEPRI Research Report No. 74.

Daniels, N(2011). "Ageing and Intergenerational Equity." in Beard et al., eds. *Global Population Ageing: Peril or Promise*. Geneva: World Economic Forum.

Day, P. P(2000). *A New History of Social Welfare*. Boston : Allyn and Bacon.

Ehnes, J(2011). "Ageing and Financial (In) Security." in Beard et al., eds. *Global Population Ageing: Peril or Promise*. Geneva : World Economic Forum.

European Parliament(2011). *Pension Systems in the EU : Contingent Liabilities and Assets in the Public and Private Sector*. Directorate General for Internal Policies, Policy Department A : Economic and Scientific Policy.

Feldstein, M. & Liebman, J(2006). "Realizing the Potential of China's Social Security Pension System." *China Economic Times*. Feb. 24.

Feldstein, M. & Liebman, J. eds(2002). *Distributional Aspects of Social Security and Social Security Reform*. Chicago : University of Chicago Press.

Feldstein, M. & Samwick, A(1998). "The Transition Path in Privatizing Social Security." in Feldstein, M. ed. 1998. *Privatizing Social Security*. Chicago : Univ. of Chicago Press.

Feldstein, M. & Siebert, H(2002). *Social Security Pension Reform in Europe*. Chicago : University of Chicago Press.

Feldstein, M. ed(1998). *Privatizing Social Security*. Chicago : Chicago University Press.

Ferrara, P. J. & Tanner, M(1998). *A New Deal for Social Security*. Washington, DC : Cato Institute.

Fine, M. & Glendinning, C(2005). "Dependence, independence or inter-dependence? : Revisting the concepts of 'care' and 'dependency'". Ageing & Society, 25.

Fraser, D(1984). *The Evolution of the British Welfare State*. 2nd ed. London : Macmillan.

Fredriksson, P. & Holmlund, B(2006). "Improving Incentives in Unemployment Insurance : A Review of Recent Research," *Journal of Economic Surveys*. 20.

Friedman, M(1962). *Capitalism and Freedom*. Chicago : University of Chicago Press.

Guhan, S(1994). "Social Security Options for Developing Countries." in Figueiredo, J. B. and Shaheed, Z. eds. *New Approaches to Poverty Analysis and Policy*. Geneva.

Hacker, J(2002). *The Divided Welfare State : The Battle over Public and Private Social Benefits in the United States*. Cambridge : Cambridge University Press.

Harris, J(1981). "Some Aspects of Social Policy in Britain during the Second World War." in Mommsen, W. J. ed. *The Emergence of the Welfare State in Britain and Germany*. London: Croom Helm.

Healy, J(2004). *The Benefits of an Ageing Population*. Discussion Paper Number 63. Australian National University.

Hill, M(1993). *Understanding Social Policy*. Oxford : Basil Blackwell.

Hinton, J(1983). *Labour and Socialism : A History of British Labour Movement 1867-1974*. Brighton: Wheatsheaf.

Hood, A. & Keiller, A. N(2016). *A Survey of the UK Benefit System. Briefing Note(BN 13)*. London: Institute for Fiscal Studies.

ILO(2001a). *Social Security : A New Consensus*. Geneva : International Labour Office.

____(2001b). "Facts on Social Security." Geneva : International Labour Office.

James, E(1996). "Providing Better Protection and Promoting Growth : A Defence of Averting the Old Age Crisis." *International Social Security Review*. 49(3).

Johnson, N(1990). *Reconstricting the Welfare State : A Decade of Change 1980-1990*. Hemel Hempstead: Harverter Wheatsheaf.

Jones, K(1991). *The Making of Social Policy in Britain 1830-1990*. London : Athlone.

Khan, H(2001). "Social Policy in Singapore : A Confucian Model?" Washington, DC: World Bank.

Kahn, A. J. & Kamerman, S. B(1980). *Social Service in Internal Perspective*. New Brunswick, New Jersey : Transaction.

Kingson, E. R. & Berkowitz, E. D(1993). *Social Security and Medicare : A Policy Primer*. Westport, Conneticut : Auburn House.

Kirst-Ashman, K.(2003). *Introduction to social work and social welfare : critical thinking perspectives*. CA : Cole-Thomson Learning.

Kitashiro, K. & Ollila, J(2006). *Creative and Aging Societies : Views from Japan and Finland*. Joint Report of EVA and Keizai Doyukai.

Kittay, E(1999). Love's Labor : Esays on Women, Equality, and Dependency. 김희강 · 나상원 역(2016). 돌봄 : 사랑의 노동. 서울 : 박영사.

Krugman, P. R(1994). *Peddling Prosperity : Economic Sense and Nonsense in the Age of Diminished Expectations*. New York : W. W. Norton.

Leuchtenburg, W(1963). *Franklin D. Roosevelt and the New Deal 1932-1940*. New York : Harper and Row.

Lowe, R(1993). *The Welfare State in Britain since 1945*. London: Macmillan.

Mallet, A(1980). "Social Protection of the Rural Population." *International Social Security Review*. 33(3/4).

Midwinter, E(1994). *The Development of Social Welfare in Britain*. Buckingham : Open Univ. Press.

Minford, P. et al(1985). *Unemployment : Cause and Cure*. 2nd ed. Oxford : Basil Blackwell.

Muramatsu, N. & Akiyama, H(2011). "Japan: Super-Aging Society Preparing for the Future." available at http://gerontologist.oxfordjournals.org/content/51/4/425.full (gerontologist 검색일 2016. 2. 16)

Murphy, E. M(1979). "Methods of Financing Social Security : An Introductory Analysis." in *Methods of Financing Social Security : Their Economic and Social Effect*. ISSA Studies and Research 15.

NAIC(National Association of Insurance Commissioners)(2013). *A Shopper's Guide to Long-Term Care Insurance*. Kansas City : NAIC.

Oksanen, H(2010). "The Chinese Pension System: First results on Assessing the Reform Option." Economic Papers 412. European Commission.

Orszag, P. E. & Stiglitz, J. E(2001). "Rethinking Pension Reform : Ten Myths About Social Security Systems." in Holzmann, R. and Stiglitz, J. E. eds. *New Ideas about Old Age Security*. World Bank.

Ossewaarde, M(2014). "Sociological Imagination for the Aged Society." *Canadian Journal of Sociology*. 39(2).

Parker, H(1982). *Moral Hazard of Social Benefits : Incentives to Work*. London : Institute of Economic Affairs.

Pavard, F(1979). "Social Security Financing through the Contribution Method." *International Social Security Review*. 32(4).

Peters, G(1991). *The Politics of Taxation : A Comparative Perspective*. Cambridge MA : Blackwell.

Piven, F. & Cloward, R(1984). *Regulating the Poor : The Functions of Public Welfare*. New York : Random House.

Rabushka, A(1980). "Tax and Spending Limits." in Duignan, P. and Rabushka, A. eds. *The United States in the 1980s*. Stanford, CA : Hoover Institution.

Rejda, G. E(1999). *Social Insurance and Economic Security*. 6th ed. N.J. : Prentice-Hall.

Robinson, T. R(1976). "A General Framework for the Evaluation of Social Security Policies : A Canadian Overview." in *Methods and Evaluating the Effectiveness of Social Security Programmes*. ISSA Studies and Research 8.

Rodgers, D(1998). *Atlantic Crossing: Social politics in a Progressive Age*. Cambridge, Mass. : harvard University Press.

Rys, V(2001). "Transition Countries of Central Europe entering the European Union : Some Social Protection Issues." *International Social Security Review*. 54(2/3).

Sainsbury, R(1999). "The Aims of Social Security." in Ditch, J. ed. *Introduction to Social Security : Policies, Benefits and Poverty*. London : Routledge.

Singh, A(1996). "Pension Reform, the Stock Market, Capital Formation and Economic Growth : A Critical Commentary on the World Bank's Proposal." *International Social Security Review*. 49(3).

SSA(Social Security Administration)(1999). *Social Security Programs Throughout the World-1999*.

________________(2016). *Social Security : Understanding the Benefits*. SSA Publication 05-10024.

Strawn, J., Greenberg, M., & Savner, S(2001). Improving employment outcome under TANF. In Blank, R. & Haskins, R. ed. 2001. *The New World of Welfare*. Washington, DC : Brookings Institution Press.

Titmuss, R. M(1974). *Social Policy : An Introduction*. London : Allen and Unwin.

Trattner, W(1999). *From Poor Law to Welfare State : A History of Social Welfare in America*. New York : The Free Press.

UN(2015). *World Population Prospects : The 2015 Revision.*

US Census Bureau(2015). *Health Insurance Coverage in the United States : 2014.* Washington, DC : US Government Printing Office.

______________(2017). "Annual Survey of Public Pensions : State and Locally Administered Defined Benefit Data Summary Brief : 2015."

US DHHS(2013). *Long-Term Care Services in the United States : 2013 Overview.*

US DHHS & WHO(2011). *Global Health and Aging*. NIH Publication No. 11-7737.

Veit-Wilson, J(1999). "Poverty and the Adequacy of Social Security." in Ditch, J. ed. *Introduction to Social Security : Policies, Benefits and Poverty*. London : Routledge.

Webb, A. L. & Sieve, J. E. B(1971). *Income Redistribution and the Welfare State.* London : Bell and Sons.

West, P. A(1997). *Understanding the National Health Service Reforms : The Creation of Incentives?* Buckingham : Open Univ. Press.

Whiteman, V. L.(2001). *Social Security : What Every Human Services Professional Should Know.* Boston : Allyn and Bacon.

Williamson, J. & Deitelbaum, C.(2005). "Social security reform : Does partial privatization make sense for China?" *Journal of Aging Studies*, 19(2).

WHO(2000). *Towards an international consensus on the policy for long-term care of the ageing*. Geneva : World Health Organization.

____(2004). *Private Health Insurance : Implications for Developing Countries*. Geneva : World Health Organization.

World Bank(1994). *Averting the Old Age Crisis : Policies to Protect the Old and Promote Growth.* Oxford : Oxford Univ. Press.

__________(2012). "World Bank Support for Pensions and Social Security." Discussion Paper 1208. Washington, DC : World Bank.

찾·아·보·기

인 명

내 용